J. P. Thompson

Jesus von Nazareth

J. P. Thompson

Jesus von Nazareth

ISBN/EAN: 9783742898869

Hergestellt in Europa, USA, Kanada, Australien, Japan

Cover: Foto ©Lupo / pixelio.de

Manufactured and distributed by brebook publishing software
(www.brebook.com)

J. P. Thompson

Jesus von Nazareth

Jesus von Nazareth.

Sein Leben, für die Jugend erzählt

von

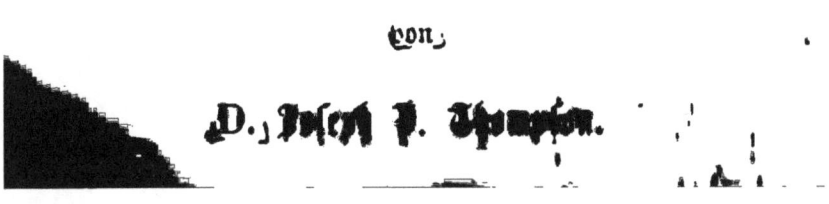

D. Josef J. Thompson.

Gotha.

Andreas

1883.

Luc. 2 , 46.

I. Abtheilung.

Inhaltsverzeichniß.

1. Kapitel.

Der Gesang der Engel.

[Das Fallen der Sterne — Die Erscheinung der Engel ist weder ein Traum noch ein Märchen — Die Hirten hätten solche Worte nicht erfinden können — Kein Jude würde an einen Heiland gedacht haben, der für die ganze Menschheit bestimmt wäre.]

————

Als ich ein Kind war, weckte mich einst meine Mutter in der Nacht, um mir ein wunderbares Schauspiel am Firmament zu zeigen, — die Sterne fielen vom Himmel. Alle Nachbarn waren wach, und an ihren Fenstern oder auf der Straße, mit Staunen und Furcht ein Schauspiel betrachtend, desgleichen sie nie zuvor gesehen hatten, und welches Niemand erklären konnte. Die Sterne fielen so schnell und dicht, daß es schien, als ob das ganze Firmament herabsänke, und da einige aussahen wie Feuerbälle, fürchteten Manche, daß das Ende der Welt gekommen sei, und daß Alles verbrennen würde. Eine solche Fluth von Meteoren ist nicht mehr ein befremdendes und Schrecken erregendes Schauspiel: man kann es jetzt manches Jahr ein- oder zweimal*) beobachten. Die Astronomen haben uns gelehrt, daß es natürliche Ursachen hat, und die Erfahrung hat gezeigt, daß es der Erde und

————

*) Gewöhnlich im August: zuweilen auch im November und April.

ihren Bewohnern keinen Schaden bringt. Ein Kind selbst
kann solchen Sternenfall ohne Furcht und mit demselben Ent=
zücken betrachten, mit welchem es das Nordlicht beobachtet,
das am Himmel flammt.

Vor langer, langer Zeit wurde in der Stille der Nacht
eine Erscheinung am Himmel wahrgenommen, befremdender
und erschreckender als die der fallenden Sterne. Sie wurde da=
mals zuerst und dann nie wieder gesehen. Kein Astronom kann
sie erklären, und keine natürliche Ursache ist dafür zu finden.
Doch obgleich sie diejenigen, welche sie schauten, mit Angst
und Schrecken erfüllte, so daß „sie sich sehr fürchteten" *),
brachte sie ihnen doch statt einer Verkündigung kommenden
Unheils eine Verheißung von Frieden und Freude, wie sie
nie weder vor= noch nachher dem Ohre der Menschen ver=
kündet wurde. Was sie sahen, war keine Fluth von Me=
teoren, die lautlos durch den Raum sinken und in entferntem
Dunkel verschwinden; sondern es waren lebendige Gestalten,
lichter als die glänzendsten Sterne, sie dicht umschwärmend,
und in wunderbaren Tönen die himmlische Weise singend:
„Ehre sei Gott in der Höhe und Friede auf Erden und den
Menschen ein Wohlgefallen!" **)

Diese Erscheinung war kein Traum, keine Täuschung oder
Einbildung. Sie zeigte sich nicht nur einer oder zwei Per=
sonen, die in ihren Betten lagen, wie die Gestalten von Vögeln,
Blumen, Weihnachtsbäumen und Engeln den Kindern im
Schlafe erscheinen. Sie entstand nicht wie ein Phantasie=
gebilde in dem Geiste eines Dichters oder Malers, gleich den
schönen Bildern, die wir so oft in Dichtungen und Gemälden

---

*) Luc. 2, 9.
**) Luc. 2, 14.

finden. Sie kam nicht plötzlich über die Menschen, die aus dem Schlaf geweckt und zu bestürzt waren, ihren Augen und Ohren zu trauen. Sie kam zu den Hirten, die gewöhnt waren, die ganze Nacht wach zu sein, und ihre Heerden auf dem Felde zu hüten; zu Männern, die nicht leicht getäuscht oder erschreckt werden konnten durch irgend etwas, das ihnen in der Nacht im Freien erscheinen mochte, — Männer, die zu einfach waren, solch' eine Erzählung zu erfinden, und die ihre Redlichkeit dadurch bewiesen, daß sie sogleich nach Bethlehem gingen, das Kind zu suchen, und allen Leuten in der Stadt zu sagen, was sie gesehen und gehört hatten. Uns kann dies nicht mehr befremdend erscheinen; denn das Leben Jesu beweist, daß die Geburt dieses wunderbaren Wesens einer solchen himmlischen Verkündigung würdig war. Auch trägt die Erzählung den Beweis ihrer Wahrhaftigkeit in sich durch die Botschaft, welche die Hirten brachten. Die Worte der Engel, die sie berichteten, waren solche, wie diese einfachen Landleute niemals hätten erdenken, kein Menschengeist jemals hätte erfinden können, — Friede und Wohlgefallen für die ganze Menschheit durch die Erscheinung des Erlösers.

Wenn wir bedenken, daß diese Männer Juden waren, die den Römern, welche damals über sie herrschten, nicht geneigt waren, die alle fremden Nationen mit Ueberhebung und Bigotterie betrachteten, und welche erwarteten, daß ihr Messias kommen würde als ein Fürst und ein Krieger, um ihnen die Unabhängigkeit zurückzugeben und sie zum weltbeherrschenden Volke zu machen, mit einem Worte, wenn wir bedenken, daß diese Hirten, gerade weil sie in Beschränktheit und Unwissenheit lebten, umsomehr zur Bigotterie ihres Stammes und ihrer Religion geneigt waren, werden wir einsehen, wie unmöglich es für sie war, so erhabene Worte von der

1*

Verheißung des Friedens auf der ganzen Erde zu erdenken, so liebliche Worte wie die Botschaft: allen Menschen ein Wohlgefallen und Freude allem Volke. Es ist leichter zu glauben, daß Engel die Botschaft brachten, als daß die einfachen Hirten, oder die ungelehrten Verfasser der Evangelien diesen Gesang erfanden. Die schönsten Hoffnungen der Welt gründen sich darauf, daß dies eine Botschaft vom Himmel war. Die Worte selbst sind ein größeres Wunder als die Weise in der sie verkündet sein sollen. Die Idee ist des Himmels, in den Worten ist ein Klang, welcher nicht dieser Welt, angehört: und nur wenn wir die Botschaft als eine Verheißung von Gott betrachten, können wir sie für wirklich und wahr halten und in ihr den Trost und die Hoffnung finden, welche die ganze Menschheit darin gefunden hat.

Mitten in der Trauer und Bedrängniß, die Krieg, Gewaltthätigkeit und Verbrechen über die Welt gebracht, hatten die heidnischen Dichter nach einem goldenen Zeitalter des Friedens und längst verlorener Reinheit geseufzt mit der unbestimmten Hoffnung, daß die Sterne es nach tausend Jahren von Neuem heraufführen würden. Aber hier war die Verheißung des Evangeliums, daß das Zeitalter von „Friede auf Erden und den Menschen ein Wohlgefallen" sogleich beginnen und wachsen sollte, bis es sich auf alle Menschen erstreckt und die ganze Erde erfüllt hätte. Und mit der Verheißung des Friedens wurde verkündet, auf welche Weise es sich erfüllen sollte, durch einen Heiland, der allen Menschen Wohlgefallen bringen und sie lehren würde, allen Menschen wohl zu gefallen. Wir fühlen, daß Hirten und Fischer niemals Gedanken und Worte erfinden konnten, die hoch über denen der Dichter und Philosophen standen. Sie konnten selbst nicht Etwas träumen, was so weit über das Goldene Zeitalter hinausragte. Sie mußten es vom Himmel, durch den Gesang der Engel gelernt haben. Nur im Himmel war es vorauszusehen, daß so unendlicher Friede und solche Freude aus der Geburt des Kindleins sprießen konnte, das in der Krippe lag. Nur der Himmel konnte solche Segnung des Wohlgefallens über alle Völker der Erde ausgegossen haben.

Zu der Zeit kannten und verehrten nur die Juden den wahren Gott; aber statt ihre Gotteserkenntniß als eine Veranlassung zu betrachten, daß sie ihre Nebenmenschen lieben und ihnen allen ohne Unterschied die Lehre des Gottes der Liebe zuführen sollten, machten sie dieselbe vielmehr zu einer Ursache, sich von anderen Völkern mit Stolz und Verachtung, ja beinahe mit Haß zu trennen. Und dieser Gesang der Engel legte in den Mund der einfachen, unwissenden jüdischen Hirten den Gedanken, daß alle Menschen dahin kommen sollten, in Friede und Wohlgefallen miteinander, und zum Ruhme des einen Gottes zu leben, und dies alles durch das Erscheinen des Erlösers, der nicht die Juden erhöhen wollte in einem von allen anderen getrennten Reiche, sondern die frohe Botschaft des Heils allen Völkern brachte. Darum kam der Engel des Herrn zu ihnen und „die Klarheit des Herrn leuchtete um sie"*). Darum wurde die Stille der Nacht unterbrochen, „als die himmlischen Heerschaaren" herabschwebten, der Erde Segen zu bringen, und zurück zum Himmel, um „Ehre sei Gott in der Höhe" zu singen.

---

*) Luc. 2, 9.

2. Kapitel.
Bethlehem und die Krippe.

[Lage von Bethlehem — Die Heerden werden Nachts auf dem Felde gelassen —
Der Gesang der Engel — Beschreibung der Herberge und der Krippe — Die Ueber-
fülltheit von Bethlehem — Die Geburt Jesu.]

Die Karte von Palästina zeigt uns ungefähr eine Meile
südlich von Jerusalem gelegen Bethlehem, bekannt als die
„Stadt Davids", weil hier der berühmte König und Dichter
Israels geboren war. Die Stadt ist gebaut auf einem langen
schmalen Bergrücken, der sich dreihundert Fuß über die Höhe
von Jerusalem erhebt. In der Nähe sind die großen Wasser-
behälter, die Salomon anlegte, um Regen- und Quellwasser
zu sammeln, das durch einen Aquäduct der Hauptstadt zu-
geführt wurde.

Jerusalem ist, obgleich so nahe gelegen, doch wegen der
Berge von Bethlehem aus nicht sichtbar; aber auf halbem
Wege zwischen den beiden Städten hat man von der Berg-
höhe, die das Kloster Mâr Eliâs krönt, eine schöne Aussicht
auf beide. Bethlehem kann nur ein Dorf genannt werden.
Es hat nicht mehr als 3000 Einwohner und besteht aus
einigen hundert Häusern, die dicht zusammengedrängt stehen,
ungefähr in der Form eines Dreiecks mit krummen, engen
Straßen; das Ganze ist umgeben von einer Steinmauer, deren

äußeren Umfang man in weniger als einer Stunde zu Fuß umgehen kann. Dennoch ist die Lage Bethlehems nicht ohne Reiz: durch seine Isolirtheit gewährt es die herrlichsten Ausblicke auf die Hügel und Thäler ringsumher, besonders gegen Osten auf die Berge, welche an das Todte Meer grenzen. Hier am Fuße der terrassenförmig abfallenden Feigen= und Weingärten, die sich um die Hügel winden, sind schöne offene Felder, die sich gegen ein liebliches Thal abdachen, welches mit seinen wogenden Kornfeldern und seinen Oliven= und Granatenhainen das Aussehen eines orientalischen Gartens hat.

Die Bauern in Palästina leben nicht wie in andern Ländern in einzelnen von einander getrennten Häusern, denn die herumstreifenden Räuberbanden und die häufigen Kriege in den östlichen Ländern machen es unsicher, entfernt von einer Ansiedelung zu wohnen. Sie haben ihre Wohnungen in Dörfern und Städten, die bei Nacht durch eine Mauer oder einen Wächter beschützt sind, und bei Tage gehen sie oft Meilen weit, den Acker zu bebauen. Das Land ist nicht durch Zäune in abgesonderte Felder getheilt, doch sind hin und wieder Steine als Grenzen zwischen den Besitzungen der verschiedenen Eigenthümer aufgestellt. Auch giebt es keine geschlossenen Weiden für Schafe und Rinder; diese werden im Freien gehalten und müssen von Menschen und Hunden bewacht werden, damit sie sich nicht zerstreuen, oder den Räubern und wilden Thieren zur Beute fallen. Bei Nacht werden die Schafe in eine gemeinschaftliche Hürde innerhalb der Stadtmauern getrieben, „und sie hören seine Stimme und folgen ihm" *); aber bei mildem Wetter läßt man sie die ganze Nacht im Freien. Es giebt im Thale von Beth=

---

*) Joh. 10, 1—6.

letzem sogar einen so geschützten, mit Gras bedeckten Winkel oder Bergsaum, daß selbst heute noch die Hirten mitten im Winter die ganze Nacht mit ihren Heerden draußen bleiben; und solche Hirten waren es, „die hüteten des Nachts ihre Heerde", als „die Klarheit des Herrn leuchtete über sie"*) und als der Gesang der Engel erklang.

Der Reisende kann noch jetzt die Hirten ihre Heerden an diesen sonnigen Abhängen weiden sehen und sie ihre einfachen Melodien blasen hören; und dies bringt vielleicht jene Mitternachtscene seiner Phantasie näher. Doch keine irdische Musik kann den himmlischen Klang zurückrufen, der nur einmal ertönte für alle Völker und alle Zeiten; dieser Klang scheint Alles rings umher mit dem warmen, sanften, lebendigen Hauche göttlicher Liebe durchdrungen zu haben. Er hallte bis weit nach Süden in die Wüste Arabiens und hauchte in das Gesetz vom Sinai die Töne der Liebe; er hallte weit nach Norden zu dem Berge, auf dem Abraham den Isaac führte, um ihn zu opfern, und wehete über Golgatha den Geist des göttlichen Opfertodes; er schwebte ostwärts über das Meer des Todes und schien selbst seine trüben und düsteren Gewässer mit einem Hauche von Hoffnung zu beleben; er trug westwärts über Land und Meer zu Heiden und Barbarenvölkern und zu ungeborenen Geschlechtern die Botschaft von Frieden und Wohlgefallen. Er kam bei Nacht, zu lehren, daß Gottes Liebe wacht über unsere Finsterniß, unsere Gefahren, Sorgen und Befürchtungen; er kam zu den Hirten, einfachen, rauhen Männern in dem niedrigsten Lebensberuf, zu lehren, daß Gott sich zu den Niedrigsten herabneigt, und die Armen, die Unwissenden, die von der menschlichen

—

*) Luc. 2, S. 9.

Gesellschaft Ausgeschlossenen zu Zeugen und Ueberbringern seiner Heilsbotschaft für die ganze Welt machen kann.

Als der Gesang aufgehört hatte und die Engel wieder zum Himmel entschwebt waren, sagten die Hirten unter einander: „Lasset uns nun gehen gen Bethlehem, und die Geschichte sehen, die da geschehen ist, die uns der Herr kund gethan hat. Und sie kamen eilend und fanden beide, Maria und Joseph, dazu das Kind in der Krippe liegend." *)

In jenen Zeiten gab es keine Gasthäuser, wie sie der Reisende jetzt in jeder Stadt findet, wo er gegen Bezahlung Nahrung, Wohnung und häusliche Bequemlichkeit haben kann: sondern die Reisenden nahmen ihre Lebensmittel und Kochgeräthe, und Futter für ihre Thiere mit sich: und um Mittag oder zur Nacht hielten sie in einer Karavanserai am Wege, oder innerhalb der Thore einer Stadt. Die Karavanserai war einfach ein Hof, von allen Seiten mit Mauern umgeben, doch oben offen, mit einer erhöhten Plattform in der Mitte, auf welcher die Reisenden saßen, um ihre Mahlzeiten einzunehmen, und wo sie auch Nachts ihr Bett machten. Diese Plattform, die zuweilen ein oberes Stockwerk hatte, war eigentlich das Wirthshaus, und rings umher an den Mauern waren kleine Schuppen oder Verschläge, um die Güter der Reisenden abzuladen und ihre Lastthiere unterzubringen und zu füttern. Diese Schuppen waren versehen mit Krippen oder Trögen von Stein oder Ziegel; und an diesen Krippen wurde das Vieh gefüttert. Gerade zu jener Zeit war Bethlehem sehr überfüllt. Eine Volkszählung oder Abschätzung war im ganzen römischen Reiche vom Kaiser

---

*) Luc 2, 15. 16.

Augustus angeordnet worden*): und nach römischen Gesetzen wurden Frauen und Kinder ebenso wohl als Männer in die Listen aufgenommen, während nach judischem Gebrauch jeder nach der Hauptstadt seiner Familie oder seines Stammes gehen mußte, um richtig gezählt und geschätzt zu werden. Die beiden Gebräuche kommen in diesem Falle zur Anwendung, denn da Joseph vom Stamme Davids war, ging er zur Stadt Davids, und Maria mußte natürlich auch in der Heimath ihrer Vorfahren geschätzt werden. Als sie Bethlehem erreichten, fanden sie eine solche Menschenmenge, daß die Häuser aller ihrer Freunde gefüllt waren, und die Plattform des Wirthshauses war so besetzt, daß für sie kein Platz mehr war. Daher nahmen Joseph und Maria ihr Nachtlager in einem der Seitenschuppen, und als das Kind geboren war, legten sie es in eine Krippe statt der Wiege**). Obgleich sie arm waren, geschah dies nicht wegen ihrer Armuth, sondern weil aller Platz in dem Wirthshause besetzt war, ehe sie kamen; und gewiß war die Krippe

— —

*) Es scheint nach römischen Schriftstellern (Tacitus, Annal. I, 11; Suetonius, Octav 28, 101), daß der Kaiser Augustus während seiner Regierung drei Mal, nach Zwischenräumen von zwanzig Jahren einen Census des ganzen Volkes anordnete, und auch daß er eine statistische Aufnahme des ganzen Reiches, mit Einschluß von Judäa als einer seiner Provinzen, verbereitete. Es ist auch Grund zu der Annahme vorhanden, daß Quirinus zwei Mal Statthalter von Syrien war, und daß der zweite vom Kaiser angeordnete Census in seine erste Amtsperiode fällt. Da es viel Zeit erforderte, einen Census abzuschließen, so kann es sein, daß die unter einem Anderen angefangene Volkszählung unter Quirinus beendet wurde und nach seinem Namen benannt wird. (Siehe Zumpt's Commentationes Epigraphicae.

**) Luc. 2, 1–5.

rein und weich gemacht worden, um das Kindlein hineinzu-
legen. Und da lag es in schneeigen Windeln, die ihm bereitet waren, als die Hirten, wie wenn sie Schwingen und
die Worte von den Engeln geborgt hätten, herzugeeilt
kamen, es zu grüßen als „den Heiland und Herrn Jesus
Christus".

3. Kapitel.
Der Name Jesu.

Wie soll das Kindlein heißen? ist beinahe immer die erste Frage, nachdem ein Kind geboren ist. Zuweilen wird diese Frage entschieden, indem das Kind den Namen eines der Eltern oder Großeltern, eines Onkels oder einer Tante fast wie selbstverständlich erhält. Aber alle Familiennamen können schon andern Kindern beigelegt sein, oder keiner mag gut genug für den neuen Liebling scheinen, und so werden Namen aus der Bibel, der Geschichte, aus Dichtungen und alle Arten erfundener Namen vorgeschlagen, betrachtet und besprochen, bis es scheint, als ob das arme kleine Wesen am Ende als ein namenloser Pilger in die weite Welt eintreten müßte. Die Juden brauchten gewöhnlich einfache Namen, und wenn sie doppelte oder zusammengesetzte Namen wählten, geschah dies entweder, um den Sohn eines bestimmten Mannes zu bezeichnen, oder um Hoffnung, Furcht, Erwartung, oder einen anderen Gedanken in Bezug auf die Eltern oder das Kind auszudrücken, oft auch um ein großes Zeitereigniß oder eine fromme Richtung hervorzuheben. Für dies Kind von Bethlehem aber war es nicht schwer, einen Namen zu finden.

Maria, seine Mutter, hatte seinen Namen schon bereit, als er kam. Dies war kein Name, den sie erdacht, oder den einer ihrer Freunde vorgeschlagen hatte, sondern er war ihr vom Himmel gekommen. Maria war ein demüthiges, frommes Mägdlein aus einer einfachen, aber braven Familie in der Stadt Nazareth in der Provinz Galiläa, mehr als zwölf Meilen nördlich von Bethlehem. Nazareth grenzte an das Land der Phönicier, die Götzendiener waren: es lag unge= fähr in der Mitte zwischen dem See Tiberias und dem Mittelländischen Meer, und nahe den großen Karavanen= straßen, so daß alle Arten von Leuten dort einkehrten als Reisende oder Handelsleute, und es hatte deshalb einen ziemlich schlechten Ruf. Ohne Zweifel ist zuviel Werth auf die wenigen Andeutungen des Neuen Testamentes über Na= zareth gelegt worden. Es war weder die am wenigsten wichtige, noch die schlechteste Stadt in Palästina; doch aus irgend einer Ursache wird davon gesprochen, als wenn es Niemand zur Ehre gereichte, aus solchem Orte zu stammen*). Doch dies könnte von vielen Grenzstädten gesagt werden. Wenn Nazareth nach außen hin einen schlechten Ruf hatte, so gab es darin auch gute Leute, und diese wurden vielleicht mehr anerkannt und geehrt wegen des Gegensatzes ihrer Rechtschaffenheit zu dem Mangel an Frömmigkeit in Anderen. Gewiß wurde Maria um ihrer sanften und frommen Art willen von Allen, die sie kannten, geachtet und geliebt, und wir wissen, daß sie in früher Jugend mit einem sehr wür= digen und vortrefflichen Manne, Namens Joseph, verlobt

---

*) Joh. 1, 46. Apg. 24, 5.

wurde, der von Gewerbe ein Zimmermann war. Der Um=
stand, daß Joseph und Maria, und später ihre Kinder ihren
Mitbürgern so wohl bekannt waren, ist ein Zeichen, daß
Nazareth nur ein kleiner Ort war. Es scheint auch nur
eine Synagoge gehabt zu haben*).

Die Frömmigkeit und Reinheit, die wir auf Erden lieben
und bewundern, ist auch dem Himmel wohlgefällig, und
Maria, die von David, dem großen Könige Israels, ab=
stammte, und auferzogen und von der Natur dazu geführt
war, ein Kind Gottes zu sein, wurde von Gott erwählt, die
Mutter des längst verheißenen Heilandes der Welt zu wer=
den. Eines Tages, als sie sich zum Gebet zurückgezogen
hatte, wurde sie erschreckt durch eine fremdartige, leuchtende
Gestalt an ihrer Seite — sie war so strahlend, so schön,
erschien so plötzlich und leise, es mußte ein Engel sein.
Sie hatte oft in ihrer jüdischen Bibel von Engeln ge=
lesen, die mit Botschaften von Gott kamen, aber sie hatte
nie einen Engel gesehen, noch geträumt, daß einer zu ihr
käme, und sie zitterte sehr und war so ergriffen, daß sie
nicht sprechen konnte. Aber der Engel sprach sanft und
gütig zu ihr, sagte ihr, sie solle sich nicht fürchten, und ver=
kündete ihr dann, daß sie die Mutter des wunderbaren Kin=
des werden sollte, von dessen Erscheinung sie so oft in den
Weissagungen der Bibel gelesen hatte, und daß dies Kind
nicht der Sohn Josephs sein würde, dem sie sich vermählen
wollte, sondern ein besonderes Geschenk Gottes; daß es keinen
Vater auf Erden haben, sondern gesandt werden würde, allen
Menschen die Liebe seines himmlischen Vaters zu zeigen.

---

*) Matth. 13, 54—58. Marc. 6, 1—6.

Zum Zeichen davon sollte das Kind Jesus — Heiland oder Seligmacher genannt werden*).

Als Maria dem Joseph von diesem wunderbaren Besuche und dem Versprechen des Engels erzählte, war er zuerst sehr beunruhigt: aber auch ihm erschien im Traum ein Engel, der alles bestätigte was Maria ihm gesagt hatte. Und Joseph liebte und vertraute Marien so sehr, daß er sie sogleich unter seinen Schutz nahm als sein ihm angetrautes Weib, und bereit war, dieses Himmelskind zu empfangen und zu pflegen, als ob es sein eigenes wäre, und vor der Welt für den Vater Jesu zu gelten**).

Wenn Maria ein schwaches oder eitles Weib gewesen wäre, wenn sie die Erzählung erfunden hätte, oder durch ihre eigene Einbildungskraft getäuscht worden wäre, so würde sie den Leuten von dem wunderbaren Gaste gesprochen haben, der zu ihr gekommen war, und von der Verheißung, die er ihr vom Himmel gebracht hatte und wäre so als eine Person, die einen Engel gesehen hatte, und das Christkind empfangen sollte, ein Gegenstand der Neugier, der Bewunderung und des Neides geworden.

Ein eitles und schwaches Mädchen unserer Zeit gibt zuweilen vor, die heilige Jungfrau gesehen zu haben, um aus den Pilgerfahrten zu dem Orte ihrer Vision Ruhm und Vermögen zu gewinnen. Aber Maria war demüthig, verschwiegen und wahr; und weit entfernt, das Wunder in der Stadt zu verkünden, oder es im Vertrauen ihren Freunden zuzuflüstern, sprach sie mit Niemand in Nazareth darüber, außer mit Joseph, der ein Recht hatte, davon zu wissen,

---

*) Luc. 1, 26—31.
**) Matth. 1, 18—25.

und dem sie sich verlobt hatte mit dem vollen Vertrauen der Liebe. Indem er sich sogleich mit ihr vermählte, zeigte er den festesten Glauben an ihre Vision, und die zarteste Sorge für ihren guten Ruf. Wir bewundern an ihm tiefe Frömmigkeit und wahre, männliche Liebe. Maria trauete ihm, wie sie vorher Gott vertrauet hatte; und sie schützte sich vor Selbstvorwurf, indem sie zuerst Joseph alles erzählte, was geschehen war, und es dann vor der Besprechung Anderer hütete. Dennoch bedurfte ihr Herz des Ausruhens nach soviel Erregung, und auch des Mitgefühls eines weiblichen Herzens für ihr heiliges Geheimniß: und so verließ sie die Heimath für einige Zeit, um eine lange Reise nach einem entlegenen Dorfe in dem gebirgigen Theile von Judäa zu machen, wo sie ihre Verwandte Elisabeth besuchte, und ihren frommen, mütterlichen Rath und Trost empfing.

Diese gute Frau bewillkommnete ihre junge Angehörige sehr herzlich, und ehe Maria beginnen konnte, ihre wunderbare Geschichte und die heilige Angelegenheit, in der sie gekommen war, zu erzählen, grüßte Elisabeth sie mit Freude und Ehrfurcht als die Mutter des Herrn.

Bei diesem Gruße brach Maria in einen Lobgesang aus voll Dank und Hoffnung, einen Gesang, in welchem die Demuth der Jungfrau vereinigt ist mit der Zärtlichkeit einer Mutter, und der Ergebung und der Inbrunst einer Heiligen. „Meine Seele erhebet den Herrn, und mein Geist freuet sich Gottes, meines Heilandes. Denn er hat die Niedrigkeit seiner Magd angesehen. Siehe von nun an werden mich selig preisen alle Kindeskinder. Denn er hat große Dinge an mir gethan, der da mächtig ist, und deß Name heilig ist. Und seine Barmherzigkeit währet immer für und für, bei denen, die ihn fürchten. Er übet Gewalt mit seinem Arm,

und zerstreuet die hoffärtig sind in ihres Herzens Sinn. Er
stößet die Gewaltigen vom Stuhl, und erhebet die Niedrigen.
Die Hungrigen füllet er mit Gütern, und läßt die Reichen
leer. Er denket der Barmherzigkeit und hilft seinem Diener
Israel auf: wie er geredet hat unsern Vätern Abraham und
seinem Samen ewiglich*).

Dieser Gesang und die ganze Erzählung von Mariä
Heimsuchung mit ihrem Bericht von der Erscheinung des
Engels, waren wahrscheinlich zu der Zeit von Zacharias und
Elisabeth niedergeschrieben und sind später den Jüngern Jesu
übergeben worden. Maria selbst verblieb bei den Jüngern
nach Jesu Tode, und besprach ohne Zweifel mit ihnen die
Ereignisse bei seiner Geburt und Kindheit. Anfänglich waren
diese Wunder nur einem kleinen Kreise der nächsten Verwandten und Freunde bekannt, auch benutzte Maria dieselben
später nicht, um für sich Wichtigkeit oder Lob zu erlangen.
Sie war weder eine Schwärmerin, noch eine Träumerin:
vielmehr beweist alles, was wir von ihr in den Evangelien
lesen, daß sie eine Frau von klarem Geist und Verstand
und gesundem Gefühl war. Sie erzählte ihre Geschichte mit
ungeschmückter Wahrheit, und in ihrem Gesange, wenn sie
von der großen Segnung spricht, die ihr zu Theil geworden
war, rühmt sie nicht sich selbst, sondern preist Gott für seine
Gnade gegen die Armen und Niedrigen. Wie anders
klingen diese Erzählung und der Gesang von den Lippen
der Maria, als die alten Fabeln der Heiden und die Geschichten, die man später an die Jungfrau Maria geknüpft

---

*) Luc. 1, 46—56.

Thompson, Leben Jesu.   2

hat. Berühmte Dichtungen und Gesänge sind gemacht wor=
den aus Sagen, in denen ein König um ein Hirtenmädchen
wirbt und sie in ein Schloß und auf den Thron erhebt,
damit sie die Mutter eines Fürstengeschlechtes werde. Die
Heiden selbst haben ihre Fabeln, in denen Erdentöchter von
Göttern unter anderer Gestalt erwählt wurden. Aber alle
diese Erzählungen tragen das Gepräge gewöhnlicher Liebes=
geschichten, oder weltlicher Handlungen, während das Wun=
der im Leben der Maria von einer heiligen Atmosphäre
umgeben ist. Sie war nicht beseligt, weil sie eine Gottheit,
eine Heilige, oder eine Königin werden sollte, noch weil ihr
Sohn ein Herrscher, ein Dichter, oder ein Philosoph, oder
unter den Menschen reich und berühmt zu sein bestimmt
war: sondern weil sie die Mutter des Gottessohnes sein
sollte, und weil er den Herzen der Menschen als Er=
löser erscheinen und ihnen Gottes Gnade bringen sollte.
„Deß Namen sollst du Jesus heißen, denn er wird sein
Volk selig machen von ihren Sünden." *) Und obgleich
seine Eltern, als das Kind vom Himmel kam und in die
Krippe gelegt wurde dicht neben den Thieren im Stalle,
ihm keinen Rang verleihen konnten, und Niemand unter all
den Leuten in der Herberge sich um sie oder ihr Kind küm=
merte, und obwohl nicht einer unter den tausend Abkömmlingen
von der Familie Davids, die in Bethlehem versammelt waren,
an ihn, als an ihren verheißenen König und Erlöser dachte,
so war sein Name doch schon im Himmel bekannt. Er war
auf den Lippen der Engel: sie hatten ihn der Maria und
Joseph genannt, sie nannten ihn den Hirten in ihrem Ge=
sange; und seine frohlockende Mutter konnte nur ausrufen

---

*) Matth. 1, 21.

wie sie es gehört hatte: „Sein Name ist Jesus, denn so ward er von den Engeln genannt, ehe er geboren war."*) Und der Name, der ihm von Anfang im Himmel gegeben war, ist mehr erhöhet worden, denn irgend ein Name auf Erden.

---

*) Luc. 2, 21.

4. Kapitel.
Die Weissagung erfüllt sich.

[Händels Messias — Der Gebrauch, den morgenländischen Königen zu schmeicheln — Der Prophet Jesaias — Die Israeliten erwiesen einem Könige niemals göttliche Ehren — Verheißung des Christuskindes und Bezeichnung von Bethlehem als seines Geburtsortes — Wie diese Weissagung sich erfüllte.]

Hast du jemals Händels „Messias" gehört? Wenn nicht, ergreife die erste Gelegenheit, den wunderbarsten Chorgesang, der componirt worden ist, kennen zu lernen. Kennst du ihn schon, so wird die bloße Erwähnung ihn in deinem Ohr wieder-erklingen lassen: nicht das große Hallelujah, so majestätisch, seelenvoll und erhaben es auch ist, sondern den Chor, der dir die Geburt des Christuskindes verkündigt, in dem die Sprache der Musik so vollkommen jeder Empfindung des Propheten Ausdruck giebt, daß die Instrumente die Worte zu sprechen, und zu erheben scheinen von der Erregung der Freude, An-betung und Verwunderung, die sie ausströmen, als ob eine lebende und athmende Seele sie begeisterte und alle zugleich fortrisse. In den sanften Tönen des Erstaunens, gleich dem Schweigen der Erwartung beginnt eine Stimme nach der an-deren, ein Instrument nach dem andern das Wiegenlied der Engel über der Krippe: „Ein Kind ist uns geboren, ein Sohn ist uns gegeben"; dann schwillt es an bis zu dem Refrain: „Welches Herrschaft ist auf seiner Schulter", bis alle Instrumente und alle Stimmen zusammenklingen und sich zu dem Jubel vereinigen, der ausklingt in dem Choral: „Und er heißt". — Dann eine Pause, als ob Himmel und Erde schweigend lauschten, und dann verschmilzt der ganze Chor zu einer mächtigen Stimme, und Trompeten, Streichinstrumente, Pauken, Cymbeln und die Orgel lassen dieselbe Note ertönen, als ob sie alle mit den Silben der menschlichen Sprache die Namen ausriefen: „Wunderbar! Rath! Kraft! Held!" bis alle Tonwellen schwellen und rauschen in mächtiger Harmonie: „Ewig Vater!" und dann sanft murmelnd hinsterben in den Worten: „Friedefürst!" Keine andere Geburt konnte durch solchen Gesang gefeiert, keinem anderen Kinde konnten solche Namen beigelegt werden.

Siebenhundert Jahre vor der Geburt Christi verkündete der Prophet Jesaias, daß dies wunderbare Kind geboren werden würde. Es war nicht ungewöhnlich, daß die Priester, Wahrsager und Dichter, welche einen morgenländischen König umgaben, ihm mit hochklingenden Titeln schmeichelten, ihm sogar göttliche Namen und Ehren beilegten. Die großen Könige von Egypten, Persien und Assyrien wurden als Göttersöhne, oft sogar als Götter angeredet, wurden die Sonne des Himmels, das Licht der Welt, die Quelle alles Guten für ihre Völker, der Schrecken ihrer Feinde, wurden heilig und unsterblich genannt. Und ebenso wurde die Geburt eines Fürsten und Thronerben oft die Veranlassung zu hochfliegenden Reden, übertriebenen Begrüßungen und Vorhersagungen. Aber der Prophet Jesaias war kein Höfling. Er lebte in Jerusalem unter vier aufeinanderfolgenden Königen von Juda; aber sein Leben wurde damit hingebracht, die Sünde zu verdammen und Könige und Völker vor dem Strafgericht Gottes zu warnen. Er schonte selbst nicht den guten König Hezekia, sondern drohte ihm mit Krieg gegen seine Stadt, sein Reich und seine Familie *). Dennoch hielt Jesaias durch alle diese Drohungen und Wehklagen hindurch das Versprechen und die Hoffnung auf einen kommenden Er=löser aufrecht. Aber wer und wo war dieser Erlöser? Ein Jahrhundert nach Jesaias' Tode wurde das Königreich Juda zerstört, wie er vorausgesagt hatte, und es ist niemals seit=dem wieder hergestellt worden. Jesaias hatte auch die Rück=kehr der Juden von Babylon in ihre Heimath durch die Gunst des persischen Königs Cyrus geweissagt; aber die Segnungen, die er von dieser Rückkehr verhieß, waren mehr geistiger als weltlicher Art; und obgleich er zuweilen den Namen des Cyrus preist und ihn einen vom Herrn gesalb=ten Hirten nennt, bezeichnet er ihn niemals mit Titeln oder Ehrennamen wie „der Wunderbare“, „der mächtige Gott“. Es war niemals bei den Juden Gebrauch, ihren Königen göttliche Namen und Ehren beizulegen; diese bei anderen Nationen so gebräuchliche Schmeichelei war in ihren Augen Gotteslästerung. Noch weniger würde ein jüdischer Prophet einem heidnischen Fürsten solche Namen gegeben haben, selbst wenn dieser ein Werkzeug Gottes gewesen wäre, die Juden wieder in Jerusalem einzusetzen. So sehr die Juden Cyrus dafür priesen, konnten sie ihn nicht für das wunderbare Kind ansehen, das Jesaias verheißen hatte. Ihr wahrer Erlöser mußte von ihrem eigenen Geschlecht und aus dem Hause Davids sein. Darum konnten diese Worte des Je=saias nur auf ihren Messias gedeutet werden, und sie waren in diesem Sinne, lange bevor Christus geboren worden, von jüdischen Rabbinen angeführt worden. Durch

---

*) Jes. 39, 6. 7.

die dreihundert Jahre vor Christus erfolgte Uebersetzung der hebräischen Bibel ins Griechische waren diese Worte vielen außerhalb Palästina lebenden Juden, welche die griechische Sprache redeten, bekannt: und so sah die ganze jüdische Nation beständig der Erscheinung dieses wunderbaren Kindes entgegen: denn seit die Prophezeihung geschrieben worden, war Niemand geboren, auf den die Beschreibung gepaßt hätte, ebenso wenig ein Erbe für den Thron Davids.

Dies Kind, wenngleich aus einer irdischen Familie geboren, sollte doch der Herr des Himmels und der Erde werden. Die Juden nannten Jeden „den Vater" dessen, was er besaß oder gemacht hatte: und dies Kind wird der „Vater der Ewigkeit" genannt, weil er von Ewigkeit her das göttliche Leben gehabt hatte. Bekleidet mit der Macht des ewigen Lebens als der „mächtige Gott", sollte er doch in die Welt kommen als „Friedefürst": und der Gesang der Engel zu Bethlehem war der Wiederhall der Stimme des Propheten, „Friede auf Erden und den Menschen ein Wohlgefallen". Und nicht nur das Kind selbst war vorher verkündet und vom Himmel benannt worden, ehe es erschien, sondern auch der Ort seiner Geburt war von Micha genau vorhergesagt: „Und du, Bethlehem, die du klein bist unter den Tausenden in Juda, aus dir soll mir der kommen, der in Israel Herr sei." *)

Siebenhundert Jahre nach diesem Ausspruch wurde Jesus wirklich in Bethlehem geboren: die Umstände aber, welche dazu führten, daß er in Bethlehem geboren werden mußte, hatte kein Menschengeist vorhersehen können. Als diese Prophezeihung niedergeschrieben wurde, waren die Juden noch

---

*) Micha 5, 5.

eine unabhängige Nation hatten eigene Könige und Gesetze.
Sie verloren bald nachher ihre Freiheit, und obgleich sie,
aber in geringer Anzahl, aus der Gefangenschaft zurückgekehrt
waren, hatten sie mehrere Menschenalter unter Persern, Grie=
chen und Syrern gelebt: dann wurden die Juden, noch ehe
Jesus geboren war, obgleich die Maccabäer tapfer für ihre
Unabhängigkeit kämpften, von den Römern unterworfen und
zu der Zeit von einem fremden, ihnen von den Römern
aufgedrungenen Könige regiert. Ein römischer Kaiser hatte
eine Volkszählung befohlen: und da nach dem jüdischen Ge=
brauch Jeder an dem Wohnorte seiner Familie gezählt wer=
den mußte, gingen Joseph und Maria von Nazareth nach
Bethlehem: so kam es, daß eine Reihe von Ereignissen, ver=
anlaßt durch eine andere Nation, die kaum angefangen hatte
zu existiren, als der Prophet Micha schrieb, so verschiedene
und so fernliegende Ereignisse, die Niemand Macht genug
hatte hervorzurufen, noch Weisheit genug vorherzusehen,
noch Glück genug zu errathen: Ereignisse, die Keiner, der
in Beziehung zu Jesus stand, herbeizuführen im Stande war;
Ereignisse, die die römische Regierung sicher nicht in Folge
der Weissagung oder mit dem Gedanken an den jüdischen
Messias veranlaßt, und die die Juden selbst durchaus nicht
veranlaßt hatten, daß diese Ereignisse natürlicher, mensch=
licher Geschichte einen prophetischen Ausspruch erfüllten, der
sieben Jahrhunderte vorher gethan worden war.

5. Kapitel.
Jesus im Tempel.

[Eine Taufe in der Schweiz — Maria's Aussehen und Empfindung — Von Bethlehem nach Jerusalem — Simeons Segnung — Maria's Demuth und Gläubigkeit — Die Sixtinische Madonna.]

Eines Sonntags Morgens trat ich in eine sonderbare alte Kirche in einem der entlegensten Thäler der Schweiz und wartete, auf einer rohen Bank sitzend, die als Kirchstuhl diente, auf den Beginn des Gottesdienstes. Es war ein herrlicher Tag, und als ich hinausblickte auf die gewaltigen alten Berge, deren beschneiete Spitzen wie alabasterne Pfeiler das blaue Himmelsgewölbe zu tragen schienen; auf die Wälder, die die Abhänge bis hoch hinauf an den strahlenden Schnee mit Grün bekleideten; auf die Blumen, die den Fuß derselben mit leuchtenden Farben umsäumten; auf die großen Gletscher, die mit ihren gewaltigen Eisblöcken die eine Seite des Thales schlossen, und aus denen ein krystallheller Bach hervorsprudelte; auf den goldenen Sonnenschein, der seine Glorie über Alles breitete: da dachte ich zuerst, daß es keiner Kirche bedürfe, wo Gott einen so herrlichen Tempel mit eignen Händen gebauet hatte. Aber sogleich fühlte ich, daß dies gerade der rechte Platz sei, wo eine Kirche stehen sollte als ein Zeichen, daß die Menschen ihres Gottes ge-

denken mitten unter seinen Werken und ihn als den Schöpfer
und Herrn des Alls erkennen. Und die einfachen Dorf=
bewohner dachten ebenso, als sie ihre Kirche auf den höch=
sten Punkt des Thales stellten, fern von ihren Häusern und
Werkstätten, damit die Stille und die heilige Ruhe sie von Ar=
beit, Unruhe und Sorge abziehen möchte. Wie lieblich klangen
die Glocken und das Echo, das die Berge zurückhallten, und
die Orgel, als die ersten Accorde den Gesang einleiteten, in
den Männer, Frauen, Kinder sogleich einstimmten! Gerade
in diesem Augenblick erregte ein Geräusch an der Kirchen=
thür meine Aufmerksamkeit und ich sah einen Zug von Vä=
tern und Müttern hereinkommen, die auf den Armen ihre
Kindlein zur Taufe brachten. Die armen Bäuerinnen waren
sehr einfach gekleidet. Sie trugen grobe Wollenkleider und
plumpe Holzschuhe; aber sie sahen so nett und sauber aus
in ihren schneeweißen Mützen und Schürzen, und schienen
so gläubig und beglückt, als sie, eine nach der anderen, dem
Geistlichen ihr Kind hinreichten, daß mir beim Anblick dieser
demüthigen und lieblichen Frömmigkeit Thränen in die Augen
traten; ich gedachte, daß Er, der durch seine Kraft Berge
versetzt, auch über dem Lamm und dem Sperling wacht und
die kleinen Kinder in die Arme nimmt, um sie zu segnen.
Gleich diesen Bäuerinnen des Schweizerthales, einfach und
anspruchslos in ihrer Erscheinung, und doch lieblich und
vertrauend in ihrer Hoffnung und Freude, war die Jungfrau
von Nazareth, als sie voll von heiliger, mütterlicher Liebe
und Dankbarkeit die Höhe bei Jerusalem erstieg, um ihr
Kindlein im Tempel darzubringen.

Ein Gesetz der jüdischen Religion gebot der Maria, ihren
Sohn vierzig Tage nach der Geburt feierlich dem Herrn zu
weihen und sich selbst dem Priester danksagend vorzustellen;

und obgleich sie wußte, daß Jesus, schon ehe er geboren war,
durch den ihm von dem Engel beigelegten Namen und durch
den wunderbaren Gesang der himmlischen Heerschaaren in
der Nacht seiner Geburt geheiligt war, fühlte sie, daß dies
sie nicht verhindern dürfe, sich und ihr Kind im Tempel
darzustellen, wie das Gesetz es als einen Beweis ihres
Glaubens und Vertrauens verlangte. Jene Umstände ließen
sie sogar um so mehr wünschen, ihre Dankbarkeit und Freude
über das Geschenk eines solchen Sohnes zu zeigen. Doch
war sie so demüthig, so bescheiden und glaubensvoll, daß sie
bei ihrem Gang in den Tempel nichts von diesen Wundern
sagte, sich nicht ihres wunderbaren Kindes rühmte, sondern
einfach und ruhig erschien mit der kleinen Opfergabe, die sie
bieten konnte.

Eine zweistündige Wanderung über die Hügel brachte sie
von Bethlehem nach Jerusalem, und in ihren ärmlichen Ver=
hältnissen mußte Joseph zu Fuß gehen, während der Esel,
mit dem sie wahrscheinlich von Nazareth gekommen waren,
die Mutter und das Kind trug. Ihr Weg führte sie an
den Feldern vorüber, wo Ruth, die Aeltermutter Maria's,
arm und fremd wie sie, Aehren las und das Herz des Boas
gewann, und an dem Hügel, wo Rahel starb im Angesicht
ihrer neuen Heimath, und wo Jacob sie mit so liebender
Trauer begrub. Weiterhin zeigten sich ihren Augen die
Zwillingshügel, auf denen Jerusalem gebaut war, und auf
ihnen die Mauern und Thürme der Stadt, mit den Mar=
morpfeilern, vergoldeten Thüren und Bogen des Tempels,
der alles überragte. Maria hatte die Stadt und den Tempel
zuvor gesehen und die stolze Freude empfunden, mit der
jeder Jude den heiligen Ort betrachtete; aber nie erschien
ihr die Stadt so prächtig, nie der Tempel so heilig als an

dem Tage, da sie den theuren Schatz einer liebenden Mutter zum Hause des Herrn trug.

Der Tempel stand Reichen und Armen offen, und die Priester warteten Aller, die mit Opfergaben kamen. Darum schämte sich Maria nicht, daß sie arm war und nur zwei Tauben als Dankopfer bringen konnte, statt eines Lammes und einer Turteltaube; denn sie gab alles was sie hatte, und mehr als eine Königin geben konnte, da sie Gott das Kind darbrachte, das ihr mit solchen Zeichen vom Himmel und mit solchen Verheißungen für die Welt geschenkt war. Ohne stolz zu sein auf die Gnade, die Gott ihr erwiesen, und ohne besondere Beachtung und Auszeichnung für das Kind zu fordern, wäre sie befriedigt gewesen, ihren mütterlichen Dank darzubringen und den Segen des Priesters zu empfangen. Aber obgleich Maria tief im Herzen all ihre Gedanken, Hoffnungen und Wünsche für ihr Kind verbergen konnte, sie konnte der Welt den Erlöser nicht verbergen. Der letzte der Propheten hatte geweissagt, daß der Herr „zu seinem Tempel kommen würde" *), und jetzt erwachte der Geist der Weissagung im Tempel, um zu verkünden, daß der Herr erschienen sei.

Es lebte in Jerusalem ein frommer alter Priester, der sich sehnte, den Erlöser zu sehen, denn nach allem, was Daniel und andere Propheten geschrieben hatten, glaubte er, daß der Messias bald erscheinen müsse. Dieser gottesfürchtige Mann, mit Namen Simeon, betete und „wartete auf den Trost Israels"; und zuletzt versprach ihm Gott, „daß er den Tod nicht sehen sollte, er hätte denn zuvor den Christ des Herrn gesehen" **). Er kam in diesem Augenblick in

*) Mal. 3, 1.
**) Luc. 25—32.

den Tempel und wurde vom Geist Gottes bewegt, das Kind
Jesus auf seine Arme zu nehmen. Und als er es aufhob,
es zu segnen, brach er aus in einen Lobgesang, und nannte
es „den Heiland, den Gott bereitet hat vor allen Völkern,
ein Licht zu erleuchten die Heiden und zum Preis des Volkes
Israel"*). Es war ein erhebender Anblick, dieser alte Mann
in solchem Entzücken über das Christuskind, daß er bereit
war zu sterben, da er sein Antlitz gesehen hatte. Es war,
als hätten die Engel ein himmlisches Lächeln auf Jesu
Antlitz zurückgelassen, von dem Simeon betroffen war, als er
sagte: „Herr, nun lässest du deinen Diener im Frieden fah=
ren, denn meine Augen haben deinen Heiland gesehen"**).

Diese Worte des Simeon erfüllten Joseph und Maria
aufs Neue mit Staunen und Freude, denn sie schienen allen
den wunderbaren Dingen, die bereits mit dem Kinde ge=
schehen waren, bestimmtere Bedeutung zu geben. Vielleicht
dachten sie jetzt zum ersten Mal an die Ehren, die er über
seine Eltern bringen würde. Aber Simeon konnte weiter in
die Zukunft sehen, als sie, und er verstand besser die tiefe
Bedeutung der Prophezeihungen: und damit Maria sich nicht
in Hoffnung und Freude überheben solle, sagte er weiter,
daß ihr sowohl Schmerzen als Freuden durch ihren Sohn
kommen würden, daß seine Erscheinung zeigen würde, welche
unter den Juden Männer von wahrer Frömmigkeit wären,
daß Viele sich weigern würden, ihn als den verheißenen
Messias zu empfangen, daß sie wegen seiner niedrigen Ge=
burt und seiner heiligen Lehre gegen ihn sprechen und ihn
hassen würden, und daß am Ende die Leiden und Schmerzen,

---

*) Luc. 2, 29. 32.
*) Luc. 2, 34—35.

die er zu tragen hätte, wie ein Schwert durch das Herz seiner Mutter dringen würden*). O! wie wurde dies zur Wahrheit, als seine Mutter sehen mußte, wie man ihn aus der Synagoge in Nazareth vertrieb, ihn zu steinigen drohete, ihn vom Pöbel zu Boden schlagen ließ und ihn zuletzt ans Kreuz schlug! Aber Maria sollte nicht ungetröstet hinweg= gehen, und während Simeon ihr diese Mahnungen zugleich mit seinem Segen ertheilte, trat eine Prophetin Namens Anna, eine vierundachtzigjährige Wittwe, die im Tempel wohnte, herzu und fing an, das Kind zu preisen, nicht allein vor seinen Eltern, sondern vor allen Anwesenden, und verkün= digte laut, daß es der verheißene Erlöser sei.

Hätten Joseph und Maria länger geweilt, und die Ge= schichte der Geburt ihres Kindes erzählt, so würden sie Auf= sehen erregt und die Menge um sich versammelt haben. Aber sie fühlten zu tief die Ehre, die ihnen Gott erwiesen, als daß sie Lob von den Menschen dadurch hatten erlangen. wollen. Alles war ihnen zu hoch, zu heilig, zu wahr, es um des Gewinnes oder um der Eitelkeit willen herabzuwürdigen, und darum verließen sie, sobald sie erfüllt hatten, was sie nach Jerusalem führte, den Tempel und damit alle Ansprüche auf weltlichen Ruhm, und kehrten in der Stille zurück in ihre niedrige Wohnung zu Bethlehem. Dort aber sollte das Kind Jesus größere Huldigungen empfangen durch den Be= such der Weisen, die mit ihren Geschenken kamen und es an= beteten.

Als Maria sich wandte, um mit dem geweihten Kinde auf den Armen die Stufen des Tempels hinabzusteigen, hatte

sie, das dürfen wir glauben, den wunderbaren Gesichtsaus=
druck, den Raphael der Sirtinischen Madonna gegeben hat,
jenem Gemälde in der Gallerie zu Dresden, das durch Co=
pien, Stiche und Photographien in der ganzen Welt bekannt
geworden ist. Sie sah nichts von der Herrlichkeit des Tem=
pels, von seinen glänzenden Marmorwänden, seinen schim=
mernden Thüren von Erz, Silber und Gold, von seinen hohen
Pfeilern, in die Zweige und Blumen gemeißelt waren, und von
jenem wunderherrlichen Rebenzweige, der um das Hauptthor
gewunden war, und unter dessen goldenen Blättern Juwelen=
büschel funkelten; sie sah nichts von den Palästen und Gär=
ten, die sich vom Fuß des Tempels bis weit über das Thal
zu ihren Füßen hinzogen; nichts von den Aquäbucten und
Springbrunnen, den tausend Kuppeln auf den Dächern der
Häuser, den Thoren und Thürmen, die Jerusalem zur
Wonne des ganzen Landes machten; sie sah selbst nicht die
Schönheit der Erde und des Himmels, nicht die Berge
rings um die Stadt, die westwärts in Wellen bis an das
Meer hinzurollen schienen, südwärts sich bis an die Wüste,
ostwärts bis an den Jordan ausdehnend; nicht den grünen=
den Oelberg, der den Tempel überragte und das unten
grünende Thal des Kidron; nichts Irdisches, nichts Mensch=
liches sah Maria, als sie aus dem Heiligthume trat, wo sie
Gott ihr Kind geweihet hatte, das Antlitz gebeugt in De=
muth, verklärt von Liebe und strahlend von Hoffnung. Und
als sie gen Bethlehem schaute, fühlte sie sich wie von Wol=
ken gehoben und umringt von Engelchören, die den Cherub
auf ihren Armen grüßten. In diesem Augenblick ihrer
himmlischen Verzückung kam die Bangigkeit und der Schmerz
der Mutter über sie, und ihre Augen füllten sich mit Thrä=
nen beim Gedanken an das Schwert, das sein Haupt treffen

und ihr Herz durchdringen sollte. Doch da brach aus den Augen des Kindes ein himmlisches Licht, das Schmerz, Pein und Sünde hinwegnahm, — ein Regenbogen der Gnade und des Friedens, entspringend aus unendlicher Liebe, Zeit und Raum umfassend, und in menschlicher Seligkeit endend.

6. Kapitel.

Die Weisen aus dem Morgenlande.

[Wo war das Morgenland? — Wer waren die Magier? — Daniel und die Juden von Babylon — Neue Sterne — Periodisch sichtbare Sterne — Keplers Entdeckung — Wie Gott die Naturkraft im Regenbogen benutzt — Der Stern ist kein Wunder — Nur Matthäus berichtet die Geschichte von den Magiern — Legenden und Darstellungen der Magier — Ihr Grab in Cöln — Die Moral der Erzählung.]

———

Für die Völker Europa's und Amerika's ist das Land selbst, wo Jesus geboren wurde, „das Morgenland"; aber zur Zeit seiner Geburt wurden die Länder jenseits des Jordan, besonders die der Assyrer und Chaldäer, von den Juden in Palästina Morgenland genannt. Eine weite und öde Wüste dehnte sich zwischen Jordan und Euphrat. Durch diese Wüste waren ihre Väter als Gefangene geschleppt worden; in jenem Ost- oder Morgenlande, „an den Flüssen Babylons", hatten Hesekiel, Daniel und andere ihrer großen Propheten gelebt: und manche ihrer jüdischen Brüder waren dort ansässig geblieben, als die Hauptmasse des Volks in ihr Vaterland zurückkehrte.

Die Völker des Ostens beschäftigten sich vielfach mit Astrologie. Ueber ihre weiten Ebenen ist der Himmel wie ein unendlicher Bogen ausgespannt und in allen Theilen sichtbar, und in der klaren Luft scheinen die Sterne mit wunderbarer Helle und Schönheit. Ihre Weisen beobachteten alle Wandlungen des Himmels; berechneten die Verfinsterungen und Constellationen der Planeten, und glaubten in den Zeichen des Himmels die Zukunft der Einzelnen und der Völker lesen zu können. Sie hatten ein System der Sterndeuterei aufgestellt, nach welchem sie behaupteten, große Ereignisse, wie Krieg oder Frieden, Hungersnoth oder Ueberfluß, Geburt oder Tod eines Fürsten erklären, oder vorhersagen zu können; und sie wurden um die Deutung von Träumen und Vorbedeutungen ebensowohl, als um die Erklärung befremdender Erscheinungen in der natürlichen Welt befragt.

Im Buche Daniel wird erwähnt, daß die Magier mit dem Hofe in Verbindung standen und vom Könige als Rathgeber in Staatsangelegenheiten verwendet wurden. Man glaubte, daß sie mit dem Geisterreich in Verbindung ständen und daß sie in die Zukunft schauen könnten. Der König Nebukadnezar verlangte sogar von ihnen, daß sie ihm einen Traum, den er vergessen hatte, ins Gedächtniß zurückrufen sollten; und so groß war sein Glaube an ihre Macht über die unsichtbare Welt, daß er annahm, sie spotteten seiner, als sie ihm sagten, Niemand könnte thun, was er verlangte, ausgenommen die Götter*).

In Persien und Chaldäa bildeten die Magier einen Priesterorden; auch unter den Phöniciern wurde der Oberpriester Erster Magus genannt**); und das Wort soll bedeuten: der Weise, mit besonderer Beziehung auf spiritualistische Wissenschaft oder Inspiration. Gleich den Priestern des alten Egypten verbargen diese Magier Persiens unter ihrer geheiligten Würde die Mysterien der Wissenschaft, die Kennt-

---

*) Daniel 2, 1—13.
**) Movers, Phön. II, 1. S. 335.

niß des Vergangenen. Sie mußten die Erziehung der Für=
sten leiten und hatten großen Einfluß auf den König, nach=
dem er auf den Thron kam: sie waren oft Männer von
tiefem Wissen und aufrichtigem Glauben an ihre Religions=
lehren.

Aber wie kamen solche Männer dazu, mit Theilnahme
auf den neugebornen König der Juden zu blicken, eines
fremden Volkes, das keine eigene politische Macht mehr be=
saß? Wenn wir bis zur Zeit Daniels zurückgehen, finden
wir, daß Nebukadnezar ihn, nachdem er ihm seinen Traum
gedeutet hatte, zum Obersten über alle Weisen zu Babel und
zum Meister der Magier, Astrologen, Chaldäer und Weis=
sager machte*). Natürlich waren die Aussprüche Daniels in
Bezug auf die Erscheinung des Menschensohnes als fürstlicher
Messias, und auf das Reich, das Gott im Himmel aufrich=
ten wollte, und das „kein Ende hat"**), den Magiern seiner
Zeit bekannt; und die wunderbaren Ereignisse seines Lebens
und seiner Zeit, die Geschichte von Daniel in der Löwen=
grube, von Sadrach, Mesach und Abednego im feurigen Ofen
und von der Rückkehr der Juden nach Palästina auf den
Befehl des Königs Cyrus, wurden in der Schule dieser weisen
Männer zugleich mit den Weissagungen von einem Könige,
der aus Israel kommen sollte, aufbewahrt und überliefert.

Außerdem verblieb eine zahlreiche Colonie der Juden,
auch nachdem das Joch ihrer Gefangenschaft gebrochen war
im babylonischen Reich, statt mit der Masse des Volkes in
das Land ihrer Väter zurückzukehren. Diese hielten ihre
Religion und ihren Glauben an den Messias aufrecht; und

---

*) Dan. 2, 48.
**) Dan. 7, 14.

da viele von ihnen zu Reichthum und Einfluß gelangten, müssen sie die Aufmerksamkeit ihrer Nachbarn auf die Verheißung eines kommenden Königs, welche an jedem Sabbath in ihren Synagogen gelesen wurde und sie so fest als Volk zusammenhielt, gelenkt haben.

Jedenfalls scheint aus einer oder der anderen Ursache im Morgenlande der weit verbreitete Glaube geherrscht zu haben, daß um die Zeit der Geburt Jesu der Herrscher der Welt aus Judäa hervorgehen sollte. Ob diese Erwartung aus dem jüdischen Glauben an einen Messias entsprossen, oder ob sie eine jener volksthümlichen Annahmen war, die entstehen, ohne daß man weiß woher, und die oft ganze Völker mit gemeinsamer Furcht oder Hoffnung erfüllen, können wir nicht entscheiden. Aber die Thatsache, daß eine solche Vermuthung vorhanden war, dient zur natürlichen Erklärung dafür, daß die Weisen aus dem Morgenlande nach Jerusalem kamen, um den neugebornen König der Juden zu suchen. Ihre Berufsart machte sie besonders aufmerksam auf jede Erscheinung oder Begebenheit, die Aufsehen zu machen versprach: durch ihr Studium von Daniels Angaben und Weissagungen, die in ihren gelehrten Schriften aufbewahrt wurden, waren sie dazu geführt worden, um diese Zeit die Erscheinung einer wunderbaren Persönlichkeit in Judäa zu erwarten, und vielleicht glaubten sie so fest an den Gott der Hebräer und an deren heilige Schriften, daß sie, als sie den König der Juden suchten, ebenso sehr durch ihren persönlichen Glauben, als durch ihre Liebe zum Wunderbaren geleitet wurden. Zur Reise veranlaßt wurden sie durch die Erscheinung eines neuen Sternes, den sie als ein Anzeichen großer Dinge betrachteten und nach ihren Begriffen zum Verkünder dieses verheißenen Königs machten. Die Beschreibung des Sterns, die uns Matthäus gibt, ist die Erzählung der Weisen, — was sie sahen und glaubten: „Wir haben seinen Stern gesehen im Morgenlande, und sind gekommen, ihn anzubeten."*) Und daß sie auf ihrem Wege von Je= rusalem nach Bethlehem den Stern abermals gesehen hatten, muß auch von ihnen selbst berichtet worden sein: „Der Stern, den sie im Morgenlande gesehen hatten, ging vor ihnen her, bis daß er kam und stand oben über, da das Kindlein war."**) Was war nun dieser seltsame Stern? Wo kam er her? Was bedeutete er? War es ein neuer Stern, der nur erschienen, um diese Weisen zu dem Geburts= ort Jesu zu führen, der nur so lange leuchtete, als sie ihn suchten, und vom Himmel verschwand, sobald sie ihn gefun= den hatten? Die Bibelerzählung erwähnt nichts Derartiges, und wir dürfen nicht ein Wunder voraussetzen, wo keins berichtet noch nothwendig ist: daher sollten wir diese Er= zählung so zu sagen mit den Augen dieser weisen Männer und vom Standpunkt ihres Glaubens und ihrer Anschauungen betrachten.

Die Sternkundigen haben seit lange beobachtet, daß mehrere Fixsterne zu Zeiten so glänzend werden, das sie wie neue, fremde Himmelskörper erscheinen, und dann so blaß werden, daß sie fast verschwinden. „Einer der merkwürdigsten dieser periodischen Sterne wird oft Mira oder der Wunder= stern genannt. Der größte Glanz dieses Sternes dauert ungefähr vierzehn Tage, und derselbe ist dann gleich einem Stern zweiter Größe. Der Glanz nimmt darauf ab und hört nach zwei Monaten auf, dem bloßen Auge sichtbar zu

---

*) Matth. 2, 2.
**) Matth. 2, 9.

sein. Nachdem der Stern so sechs oder sieben Monate unsichtbar geblieben ist, erscheint er wieder und nimmt allmählig zu, bis er nach zwei Monaten seinen größten Glanz wieder erlangt hat."*) Und außer diesen Veränderungen des Glanzes, der scheinbaren Größe und auch der Farbe wohlbekannter Sterne, wissen wir von temporären Sternen, die plötzlich aus Licht kamen und, nachdem sie eine Weile in derselben Stellung geblieben waren, „verschwanden und keine Spur zurückließen"**). Solche Sterne sind stets auffallend durch Glanz und Farbe. Der dänische Astronom Tycho de Brahe hat eine genaue Beschreibung eines solchen Sterns gegeben, den er zum ersten Mal am 11. November 1572 beobachtete. „Da ich auf einem meiner Spaziergänge wie gewöhnlich die Augen zum wohlbekannten Himmelsgewölbe erhob, bemerkte ich mit unbeschreibbarem Erstaunen nahe dem Zenith in der Cassiopeja einen funkelnden Fixstern von nie vorhergesehener Größe. Frappirt wie ich war, traute ich meinen Sinnen nicht, und um das Zeugniß Anderer zu haben, rief ich meine Hilfsarbeiter aus dem Laboratorium, und befragte sie, wie alle Vorübergehenden, ob sie auch den Stern wahrnähmen, der so plötzlich hervorgetreten war. Darauf hörte ich, daß in Deutschland bereits Fuhrleute und gewöhnliche Arbeiter die Aufmerksamkeit der Astronomen auf dies große Phänomen am Himmel gelenkt hatten. An Glanz war dies neue Gestirn nur mit der Venus in größter Erdnähe zu vergleichen. Personen mit scharfem Gesicht konnten bei klarer Luft den neuen Stern am Tage, selbst um Mittag erkennen. Bei Nacht, wenn der Himmel so bezogen war,

---

* Loomis, Astronomy, p. 290.
**) Loomis, Recent Progress of Astronomy, p. 171.

daß alle anderen Sterne sich verbargen, war er oft durch die
Wolken hindurch sichtbar, wenn dieselben nicht sehr dicht
waren. Im Dezember 1572 fing sein Glanz an abzunehmen,
und der Stern wurde allmählig dem Jupiter gleich; doch
im Januar 1573 war er schon weniger glänzend als dieser
Planet geworden. Während des Jahres 1573 wurde er
immer undeutlicher, und im März 1574 verschwand der
neue Stern, nachdem er siebzehn Monate geschienen hatte.
Er war durch verschiedene Farbenveränderungen gegangen.
Während der ersten zwei Monate war er weiß; dann wurde
er gelb; später im Frühling 1573 war er roth, und im
Mai desselben wurde er wieder weiß und blieb weiß, so
lange er sichtbar war."

Der große deutsche Astronom Kepler hat einen dieser
Sterne durch seine herrliche Schilderung von dessen Erschei=
nen und Verschwinden berühmt gemacht. Für sein religiöses
Gefühl entsprach der Anblick dieses Sterns demjenigen, wel=
chen die Weisen vom Morgenlande gesehen hatten.

Am 17. October 1604 sah Kepler zuerst einen neuen
Stern, der in einem klaren weißen Licht strahlte und noch
heller leuchtete als die Planeten Mars und Jupiter, die zu
derselben Zeit sichtbar waren. Aber bei längerer Beobach=
tung nahm man wahr, daß die Intensität seines Lichtes
wechselte, daß seine Farbe aus Weiß in Gelb, dann in Roth,
zuletzt in eine blasse, unbestimmte Farbe überging, während
er immer weniger deutlich zu erkennen war und zuletzt in
Dunkelheit verschwand. Er wurde zum letzten Mal ganz
klein und matt im October 1605 gesehen. Aber im Jahre
1848 sah ein Astronom in London*) an derselben Stelle,

---

*) Mr. Hind.

wo Kepler seinen Stern beobachtet hatte, einen neuen Stern,
der zuerst in röthlichem Licht flammte und, nachdem er mehrere
Wandlungen in Farbe und Glanz durchgemacht hatte, An=
fangs 1850 verschwand. Dies ist vielleicht eine Wiederkehr
desselben Sterns nach mehr als zweihundert Jahren gewesen;
oder vielleicht ist ein neuer Stern erschienen, gerade an der
Stelle des von Kepler beobachteten. Der Zeitpunkt, in wel=
chem er diesen neuen Stern studirte, war merkwürdig durch
verschiedene wunderbare und herrliche Erscheinungen am
Himmel. Die zwei großen Planeten Jupiter und Saturn
waren einander so nahe gekommen, daß ihre Strahlen sich zu
einem Glanz verschmolzen, der dem Leuchten einer neuen
Sonne gleichkam; und etwas später kam der Planet Mars
diesem Kreise so nahe, daß alle drei zusammenleuchteten, eine
Dreiheit von Glanz, die sich zu einem Stern verschmelzen zu
wollen schien. Und eben, als die Augen der Astronomen
auf diese seltenen und glänzenden Erscheinungen gerichtet
waren, zeigte sich der wunderbare Stern in derselben Him=
melsgegend. Kepler beschreibt ihn so: „Gleich einem König,
der im Triumphgepränge kommt und seine Herolde voraus=
schickt, damit sie sich um seinen Thron stellen und ihm hul=
digen können, so erwählte dieser Stern, nachdem jene wunder=
baren Zeichen vorangegangen waren, sich einen Platz nahe
dem Pfade der Sonne, als ob er die Huldigungen aller Pla=
neten empfangen wollte.“

Nach sorgfältiger Berechnung fand Kepler, daß in dem
Jahr, welches man als das Geburtsjahr Jesu annimmt, Ju=
piter und Saturn in nahe Berührung gekommen waren, da
sich ihre Bahnen dreimal in sieben Monaten kreuzten: das
erste Mal im Mai, das zweite Mal Anfangs im October,
wo sie mehrere Tage zusammen leuchteten mit einem Glanz,

der alle Augen auf sich gezogen haben muß; und abermals
Anfang Dezember. Die Magier des Ostens, die beständig
das Firmament beobachteten, mußten durch diese Anzeichen
darauf hingeleitet werden, ein großes Ereigniß zu erwarten;
die Zeit für die Geburt des wunderbaren, von Daniel be=
schriebenen Königs war nahe; und wenn etwa damals ebenso
plötzlich, wie später zur Zeit Keplers, ein neuer Stern in
der Nähe der Planeten erschienen ist, der heller leuchtete
als sie alle, so mußten sie ihn für den Verkündigungsstern
der Geburt dieses Königs halten und glaubten natürlich, daß
er den Platz anzeigte, wo dieser zu finden war. Und so
machten sie sich auf im Glauben an solche Zeichen und Wun=
der, und reisten gegen Westen viele hundert Meilen, um in
Judäa die Stätte zu finden, wo der Erlöser der Welt ge=
boren wäre. Das Alles war natürlich, aber es traf zu=
sammen mit einer wunderbaren Erscheinung*).

Wir wissen, daß Gott nach der Sündfluth den Regen=
bogen zum Zeichen seiner Gnade erwählte. Doch waren
dessen herrliche Farben damals nicht zum ersten Mal am

---

*) Viele Gelehrte sind jetzt überein gekommen, das Geburtsjahr
Jesu als das Jahr 747 nach der Erbauung Roms anzunehmen, oder
7 v. Chr., d. i. im siebenten Jahre vor dem gewöhnlichen Datum der
christlichen Aera. Dr. A. W. Zumpts gelehrte Abhandlung: „Das
Geburtsjahr Christi“. — In Betreff der astronomischen Erscheinungen
des Jahres 7 v. Chr. siehe Kepler, De Jesu Christi vero Anno
Natalitio; Ideler, Handbuch der Chronologie II, 406 und Lehr=
buch der Chronologie, S. 428; ebenso Pritchard, Memoirs of
Royal Astronomical Society, vol. XXV. Prof. Pritchard ist mit
Ideler über die Thatsache einverstanden, daß drei Annäherungen von
Jupiter und Saturn vom Mai bis December 7 v. Chr. stattgefunden
haben; aber er widerspricht der Annahme, daß dieses Phänomen der
Stern der Magier war.

Himmel sichtbar. Seit die Sonne zum ersten Male auf fallende Regentropfen geschienen, hatte sie jeden Tropfen in ein Prisma verwandelt, durch welches die Strahlen des reinen weißen Lichts gleich Juwelen von rother, orange= farbener, gelber, grüner, blauer und violetter Farbe schim= merten. Es ist das Wesen des Lichtes, diese Farben= pracht hervorzurufen, wenn es in einer bestimmten Weise durch eine Glaskugel oder einen Wassertropfen scheint; und der Regenbogen war nicht nach der Sündfluth, noch zu dem Zweck geschaffen, ein Zeichen zu sein, daß nie wieder eine Sündfluth stattfinden sollte. Aber nach diesen langen, langen Regenwochen, während welcher das Wasser bis über die Häuser, über Bäume und Hügel gestiegen war, Menschen und Vieh ersäuft, und alle Bewohner des Landes, außer der Familie in der Arche, vernichtet hatte, und nachdem vierzig Tage lang nichts zu sehen gewesen war als wilde Wogen und finstere, trübe Wolken, schien es — als endlich die Sonne hervorbrach, die Thäler und die wieder erscheinenden Bäume beleuchtete, und die letzte dunkle Wolke, die eben ihren letzten Regenguß herabgeströmt hatte, in ein lichtes Banner verwandelte, das durch den Himmelsraum flatterte —, als ob eine neue Welt geschaffen wäre und Gott den Regen= bogen am Himmel aufgerichtet hätte als ein Zeichen der Hoffnung und eine Verheißung der Gnade.

Obgleich nun der Stern, welcher den Magiern erschienen war, vielleicht mit demselben Glanz gestrahlt hätte, wäre Christus auch nicht geboren worden, so war doch seine Ankunft so sehr im Einklang mit Christi Geburt, daß diese Stern= deuter, deren geistiges Auge die menschlichen Schicksale in den Sternen las, ihn wohl für ein Wunderzeichen halten und als Führer benutzen durften. Die Wunder Gottes in den Werken der Natur sind in Harmonie mit den Wundern seiner Vorsehung und Gnade.

So leise, wie dieser neue Stern in den Kreis der Planeten trat, daß er ihre Bewegungen nicht störte, noch ihren Lauf änderte, so kam das neue Leben, welches allen späteren Zeiten ein Führer sein sollte, still und demüthig vom Himmel in unser irdisches Leben, daß die Menschen nicht mehr von seiner Ankunft gewußt hätten, als die Thiere im Stalle, hätten nicht die Engel die Geburt des Heilandes gesungen in einem Liede, dem die Sterne hätten lauschen mögen, und hätte nicht der Stern über seiner Krippe gestanden mit dem Glanze eines Engels.

Natürlich behaupte ich nicht, daß diese Annäherung der Planeten, die Kepler beschreibt, wirklich das Zeichen am Himmel war, welches die morgenländischen Astrologen leitete, sich aufzumachen und den unbekannten König der Juden zu suchen. Das Datum der Geburt Christi ist nicht mit Bestimmtheit festzustellen; und selbst diese wunderbare Erscheinung der Planeten mag nicht in jedem Punkt dem entsprechen, was von den Sternen zu Bethlehem gesagt ist. Aber sie zeigt uns, wie ein seltsames, doch natürliches Phänomen am Himmel die Menschen, die an Himmelszeichen glaubten und etwas Neues erwarteten, erregt haben kann. Matthäus sah den Stern nicht; er erwähnt seiner nicht als eines Wunders, und wir brauchen ihn nicht als ein Wunder aufzufassen, um das Kommen der Weisen aus dem Morgenlande zu erklären*). Wenn eine Vereinigung von Planeten, wie Kepler sie beschreibt, die Wirkung hatte, daß man einen Stern von seltenem Glanz zu sehen glaubte; oder wenn wirklich ein neuer,

---

*) Ueber Wunder s. 7. Kapitel.

temporärer Stern die Beachtung der Weisen auf sich zog, würde dies nur übereinstimmen mit dem, was die Astronomie so lehrt: daß sie dies Zeichen am Himmel auf Wochen oder Monate aus den Augen verlieren konnten und es wieder wahrnahmen, sobald sie Jerusalem erreicht hatten, wo ihnen der Stern gerade über Bethlehem zu stehen schien. Ihnen war geheißen nach Bethlehem zu gehen, und bei ihrem Glauben an Himmelszeichen diente ihnen der Stern zugleich als Beweis und Führer. Eine andere Conjunction derselben Planeten hätte diese Wirkung hervorbringen können, oder sie hätten den Stern zuerst als Morgenstern und dann als Abendstern an einer anderen Stelle sehen können*). Jedenfalls dürfen wir nicht übersehen, daß Matthäus dies nicht als ein von Gott gesendetes Wunder erwähnt, sondern nur die Erzählung der Sterndeuter berichtet.

Der Besuch der Weisen in Bethlehem hat zu vielen Dichtungen und Legenden Veranlassung gegeben und ist von den größten Künstlern der Welt in Gemälden und Sculpturen verewigt worden. Da drei Arten von Geschenken erwähnt werden, „Gold, Weihrauch und Myrrhen", — so hat man die Zahl der Magier selbst auf drei festgesetzt, und sie werden dargestellt als Könige, die mit einem großen Gefolge von Kameelen und Geschenke tragenden Dienern erscheinen. Diese Könige stellen verschiedene Länder vor, wie: Arabien, Tarsus, Saba, Aethiopien; und die Geschenke zeigen zuweilen Abbildungen der Thiere dieser Länder — Elephanten, Pfauen, Papageien und Aehnliches —, wie auch aus Gold und Ju-

---

*) Im Jahre 827 beobachteten zwei arabische Astronomen in Babylon einen neuen Stern, dessen Licht dem des Mondes im ersten Viertel glich.

welen geformte Kronen. Die Legende erzählt, daß der Stern einem rothen Kreuz glich: daß das Kind, als die Könige vor der Krippe knieeten, die Hände über ihre Häupter hielt und sie segnete, daß Maria, seine Mutter, ihnen ein Stück Linnen gab, in welches Jesus gehüllt gewesen war, mit dem sie nach ihrer Rückkehr Wunder bewirken konnten; daß sie Lehrer des Evangeliums wurden und als Missionäre zu wilden Völkern gingen und zuletzt den Märtyrertod starben; daß ihre Knochen gesammelt und nach Köln gebracht wurden, — noch jetzt wird in der großen Kathedrale dieser Stadt ein silberner Kasten gezeigt, der mit Edelsteinen verziert ist, und in welchem die Skelette dieser drei Könige, ihre mit Diamanten besetzten Schädel, und ihre in Rubinen geschriebenen Namen, enthalten sind. Die schönsten und kostbarsten Werke der Kunst haben so Zusammenhang mit der Geschichte von diesen Weisen: doch wie viel schöner und herrlicher ist die Erzählung im Evangelium selbst! Und wie sehr gleicht dieselbe der einfachen geschichtlichen Wahrheit neben allen den Legenden, die erfunden sind um sie auszuschmücken! Statt von Königen aus verschiedenen Theilen der Welt, die mit einem langen Gefolge von Dienern kommen und einen prachtvollen Aufzug machen, erzählt uns Matthäus nur von weisen Männern, die aus einem und demselben Lande kamen und wieder dahin zurückkehrten. Sie kamen still wie Weise, die einem Stern folgen, und wie Priester und Propheten, die ein neues Licht in der Geschichte der Welt suchen. Sie gingen erst nach Jerusalem, wie es natürlich war, denn sie erwarteten den neugebornen König in der Hauptstadt und im königlichen Hause finden, sie forschten im Palast und bei den Priestern, und als sie zuletzt nach der kleinen Stadt Bethlehem gewiesen wurden, hatten sie solchen Glauben an ihre Sternkunde, daß sie nicht zauderten, ihre Gaben einem Kinde zu bringen, das keine äußeren Zei= chen eines Fürsten an sich trug, dessen Eltern nur als Gäste anwesend und so arm waren, daß sie kaum Obdach und Nahrung für ihr Kindlein beschaffen konnten. Darauf kehr= ten diese weisen Männer, nachdem sie ihrem Glauben an die Sterne gefolgt waren und ihre Sendung erfüllt hatten, heim in ihr Land.

Nichts Weiteres wird von ihnen berichtet. Die ganze Erzählung ihres Besuchs wird in drei oder Versen des Evan= geliums gegeben, und kein Versuch gemacht, ihrer Erscheinung große Wichtigkeit beizulegen. Matthäus erwähnt des Ereig= nisses nur als einer Thatsache. Dennoch waren diese Magier, ohne es zu wissen, die Herolde und Propheten, welche die heidnische Welt mit ihren Schätzen an Wissen, ihrem Reich= thum und Handel zur Erkenntniß und Verehrung Christi führten. „Er kam in sein Eigenthum und die Seinen nah= men ihn nicht auf.“*) Der König der Juden versuchte ihn schon in der Wiege zu vernichten. Die Priester und Phari= säer haßten und verabscheueten ihn, bis sie ihm das Leben genommen hatten. Aber die niedrigen Hirten erkannten Je= sus als den Heiland an, und die Weisen brachten ihm als dem König der Juden die Huldigungen anderer Völker. Alle christlichen Völker waren ihre Nachfolger. Diese Magier eröffnen die lange Reihe von Gelehrten, Edlen und Fürsten, die den Namen Christi geehrt haben. Durch ihre Gaben wurden die Erzeugnisse und Reichthümer der Welt ihm geweiht, und Gold und Weihrauch wurden aus bloßer Waare Gegenstände, den Gottesdienst zu verherrlichen. Diese Gaben haben aber

---

*) Joh. 1, 11.

nur Werth als Opfer der Liebe und als Huldigungen des Her=
zens. Und zu uns, die wir wissen, wer das Kind von Beth=
lehem war, und welche Gaben des Heils er gebracht hat, zu
uns sprechen alle Weisen und Guten der alten Zeit: die
Stimmen der Sterne, die uns aufbewahrten Gebete dahin=
geschiedener Heiligen, die noch als Engelsstimmen in den
Lüften weilen, alle rufen uns zu, daß auch wir dem Leitstern
folgen sollen, der in unseren Herzen aufgegangen ist, und
daß wir das Opfer unserer Liebe, die Heiligung unseres
Lebens, zu den Füßen Jesu legen sollen.

7. Kapitel.

Ein Kapitel über Wunder.

[Die Vorliebe für Wunder ist den Menschen natürlich, wird aber oft gemißbraucht — Der Glaube ist eine wirkliche Naturgabe — Er sollte gefördert werden — Die Bibel ist nicht ein Buch der Wunder — Woran sind wirkliche Wunder zu erkennen? — Die Wunder bei Jesu Geburt waren bei einer solchen Persönlichkeit natürlich.]

———

Dem menschlichen Geist ist eine Vorliebe für das Wunderbare angeboren. Die Wunder der Wissenschaft, die Wundererzählungen der Reisenden, die Wunder der Märchenbücher haben einen Reiz für die Jugend, der in reiferen Jahren nicht ganz aufhört. Diese Vorliebe für das Wunderbare wird wohl gemißbraucht, und Kinder und unwissende Personen werden oft erschreckt, oft getäuscht und hintergangen durch absichtlich erfundene Geschichten, mit denen man auf ihre Einbildungskraft oder ihre Furcht zu wirken sucht. Ohne Zweifel wurde und wird noch mit Religionswundern ebenso viel Betrug getrieben, als mit einer andern Art absichtlicher Täuschung. Dennoch kann der Wunderglaube Gutes bewirken: und es lebt etwas in der wirklichen Welt um uns her und in der Region der Möglichkeit über uns, was dieser Macht der Einbildung und des Glaubens in uns entspricht. Wie das Auge dem Licht, das Ohr dem Klang und jeder Sinn einem entsprechenden Gebrauch angepaßt ist, so hat auch diese vielgescholtene Glaubensfähigkeit ihre lichtere und bessere Seite. Sie ist nicht nur ein Theil unseres Wesens, sondern einer seiner höheren und edleren Theile. Wie öde und leblos würde die Welt sein, wenn wir darauf beschränkt wären, nur zu glauben, was wir sehen und greifen können, und niemals auf Vogelschwingen uns in die Region geistigen Lebens und Wirkens erheben, und die Existenz von etwas über den physischen Gesetzen Stehenden fühlen könnten! Wie werthlos würde unser Leben sein, wenn es aller Beziehungen auf das Unsichtbare beraubt wäre, niedergehalten durch die gleichförmige Thätigkeit der Sinne, und niemals erhoben durch einen Flug der Seele aus ihrem dumpfen Brüten in die Freiheit des Lichtes! Wie jede andere Fähigkeit muß aber auch der Glaube gebildet, und besonders muß er ange= leitet werden, zwischen wahren und falschen Wundern zu unterscheiden, zu erkennen, ob sie aus der eigenen Phantasie hervorgehen, oder von bösen und betrügerischen Menschen er= funden sind.

Die Bibel ist ein Buch der Wunder genannt worden. Aber es ist unwahr, daß die Bibel geschrieben worden, um Wunder zu erzählen, oder daß sie hauptsächlich von Wundern berichtet, noch daß sie Wunder gebraucht, um auf unsere Einbildungskraft zu wirken, oder uns mit Staunen zu er= füllen. Alle in der Bibel erzählten Wunder sollen nur irgend eine Wahrheit, oder eine Pflicht gegen Gott, oder gegen unsere Mitmenschen näher beleuchten, uns helfen, einen höheren Zustand, ein besseres, heiligeres Leben zu verstehen: und die Lehren passen zu den Wundern, wie eine kostbare Perle zu den sie einfassenden Diamanten, — jedes ist an seinem Platz. Die Wunder, welche die Geburt Christi um= geben, sind solche Diamanten: sie sind die angemessene Fassung und Zierde solchen Lebens. Sie scheinen nur natürlich an einer Person wie Jesus und für den Zweck, zu welchem er in die Welt kam.

In einem späteren Kapitel werde ich von den Wundern sprechen, die er verrichtete, und von Wundern im Allgemeinen *). Es genügt hier zu sagen, daß, wenn der Gegenstand würdig ist, daß Gott ihn in einer wunderbaren und uns außerordentlich scheinenden Weise behandelt, das Wunder selbst natürlich und vernünftig wird, — gerade was man in solchem Falle erwarten möchte. Nicht alle wunderbaren Erscheinungen sind Wunder, denn ein Wunder ist eine Thatsache, die geschieht außerhalb des bekannten, diese eine Sache regierenden Naturgesetzes, so daß nur ein directes Eingreifen Gottes es bewirken kann. Aber Gott kann in der wirklichen Welt wunderbare Erscheinungen benützen, um die Aufmerksamkeit auf eine neue Wahrheit oder eine That der Liebe zu lenken. Es ist wichtig, dies im Auge zu behalten, um die in der Bibel erzählten Wunder und die Bedeutung der Mirakel zu verstehen, die Gottes Gegenwart und Macht beweisen sollen. Wenn uns etwas Wunderbares in der Bibel aufstößt, so müssen wir zuerst die Erzählung zu verstehen suchen, uns klar machen, was die erzählte Thatsache ist, und uns vergewissern, daß es wirklich eine Thatsache ist. Dann müssen wir das Wunder als ein Factum annehmen, ebenso wie wir viele Facta in der Natur und in unserem Leben, die wir nicht zu erklären im Stande sind, aufnehmen. Die Vernunft selbst fordert diesen Glauben von uns. Wenn wir sehen, daß ein Ereigniß außer dem Bereich der natürlichen Ursachen lag, so können wir es nur als eine directe Einwirkung

---

*) S. Kap. 27.

Gottes betrachten. Aber es ist uns nicht erlaubt, ein Wun=
der aufzustellen, um ein Geheimniß zu erklären, wo die Bibel
selbst weder in Worten, noch durch klare Darstellung auf ein
Wunder deutet. Einige der ersten Christen glaubten das
Ansehen des Evangeliums durch Hinzufügung einer Menge
Legenden über Christus und seine Mutter vermehren zu
können, und im zweiten und dritten Jahrhundert wurden
neue Evangelien voll von Wundergeschichten über die Kind=
heit und Jugend Jesu geschrieben. Aber die wahren Evan=
gelien machen kein Gepränge mit Wundern und vervielfälti=
gen sie nicht, bis sie an Werth verlieren. Um die Wunder der
Bibel im rechten Licht zu sehen, das heißt getrennt von und über
allen anderen Wundern, müssen wir nicht jede fremdartige
Erscheinung ein Wunder nennen, noch in den Wundern die
Hauptsache des Buches sehen. Der Schöpfer der Natur be=
nutzt dieselbe oft zu sittlicher Belehrung, und einige Wunder
der Bibel waren sichtlich nur Gottes weisere Belehrung
durch die Dinge, die er gemacht hat. Ein Beispiel davon
war im letzten Kapitel gegeben. Es war kein Wunder, daß
ein neuer Stern am Himmel gesehen wurde, noch daß seine
Erscheinung den Männern, die gewöhnt waren, Zeichen und
Wunder am Himmel zu lesen, als ein Wahrzeichen über einem
bestimmten Ort in Juda zu stehen schien. Aber daß die
Erscheinung zu solcher Zeit und an solchem Ort dazu diente,
gläubige, erwartungsvolle Beobachter zu dem Geburtsort des
Heilandes zu führen, war der Nutzen der Wunder und des
Wunderglaubens, einem solchen Ereigniß angemessen und im
höchsten Sinne natürlich. Wir können nicht sagen, daß es
ein Wunder war, daß die Engel in der Nacht leuchteten und
ihren Gesang anstimmten, denn wir wissen nicht, ob die Engel
nicht in der Luft sind und sich jeder Zeit auf ganz natür=

liche Weise sichtbar machen können; aber solche Worte, wie sie sangen — Worte, die kein menschliches Ohr zuvor gehört, keine menschlichen Lippen jemals ausgesprochen, die kein Menschengeist je gedacht hatte —, gehören Engeln an und machen das Wunder an dieser Stelle natürlich. Daß Jesus ohne irdischen Vater in die Welt kam, war nicht nur ein Wunder, sondern ein Mirakel: aber wenn wir sein Leben voll Liebe, sein Wesen voll Güte, seine Thaten der Gnade und Macht betrachten, und zu fühlen anfangen, daß dieser wunderbare Mann, so verschieden von und so hoch über allen anderen Menschen, und doch so eins mit uns, „kein Anderer war, als Gottes Sohn, dann erscheint es kein Wunder mehr, daß er in die Welt kam, wie kein anderer Mensch vorher, oder daß ein Engel kam, um es Maria vorher zu verkünden. Und vor Allem, wenn wir bedenken, wie viel Sünde und Leid und Sorge in der Welt war, hört es auf ein Wunder zu sein, daß Gott die Himmel erklingen und alle Sterne in ihren Gesang einstimmen ließ, um die frohe Botschaft zu verkünden, daß ein Heiland geboren war, „der die Menschheit erlösen sollte von ihren Sünden".

8. Kapitel.

Die Flucht nach Egypten.

[Beschreibung von Egypten — Schilderung der Persönlichkeit des Herodes — Seine Versuche, Jesus zu tödten — Joseph's und Maria's Reise — Beschreibung des Weges — Legende vom Baum und der Quelle.]

Sechzig Meilen südwestlich von Bethlehem liegt ein herrliches Land, wo die Sonne nie aufhört zu scheinen und die Erde einem Garten gleicht. Auf zwei Seiten stößt dies Land an Wüsten, die aus Bergen, Felsen, Steinen und Sand bestehen, hier und dort eine Oase mit frischem Grün zeigend, doch ohne daß Felder, Wälder, Städte, Dörfer, Fabriken und Landgüter die Oede unterbrechen. Diese Wüste ist in zwei Theile getheilt durch den wunderbaren Fluß Nil, welcher mehr als 500 Meilen oberhalb in den großen Seen und den Schneegebirgen des inneren Afrika entsteht und das reichliche, gute Wasser herbeiführt, das ganz Egypten versorgt und es einmal jedes Jahr mit den Fluthen überströmt, die es blühend und fruchtbar machen. In dem Schilf, das am Ufer dieses Flusses wuchs, wurde das Kind Moses von seiner Mutter in einem Binsenkörbchen ausgesetzt, als der böse König befahl, daß alle hebräischen Knaben in Egypten getödtet werden sollten. Und ein eben so grausamer Befehl des Königs von Juda, alle kleinen Kinder in Bethlehem zu tödten, veranlaßte

Joseph und Maria, in der Nacht mit Jesu hinwegzueilen und ihn nach Egypten zu führen, wo sie in Sicherheit waren.

Der Besuch der Weisen aus dem Morgenlande in Jerusalem, die nach dem neugeborenen Könige fragten, machte großes Aufsehen im Tempel und Palast und wurde natürlich dem Herodes berichtet. Dieser war ein Mann von eifersüchtiger und grausamer Gemüthsart, und einige der von ihm begangenen Verbrechen waren so befremdend und ungeheuerlich, daß er an Geistesstörungen gelitten haben muß. Er begann seine Regierung mit der Ermordung Aller, die sich seinem Bestreben, sich zum König zu machen, widersetzt hatten; und nachdem er seinen Zweck erreicht hatte, ließ er Jeden, der ihm mißfiel oder seinem Ehrgeiz im Wege stand, tödten. Er opferte zuweilen Hunderte seiner Unterthanen in einem Ausbruch von Wuth oder Furcht. Seine eigene Familie wurde nicht bei diesen Anfällen verschont; und er war, wie Heinrich VIII. von England, ein wirklicher „Blaubart". Seine schöne Gemahlin, Marianne, ihr Großvater, ihre zwei Söhne, Alexander und Aristobulus, und sein ältester Sohn Antipater, der lange sein Liebling gewesen war, diese alle fielen nach einander als Opfer seiner Wuth; und noch kurz vor seinem Tode ließ er viele der Edelsten des Landes einkerkern und gab den Befehl, sie alle hinzurichten, damit zur Zeit seines Todes allgemeine Trauer in den ersten Familien sein sollte*).

Dieser schreckliche Bösewicht war König, als Jesus geboren wurde, und da er danach trachtete, die Königswürde

---

*) Genauere Berichte über Herodes s. Josephus, Alterthümer XV u. XVI.

in seiner Familie zu erhalten, war er sehr beunruhigt, als die Weisen kamen, das Kind zu suchen, von dem Herodes selbst nichts wußte, das aber, wie Jene in den Propheten und den Sternen gelesen hatten, geboren war, König der Juden zu sein. Wie es oft mit Menschen der Fall ist, die große Verbrechen begehen, war Herodes sehr abergläubisch, und obgleich er vor der Welt that, als fürchte er weder Gott noch Menschen, war er im innersten Herzen ein großer Feigling, und lebte in beständiger Furcht, daß irgend ein großes Unheil oder Strafgericht über ihn kommen würde. Man sagt, daß er nach der Ermordung seiner Gemahlin seinen Dienern den Befehl gab, immer von ihr zu sprechen, als ob sie noch am Leben wäre. Er hoffte auf diese Art sich vor dem Entsetzen über sein eigenes Verbrechen zu retten. Wohl wissend, wie sehr die Juden seine grausame Herrschaft haßten und den allgemeinen Glauben, daß die Erscheinung des Messias nahe sei, kennend, fürchtete Herodes, daß sich eine Verschwörung gegen ihn und seine Familie bilden, und daß der neugeborne König zum Erben des Thrones Davids erklärt werden würde. Da die Magier hervorragende Männer in ihrem Lande waren, konnte ihr Kommen aus so weiter Ferne, mit so kostbaren Geschenken, um den neuen König anzubeten, die Aufmerksamkeit auf das Kind lenken und ihm eine Partei erwecken. Daher beschloß Herodes das Kind ausfindig zu machen und aus dem Wege zu schaffen. Aber er verbarg seine grausame Absicht unter einem frommen Vorwande und versuchte, die Magier als Werkzeuge zu gebrauchen.

Er versammelte die vornehmsten Priester und Gelehrten unter den Juden und bestand darauf, daß sie ihm sagen sollten, wo Christus geboren werden würde.

Sie gaben ihm zur Antwort die Worte des Propheten
Micha: „Und du, Bethlehem, die du klein bist unter den
Tausenden in Juda, aus dir soll mir der kommen, der
in Israel Herr sei." *) Diese Worte müssen ihn noch
mehr beunruhigt haben, denn wenn das Kind schon ge=
boren war, das in Israel Herr sein sollte, war keine Hoff=
nung, daß das Königthum in seiner Familie bliebe. Sich
dieses Kindes zu entledigen, war nun sein einziges Bestre=
ben, und er hatte keine Ruhe, bis es geschehen war. Aber
Herodes war ebenso schlau als grausam: und ohne den Prie=
stern, unter denen geheime Freunde des Messias sein konn=
ten, seine Gefühle zu verrathen, schickte er heimlich nach den
Magiern und suchte sie über den Stern zu befragen und
von ihnen zu hören, was sie über den neuen König wußten,
oder davon hielten. Dann schickte er sie unter dem Vor=
wande, daß er selbst das wunderbare Kind anzubeten ver=
langte, nach Bethlehem, um dasselbe aufzusuchen, und befahl
ihnen, zurückzukommen und ihm zu sagen, wo es zu finden
wäre. Dies schien ein sehr natürliches Verlangen; und hätten
die Magier ihm Kunde gebracht, so würde er sogleich das Kind
und vielleicht auch die Eltern um das Leben gebracht haben.
Aber Gott, der Jesus in die Welt geschickt hatte, wachte
über ihm: und wie wir gesehen haben, wurde den Weisen
„im Traume" befohlen, daß sie nicht zu Herodes zurückkehren
sollten, und „sie zogen auf einem anderen Wege in ihr Land
zurück" **).

Als er eine Weile gewartet und keine Nachricht erhalten
hatte, erfuhr Herodes, daß die Magier heimgezogen waren,

*) Micha 5, 1.
**) Matth. 2, 12.

ohne wieder nach Jerusalem zu kommen: und dies erzürnte ihn so sehr, daß er beschloß, alle männlichen Kinder unter zwei Jahren in und um Bethlehem zu tödten. Durch diesen allgemeinen Mord glaubte er sicher den jungen Fürsten umgebracht zu haben. Obgleich Josephus nicht von diesem Befehl spricht, stimmt derselbe vollkommen mit dem überein, was er uns über Herodes Charakter sagt, und vielleicht war diese Thatsache in einem von so schrecklichen Verbrechen erfüllten Leben zu gering, um erwähnt zu werden.

Glücklicherweise war in einer so kleinen Stadt wie Bethlehem die Zahl solcher Kinder nicht groß, aber sie war groß genug, um den Ort mit „Klagen, Weinen und Heulen" *) zu erfüllen, denn alle Nachbaren, die keine eigenen Kinder hatten, klagten mit den Eltern, deren Kinder vor ihren Augen geschlachtet wurden.

Aber Herodes kam zu spät, um das Vorhaben einer Tödtung des Christkindes auszuführen, denn Joseph, der im Traum vor der Gefahr gewarnt worden war, befand sich bereits auf dem Wege nach Egypten mit Jesus und seiner Mutter. Er brauchte wahrscheinlich zwei Wochen zur Reise, da er zu Fuß neben dem Esel herging, auf welchem Maria mit dem Kinde auf dem Arm ritt. Zuerst reisten sie schnell, um aus Palästina zu kommen, ehe sie verfolgt wurden; aber als sie die Wüste erreicht hatten, fühlten sie sich sicher. Der Weg führte sie gerade südlich nach Hebron, dieselbe Straße, die Abraham betreten hatte, als er ging den Isaak zu opfern, der ein Vorbild dieses unschuldigen Lammes war, das jetzt dem Tode entrissen wurde, aber eines Tages ergriffen und ans Kreuz geschlagen werden sollte, mit dem Spottnamen

---

*) Matth. 2, 18.

„Jesus, der Juden König". Es war dieselbe Straße, auf welcher Abraham und später Jakob nach Egypten gezogen war; dieselbe Straße, auf welcher David von dem eifersüchtigen und blutdürstigen Saul verfolgt wurde; dieselbe Straße, auf welcher Elias zur Wüste eilte, als er vor dem schändlichen Ahab floh. Ohne Zweifel gedachten Joseph und Maria all' der guten Männer, die Noth und Prüfungen auf diesem Wege erlitten hatten, und stärkten ihren Glauben an die liebende Fürsorge Gottes für das Kind durch solches Gedächtniß.

Als sie Hebron erreicht hatten, zogen sie am Rande der Wüste westwärts, nach Gaza, und durchschnitten dann die Wüste in südwestlicher Richtung bis Egypten. Hier konnten sie sich leicht Karawanen anschließen, denn es lebten zahlreiche Kolonieen von Juden in Egypten, und ein lebhafter Verkehr bestand zwischen ihnen und ihren Freunden in Palästina. Natürlich hielten Joseph und Maria, ihrer künftigen Sicherheit wegen, die wunderbare Geschichte ihres Kindes und den Umstand, daß sie einer Gefahr entfliehen wollten, geheim; und so konnten sie unbeachtet und ungefragt in die Mitte ihrer Landsleute in Egypten gelangen. Es ist auch sehr wahrscheinlich, daß sie nahe Freunde hatten, die sie gern aufnahmen und im fremden Lande für sie sorgen konnten. Wie lange sie in Egypten blieben, ist nicht berichtet, noch wo sie sich niederließen. Nach einer Legende wohnten sie nahe der Stadt On, etwas nördlich von Cairo, wo eine sehr alte Sycomore noch die Stelle bezeichnen soll, wo sie zuerst anhielten, und es wird erzählt, daß dieser Baum von dem Jesuskinde berührt worden sei und dadurch einen heilenden Balsam lieferte, und daß eine nie versiegende Wasserquelle sich neben ihm öffnete. Obgleich wir nicht anzunehmen brauchen, daß solches mit dem Baume geschah, oder daß der Baum achtzehnhundert Jahre alt ist, zeigt doch diese Erzählung ein schönes Bild von den Segnungen, die über ein Land kommen, in das Christus einzieht. Wo sein Licht und seine Liebe eindringen, nimmt selbst die Natur neue Formen der Schönheit und Fruchtbarkeit an; selbst ihr Fluch wird in Segen verwandelt, die Wälder werden erfüllt mit dem Hauch seines Preises, und in den Wüsten sprudeln Quellen der Wonne.

9. Kapitel.
Jesu früheste Heimath.

[Tod des Herodes — Theilung Palästina's — Ursachen, nach Nazareth zu gehen — Josephs Haus — Umgebung und Geschichte von Nazareth.]

———

Bald nachdem Jesus nach Egyptenland geführt war, starb König Herodes. Aber zu jener Zeit gab es keine Posten, Telegraphen und Zeitungen; und Joseph, der in einem abgelegenen Dorfe des fremden Landes wohnte, würde lange ohne Kenntniß dieses Ereignisses geblieben sein, hätte nicht ein Engel ihm im Traum verkündigt, daß „die, welche dem Kinde nach dem Leben trachteten, todt seien", und ihm gesagt: „Stehe auf und nimm das Kindlein und seine Mutter zu dir und ziehe hin in das Land Israel."*) Joseph hielt sich erst nahe der Grenze auf, um auf weitere Nachrichten zu warten; denn obgleich seine Reise nach Egypten sowohl, als seine Rückkehr auf Gottes Gebot geschehen waren, mußte er doch über die Zeit, über Mittel und Wege seine eigene Einsicht befragen, und durfte sich nicht ganz auf Träume verlassen. Es scheint, daß er nach Bethlehem zurückkehren und dies zu seiner Heimath machen wollte. Maria mußte natürlich wünschen, nahe dem Orte zu leben, wo ihr Kind ge-

———

*) Matth. 1, 19. 20.

boren war, und wo so viele wunderbare Dinge mit ihr ge=
schehen. Und diese ruhige, fromme, jüdische Stadt mußte
ihr ein passenderer Ort scheinen, solches Kind zu erziehen, als
Nazareth, mit seiner gemischten, halb heidnischen Bevölkerung.
Sie konnte sich in Bethlehem zu Hause fühlen, denn es war
die Heimath ihrer Vorfahren und Verwandten; und da Jo=
seph als Zimmermann seinen Unterhalt erwarb, und sehr
einfach lebte, war es leicht für ihn, von einer Stadt zur
anderen zu ziehen. Aber es schien nicht weise, nach Bethle=
hem zurückzugehen, ehe man Etwas über den Charakter des
neuen Königs wußte.

Das Königreich des Herodes wurde nach seinem Tode
unter seine drei Söhne getheilt. Einer von ihnen, Arche=
laus, besaß den südlichen Theil von Palästina, nämlich Ju=
däa, den mittleren Theil, nämlich Samaria, der ungefähr
zwei Trittel des ganzen Landes ausmachte, und außerdem das
östlich und südlich des Todten Meeres gelegene Land Idumäa.
Ein anderer Sohn, Herodes Antipas, beherrschte den nörd=
lichen Theil von Palästina oder Galiläa und diesem gegen=
über am östlichen Ufer des Jordan eine Landstrecke, die
Peräa genannt war. Philipp, der dritte Sohn, hatte ein
großes Stück Land im Osten des Jordan, von der Linie des
Sees Tiberias bis zum Berge Hermon bis nahe an Da=
maskus. Archelaus, der über Judäa und Samaria herrschte,
hatte viel von seines Vaters eifersüchtiger und grausamer
Gemüthsart, und da ihm das Recht auf seine Herrschaft
streitig gemacht wurde, ist der Anfang seiner Regierung durch
Gewaltthätigkeit und Blutvergießen bezeichnet. Ein Gerücht,
daß das Kind, welches die Magier als König der Juden
anzubeten gekommen waren, noch am Leben sei, würde ihn
natürlich zu einem neuen Versuch getrieben haben, Jesus

das Leben zu nehmen. Als Joseph dies hörte, gab er den
Gedanken auf, nach Bethlehem zurückzukehren, „und zog in
die Oerter des galiläischen Landes"*), wo der mildere
Bruder regierte. Von Gaza ist er wahrscheinlich an der
Küste entlang bis zum Berge Carmel gezogen, und hat
sich dann landeinwärts gewendet, oder eine andere der
großen Karawanenstraßen durch das Innere des Landes
gewählt; oder er mag alle Städte und Landstraßen ver=
mieden und seinen Weg auf Seitenpfaden verfolgt haben;
bis er sich zuletzt in seiner alten Heimath zu Nazareth in
Sicherheit befand. Sein Haus glich wahrscheinlich den Häu=
sern, die man noch jetzt in Nazareth sieht, — ein kleines
viereckiges Gebäude von weißen Steinen, am Abhange eines
Hügels gebaut, mit höchstens zwei bis drei Zimmern, und
mit einem flachen oder terrassirten Dache, auf dem die Fa=
milie bei schönem Wetter zusammen sitzen und sich an den
lieblichen Gärten und Hainen des Thales erfreuen konnte.

Dies Thal von Nazareth liegt versteckt zwischen Hügeln,
welche den nördlichen Rand der großen Ebene von Esdralon
einfassen. Diese Hügel, von verschiedener Größe und Form,
die hin und wieder mit Bäumen und Kornfeldern besetzt sind,
treten so auseinander, daß sie ein schönes, schmales Thal=
becken von etwa ¼ Meile Länge bilden. Gegen Nordwesten
erhebt sich ein Hügel höher als die anderen, an dessen Ab=
hang man einzelne Staffeln unterscheidet, und auf diesen ent=
lang standen die Häuser in Reihen, eine Straße über der
anderen, sodaß das Dorf an dem Hügel, auf den es gebaut
ist, hinaufzuklettern schien.

Unten im Thale befindet sich auf einem offenem Platze,

---

*) Matth. 2, 22.

nahe den Oelbäumen, nur wenige Minuten von dem nörd=
lichsten Punkte des Dorfes entfernt, ein schöner Quell, „der
Brunnen der Jungfrau" genannt, zu welchem die Frauen zu
allen Tagesstunden kommen, um Wasser für ihre Haushal=
tungen zu holen. Ohne Zweifel kam auch Maria oft zu
diesem Brunnen, mit dem Wasserkruge auf den Schultern
und ihrem Knaben an der Seite.

Der Brunnen ist der Ort, an dem Nachbarn zusammen=
kommen, um die Tagesereignisse zu besprechen: und Jesus
spielte hier mit anderen Kindern des Dorfes: während ihre
Mütter an der Quelle ausruhten. Mit welcher kindlichen
Freude mag er die Blumen des Thales gepflückt haben und
unter den Bäumen und auf den Anhöhen umhergeschweift
sein! Als er alt genug war, sich an der Natur im Großen
zu erfreuen, bestieg er gewiß oft die Spitze des Hügels
oberhalb der Stadt, der sich fast fünfhundert Fuß über das
Thal erhebt, denn der entzückende Anblick von Meer, Ge=
birge und Ebene, der dort den Reisenden erfreut, gleicht
einem Traum des Paradieses. Vor ihm liegt die große
Ebene von Esdralon, die sich über die ganze Breite Palästina's,
vom Mittelländischen Meere bis an den Jordan ausdehnt;
und zur Frühlingszeit, wenn das Gras mit Blumen prangt
und das Korn auf den wohlangebauten Feldern wogt, glaubt
man einen großen grünen Teppich zu sehen, auf dem Muster
von der großartigsten Gestaltung abwechseln, und der zu den
Füßen der Berge ausgebreitet liegt, während die Eichenwälder,
die Hollunderhaine und die blühenden Sträucher und Ge=
büsche entlang den Hügeln einem um ihn gewobenen Kranze
gleichen. Im Nordwesten sieht man fünf Meilen entfernt die
Bai von Akka; und in weiter, weiter Ferne, wo es sich mit
dem Himmel zu verbinden scheint, glänzt wie ein Spiegel

„Das Meer". Ueber die Bai ragt der Berg Carmel empor, wie aus dem Mittelländischen Meer aufsteigend, und streckt sich drei Meilen südöstlich in fast gerader Linie bis an die Berge von Samaria. Die Linie bis an das Thal des Jordans verfolgend, ruht das Auge auf den Bergen von Gilboa*), wo Saul seinen Tod fand, und auf dem kleinen Hermon, den er die Nacht vorher überstieg, um die Hexe von Endor**) aufzusuchen; ein wenig weiter nördlich und gerade östlich von Nazareth ist der Berg Tabor, dessen runder Gipfel dem Dom eines großen Tempels gleicht; noch weiter nach Norden zeigen sich die Hügel, die den See Tiberias verbergen, dann die höheren Berge von Safed, fast dreitausend Fuß aufragend, und „die Stadt, gestellt auf die Höhe", so glänzend und leuchtend, daß sie in dieser klaren Atmosphäre auf acht Meilen sichtbar ist; und über diesem allen als Hintergrund der große Hermon mit seinem Schneegipfel, zehntausend Fuß über dem Meeresspiegel. Dies war das Bild, welches Jesus von dem Hügel oberhalb seiner Heimath Nazareth sehen konnte, entweder strahlend und funkelnd im Morgensonnenschein, oder beschattet und dunkler gefärbt im Dämmerlicht des Abends.

Die Heimath seiner Kindheit war auch die Schule seines Geistes und Herzens für das Verständniß der Natur, was sich in seinen Lehren zeigt und in den Gleichnissen von den Vögeln und den Lilien; vom Feigenbaum und Weinstock, von den Winden und Wolken und anderen Wetterzeichen, von den Feldern, reif zur Ernte, von den Dornen und Disteln, vom guten und schlechten Acker, von den Quellen

---

*) 1 Sam. 31, 1.
**) 1 Sam. 28, 7. 8.

und Meeren. Aber nicht nur die Natur lernte er kennen. Von diesen selben Hügeln aus sah er vor sich ausgebreitet den Schauplatz der Geschichte von Palästina und des Reiches Gottes auf Erden. Durch die große Ebene von Esdralon waren die Karawanen von Arabien nach Tyrus und von Damaskus nach Egypten gezogen; und mit ihnen die Midianiter, die Joseph seinen Brüdern abkauften und ihn wegführten zu den Ufern des Nils. Jenseits der südlichen Bergketten erheben sich die Zwillingsberge Ebal und Garizim, zwischen denen Josua die Kinder Israel versammelt hatte, die Worte des Gesetzes zu vernehmen und Jehovah Treue zu geloben. Drüben auf dem Berge Tabor hatte Debora das Heer Israels gegen Sissera vereinigt, den sie am Flusse Kischon schlugen.

Dort bei den Bergen von Gilboa hatte Gideon mit dem Schwerte des Herrn und einer Hand voll auserlesener Männer die Midianiter, die wie Heuschrecken über die Wüste herangeschwärmt waren, in die Flucht geschlagen, und nahe denselben Bergen hatten die Philister Saul besiegt. Mehr als einmal hatten sich die Schaaren der Assyrer und Egypter auf ihren Märschen gegeneinander, oder zur Eroberung Israels über diese Ebene ergossen; und in einer Schlacht zwischen diesen fremden Mächten wurde der König Josias getödtet. Jene Küste entlang, wo die alten Städte der Phönicier Tyrus und Sidon einst in ihrer Pracht gestanden hatten, waren die Flöße getrieben, welche die Cedern des Libanon zum Bau von Salomons Tempel gebracht hatten. Fern in der Ebene lag Jezreel, wo der schändliche König Ahab seinen Palast gebauet hatte; und gegenüber Carmel, wo Elias das Feuer des Herrn auf die Baalspriester herabgerufen hatte. So viele wichtige Ereignisse aus der Geschichte

Israels, und so viel Schönheit und Großartigkeit des Lan=
des Israel entfalteten sich täglich vor den Augen Jesu,
wie er in seinem Wohnort Nazareth heranwuchs. Welche
Schule für Geist und Herz des großen Lehrers!

10. Kapitel.
Die Familie Jesu.

[Joseph — Die Brüder und Schwestern Jesu — Ihre Glaubenslosigkeit — Maria, ihr inneres und äußeres Leben.]

Obgleich Joseph keinen irdischen Vater hatte, wurde er von Joseph, der seine Mutter geheirathet hatte und es wußte, daß dies Kind ihr vom Himmel gesendet war, geliebt und gepflegt, als wenn er sein eigener Sohn gewesen wäre. Er führte ihn nach Egypten und wachte dort über sein Leben; und als er nach Palästina zurückkam, war das Wohl des Kindes das Einzige, was er bei der Wahl seines Wohnortes berücksichtigte. Um Jesus und seiner Mutter Annehmlichkeiten zu verschaffen, würde er nach Bethlehem zurückgegangen sein; aber um ihrer Sicherheit willen ließ er sich in Nazareth nieder. Weiteres wird nicht von ihm gesagt, außer daß er Jesus, als dieser zwölf Jahre alt war, mit nach Jerusalem nahm, das große Passahfest zu feiern; aber wir wissen, daß Joseph ein gerechter Mann, redlich, gut und freundlich war. Er war in dem Dorfe als der Zimmermann bekannt, und die Nachbarn sahen Jesus für sein Kind an und nannten ihn „den Sohn Josephs" *), und „des Zimmermanns

---

*) Luc. 3, 23.

Sohn"*). Dies zeigt uns, daß die Familie in Nazareth
in den bescheidenen Verhältnissen einfacher Handwerker lebte,
und daß Joseph und Maria keinen Versuch machten, sich
wegen ihres Kindes über ihresgleichen zu erheben, sondern
alles, was mit ihm geschehen war, bei sich bewahrten und
ruhig erwarteten, was sich weiter ereignen würde. Und als
Jahre vergingen, und nichts geschah, auch kein neues Wunder
sich zeigte, gestaltete sich ein stilles Familienleben, und Jesus
wuchs heran als ein lieblicher, schöner, gehorsamer Knabe,
„und war seinen Eltern unterthan, nahm zu an Geist
wie an Körper, an Gunst wie bei Gott, so bei den Menschen"**).

Mit der Zeit wurden der Familie mehrere Kinder geboren, und auch diese waren Geschenke Gottes und Engel
durch den Segen, den sie verbreiteten, obgleich Niemand die
Engel des Himmels bei ihrer Geburt singen hörte. Diese
Brüder und Schwestern, die mit Jesus aufwuchsen, kannten
keinen Unterschied zwischen sich und ihm; und obgleich vier
„Brüder des Herrn" zuletzt seine Jünger wurden, waren
sie so weit entfernt, sich seiner zu rühmen, oder durch seine
Bedeutung der Familie einen Namen zu machen, daß sie anfänglich zögerten, an ihn als den Messias zu glauben, und
versuchten, ihn von seiner öffentlichen Wirksamkeit zurückzu-
halten***).

So menschlich und natürlich war das irdische Leben Jesu,
so verschieden von den, allen merkwürdigen Männern ange-
dichteten Legenden, daß, bis er öffentlich als göttlicher Lehrer,

---

*) Matth. 13, 55.
**) Luc. 2, 39; 40, 52.
***) Marc. 3, 21—35.

und Wunderthäter auftrat, seine eigenen Brüder, so sehr sie ihn liebten und ihm vertrauten, keine Idee hatten, daß er etwas Höheres sei, als einer von ihnen.

Aber in der Familie war Eine, die immer hoffte und glaubte, daß Jesus eines Tages zeigen würde, wie verschieden er von den anderen Kindern und von allen anderen Menschen war. Durch alle Befürchtungen für sein Leben, durch alle Prüfungen der Armuth, durch alle Jahre des Harrens hindurch, bewahrte seine Mutter in ihrem Herzen die Erinnerungen an die Wunder bei seiner Geburt und alles, was die Engel und die Propheten von ihm gesagt hatten. Sie wußte gewiß, daß Etwas geschehen müsse, und sie zeigte ihr Vertrauen in ihn zu Cana, wo sie zuerst bereit war, an alles zu glauben, was er sagen oder thun würde.

Maria war nicht nur vor allen Frauen gesegnet und begnadigt, weil sie die Mutter des Herrn war; sie war auch eine Frau von außerordentlicher Einsicht und Charakterstärke und tiefer, demüthiger Frömmigkeit. Sie verstand es, ihr himmlisches Geheimniß vor der neugierigen und müssigen Welt zu hüten, das thörichte Gerede der Leute zu vermeiden, die Liebe und das Vertrauen ihrer Freunde sich zu erhalten, ihren eignen Glauben an die geheimen Verheißungen Gottes zu bewahren und unablässig und geduldig zu warten, bis die Zeit diese erfüllte. Mit freudigem Mutterglauben hütete und pflegte sie das Jesuskind; mit geduldiger Mutterhoffnung harrte sie des Messias, mit stolzer Mutterliebe merkte sie auf seine Worte und Thaten; und mit dem Muthe und der Hingebung, die nur einer Mutter Verzweiflung aufweisen kann, folgte sie ihm zum Kreuze.

Und Jesus wiederum, als er am Kreuze hing — nachdem er seine göttliche Barmherzigkeit gezeigt hatte, indem er seinen Mördern verzieh, und seine göttliche Macht und Gnade, indem er dem reumüthigen Sünder das Paradies öffnete, — als er im Schrecken glaubte, daß sein Vater ihm verlassen habe, da wendete er alle Liebe seines menschlichen Herzens seiner Mutter zu, und hieß seinen besten und theuersten Freund, den treuen und liebevollen Johannes, sie in sein Haus zu führen und ihr ein Sohn zu sein *).

*) Joh. 19, 26. 27.

11. Kapitel.
Jesu erster Unterricht.

Als Jesus sechs Jahre alt war, wurde er zur Schule geschickt. Sobald er das Verständniß dafür hatte, sprach seine Mutter ihm in ihrer sanften lieblichen Weise von der Liebe Gottes, erzählte ihm die Geschichten von Abraham, Isaak, Jakob und Joseph, von Moses und Samuel, und lehrte ihn die Psalmen Davids singen. Aber da wir ihre Vorsicht und Geduld kennen, dürfen wir bezweifeln, daß sie ihn mit dem bekannt machte, was die Engel den Hirten bei seiner Geburt verkündigt hatten und was Simeon von ihm gesagt hatte, als sie ihn nach dem Tempel brachte. Maria wollte lieber das, was kommen sollte, erwarten, als darüber sprechen, und lieber Gott überlassen, ihr Kind zu lehren und zu führen, als seinen und ihren Geist mit Wundern zu nähren. Als Jesus älter wurde, lehrte Joseph ihn die Geschichte der Juden und die Bedeutung der Feste und Opfer und anderer wichtiger Theile des Gesetzes Moses. Nach diesen Gesetzen wurde von allen Eltern verlangt, daß sie ihre Kinder die Gebote Gottes lehren und sie in der Bibel unterrichten sollten, nicht nur am Sabbath, sondern jeden Tag Morgens und Abends. Selbst wenn sie zusammen ausgingen, sollten die Eltern ihren Kindern unterwegs nützliche Unterweisung geben*). Daher kam es, daß die Leute sagten: „Gesegnet ist der Sohn, der von seinem Vater gelernt hat, und gesegnet ist der Vater, der seinen Sohn unterrichtet hat"**).

Es war auch Gebrauch bei allen guten Judenfamilien, ihre Kinder in die Schule zu schicken, damit sie dort lernten, worin man sie zu Hause nicht unterrichten konnte. Ein Ausspruch ihrer weisen Männer lautete: „Die Welt wird erhalten durch den Athem der Schulkinder", und: „Eine Stadt, in der er es keine Schule giebt, muß untergehen." Auch wird gesagt, daß „achtzig Jahre vor Christo weit und breit die Schulen im Lande blühten". Die Schulen waren für Alle frei. Die Erziehung wurde als eine Aufgabe der Nation angesehen, und es wurden Gesetze gegeben, welche die Lage und Gestalt der Schulgebäude, die Zahl der einem Lehrer zugetheilten Kinder, das Alter der Schüler und die Pflicht der Eltern, ihre Kinder für die Schule vorzubereiten und ihre Studien zu überwachen, regelten.

Nach vielen Schwierigkeiten wurde es zum Gesetz erhoben, daß der Unterricht obligatorisch sein sollte; aber dies Gesetz erstreckte sich zuerst nicht auf Galiläa***). Dennoch hatte Galiläa Dorfschulen, die Allen offen standen. Wir wissen, daß Jesus lesen und schreiben konnte, und wir dürfen annehmen, daß er in dem üblichen Alter mit den anderen Kindern in

---

*) 5 Mos. 6, 7.
**) Literarischer Nachlaß von Emanuel Deutsch, S. 24.
***) Ebendas. S. 2. 139. 140.

die Schule geschickt wurde. Diese Schule von Nazareth war nicht wie die höheren Lehranstalten in unseren großen Städten, oder die Schulen in Landstädten und Dörfern, wo die Kinder in jedem Fach Einiges lernen; sondern es war eine Art von Gemeindeschule, die ein Beamter der Synagoge leitete, und die Kinder wurden im Lesen, Schreiben und Rechnen unterrichtet, lernten die biblischen Geschichten und die Psalmen, die beim öffentlichen Gottesdienst im Gebrauch waren, und außerdem lehrte man sie die Bedeutung des heiligen Gesetzes und die moralischen Pflichten des Lebens. In Judäa gab es höhere Schulen, in denen man Sprachen, Mathematik, Astronomie, Geschichte, Naturgeschichte, Grammatik, Rechtswissenschaft und Moralphilosophie studirte; aber in Nazareth gab es wahrscheinlich nur eine Dorfschule der einfachsten Art.

Es würde die Kinder heutigen Tages amüsiren, eine Schule, wie die, welche Jesus besuchte, zu sehen. Der Lehrer trug einen Turban und ein langes Gewand, das mit einem Gürtel zusammengehalten wurde. Er saß auf einem Kissen mit gekreuzten Beinen, wie ein Schneider auf seiner Bank, und die Kinder saßen ebenfalls mit gekreuzten Beinen auf Kissen im Kreise umher auf dem Boden. Sie hatten keine Tische, sondern hielten ihre Bücher oder Rollen in der Hand, und was der Lehrer ihnen vorsagte, wiederholten sie alle zugleich mit lauter Stimme. Man kann noch solche Schulen in Egypten und Syrien sehen.

Außer diesen Landschulen und den oben erwähnten höheren Schulen, waren in den großen Städten Seminarien oder Collegien, an welchen die weisesten Schriftgelehrten und Doktoren Vorlesungen hielten und über Sätze der jüdischen Rechtswissenschaft und Theologie Disputationen leiteten. In

einer solchen Schule wurde Paulus erzogen „zu den Füßen
des Gamaliel", eines der berühmtesten jüdischen Lehrer. Doch
ist kein Grund, anzunehmen, daß Jesus jemals eine andere
als die kleine Gemeindeschule in Nazareth besuchte. Als er
anfing zu predigen, wunderten sich seine Landsleute, daß er
so viel wußte, denn er war in ihrer Mitte als der Sohn
eines armen Mannes aufgewachsen und niemals auswärts
gewesen, um an dem Colleg einer größeren Stadt zu studiren.
Und eines Tages, da er im Tempel zu Jerusalem lehrte,
waren die Juden so erstaunt über sein Wissen, daß sie sag=
ten: „Wie kennt dieser Mann die Wissenschaften, da er doch
nicht gelehret worden ist?"

Sie wußten, daß Jesus niemals an der Schule eines der
großen Rabbiner von Jerusalem gewesen war, und wunder=
ten sich, daß er im Stande war, so gut und so weise zu sprechen.
Paulus hatte sowohl griechische als hebräische Wissenschaften
studirt*), und er citirte oft Aussprüche griechischer Weisen
und Dichter**). Jesus aber spricht niemals von den großen
Lehrern anderer Länder, und führt nie ein anderes Buch
an, als das Alte Testament und die Commentarien, „die Tra=
ditionen der Väter", welche die jüdischen Rabbiner über das
Gesetz verfaßt hatten. Diese Thatsache ist wichtig, da sie die
Quellen seines Wissens zeigt. Da Jesus hervorragende Bücher
jüdischer Geschichte, Theologie und Literatur anführt, muß
angenommen werden, daß er, wie Paulus, die Weisen anderer
Nationen citirt haben würde, wenn er mit ihren Aussprüchen
bekannt gewesen wäre, und etwas von ihren Worten oder

---

*) Der Talmud zeigt, daß in den Collegien Koptisch, Aramäisch,
Persisch, Medisch und Lateinisch studirt wurde, doch war Griechisch die
beliebteste Sprache.

**) Apg. 17, 28.

Ideen geborgt hätte. Jesus hat nichts von ihm selbst Ge=
schriebenes hinterlassen, und aus seinen Gleichnissen und Ge=
sprächen, die uns überliefert sind, geht deutlich hervor,
daß er keine Büchergelehrsamkeit besaß und sein Wissen nicht
aus dem schöpfte, was Andere gesagt oder geschrieben hatten.
Wahrscheinlich hatte er nie von Plato und noch weniger von
Confucius gehört, obgleich einige seiner Aussprüche denen
dieser Philosophen einigermaßen gleichen.

Wie wir schon gesehen haben, fand Jesus in den Bergen
und Thälern, den Bäumen und Blumen, dem Meer und
dem Himmel, wie sie in Nazareth vor ihm ausgebreitet lagen,
ein großes Buch, in dem er die Werke Gottes studiren konnte,
das ihm bei Tag und bei Nacht neue Lehren der Weisheit,
Macht, Schönheit und Liebe gab.

Und noch eine andere Schule war in Nazareth, die Jesus
besuchte, — die Schule der Arbeit. Unter den Juden war
es Gebrauch, daß die Knaben jeder Familie ein Handwerk
lernten; und die Eltern waren gewissermaßen genöthigt, ihre
Söhne zur Arbeit zu erziehen. Der Apostel Paulus war
ein Zeltmacher, und während seines langen Aufenthaltes in
Corinth erwarb er seinen Unterhalt durch die Arbeit seiner
Hände. Unter den vornehmsten jüdischen Rabbinern, ihren
großen Lehrern, war einer bekannt als „der Schuhmacher",
ein anderer als „der Weber", und noch ein anderer als
„der Zimmermann". Selbstverständlich wurde Jesus zu
seines Vaters Joseph Handwerk erzogen, und er wurde nicht
nur „des Zimmermanns Sohn", sondern auch „der Zimmer=
mann" genannt*). Daß er ein Gewerbe betrieb, war unter
den Juden keine Schande, noch war es an sich ein Zeichen

---

*) Marc. 11, 3.

der Niedrigkeit. Aber indem er so in Armuth und Müh=
seligkeit lebte, sein tägliches Brod zu verdienen, lernte er
Mitgefühl für die Armen; und er lehrte uns durch sein
Beispiel die Arbeit, die die Sünde zum Fluch gemacht hat,
in Segen zu verwandeln.

Dies war eine der Thaten, die Jesus als Erlöser voll=
bracht hat. Er erlöste unsere tägliche harte Arbeit von
Schmach und Schande, indem er sie zum Dienst seines Va=
ters im Himmel erhob. Er that den Willen seines himm=
lischen Vaters nicht weniger, da er in der Werkstatt seines
irdischen Vaters arbeitete, als da er Wunder der Gnade
wirkte und das Evangelium des Heils predigte. Die dreißig
Jahre, die er so still in Nazareth verlebte, waren ebenso ge=
wiß ein Theil seiner himmlischen Sendung, als die drei
Jahre seines öffentlichen Lehramtes. Und um Christo zu
folgen und Gott zu dienen, ist es nicht nöthig, große, welt=
bewegende Dinge zu sagen oder zu vollbringen; wir können
ebenso dadurch, daß wir wahr und gütig, treu und recht=
schaffen auf dem Platze sind, auf den wir im Leben gestellt
worden sind, unsere tägliche Arbeit zum täglichen Gottesdienst,
die niedrigste Wohnung zum Tempel Gottes, und das härteste
Leben zu einer Schule und Vorbereitung unserer Seelen für
den Himmel machen. Es ist ein Ruhm der damaligen jü=
dischen Institutionen wie der modernen Demokratie, zu sagen:
„Arbeit ist ehrenvoll"; — Jesus lehrt uns mehr, er lehrt,
daß sie geheiligt ist und segensreich.

12. Kapitel.
Das verlorene und wiedergefundene Kind.

[Zwölfjährige Knaben werden mit in den Tempel genommen — Großer Andrang zum Passahfest — Die Karawanen — Die Art zu reisen — Wie Jesus vermißt wurde — Das Suchen nach ihm — Die Rabbiner im Tempel — Die Unterrichtsmethode — Knaben als Schüler — Jesus und seine Mutter — Sein himmlischer Vater — Jesus geht heim nach Nazareth.]

————

Das stille, häusliche Leben und die Schulzeit Jesu von Nazareth wurden nur einmal durch ein Ereigniß von öffentlichem Charakter unterbrochen, das uns berichtet wird. Jeder Jude, der im Stande war, die Reise zu machen, hatte die gesetzliche Verpflichtung, einmal im Jahr nach Jerusalem zu gehen, um das Passahfest zu feiern, welches sieben Tage dauerte*). Wenn ein Knabe zwölf Jahre alt war, wurde er „Sohn des Gesetzes" genannt und mußte den großen Religionsfesten in Gesellschaft seiner Eltern beiwohnen. Ebenso wurden die Kinder römischer Bürger in einem bestimmten Alter mit einem Gewande von vorgeschriebener Form und Farbe bekleidet, — der Toga praetexta — als ein Zeichen, daß sie frei geboren und Mitglieder des römischen Gemeinwesens waren.

Die Eltern Jesu befolgten streng die Vorschriften ihrer

————

*) 5 Mos. 27, 7.

Religion, und so „gingen sie jedes Jahr zum Passahfest nach Jerusalem"*). Und als Jesus zwölf Jahre alt war, nahmen sie ihn mit. Zu solchen Zeiten war Jerusalem überfüllt: jede Familie der Stadt öffnete ihre Thüren nicht nur Freunden, sondern auch Fremden, und dennoch waren viele Besucher aus Mangel an Raum in den Häusern genöthigt, in Zelten zu schlafen, so daß die Vorstädte einem großen Feldlager glichen. Die Landleute kamen in Karawanen zu dem Feste; alle Bewohner eines Dorfes und zuweilen eines ganzen Districtes bildeten wohl eine große Reisegesellschaft, weil dies sicherer und billiger war, als allein zu reisen. Sie belebten die Wanderung durch die Gesänge Zions, „gingen durch das Jammerthal und machten daselbst Brunnen"*). Die Mehrzahl ging zu Fuß, andere ritten auf Eseln, Pferden oder Kameelen, die auch benutzt wurden, Zelte, Gepäck und Vorräthe zu tragen. Natürlich konnte ein so großer Haufe sich nur langsam fortbewegen und nicht viele Meilen an einem Tage machen. Sie mußten beinahe in der Weise einer Armee marschiren. Es ist im Orient Gebrauch, daß eine Karawane ihre Reise um die Mittagszeit beginnt und am ersten Tage nur eine oder zwei Stunden, ungefähr eine Meile wandert, dann früh Halt macht, um sich zu versichern, daß es an nichts fehlt, und daß alles für die lange Reise in Ordnung ist.

Als das Fest vorüber war, beeilte sich Jeder, nach Hause aufzubrechen, und Joseph und Maria schlossen sich einer großen Karawane nach Galiläa an. Da sie eifrig beschäftigt waren, sich zur Reise zu rüsten, vermißten sie Jesus nicht eher, als bis sie unterwegs waren, und dann nahmen sie

---

*) Psalm 84, 6. 7.

natürlich an, daß er bei der Karawane sei und daß sie ihn am Ende der Tagereise, die bald zurückgelegt war, finden würden. Jesus war ein so sinniger, sanfter und gehorsamer Knabe, und es waren so viele Freunde und Verwandte aus Nazareth in der Reisegesellschaft, daß seine Eltern nicht einmal mit Besorgniß an ihn dachten, bis die Karawane nach einigen Stunden anhielt, und sie unter ihren Freunden nach ihm suchten und ihn nicht finden konnten. Da blieb ihnen nur eins übrig, und das war, nach Jerusalem zurückzueilen; mit Angst und Sorge machten sie sich auf, suchten ihn am Wege, in den Straßen der Stadt, an den Orten, die sie eben verlassen hatten, überall wo sie sich erinnerten, mit ihm gewesen zu sein, oder wohin sie glaubten, daß er gewandert sein könnte. Sie fragten Jeden, der ihnen begegnete, aber Niemand hatte ihren Knaben gesehen. Sie forderten Freunde auf, ihnen suchen zu helfen, aber Niemand brachte ihnen Kunde. Die Stadt war noch sehr angefüllt; die Straßen zeigten die Verwirrung und Hast, welche dem Schluß eines Festes folgen, und mit jeder Stunde nahm ihre Besorgniß zu, daß ihrem Kinde ein Unglück zugestoßen sei. Maria war so beunruhigt, daß sie weder essen noch schlafen konnte. Sie hatte es nie vorher gewußt, wie sehr sie ihren Sohn liebte. Konnte es sein, daß die Engel ihn vergessen hatten und ihn einem furchtbaren Schicksal überließen? War er durch die lange Flucht nach Egypten vor dem grausamen Herodes gerettet worden, um jetzt im Gedränge erdrückt, oder von einer der Räuberbanden, die um die Stadt streiften, gestohlen und fortgeschleppt zu werden, wo sie nie wieder von ihm hören würde? War dies das „Schwert", das nach den Worten des alten Simeon ihre Seele durchbohren sollte? O, wie plötzlich traf der Schlag und wie durchdringend war der Schmerz!

Zwei Tage waren in dieser schrecklichen Spannung ver=
gangen. Der Knabe war verloren und keine Spur wurde
von ihm gefunden. Die Freunde, bei denen er in Jerusalem
gewohnt hatte, nahmen an, daß er mit seinen Eltern abge=
reist sei. Er hatte Keinem gesagt, wohin er ginge, und war
nicht zum Essen und Schlafen zurückgekehrt. In Jerusalem
gab es keine Einrichtungen, wie sie jetzt in großen Städten
existiren, um mit Hülfe der Zeitungen und der Polizei ver=
loren gegangene Kinder aufzufinden, und jeder Augenblick der
Verzögerung machte es weniger wahrscheinlich, daß sie von
dem Knaben hören würden. Dennoch war während all' dieser
qualvollen Stunden tief in Maria's Herzen etwas, das ihr
sagte, daß sie ihn finden werde, daß er zu einem großen
Werk in die Welt geschickt sei, und daß ihm kein Unheil
widerfahren könne; und obgleich sie unter der Angst zusam=
menbrach, fuhr sie fort zu suchen.

Aber wo war Jesus die ganze Zeit? Suchte er seine
Eltern? Erfuhr er, daß sie nach Hause aufgebrochen waren?
Versuchte er eine andere Gesellschaft zu finden, mit der er
nach Nazareth gehen konnte? Oder streifte er in der Stadt
umher, im Anblick der fremdartigen Scenen verloren, so er=
füllt von kindlichem Erstaunen, daß er nicht bemerkte, daß er
allein und verirrt war? Nein. Es war nicht Achtlosigkeit
oder Neugier, was ihn zurückgehalten hatte, sondern Lern=
begierde. Denn er hatte eine neue Schule gefunden, wohin
er gehen und wo er Stunden lang sitzen konnte, um weise
Männer sprechen zu hören und sie zu befragen. Vor dem
Tempel, in dem sogenannten äußeren Hofe, waren Verschläge,
nach innen zu offen, aber zum Schutz gegen das Wetter
überdacht. Diese waren in Räume von verschiedener Größe
getheilt, und in ihnen hielten die großen jüdischen Rabbiner

oder Lehrer Vorträge für alle, welche dieselben hören woll=
ten. Diese Unterrichtsweise war sehr ähnlich der, welche
Socrates bei der Jugend Athens anwendete. Der Lehrer
gab einen kurzen Vortrag über einen Gegenstand und that
dann Fragen darüber. oder beantwortete die Fragen, die ihm
vorgelegt wurden. Zuweilen fing er damit an, eine Frage
aufzuwerfen, und dies führte zu einer Unterhaltung oder
Discussion, an der alle Anwesenden sich betheiligten. Hier
konnte ein Schüler den ganzen Tag sitzen, mit einem oder
dem anderen Lehrer sprechen, und bei warmem Wetter selbst
unter dem Vordach die Nacht zubringen, da die Leute in
Palästina gewöhnt waren im Freien zu schlafen*).

Für einen zwölfjährigen Knaben war es nichts Beson=
deres, zu den Schülern dieser Versammlungen in der Tempel=
vorhalle zu gehören, nichts Ungebührliches, Fragen zu stellen.
Im Gegentheil würde ein Lehrer sehr geneigt sein, einem
aufgeweckten, dabei stehenden Knaben Fragen vorzulegen, um
zu erfahren, wie viel er zu Hause und in der Schule ge=
lernt hätte. Aus den Dialogen des Plato lernen wir, daß
Socrates oft seine Discussionen über Philosophie und Moral
damit anfing, einen Jüngling zu befragen. Ein Knabe, der
nach den Vorschriften der Weisen auferzogen war, hatte in
der Schule vom sechsten bis zum zehnten Jahre biblische
Lehren und jüdische Geschichte gelernt: dann fing er an, die
Schriften, welche die Gelehrten über das jüdische Gesetz ge=
schrieben hatten, zu studiren. Mit zwölf Jahren wurde er
für alt genug gehalten, zum Tempeldienst zu kommen
und an den Pflichten eines jüdischen Mannes Theil zu neh=

---

*) In Joppe rieth mir mein Wirth in einer warmen Nacht, auf
dem flachen Dache des Hauses, als dem angenehmsten Orte, zu schlafen.

men, auch die schwierigen Fragen, welche die Rabbiner er-
örterten, zu erwägen. Und da war Jesus im Tempel, in
der Mitte dieser großen Lehrer des Gesetzes sitzend, „daß
er ihnen zuhörete und sie fragte" *). Er war gerade in
dem Alter, wo ein wohlerzogener und gesitteter Knabe weder
zu dreist noch zu schüchtern ist, — doch sanft und ehrfurchts-
voll im Benehmen, eifrig zu lernen und glücklich, wenn Personen mit ihm sprechen, zu denen er aufsieht, weil sie älter
und weiser sind als er.

Die Antworten, die Jesus auf die Fragen der Rabbiner
gab, waren so klug und durchdacht, daß Alle, die ihn hörten,
über seinen Verstand erstaunt waren. Nach und nach versammelte sich eine Menge in der Halle, wo dieses Gespräch
stattfand, und man umstand den jungen Fremdling voll Erwartung, um zu sehen, ob er nicht durch eine schwierige
Frage aus der Fassung gebracht werden würde, oder um zu
hören, welche klugen Fragen er den Rabbinern vorlegen möchte.
Gerade in diesem Augenblick kamen seine Eltern, müde und
traurig über ihr erfolgloses Suchen in diesen Theil des
Tempels, und da sie die Menge sahen, traten sie näher und
fanden ihren Knaben. „Sie entsetzten sich" **); denn sie
hatten nicht geglaubt, ihn im Tempel zu finden, sondern
waren gekommen in der Hoffnung, einen Freund zu finden,
der ihn gesehen hatte, und um zu beten, daß Gott sie zu
ihrem verlorenen Kinde führen möchte.

Seine Mutter hielt sich nicht damit auf, zu beachten,
was um sie her vorging, noch auf die Bewunderung der
Anderen für ihren Sohn stolz zu sein. Sie beachtete nicht

---

*) Luc. 2, 46.
**) Luc. 2, 48.

die Menge der Fremden und die gelehrten Männer. Alle
die Sorge, welche zwei lange Tage ihr Herz geschwellt hatte,
ergoß sich nun in einen Ruf des Vorwurfs, der nicht aus
Unwillen hervorging, sondern aus der Angst der Liebe. Ihr
Kummer mußte sich ausströmen, ehe sie der plötzlichen Freude
Raum geben konnte. „Mein Sohn", sprach sie, „warum
hast du uns das gethan? Siehe, dein Vater und ich haben
dich mit Schmerzen gesucht." *)

Jesus hatte nicht geglaubt seine Eltern zu vernachlässigen.
Er war ihnen nicht ungehorsam gewesen, noch ihnen ent-
laufen: er war nur durch das Gespräch mit diesen gelehrten
Männern so gefesselt worden, daß er weder an die Seinigen,
noch an etwas Anderes gedacht hatte. Ein jüdischer Knabe
wurde zur Ehrfurcht gegen seine Lehrer erzogen. Es war
eine Regel: „Du sollst deinen Lehrer noch mehr als deinen
Vater ehren. Dein Vater hat dich nur in diese Welt gebracht: der Lehrer zeigt dir den Weg in die künftige."
Doch neben seinem Wissensdurst hatte ein neues, wunderbares Gefühl angefangen sich in seiner Seele zu regen und
ihn zu Gott als seinem Vater hinzuziehen, den er vor allen
Anderen lieben, ihm gehorchen und dienen sollte. Was er
aus dem Munde seiner Mutter vernommen und aus seinen
kindlichen Gebeten gelernt hatte, was ihm in den Gesprächen
Gottes mit Abraham und Moses verständlich erschienen war,
worüber er so oft mit kindlicher Verwunderung gesonnen
hatte, wenn er auf der Bergspitze bei Nazareth saß, oder
allein in den Wäldern umherwandelte, trat ihm jetzt als
Wirklichkeit nahe, — daß er „Gottes Sohn" sei und der
Stimme seines himmlischen Vaters folgen müsse. Er war

---

*) Luc. 2, 40.

6*

zu Hause gelehrt worden, Joseph als seinen Vater zu be=
trachten, und seine Mutter hatte eben gesagt: „Dein Vater
und ich haben dich gesucht"; aber er fühlte sein Herz so nahe,
so innig zu Gott gezogen, daß er von ihm als einem wirk=
lichen, seinem einzigen Vater sprach, daß das Bewußt=
sein, dem Himmel anzugehören, fortan sein irdisches Leben
leiten und regeln mußte. Was Gott wohlgefällt, ist die
Treue, die Liebe und Güte der Menschen gegeneinander; so
jung Jesus war, fühlte er, daß er in dieser Welt thun
müsse, was Gott wohlgefällig ist, daß er anfangen müsse, in
seines Vaters Hause von heiligen Dingen zu sprechen und
sie zu erforschen, „daß er sein müsse in dem, das seines
Vaters war" *).

Seit den Wundern in Bethlehem war eine so lange Zeit
des ruhigen alltäglichen Lebens in Nazareth vergangen, daß
die Eltern Jesu nicht die volle, tiefe Bedeutung dessen, was
er jetzt sagte, verstehen konnten. Und doch sagte er es nicht,
weil er ihre Autorität abschütteln wollte. Kein Stolz war
in dem Herzen dieses liebenden Knaben, der von den Rab=
binern so sehr bewundert worden war. Unser himmlischer
Vater hat uns gelehrt, wie wir ihn lieben und ehren sollen,
indem wir unsere irdischen Eltern lieben und ehren; darum
verließ Jesus sogleich die neue Schule im Tempel, die ihn
so angezogen hatte, und die Männer, die so bereit waren, ihn
zu preisen. Er ging mit seinen Eltern zurück in das kleine
Haus von Nazareth und „war ihnen unterthan" **), indem er
mit der liebevollen Hingebung eines Kindes bei ihnen wohnte.

Maria vergaß nicht, was mit Jesus geschehen, und nichts,

---

*) Luc. 2, 49.
**) Luc. 2, 51.

was ihr über ihn gesagt worden war. Sie behielt alles in
ihrem Herzen: und seit ihr Staunen und Hoffen durch die
Scene im Tempel neu geweckt war, mußte sie weiter harren
in stillem Glauben. Das Gott geweihte Leben ihres Sohnes
hatte seine Blüthenknospe gezeigt: sie mußte beinahe zwanzig
Jahre auf die reise Frucht warten.

—

13. Kapitel.
Die Taufe Jesu.

[Der Jordanfluß — Taufe bei den Juden — Johannes der Täufer — Seine Lebensweise — Erwartung des Messias — Die Demuth des Johannes — Jesus wird von
Johannes getauft — Die heilige Taube.]

Im fernen Nordosten des gelobten Landes, genährt vom
Schnee der Gipfel des Großen Hermon, und den Bächen
und Quellen aller angrenzenden Thäler, entspringt der be-
deutungsvolle Fluß der Bibel, der Jordan, der sich durch
Sümpfe, Seen und Schluchten der Berge einen Weg bahnt,
bis er sich ins Todte Meer verliert. Der Fluß ist voller
Windungen und Stromschnellen, so daß er nicht befahren
werden kann; und obgleich sein Thal in manchen Theilen
reich und fruchtbar ist, sind andere Theile wüst und öde,
oder die Ufer mit Rohrdickichten eingefaßt, in denen Raubthiere hausen. Obgleich der Jordan keine Bedeutung für
den Handel hat und jetzt auch der Landwirthschaft wenig
Nutzen bringt, wird er als ein heiliger Strom verehrt. Den
Juden bezeichnete er die Grenze zwischen der Wüste und
dem gelobten Lande; und dem Christen bedeutet er den Fluß
des Todes, der ihn von seiner himmlischen Heimath trennt.
Abraham und Jakob überschritten den Jordan auf ihren
Pilgerfahrten; Josua und Elias theilten seine Gewässer durch

ein Wunder: Jesus wurde in seinem Wasser getauft: und sein größter See war der Schauplatz vieler seiner Predigten und seiner gewaltigen Thaten.

Aber wie geschah es, daß Jesus in diesem Fluß, daß er überhaupt im Alter von dreißig Jahren getauft wurde, da er in der Kindheit mit allen vom Gesetz vorgeschriebenen Formen Gott geweiht worden war? Die Juden hatten gewisse Gebräuche, bei denen Personen oder Sachen mit Wasser besprengt wurden, als ein Zeichen religiöser Reinigung. So wurden die Leviten, wenn sie zu ihrem Amte erwählt waren, mit dem „Reinigungswasser" besprengt, um sie rein zu machen*).

Ebenso wurde Jemand, der eine Leiche berührt hatte, als unrein und unfähig, an den Opfern Theil zu nehmen, angesehen, bis er mit dem Aussonderungswasser besprengt war, das auch „Reinigung von der Sünde" genannt wurde**). In späteren Zeiten fügten die Schriftgelehrten und Pharisäer diesen Arten der Anwendung des Wassers zu heiligen Ceremonien noch viele hinzu. Sie gaben dem Waschen der Gefäße, der metallenen Schalen, der Tische oder Ruhesitze, auf denen sie bei ihren Mahlzeiten lagerten, eine religiöse Bedeutung***), und sie bestanden darauf, daß Fremdlinge, welche die jüdische Religion annahmen, getauft werden mußten. Es scheint auch ein Gebrauch gewesen zu sein, daß ein großer Prophet oder Reformator seine Nachfolger taufte, als ein Zeichen, daß sie seine Lehre annahmen und beschlossen,

---

*) 3 Mof. 8, 6. Dies wurde wörtlich Sündenwasser genannt, d. h. Wasser, das gebraucht wurde, die Sünden wegzuwaschen und für das heilige Amt eines Leviten fähig zu machen.

**) 3 Mof. 19, 9—13. 17. 18.

***) Marc. 7, 4—8.

ihre Sünden abzulegen und ein neues Leben anzufangen. Ein solcher Prophet und Reformator war Johannes der Täufer, dessen Vater ein Priester war, des Namens Zacharias und dessen Mutter Elisabeth wir kennen als die Verwandte der Maria, der Mutter Jesu. Dieser Johannes war sehr streng erzogen worden in der Secte der Nazariten, die niemals Wein oder starke Getränke kosteten, nie ihr Haar beschnitten, nie an den Freuden des geselligen Lebens Theil nahmen*). Er war in einem Dorfe von Judäa ganz nahe an der Wüste geboren, und scheint beinahe wie ein Eremit aufgewachsen zu sein und einen großen Theil seines Lebens in der Wüste mit Nachdenken und Gebet zugebracht zu haben**). Diese Wüste war nicht eine große Sandebene, sondern ein steiniges und bergiges Gebiet, das sich an der Westseite des Todten Meeres hinstreckte, wo es zu wenig Ackerland und Wasser für den Landbau, aber in bestimmten Jahreszeiten gute Weide in den Thälern gab. Wenige Dörfer und Ansiedelungen lagen in diesem Gebiet. Aber die Zahl der Leute, welche Heerden hüteten, war groß genug, um die Aufregung im Lande allgemein zu machen, da Johannes zuerst als Prophet unter ihnen auftrat; und ihre Berichte über seine Predigten drangen bis nach Jerusalem und zogen Schaaren von der Stadt herbei, die ihn hören wollten. Johannes glich in Kleidung und Wesen den alten Propheten. Er trug ein langes Gewand von Kameelhaaren, das um die Hüften von einem ledernen Gürtel zusammengehalten wurde, und nährte sich von dem Honig, den er aus den Stöcken der wilden Bienen in Felsen und Bäumen

---

*) 3 Mos. 6.
**) Luc. 1, 80.

sammelte, und von einer Art Heuschrecken, die noch heute
von den Arabern jener Gegend gekocht und gegessen werden.

Um jene Zeit war die Annahme verbreitet, daß der
Messias bald erscheinen müsse; da es auch geweissagt war, daß
ein Prophet, gleich dem Elias, ihm vorangehen würde, so
erregten, als Johannes anfing zu predigen, daß das Himmel=
reich nahe herbeigekommen sei, und das Volk zur Buße er=
mahnte, seine ernsthafte und entschlossene Weise und seine
gewaltigen, gläubigen Worte bei Vielen den Glauben, daß er
der vom Himmel wiedergekehrte Prophet Elias sei. Manche
bildeten sich sogar ein, daß er Christus wäre. Aber Jo=
hannes sagte dem Volke, daß Christus erst noch kommen
sollte, daß er bald erscheinen würde, um ihre Herzen und
Nieren zu prüfen, wie der Wind über die Tenne fährt und
die Spreu vom Weizen sondert, wie das Feuer die Spreu
verbrennt, wenn der Wind sie verweht hat*).

Die Juden hofften auf einen Messias, der ein großer
König und Kriegsheld sein, die Römer aus dem Lande
treiben und ihr Volk frei, reich und mächtig machen würde.
Aber Johannes lehrte, daß Christus kommen würde, um die
Sünde der Menschen auszutilgen und das Himmelreich in
ihren Herzen aufzurichten; daß er die wahren Freunde Gottes
erforschen würde, die sich durch Glauben und Frömmigkeit
als die Kinder Abrahams erweisen würden, und daß sie sich
durch Buße und Heiligung, durch Werke der Redlichkeit,
Liebe, Treue und Barmherzigkeit auf sein Kommen vorbe=
reiten müßten**). So predigend zog Johannes von einem
Ort zum anderen, bis er an eine Stelle des Flusses Jor-

*) Matth. 3, 11. 12.
**) Marc. 1, 4.

dan, nicht fern von der Stadt Jericho, kam. Große Schaaren waren ihm auf dem Wege gefolgt, und noch mehr Volk kam von der östlichen Seite des Jordan, denn der Fluß war an dieser Stelle so flach, daß man ihn meist durchwaten konnte. Dort thaten viele Buße und wurden getauft. Aber obgleich Johannes eine solche Menge von Schülern um sich versammelt hatte und für einen Reformator gehalten wurde, versuchte er durchaus nicht, die allgemeine Erregung zu seinen Gunsten zu wenden, sondern wies die Titel und Ehren, welche das Volk bereit war ihm zu geben, zurück, indem er sagte: „Es kommt Einer nach mir, der ist stärker denn ich, dem ich nicht genugsam bin, daß ich mich vor ihm bücke, und die Riemen seiner Schuhe auflöse. Ich taufe euch mit Wasser, aber er wird euch mit dem heiligen Geist taufen." *) Es war die Pflicht eines Dieners, einem an der Thür des Hauses ankommenden Gaste die Sandalen abzulösen und den Staub von seinen Füßen zu waschen; und so groß war die Ehrfurcht des Johannes für den Messias, daß er sich unwürdig fühlte, seine geheiligte Person bei dieser demüthigsten Handreichung eines Dieners zu berühren.

Nachdem er in Judäa gepredigt und an der unteren Furt getauft hatte, überschritt er den Jordan und ging nach Galiläa, in der Nähe des Ortes, wo Jakob mit seiner Familie über den Fluß gegangen war. An diesen Ort kam Jesus, sich von ihm taufen zu lassen. Obgleich Johannes und Jesus nahe verwandt waren, hatten sie getrennt von einander jeder in seiner eigenen, stillen Weise gelebt, und wie es scheint, hatten sie einander nie gesehen. Oder wenn Johannes mit Jesus schon zusammengetroffen war, hatte er in ihm nichts gesehen, was seiner eigenen Vorstellung von dem Messias entsprach. Doch hatte seine Mutter ihm ohne Zweifel von den wunderbaren Dingen erzählt, die der Mutter Jesu vor und nach seiner Geburt geschehen waren, und als er jetzt seinen Verwandten nahen sah, wurde das Gefühl, daß dieser wahrhaftig der Messias sei, so deutlich und gewaltig in ihm, daß er sich zuerst weigerte, ihn zu taufen, und vielmehr begehrte, daß Jesus ihn segnete. Aber Jesus war sorgsam, alle guten religiösen Gebräuche zu befolgen, und da die Taufe durch Johannes zum Zeichen der Heiligung gemacht war, so bestand er darauf, getauft zu werden, als ein öffentliches Zeichen der Weihe zu seinem neuen Werke. Als Jesus aus dem Wasser heraufstieg, schwebte eine Taube, die aus der Tiefe des Himmels zu kommen schien, über ihm und ließ sich auf sein Haupt nieder; und Johannes, der staunend vor diesem schönen Schauspiel stand, hörte eine Stimme vom Himmel, die sagte: „Dies ist mein lieber Sohn, an dem ich Wohlgefallen habe"*). Da nahm er wahr, daß der heilige Geist dieses sanfte Geschöpf als ein Sinnbild seiner eigenen Reinheit und Gnade und seines Friedens erwählt hatte, um das Haupt Jesu zu weihen und seine Sendung mit der Gegenwart und Macht des göttlichen Geistes zu erfüllen.

Nach solchem Zeichen war Johannes gewiß, daß Jesus der verheißene Messias sei: aber die Worte, in denen er dies aussprach, müssen der Menge, die er eben ermahnt hatte, sich auf das Himmelreich vorzubereiten, wunderlich geklungen haben. Dies war der Messias der Propheten: dies war der Sohn Davids, gesalbt vom heiligen Geist: dies war der Herr des Himmels in der Gestalt des Menschensohnes, wie Daniel und Hesekiel ihn in ihren Gesichten geschauet hatten: dies war der Sohn Gottes. Das Alles war jetzt

---

*) Matth. 3, 17.

dem Johannes klar geworden. Aber indem er Jesus als den König bezeichnete, sagte er nicht: „Dies ist der Eroberer, der Israel befreien soll: dies ist der König, der den Thron Davids wieder aufrichten wird"; sondern mit Worten, so sanft wie die Stimme der Taube, sprach dieser strenge Prophet der Wüste: „Siehe, das ist Gottes Lamm, welches der Welt Sünde trägt!" *) Wie die Verheißung des Engels an Maria, wie die Verkündigung der Engel bei den Hirten, wie die Weissagung des Simeon im Tempel, so kennzeichneten diese Worte Jesus als den Heiland der Welt, den Erlöser, der sich selbst opferte, wie das Lamm, das täglich im Tempel geopfert wurde. Johannes konnte die Sünde verdammen, Jesus wollte von der Sünde erlösen. Johannes konnte sagen: „Thut Buße und entrinnet dem Zorn, der kommen wird!" Jesus sagte: „Glaubet und werdet selig!" Und die sanftesten Geschöpfe, die Gott gemacht hat, die Taube und das Lamm, waren die Symbole des Gnadenwerkes, das die sündige Welt in das Reich der Liebe führen sollte, welches ist das Himmelreich.

---

*) Joh. 1, 29.

14. Kapitel.
Jesus in der Wüste.

Jesus war bereit, als Verkünder der Wahrheit in die Welt hinauszugehen: aber wer die Welt recht erkennen will, muß mit dem Zweifel gerungen haben. Jesus sollte die Menschen zum Glauben an Gott führen: aber wer die Kraft des Glaubens verstehen will, muß die Schwachheit der Furcht gekannt haben. Jesus sollte die Menschheit von der Sünde heilen: aber wer die Macht der Tugend kennen will, muß die Macht der Versuchung gefühlt haben. Und eine solche Versuchung seines eigenen Glaubens an das Wort und den Geist Gottes, und seiner Kraft, dem Bösen zu widerstehen, trat an Jesus heran, ehe er öffentlich als Messias erschien. Der heilige Geist, der ihn bei seiner Taufe zum Sohne Gottes geweiht hatte, trieb ihn jetzt, in die Wüste zu gehen und dort allein zu bleiben, bis Gott ihm zeigen würde, wie er sein Werk beginnen sollte.

Dasselbe wilde, zerrissene, schwach bevölkerte Land, das an der Westseite des Todten Meeres die Wüste von Judäa bildet, erstreckt sich nördlich von Jericho, am Thal des Jordan entlang, und ist dort durch öde und rauhe Berge von weißem Kalkstein bezeichnet. Einer von diesen, nordwestlich von Jericho, zur Linken der von Jerusalem hinabführenden Straße, ein steiler Berg, der sich fünfzehnhundert Fuß über die Ebene erhebt, ist von Einigen als der Ort bezeichnet worden, zu dem Jesus jetzt ging; und seines vierzigtägigen Fastens wegen wird derselbe Quarantania genannt. Wir können natürlich nicht genau die Stelle der Wüste angeben, an welcher dieser Theil seines Lebens sich abspielte; aber sicher befand sie sich in dem einsamen, düsteren Gebiet am Thale des unteren Jordan. Marcus sagt: „er lebte mit den wilden Thieren", an einem Orte, der fern den Wohnungen der Menschen lag, und wo die Wildheit und Einsamkeit der Natur durch das Gebrüll der Raubthiere unterbrochen wurde. Hier war er ohne den Trost menschlicher Theilnahme, Befürchtungen und körperlichen Gefahren ausgesetzt. Da er die wilden Thiere vor der Höhle, in der er schlief, brüllen hörte, muß er das qualvolle Gefühl nächtlicher Verlassenheit und Gefahr gekannt haben. Doch Jesus war so mit geistigen Dingen beschäftigt, so vertieft in Gebete und Gedanken an Gott und sein neues Werk, daß er nicht allein war und kaum das Bedürfniß leiblicher Nahrung fühlte. Es sind Beispiele bekannt von Personen, die mehr als vierzig Tage ohne Essen und Trinken zubrachten*), und wir wissen, daß großer Kummer oder

---

*) Siehe die Anmerkung am Schlusse dieses Kapitels.

große Freude, oder eine heftige Erregung der Nerven ver=
ursachen, daß man seine physischen Bedürfnisse vergißt. Wir
kennen in der That kaum den Umfang der Willens = oder
Geisteskraft über den Körper, um ihn entweder zu beugen
oder aufrecht zu halten. Sicher war es für Jesus möglich,
durch sein geistiges Empfinden und Verlangen so erhoben
und gestärkt zu sein, daß er diese ganze Zeit hindurch buch=
stäblich nichts aß*). Aber die Erzählung verlangt nicht, daß
wir dies wörtlich nehmen; denn es wird von Johannes ge=
sagt, „daß er kam, nicht aß und nicht trank"**): er genoß
nicht, wie andere Menschen, gewöhnliche Nahrungsmittel,
sondern „nährte sich von Heuschrecken und wildem Honig",
die er in der Wüste sammelte. Und so kann dies Fasten
Jesu wohl auch nur bedeuten, daß er ohne regelmäßige und
hinreichende Nahrung lebte, nur Wurzeln und Beeren, die er
in der Wildniß finden mochte, sammelte und vierzig Tage
lang weder Brod noch Fleisch kostete***). Dies würde der
Vorstellung des Fastens, wie sie oft in der Bibel gegeben
ist, und dem von Matthäus gebrauchten Worte entsprechen.
Aber wenn wir die Worte des Lucas so verstehen, daß Jesus
wirklich gar nichts aß, müssen wir doch auf die Kraft des
Geistes zurückkommen, die in einem Zustand der Exstase die
Begierden des Körpers so unterdrücken kann, daß sie kaum
zum Bewußtsein gelangt.

Natürlich ist es leicht, zu behaupten, daß dies Fasten
Jesu ein Wunder war, daß er ohne Nahrung durch die be=

---

*) Luc. 4, 2.
**) Matth. 11, 18.
***) Vierzig wird in der Bibel oft als runde Zahl gebraucht,
wie wir heute „ein Dutzend" oder „zwanzig" sagen.

sondere Macht Gottes am Leben erhalten wurde. Aber die
Evangelisten sprechen von dem Fasten nicht als von einem
Wunder, und warum sollten wir es thun? Hier ist ein
Fall für die im siebenten Kapitel angerathene Vorsicht —
nicht ein Wunder zu erfinden, um eine Schwierigkeit zu erklären, wenn die Bibel selbst das Factum nicht als übernatürlich darstellt. Dies würde dazu dienen, das Ansehen
der wirklichen Wunder zu vermindern, wenn die Bibel solche
aufstellt, um unseren Glauben zu leiten. Die Bibel gibt uns
Grund genug, nicht anzunehmen, daß das Fasten Jesu ein
Wunder war. Matthäus und Marcus sagen, daß „Engel
ihm dienten"; aber dies geschah erst, nachdem er vierzig
Tage gefastet und dem Versucher allein und trotz der Mattig-
keit vor Hunger widerstanden hatte. Der Apostel Paulus
lehrt, daß „Jesus in allen Dingen seinen Brüdern gleich
war, auf daß Er barmherzig würde, und ein treuer Hohepriester", — daß er ein wahrhaftes, zärtliches Mitgefühl für
uns haben möchte, „denn darinnen Er gelitten hat und
versucht ist, kann Er helfen denen, die versucht werden" *).
Darum wäre Jesus nicht uns gleich gewesen, hätte nicht gefühlt wie wir, und gelitten wie wir, wenn er während dieser
Zeit seiner Versuchung durch übernatürliche Macht gestärkt
worden wäre. Wir besitzen keine solche Kraft, dem Hunger
oder irgend einer anderen Form der Versuchung oder des
Leidens zu widerstehen, noch ist solche Kraft uns verheißen;
und daher könnte, was Jesus durch ein Wunder gethan
hätte, uns weder Beispiel noch Hülfe geben, da wir auf
keine Wunder zu unseren Gunsten hoffen können. Wenn
dieser Vorgang in der Wüste gänzlich ein Wunder wäre,

---

*) Hebr. 2, 17. 18.

so könnten wir es zwar mit Staunen und Ehrfurcht betrachten, aber wir könnten nicht Hülfe und Kraft darin finden. So aber mögen wir zu dem Geist Gottes aufblicken, daß er uns helfe, Schwachheit, Versuchung und Sünde zu überwinden; und wenn Jesus wahrhaftig in seiner schweren Versuchung uns dargestellt ist wie ein Mensch, der mit demselben Beistande des Geistes Gottes gegen den Teufel kämpft, so können wir von ihm Mitgefühl und Hülfe erlesen. Dies ist es auch, was Paulus lehrt: „Denn wir haben nicht einen Hohenpriester, der nicht könnte Mitleiden haben mit unserer Schwachheit, sondern der versucht ist allenthalben gleich wie wir, doch ohne Sünde"*). Im Anfange war der Geist Jesu so erfüllt von dem, was er in der Welt zu thun hatte, und von dem Gefühl, daß er der Sohn Gottes sei, daß selbst das Bedürfniß leiblicher Nahrung vergessen wurde, wie, wenn im Traum der Geist ohne den Körper zu handeln und sich zu bewegen scheint. Die Milde des Klimas während der trockenen Jahreszeit erlaubte ihm, ohne Nachtheil im Freien zu schlafen: doch hatte er kein Bett, als den nackten Felsen, oder den harten Boden einer Gebirgshöhle, und einen Stein zum Kopfkissen.

Nach dreißig Jahren der Erwartung in seiner bescheidenen Heimath fühlte Jesus, daß für ihn die Zeit gekommen war, sich als der Lehrer und Heiland der Welt zu zeigen. Wir erinnern uns, daß das Bewußtsein, daß er Gottes Sohn, schon in seinem zwölften Jahre so mächtig in ihm war, daß er damals schon „sein wollte in dem, das seines Vaters war". Seit jener Zeit hatte er ruhig in Josephs Werkstatt an Maria's Seite gelebt, und des Tages gewartet, da er

---

*) Hebr. 4, 5.

öffentlich das große Werk beginnen sollte, für das er, wie er wußte, in die Welt gesandt war: aber jetzt, da der heilige Geist ihn für Gottes Sohn erklärt hatte, fühlte er, daß er ernstlich „in dem sein müsse, das seines Vaters war", und „daß er es zu seiner Speise machen müsse, den Willen dessen zu thun, der ihn gesandt hatte" *). Aber wie er es anfangen sollte, war die Frage. Wir haben gesehen, in welcher fieberhaften Spannung die Menschen wegen des Messias waren, wie sie Johannes dem Täufer nachfolgten und erwarteten, daß er sich als der Heiland erweisen würde, und wir wissen, daß die Juden bereit waren, irgend einem Führer zu folgen, der versprechen würde, die Römer aus dem Lande zu vertreiben und das Reich Israel wieder aufzurichten.

Wenn er als der wahre Erbe des Thrones Davids die alte Fahne von Juda aufgepflanzt, wenn er aus der unruhigen Stimmung der Zeit Vortheil gezogen, die Zeichen und Wunder bei seiner Geburt und Berufung, und die Prophezeihungen seines neuen Reiches ans Licht gebracht, wenn er eine Schaar von Anhängern gesammelt, in der Wüste vorbereitet und dann hinaufgeführt hätte, um Jerusalem den Römern zu entreißen, — so würde dies alles nur gewesen sein, was das Volk von seinem Messias erwartet und gewünscht hätte; und dies hätte sofort, und nicht ohne Aussicht auf Erfolg unternommen werden können. Ohne Zweifel dachte Jesus daran, als er sich in der Wüste auf das langsame und Geduld fordernde Werk vorbereitete, ein Reich der Wahrheit und Liebe durch Predigen und Leiden zu gründen. Für Einen, der selbst fühlte, daß er der Messias sei, war selbst

---

* Joh. 4, 34.

die Luft erfüllt mit Aufforderungen und Veranlassungen, sich zum Könige zu machen: und während Alles für eine solche Bewegung reif war, führte der Teufel Jesus in Versuchung, sich durch einen kühnen Gewaltstreich die Gunst des Volkes zu erwerben, indem er seine Macht als der Sohn Gottes zeigte.

Zuerst quälte der Versucher ihn mit Hunger, der nach so vielen Tagen der Entbehrung jetzt mit entsetzlicher Pein über ihn kam. Menschen, die in der Wüste, bei Schiffbruch, oder Hungersnoth Hunger gelitten haben, sagen, daß das Verlangen nach Nahrung wie ein lebendiges Thier am Magen nagt und zuletzt den Gequälten zum wüthenden Tiger macht, der alles verschlingt, was ihm in den Weg kommt. Bei der Belagerung von Paris im Jahre 1871 wurden Hunde, Katzen und Ratten von den hungernden Menschen gegessen; bei der Hungersnoth in Persien 1872 wurden nicht nur solche, sondern auch Kröten und Schlangen, sogar Leichen verzehrt; und bei der Belagerung Jerusalems unter Titus sollen Mütter die Leichen ihrer Kinder gegessen haben. Als Jesus, hungernd nach Brod, inmitten der Felsen nach Etwas suchte, das Verlangen seines Magens zu befriedigen, oder ohnmächtig vor Schwäche auf den harten Boden sank, bereit vor Hunger zu sterben, gab ihm der Versucher diese Gedanken ein: „Bist du nicht Gottes Sohn? Hast du dies nicht seit deinem zwölften Jahre gewußt? Und hat nicht eine Stimme vom Himmel am Tage deiner Taufe es dir und Johannes gesagt? Warum sollte Gottes Sohn vor Hunger sterben? Hat er nicht Macht über Alles in der Welt? Kann er nicht ein Wunder thun, um sein Leben zu retten? Oder ist es doch ein Irrthum? Wie leicht würde es sein, das Gesagte zu beweisen? Wenn du Gottes Sohn bist, besiehl, daß diese Steine Brod werden." So versuchte der Teufel Jesus, als dieser schwach, ermattet, leidend, hülflos vor Hunger da lag.

Aber wenn auch Jesus Gottes Sohn war, so war er in die Welt gekommen, um zu leben wie ein Mensch und den Menschen zu zeigen, wie sie leben sollten; und die erste Pflicht eines Sohnes war Gehorsam gegen seinen Vater. Er erinnerte sich, daß in der Schrift geschrieben steht: „Der Mensch lebt nicht vom Brod allein, sondern von einem jeglichen Wort, das durch den Mund Gottes geht." Indem er sich durch ein Wunder Brod verschaffte, würde er Gottes Vorsehung angezweifelt haben, die für ihn als schwachen und bedürftigen Menschen sorgte. Andere Menschen konnten nicht Steine in Brod verwandeln, um sich vom Hungertode zu retten, und wenn er der Lehrer und Führer der Menschen werden wollte, so mußte Jesus sein Loos tragen und ein Beispiel von Geduld in Trübsal geben. Auch ist die Befriedigung unserer körperlichen Bedürfnisse nicht der Hauptzweck, für den wir leben sollen. Die Bedürfnisse des Geistes und der Seele sind viel höher und edler; und obgleich der Körper wohl versorgt und gesund erhalten werden muß, und wir essen und trinken und schlafen sollen, um in der richtigen Verfassung für das Denken und selbst das Beten zu sein, so müssen wir dennoch lernen, die dringendsten natürlichen Bedürfnisse dem zu unterwerfen, was unsere Pflicht gegen Gott zu sein scheint, und es so „zu unserer Speise zu machen, daß wir den Willen unseres himmlischen Vaters thun". So lehrte uns Jesus, daß Hunger leiden, demüthig warten, bis Gott uns Hülfe schickt, zu Gott aufblicken, daß er uns unser täglich Brod gäbe, viel besser ist, als unsern eigenen Stolz oder Eigenwillen aufrufen, um uns, ohne

Gottes Beistand zu erflehen, durch selbstsüchtige Anwendung von Mitteln und Kräften, die zu ganz anderen Zwecken gegeben sind, Hülfe zu verschaffen.

Der Versucher gab nun Jesus ein, sich als Gottes Sohn zu zeigen, indem er der Menge, die beständig vor dem Tempel in Jerusalem versammelt war, seine Macht kund gebe. Das Volk erwartete, daß der Messias auf wunderbare und erstaunliche Weise erscheinen würde und man blickte aus nach einem „Zeichen vom Himmel". Sollte er gehen und sich auf die höchste Spitze des Tempels stellen, wo er bald die Aufmerksamkeit der Menge in den Höfen des Gebäudes und auf den Straßen der Stadt auf sich ziehen mußte, und sollte er dann, während Alle nach ihm schaueten, plötzlich durch die Luft zu ihnen hinunter fahren? Hatte Gott nicht gesagt: „Denn er hat seinen Engeln befohlen über dir, daß sie dich behüten auf allen deinen Wegen, daß sie dich auf den Händen tragen und du deinen Fuß nicht an einen Stein stößest"?*) und konnte er nicht dieser Verheißung vertrauen, während er unternahm, dem Volk zu zeigen, daß der Sohn Gottes gekommen sei, sein Reich aufzurichten? Welches Aufsehen würde solches Ereigniß machen! Wie unmittelbar würde seine Wirkung sein, die Menge um die Fahne ihres neuen Königs zu schaaren! Sicherlich, aber dies würde ein Reich äußerlichen Scheins, nicht innerer geistiger Kraft sein; die Menschen würden Jesus mit Jubelrufen zuströmen, statt ihm mit demüthigen Herzen nachzufolgen: sie würden nach Wundern ausschauen, statt ihr Thun zu bessern. Gott hatte ihn nicht gesandt, solches Reich aufzurichten; und obgleich er glauben durfte, daß Gott ihn in jeder Gefahr beschützen und

---

*) Ps. 91, 11. 12.

von jedem Leid erlösen würde, stand auch geschrieben: „Du sollst nicht Gott, deinen Herrn, versuchen"*). Wir dürfen nicht annehmen, daß Gott uns beschützen wird, wenn wir uns ohne Ursache, oder nur um zu zeigen, was wir unter dem Schutz der Vorsehung wagen können, in Gefahr stürzen. Eine Brücke, die nach den von Gott geschriebenen Natur= gesetzen gebauet ist, trägt einen Eisenbahnzug sicher über die Kluft des Niagara: aber wenn Blondin unternimmt, mit verbundenen Augen einen Schiebekarren auf dem Seile hin= über zu fahren, soll er nicht erwarten, daß die Hand Gottes ihn führt und ihn verhindert, in den Abgrund zu stürzen. Wir dürfen auf Gottes Schutz bauen in allem, was er uns auferlegt, sei es im feurigen Ofen zu stehen, oder in der Löwengrube zu liegen; aber wir dürfen nicht unternehmen, die Gesetze Gottes zu verletzen, selbst nicht um unser Vertrauen in ihn an den Tag zu legen, und dann zu erwarten, daß er seine Hand ausstrecken, und uns vor den Folgen unserer Verwegenheit retten sollen. So lehrte uns Jesus, nichts voreilig zu thun, selbst nicht in Gottes Namen, sondern zu suchen, wie wir Gottes Willen in seinem Sinne thun können. Es ist das goldene Wort des Glaubens: Du sollst dem Herrn deinem Gott immer vertrauen, aber ihn niemals versuchen.

Es bedarf schwerer Schläge, um den Teufel zu vertrei= ben. Er hatte seine beste Karte zurückbehalten, und obgleich er zweimal abgewiesen war, wurde er um so anmaßender, oder vielleicht um so verzweifelter. Von den hohen Punkten der Wüste, in der Jesus sich befand, konnte er gegen Osten sehen bis in die Gegend jener großen Reiche, die unter den

---

*) 5 Mos. 6, 16.

Namen von Assyrien, Babylonien, Persien und Medien einen
so großen Raum in der Weltgeschichte eingenommen haben;
gegen Süden, wo Arabien und Egypten sich durch Literatur,
Wissenschaften, Reichthum und Macht einen dauernden Namen
erworben hatten; gegen Westen, wo das Land Palästina, da=
mals eine Provinz Roms, ihn daran erinnern mußte, daß
jenes Reich seine Alles begehrenden, Alles ergreifenden Arme
über alle Meere, nach jedem Lande ausstreckte. Und nun
kam ihm der Gedanke eines Weltreiches, herrlicher und aus=
gedehnter als Alexander es zu besitzen geträumt und sterbend
gewonnen hatte. Aber hier zeigte Satan seine wahre Gestalt
und seine eigentliche Absicht. Da er selbst der Gott der
Ehrsucht ist, müssen die Ehrsüchtigen ihm dienen; da er der
Gott dieser Welt ist, müssen die, welche weltliche Macht und
Größe suchen, ihm huldigen; und da die Vision aller Reiche
der Welt und ihres Ruhmes an der Einbildungskraft Jesu
vorüberzog, sagte der Teufel: „Dies Alles will ich dir geben,
wenn du niederfällst und mich anbetest"*). Jesus sah, daß
solche Gedanken vom Teufel kommen mußten; denn obgleich
sein Auge und seine Einbildungskraft gleichsam die Leinwand
waren, auf die sie gemalt wurden, die Zeichnung und die
Farben waren von der Hand des Versuchers. Solches Reich
zu besitzen, solche Macht auszuüben, solchen Namen zu führen!
Doch, ach, dies würde so viel heißen, als das Reich Gottes,
welches aufzurichten er gesandt war, gänzlich aufzugeben.
Erfüllt von heiligem Zorne, wendete sich Jesus zu dem Ver=
sucher und sprach: „Hebe dich hinweg, Satan; denn es
stehet geschrieben, du sollst den Herrn deinen Gott anbeten
und ihm allein dienen." Und der Teufel verließ ihn.

---

*) Matth. 4, 9.

Wie der Teufel kam und verschwand, sagte Jesus seinen Jüngern nicht, als er ihnen die Geschichte seiner Versuchung erzählte; wenigstens schweigen die Evangelisten darüber.

Die Bibel lehrt, daß es einen wahrhaftigen, lebendigen Geist des Bösen giebt, von unendlicher Macht, Unheil zu bereiten, genannt Satan, der Teufel, der Versucher, der „Vater der Lügen". Sie stellt ihn dar als fähig, auf den Geist der Menschen zu wirken, indem er ihnen Gedanken und Vorstellungen eingiebt und Empfindungen und Begierden in ihnen erregt. Aber obgleich die Bibel vom Satan als einem persönlichem Geist spricht, der so auf den menschlichen Geist wirkt, beschreibt sie ihn nicht, als ob er eine dem Menschen sichtbare Gestalt hätte. Von keiner solchen Erscheinung ist hier die Rede und es ist uns hier überlassen, zu vermuthen, daß Satan Jesus in Versuchung führte, wie er es mit anderen Menschen thut, durch körperliche Gelüste und Bedürfnisse, durch Visionen, Einbildungen, Vorspiegelungen, Furcht und Hoffnung. Wie oben erwähnt, ist es dies, was die Versuchung für uns zu einer so bedeutungsvollen Lehre macht: denn durch diese drei Versuchungen, die an das leibliche Begehren und Verlangen, den Stolz und die Prunksucht und die Herrschbegierde gerichtet wurden, war Jesus „allenthalben versucht, gleich wie wir, doch ohne Sünde"*). Und daher kann er uns helfen, wenn wir versucht werden, durch sein Beispiel, sein Mitgefühl, durch seinen Geist der Gnade und Wahrheit.

Schwach und matt, wie er vom Fasten war, muß dieser Kampf Jesus noch schwächer und matter gemacht haben. Aber er hatte gekämpft und gesiegt als Mensch, wie alle

---

*) Hebr. 4, 15.

Menschen kämpfen und siegen sollten, durch Gebet und das Wort Gottes: und dieser Kampf und Sieg erhob ihn zu solcher Höhe frommen Gefühls, daß für sein inneres Schauen die Luft von Engeln erfüllt war, die kamen ihm zu dienen*), nicht daß sie ihm, wie die Raben dem Elias in derselben Wüste, leibliche Nahrung, sondern die Gewißheit von seines Vaters Liebe und Beifall brachten, die seiner Seele Brod vom Himmel und Wasser des Lebens waren. So getröstet und gestärkt kehrte er in die Außenwelt zurück, um zu essen, zu trinken, zu lehren und zu wirken, überall hinzugehen unter Menschen, die jeder Art von Versuchung und Sünde unterworfen waren, damit er ihnen das innere Leben des Glaubens einflößen und sie „aus der Gewalt Satans zu Gott führen könnte".

———

Anmerkung.

Daß in gewissen Krankheitsformen, besonders bei Nervenleiden, das Leben lange Zeit ohne den Genuß von Nahrungsmitteln erhalten werden kann, ist jedem Arzt bekannt. Aber wie lange ein gesunder Mensch ohne irgend welche Speisen aushalten kann, ist eine ungelöste Frage, bei der es auf das Alter, die Rasse, die Constitution und die Gewohnheit ankommt. Hippokrates stellte sieben Tage als den äußersten Zeitraum fest; doch viele wohl verbürgte Thatsachen widersprechen dem.

Am 8. October 1835 wurde ein Mann in einem Bergwerk zu Kilgramie in Ayrshire verschüttet: dreiundzwanzig Tage später wurde er lebendig hervorgezogen, obgleich er während dieser Zeit keine andere Nahrung gehabt hatte als

———

*) Matth. 4, 11.

ein wenig Wasser und weniger als eine halbe Unze Tabak. Er starb jedoch einige Tage nach seiner Rettung.

Im Juli 1825 desertirte ein Artillerist von Coblenz und fristete sein Leben vierzig Tage lang in den Wäldern nur von Heidelbeeren. Er wurde in einem sehr elenden Zustande gefunden und in ein Hospital gebracht, wo er sich sehr bald erholte*).

Der Tod erfolgt gewöhnlich eher, wenn Hunger und Durst zusammenwirken. Die Qual des Durstes wird früher empfunden, und der Durst erfaßt den ganzen Organismus heftiger, so daß Jemand, der ein wenig Wasser trinkt, die Enthaltung fester Nahrung länger ertragen kann, als Einer, der Hunger und Durst zugleich leidet. Sieben Männer, die siebzehn Tage auf einer Eisscholle auf offenem Meer umher= trieben, erhielten sich am Leben, indem sie nichts genossen als geschmolzenes Meereis, und wurden zuletzt von den Be= wohnern der Insel Bornholm gerettet**). Die Fälle sind nicht selten, in denen gesunde Menschen zehn, zwölf oder vierzehn Tage ohne irgend welche Nahrung gelebt haben; es giebt aber auch einige gut verbürgte Fälle, wo dies eine viel längere Zeit ertragen wurde.

Ein corsicanischer Gefangener, Namens Antonio Viterbi, der wegen Mordes verurtheilt war, beschloß Hungers zu sterben, ehe der Tag seiner Hinrichtung gekommen wäre. Vom 2. bis zum 20. Dezember, wo er starb, genoß er durch=

---

*) S. Schmidts Jahrbücher 1836, Nr. 10, Bd. XII, 1. Heft, S. 58, für diese beiden Fälle.

**) Hufeland, Journal d. prakt. Heilkunde, März 1811, S. 116. Siehe auch in Henke's Zeitschrift für Staatsarzeneikunde 1837, S. 358, einen Artikel von Dr. E. Münchmeyer in Lüneburg.

aus nichts. Zuweilen benetzte er sich den Mund, und zwei Mal (am zehnten und dreizehnten Tage) wurde er so von den Qualen des Durstes überwältigt, daß er ein wenig Wasser trank; aber mit diesen kleinen Ausnahmen ertrug er die Pein des Hungers und des Durstes achtzehn Tage *).

Im Jahre 1831 hungerte sich ein Franzose, Namens Granier, der in Toulouse verurtheilt war, hingerichtet zu werden, im Gefängniß zu Tode. Weder Ueberredung, noch Drohung, noch Gewalt konnten ihn dazu bringen, die geringste Nahrung zu sich zu nehmen, obgleich er von Zeit zu Zeit ein wenig Wasser trank. In diesem Zustande lebte er 63 Tage **).

Eine achtzig Jahre alte Frau im Juliushospital zu Würzburg wollte fünf Wochen lang nichts als Wasser genießen und starb zuletzt in der sechsten Woche ***).

Ein junger Mann, der beschlossen hatte, Hungers zu sterben, lebte 24 Tage ohne Nahrung, und genoß nichts als täglich zwei Quart Wasser ***).

In der Regel können Personen, die an einer Geistesstörung leiden, länger ohne Nahrung ausdauern, als Jemand in gesundem, körperlichem und geistigem Zustande.

Einen merkwürdigen Fall berichtet der Generalarzt Gerlach in Königsberg. Ein Musketier, Namens Hieronymus Tuskewitz, schnitt sich den Zeigefinger und zwei Glieder des Mittelfingers der rechten Hand ab, um sich dem Militairdienst zu entziehen. Er wurde für etwas gestört gehalten. Während er sich im Hospital befand, war er so von Ent-

---

*) Medical Jurisprudence, by Paris and Foublanque, vol. II, p. 69—73 (London 1823).

**) Henke's Lehrbuch der gerichtl. Medicin. S. 482.

***) Hufelands Journal. Thl. II. S. 17.

setzen vor einer Strafe nach seiner Genesung erfüllt, daß er beschloß, sich zu Tode zu hungern. Zwei oder drei Mal wurde er durch die Versicherung, daß man ihn nicht bestrafen würde, überredet, Nahrung zu sich zu nehmen: aber seine Furcht kehrte wieder, und zuletzt beharrte er dabei, zu verhungern, bis er starb. Er war vier Monate im Hospital, und während dieser Zeit hat er nur an vierundzwanzig Tagen Etwas genossen. Zuletzt blieb er dreißig Tage ohne Nahrung *).

Im Jahre 1824 versuchte ein am Rhein lebender Mann eine Augenkrankheit durch andauerndes Fasten zu heilen. Siebenundvierzig Tage lang nahm er keine feste Nahrung zu sich: von diesem Zeitraum genoß er vier Wochen lang nichts als reines Wasser, außer vier Tassen schwachen Thees ohne Milch **).

Weitere Fälle über Hunger findet man im Folgenden:

De Fame: Dissertatio: Aemilius Nehmer, 1846. Archives générales de Médicine, t. XXVII. Zwei Fälle von Selbstmord durch Hunger: der Eine starb am sechzigsten, der Andere am dreiundsechzigsten Tage.

Henke, Zeitschrift für Staatsarzneikunde. Traité de Médicine Légale, von F. J. Fodere, Bd. II, Paris 1813.

Lehrbuch der juristischen Medicin von Orfila, übersetzt von Dr. Gust. Knippe, Bd. II, Leipzig 1849.

Reynolds, Discourse upon Prodigious Abstinence, London 1669. S. Bibliothèque raisonnée de l'Europe 1747, vol. XXXIX, p. 248.

Haller, Physiologie, Bd. VI.

---

*) Essays of Edinburgh: s. M. V. p. 11.
**) Donders und v. Gräfe's Journal, Bd. XXI. Thl. 3.

Percival, Med. Essays, vol. II, 1790.

Egron, Considérations sur l'Abstinence, Thèses de Paris, 1815, Nr. 22. Pourcy. L'Abstinence de 1809, Nr. 285; Thèses 1818, Nr. 84. Savigny, Observation sur les Effets de la Faim: Naufrage de la Méduse.

Hufelands Journal 1819, Bd. XLVIII.

Piorry, De l'Abstinence, Arch. de Med. 1830. Collard de Martigny, Récherches und Journal de Physiolog. de Magendie, B. S. S. 152—210.

15. Kapitel.
Jesus beginnt sein Werk.

[Er kehrt zu Johannes zurück — Johannes bezeichnet ihn als das „Lamm Gottes" — Andreas, Petrus und Johannes folgen ihm — Die Berufung des Philippus und des Nathanael — Sie machen sich auf nach Galiläa — Wie Jesus sie zu sich zog.]

———

Während Jesus in der Wüste war, fuhr Johannes fort zu predigen und im Jordan zu taufen und war immer noch von einer Schaar Anhänger begleitet. Zwischen dem Jordan und Jerusalem und allen Ländern ringsum strömten die Leute beständig hin und her. Die meisten von ihnen kehrten natürlich bald nach der Taufe in ihre Heimath zurück, doch blieben einige bei Johannes, um zu hören, was er noch weiter über das neue Königreich zu sagen hatte, und diese glaubten, daß er doch vielleicht Christus sei. Diesen Anhängern theilte er alles mit, was er über Jesus wußte, und bereitete sie vor, ihm zu folgen, sobald er erscheinen würde. Johannes muß sich gewundert haben, wohin Jesus nach seiner Taufe gegangen war, und warum er sich so lange verbarg, denn es ist nicht wahrscheinlich, daß irgend Jemand wußte, wo er sich während dieser vierzig Tage aufhielt; aber Johannes hatte selbst so lange Zeit in Einsamkeit verlebt, daß er wohl begreifen konnte, wie sehr Jesus wünschen mußte, im Gebet allein zu sein, ehe er zu predigen anfing. Außerdem hatte Johannes bereits eine solche Verehrung für Jesus, daß er keinen Augenblick nach dem Thun des Gottessohnes forschte. Das erste, was Jesus nach seinem Siege über den Teufel that, war, Johannes am anderen Ufer des Flusses aufzusuchen, wo er ihn verlassen hatte; aber er kam so leise, daß Niemand ihn bemerkte, bis Johannes ihn einigen seiner Schüler zeigte. Was ihm in der Wüste begegnet war, barg er als Geheimniß in seinem Herzen, bis er es in späteren Tagen seinen erwählten Freunden anvertraute, als Zeichen seines Mitgefühls für diejenigen, die Versuchungen zu bestehen hatten; doch Johannes hatte schon gelernt auf ihn als auf den Heiland zu blicken, der die Menschen von ihren Sünden erlösen sollte. Jesus hatte in der Nähe eine Wohnstätte gefunden, und täglich sah man ihn am Ufer des Flusses auf= und abgehen, wo er die Leute, die zu Johannes kamen, beobachtete und ohne Zweifel Theilnahme für sie fühlte, wie sie jedes Wort und jeden Umstand, der ihnen Theil am Reiche des Messias zu verheißen schien, freudig ergriffen. Aber er sagte nichts, um die Aufmerksamkeit auf sich zu lenken, sondern wartete auf die erste passende Gelegenheit, seine eigene Gnade und Wahrheit zu enthüllen.

Eines Tages, als er so wandelte, folgten ihm zwei von Johannes Schülern, die Jesus von ihrem Meister hatten preisen hören, am Ufer entlang, in der Absicht, zu erforschen, wo er wohnte. Indem sie ihm so folgten, wollten sie ihm, wie es damals der Brauch war, ihr Verlangen zeigen, seine Schüler zu werden. Als er ihre Fußtritte hörte, wendete sich Jesus um und sprach zu ihnen: „Was suchet ihr?" Obgleich ihre Herzen voll Hoffnung waren, daß er sich ihnen als der Messias zu erkennen geben würde, hielten sie doch

Das Gefühl, das sich allen anderen vordrängte, zurück, und fragten Jesus in ehrfurchtsvoller und bescheidener Weise, wo er wohnte, und indem sie ihn Rabbi oder Meister nannten, erkannten sie ihn an als einen Lehrer oder Propheten. Jesus lud sie sogleich in sein Haus, und dort verbrachten sie den ganzen Tag, den ersten Lehren der Wahrheit lauschend, die der Sohn Gottes ertheilte. Einer dieser Beiden war der Bruder des Simon, der unter den Jüngern Christi so hervorragend wurde: und dieser, Andreas, zeigte zuerst seine Liebe und sein Vertrauen dadurch, daß er eilte, seinen Bruder aufzusuchen, ihm zu sagen: „Wir haben Christus gefunden"*) und ihn zu Jesus zu bringen. Da Jesus Simon sah, gab er ihm den Namen Cephas oder Petrus — „der Felsen" — unter welchem er später bekannt war. Der dritte Jünger war ohne Zweifel Johannes, der Evangelist, der bescheiden seinen Namen verschweigt.

Was zwischen diesen vier einfachen Männern in der kleinen Steinhütte am Jordan vorging, hat Niemand uns berichtet, obgleich es der Anfang des Reiches war, das zu gründen Christus erschien, — die erste Zusammenkunft der Gemeinde der Gläubigen, die unter dem Namen der „Kirche" bestimmt war, die ganze Welt mit dem Ruhme ihres Herrn zu erfüllen. Vier Männer — drei von ihnen Fischer vom See Tiberias, und ihr Meister, ein Zimmermann aus der verachteten Stadt Nazareth — sprachen dort mit einander von Johannes und seiner Taufe, vom „Himmelreich", das, wie er sagte, „nahe herbeigekommen" war, von „dem Wege des Herrn", der jetzt „bereitet" werden sollte. Aber so eifrig auch diese ersten Jünger waren, sich ihrem neuen Meister

---

*) Joh. 1. 41.

anzuschließen, und ihre Landsleute unter seinem Zeichen für das Reich des Messias anzuwerben, kündigte Jesus sich doch nicht als den König (Christus) an, und gab keine Verheißungen oder Verkündigungen, wie die Juden sie von ihrem König erwarteten. Sein erstes Bestreben war, durch sein Leben und seine Lehre die Menschen zu sich zu ziehen, an seine Person zu fesseln, und so großen Eindruck machte er durch die Gespräche des ersten Tages auf diese ersten Jünger, daß Johannes, Andreas und Petrus bis zum Tage seines Todes bei ihm verblieben und dann die gläubigsten Apostel seines Evangelium wurden.

Zur Eröffnung seines Predigtamtes wählte Jesus nicht Jerusalem, das in der Nähe lag, noch den menschengefüllten Schauplatz, wo Johannes taufte, obgleich er durch das Auftreten als Messias an beiden Orten leicht großes Aufsehen hätte machen können, sondern er ging still zurück in das entferntere nördliche Galiläa, wo seine eigene Heimath Nazareth lag. Gerade, als er sich auf den Weg machte, warb er zwei andere Jünger, und vermehrte so die Zahl auf fünf. Philippus war ein Landsmann von Andreas und Petrus, und sobald er von Jesus aufgefordert wurde, sich ihrer Gemeinschaft anzuschließen, folgte er ihm, mit dem festen Glauben, daß er in diesem Sohne Josephs den gefunden hätte, „von welchem Moses im Gesetz und die Propheten geschrieben haben" *).

Ehe er aufbrach, eilte er, seinen Freund Nathanael zu suchen, und drängte ihn, mitzugehen. Aber Nathanael konnte schwer glauben, daß ein Mann, der sein ganzes Leben an einem so übel berufenen Ort, wie Nazareth, zugebracht hatte, und der von so niedriger Herkunft war, der Gegenstand jener

---

*) Joh. 1, 45.

hohen und herrlichen Prophezeihungen sei. Zweifelnd und
staunend rief er aus: „Was kann von Nazareth Gutes kommen?"*) Philippus gab ihm die allerbeste Antwort: „Komm
und siehe!" urtheile nicht, ehe du etwas weißt, und laß dich
nicht durch das Vorurtheil gegen den Ort abhalten, dich zu
unterrichten und mit eigenen Augen dich von allem, was
diese wunderbare Person betrifft, zu überzeugen. Nathanael
war ein freimüthiger Mann und hatte den Ruf großer Redlichkeit und Aufrichtigkeit. Als er sich mit Philippus näherte,
sprach Jesus: „Sehet, dies ist ein Israelit, in dem kein
Arg ist." Erstaunt, seinen Character so von einem Fremden bezeichnet zu hören, fragte Nathanael: „Woher kennst
du mich? Jesus antwortete: „Ehe denn Philippus dich
rief, da du noch unter dem Feigenbaum warest, sah ich dich."
Ein anderer erstaunlicher Umstand bot sich dar. Dieser
Fremde kannte nicht nur alles auf ihn Bezügliche, sondern
wußte genau, wo er gewesen war und was er gethan hatte.
Und als dieser besonnene, doch freimüthige Mensch sah, daß
er ganz durchschaut war, fühlte er, daß Philippus Recht
hatte, zu sagen, dieser Mann sei Christus; und er ging noch
weiter und bekannte, daß solche Kräfte und Wunder die
Gegenwart Gottes in Jesu bewiesen. „Rabbi", sagte er,
„du bist Gottes Sohn; du bist der König von Israel."
Einem solchen Glauben verhieß Jesus sogleich weit größere
Wunder: „Wahrlich, wahrlich, ich sage euch, von nun an
werdet ihr den Himmel offen sehen, und die Engel Gottes
hinauf- und herabfahren auf des Menschen Sohn"**).

Wie groß der Eindruck war, den Jesus bereits auf diese

Anhänger gemacht hatte, sieht man daraus, daß sie ohne Staunen diese Verkündigung des Ruhmes seiner Sendung und der Theilnahme, die der Himmel seiner Person zeigen würde, vernahmen. Als zwei von diesen jünsen auf dem Oelberg den Himmel sich über ihm öffnen und im Garten von Gethsemane die Engel herabsteigen sahen ihn zu trösten, und als sie ihn zuletzt von Bethanien auffahren sahen gen Himmel, konnten sie dieser Worte gedenken und ihren Sinn verstehen. Auch für uns bleibt es wahr, was Luther gesagt hat, daß „als Christus Mensch wurde, sein Hirtenamt antrat und anfing zu predigen, der Himmel sich öffnete, und geöffnet blieb, und nie seit jener Zeit — seit der Taufe Christi im Jordan — sich geschlossen hat, noch jemals sich schließen wird, obgleich wir es mit unsern leiblichen Augen nicht sehen."

Ob Nathanael viel darunter verstand, als er ihn den „Sohn Gottes" nannte, können wir nicht sagen; denn dies war ein Titel, den die Juden ihrem Messias, als einem von Gott Gesendeten, gaben, ohne grade damit zu meinen, daß er göttlicher Natur wäre. Jesus sagte nichts darüber; er wies den Titel nicht zurück, sondern nahm ihn ruhig an; aber er zog es vor, Eins mit uns zu sein, indem er sich von Anfang an „des Menschen Sohn" nannte. Hier ist der Beginn des himmlischen Reiches, das die Propheten mit so leuchtenden Bildern geweissagt, und das Johannes mit einem so gewaltigen Aufruf zur Buße angekündigt hatte. Dies war die Erscheinung des Christus, des Heilandes, des Sohnes Davids, des Menschensohnes, des Sohnes Gottes; und so war die Huldigung und das Gefolge, das er um sich sammelte, — sechs einfache, arme Männer, einer bekannt als Zimmermann, und fünf von ihnen Fischer, — die sich

8*

zu Fuß auf eine Reise von sechzehn Meilen begaben, nach einem Dorfe, das jeder Jude, selbst diese Fischer verabscheuten, um dort ein Werk zu beginnen, dem alle folgenden Zeitalter nichts Gleiches haben an die Seite stellen und dessen Segnungen sie nicht haben erschöpfen können.

Wie kam es, daß Jesus diese ersten Jünger so leicht an sich fesselte? Er bot ihnen weder Ehren noch Reichthümer, denn diese hatte er nicht zu vergeben. Er versprach ihnen kein Königreich, in welchem sie die ersten Stellen einnehmen sollten, denn er hatte nichts dieser Art zu bieten. Außerdem hatte Johannes ihn nicht als einen König bezeichnet, der zum Erobern gekommen war, sondern als das Lamm, das die Sünden der Welt tragen sollte. Nichts in der äußeren Stellung Jesu, oder in seinen Aussichten konnte die Menschen verleiten ihm zu folgen, in der Hoffnung, daß sie irgend Etwas für ihren Beutel, ihre Macht, oder ihren Ehrgeiz gewinnen könnten.

Doch waren andererseits diese Männer keine Müssiggänger, bereit, jeder neuen Sache, die erschien, nachzugehen, oder sich einem fremden Führer in Religion oder Politik zuzuwenden. Sie waren Männer, die ihr tägliches Brod durch schwere Arbeit verdienten, und hatten keine Zeit zu verlieren, indem sie neuen Erscheinungen nachliefen; und wie ihr späteres Leben uns zeigt, waren sie Männer von gutem Verstande und ehrenhaftem Sinn.

Aus dem, was sie zu einander über Jesus sprachen, geht hervor, daß sie von dem Glauben erfüllt waren, der Messias werde bald erscheinen. In dieser Ueberzeugung waren sie mit der Menge gekommen, Johannes den Täufer zu sehen und zu hören, und ihre frommen Empfindungen waren so tief und stark, daß sie bei Johannes geblieben waren, um mehr über seine Lehre vom Messias zu hören. Johannes war von seinen Eltern in dem Glauben erzogen worden, daß sein Verwandter Jesus eines Tages als der Messias (Christus) auftreten würde, und dieser Glaube wurde ihm zur Gewißheit durch das, was bei der Taufe Jesu geschah. Ueber dies alles hatte er mit seinen Schülern gesprochen. Und daher leitete sie bei ihrer gespannten Erwartung des Messias, das Vertrauen zu Johannes, Jesus als ihren Lehrer anzusehen, sobald er ihnen gezeigt wurde. Jesus versuchte nicht, die Stelle des Johannes einzunehmen, ihn zu verdrängen und seine Jünger an sich zu ziehen. Er trug nichts zur Schau, aber, wie vorher erwähnt, suchte er die Menschen einen nach dem anderen für seine Person zu gewinnen, sie an sich zu fesseln, und nicht eine Partei durch das Anerbieten lockender Belohnungen zu bilden. Und nach dem, was wir später von Jesus als Lehrer hören, aus den Worten, die uns überliefert sind, dürfen wir wohl glauben, daß, was er diesen Jüngern in jenem langen Gespräch, da sie in seinem Hause beisammen waren, gesagt hatte, und seine ganze Art sie aufzunehmen, sie zu ihm gezogen haben muß, als den Mittelpunkt und die Quelle der Weisheit, der Wahrheit und der Liebe, die zu verkünden er gekommen war.

16. Kapitel.
Wie sah Jesus aus.

Hat Lucas sein Portrait gezeichnet? — Seine Züge als die eines Juden — Die Macht seiner Augen.]

———

In Jesu Gesicht muß eine Schönheit und Würde, eine Grazie und Majestät gewesen sein, die Allem, was er sagte und that, eine besondere Färbung gab und den Eindruck von etwas Außergewöhnlichem, wenn nicht Uebernatürlichem in seiner Person und seinem Charakter machte. Kein Bild von Christus, selbst nicht eine Beschreibung seiner persönlichen Erscheinung von einem, der sein Antlitz erblickt hat, ist auf uns gekommen. Es wird zwar erzählt, daß Lukas Maler und Arzt war, und daß er ein Bildniß Jesu verfertigte, welches copirt und der Musterkopf für die christliche Kunst wurde. Aber man hat keinen Beweis, daß Lukas jemals ein Bild seines Meisters machte, und nirgends in seinem Evangelium giebt er uns auch nur einen Wink über Christi äußere Erscheinung. Es würde unmöglich sein, in einem Bildniß und seinem Gesichtsausdruck alle die verschiedenen Züge zu vereinigen, die wir in Jesu finden; doch können wir uns ein Bild von ihm machen, wenn wir uns den vollkommenen Typus der reinen jüdischen Rasse, wie sie damals in Syrien war, vorstellen, — ein Mann von mittlerer Größe und

schönem Köperverhältnisse, mit einer Figur, die durch körper=
liche Arbeit und das Leben in freier Luft gut entwickelt ist,
aber mit kleinen und zierlichen Händen und Füßen; von
lichter, klarer Hautfarbe; die Stirn breit und hoch mit
Linien, die Kraft und Schönheit andeuten; das Profil läng=
lich, die Nase leicht gebogen, die Augen von klarem Blau,
der Mund klein und sanft geschwungen, die Lippen dünn,
von Lächeln und Güte umspielt, aber leicht zusammengepreßt,
um Festigkeit auszudrücken; das Haar kastanienbraun, mit
einem goldigen Schein, besonders in dem vollen und langen
Barte.

Aber der Charakter seines Antlitzes lag in dem Aus=
druck, welcher in erstaunlichem Grade Schönheit und Maje=
stät, Güte und Kraft, Zartheit und Würde vereinigte. Es
war etwas Wunderbares in seinen Augen, das kleine Kin=
der bezauberte und in seine Arme führte, ohne daß sie sich
fürchteten, das die Armen, Kranken und Betrübten bewog,
vertraulich, wie zu einem Freunde, zu ihm aufzublicken, das
selbst den ärgsten Sündern Vertrauen in sein Mitleid ein=
flößte und das doch die Pharisäer zwang, vor seinem Zorn
zu beben, den Pöbel, ihm auszuweichen, daß er unverletzt
weiterschreiten konnte, die Soldaten, in Gethsemane vor ihm
niederzufallen, Petrus, vor Schaam und Gewissensbissen zu
zittern und zu weinen, und den reumüthigen Schächer, an
ihn, als den Herrn des Paradieses zu glauben. Diese
blauen Augen, so klar und sanft wie der Himmel seiner
syrischen Heimath, so tief und ruhig wie der See, den er so
sehr liebte, aber, wie der Himmel, plötzlicher Blitze und, wie
der See, plötzlicher Stürme fähig; überfließend von Mit=
gefühl bei jedem Anblick menschlichen Kummers, glänzend von
Mitleid für die Unwissenden und Irrenden, strahlend von

Wohlwollen für die Armen, die Schwachen, die Büßenden, aber voll von himmlischem Unwillen gegen die Geizigen und Hochmüthigen; diese Augen, die durch allen Wechsel des Ausdrucks, aus innerster Tiefe mit Festigkeit die Ehrfurcht gebietende und doch hinreißende Reinheit heiliger Liebe ab= spiegelten, — diese Augen waren der sichtbare, redende Christus, die Person und die Macht des Menschensohnes, in welchem die, die reines Herzens waren, selbst Gott erkennen konnten.

17. Kapitel.

Das Wunder auf der Hochzeit zu Cana.

[Jesus war kein Einsiedler — Die Essäer — Jesus lebte in der Welt wie er sie
fand — Sein Gefühl für die Menschheit — Seine Religion ist heiter. — Eine jüdische Hochzeit — Der Wein reicht nicht — Seiner Mutter Besorgniß und Glaube —
Jesu Antwort — Sein Befehl an die Diener — Die Ueberraschung des Wirths und
der Gäste — Jesus ein Freund des Familienlebens.]

Die Jünger Jesu waren gläubig genug, ihm zu folgen,
obgleich sie sich gewundert haben müssen, daß er lieber nach
Nazareth als nach Jerusalem ging und sie zu eines Zimmermanns
Werkstatt, anstatt in die Synagoge oder den Tempel führte.
Sie hatten so viel gesehen und gehört, daß sie sehr viel mehr
erwarteten. Nach dem, was Johannes ihnen gesagt und was
Jesus gesprochen und gethan hatte, glaubten sie, Christum
gefunden zu haben; aber was geschah weiter? Wo waren
seine Zeichen vom Himmel? Wo war sein Königreich?
Wenn Jesus sie in die Wüste geführt und vorgeschlagen
hätte, an der Stelle, wo er den Teufel besiegt hatte, ein
Kloster zu gründen und dort einen Eremitenorden oder eine
Prophetenschule zur Förderung seiner Lehre zu stiften, so
würden diese Männer, welche Heimath und Beruf verlassen
hatten, um Johannes dem Täufer zu folgen, nicht gezögert

haben, sich ihm anzuschließen. Wahrlich, dies würde ihnen als die Wiederkunft des Propheten Elias, auf welche die Juden warteten, erschienen sein. Sie kannten diese Art religiöser Reform an den Essäern, die ihre Klöster in der Wüste nordwestlich vom Todten Meer hatten.

Die Idee dieser wahrhaft frommen Brüderschaft war, daß Heiligkeit durch strengste Erfüllung des Gesetzes erworben werden mußte, indem man sich gänzlich dem Dienste Gottes widmete, Ehe, Familienleben und weltliche Thätigkeit aufgäbe und in die Wüste ginge, seine Tage mit Fasten und Gebet zuzubringen. Sie lebten in Gemeinschaft und theilten Arbeit und Eigenthum. Sie kleideten sich gleichmäßig und lebten sehr einfach. Wenn sie ihren Wohnsitz verließen, so geschah dies nur, um an den Armen und Kranken Werke der Barm= herzigkeit zu üben. Jesus schloß sich nicht den Essäern an; er hatte auch kurz vorher vierzig Tage in der Wüste allein mit Gott zugebracht; doch dies geschah, um sich vorzubereiten, als Lehrer und Helfer unter die Menschen zu gehen, und nicht, um sie zu bewegen, daß sie ihm in die Wüste folgten. Wenn er ein Kloster gegründet hätte, einen Ort, zu dem die Menschen kommen mußten, um fromm zu leben, wie langsam würde seine Religion sich über die Welt verbreitet haben! wie Wenige hätten eine solche Lebensweise führen können! und dann, so weit das Christenthum Boden gefunden hätte, so weit hätte das menschliche Leben zu einem Stillstand kommen müssen, da Familie, Heimath, Beruf, Alles hätte aufgegeben werden müssen, wenn man fromm sein wollte. Jesus hatte ganz andere Grundlehren und Zwecke seiner Religion. Er wollte ihren Geist in die Familie, die Schule, die Werkstatt, die Verkaufshalle, den Geldmarkt bringen; er wollte die Welt bessern, indem er die Menschen lehrte, in

der Welt, wie sie ist, besser zu leben. Während also seine
Jünger erwarteten, daß er nach Jerusalem aufbrechen und
dort sein Reich aufrichten würde, nahm er sie mit zu einer
Hochzeit; und hier bei dem Vermählungsfest, inmitten einer
fröhlichen Gesellschaft, gab er sich als Christus zu erkennen.
Dies war für seine Jünger eine ebenso große Ueberraschung
als für die übrigen Gäste. Welch einen erfreuenden Einblick
in das Wesen Jesu und die Eigenthümlichkeit seiner Religion
gewährt es uns, zu sehen, daß er zum ersten Mal bei einem
geselligen Feste als der große Prophet auftrat und seine
Wundermacht dazu benutzte, die Feier so angenehm als möglich zu machen!

Wer er auch gewesen sein mag als Gottes Sohn, er
fing sein Amt an als ein Mensch voll menschlichen Mitgefühls; und welche Sorge und Traurigkeit über die Sünden der Welt auch auf ihm gelastet haben mögen, er wollte
nicht dagegen kämpfen, indem er sich und seine Anhänger
von der Welt trennte, sondern indem er seine Gegenwart
und seine Religion mit freudiger Stimmung und lebendiger
Kraft in Familie und Gesellschaft hineintrug. Weit entfernt,
die Religion von der Freude zu trennen, oder Freude nur
in directer Religionsübung zu suchen, theilte Jesus die
Freude Anderer, ging auf ihre Gefühle ein, und erhöhete
ihr Vergnügen durch seine Gaben.

Ueber die Hügel im Norden von Nazareth hinweg, ungefähr zwei Meilen entfernt, lag das kleine Dorf Cana, wo
die Mutter Jesu Verwandte hatte; in deren Hause war es,
wo Jesus zuerst öffentlich als Messias auftrat. Es war
eine Hochzeit in der Familie, und man ließ Maria holen,
um bei der Bewirthung zu helfen. Die Diener kannten sie
alle und befolgten ihre Befehle wie die der Hausfrau. Jesus

wurde zu der Hochzeit eingeladen und auch die Jünger, welche ihm in seine Heimath Nazareth gefolgt waren. Eine jüdische Hochzeit war eine Zeit großer Fröhlichkeit für alle Freunde und Nachbarn der Brautleute. Der Bräutigam und seine Freunde führten die Braut mit Musik, Fackeln und Blumen vom Hause ihres Vaters zu dem ihres Gatten, oder der seines Vaters, wo Bewirthung und Lustbarkeit zuweilen mehrere Tage dauerten. Bei der Hauptmahlzeit nahm eine unter den Gästen hervorragende Person den Ehrenplatz ein und leitete die Festlichkeit. Am Eingang des Hauses oder am unteren Ende des Speisesaals standen immer große mit Wasser gefüllte Krüge, zum Waschen der Hände und zur Erfüllung anderer Gebräuche, welche die Juden vor ihren Mahlzeiten beobachteten. Es ist wahrscheinlich, daß diese Verwandten Marias arm waren, denn ihr Hochzeitsfest scheint nur einen Tag gedauert zu haben und der Wein ging zu Ende, ehe die Mahlzeit vorüber war. Dies wurde der Maria angesagt und sie wünschte, ihren Freunden die Beschämung zu ersparen, daß die Gäste es entdeckten. Sie kam und erzählte es Jesus, einfach voraussetzend, daß er im Stande wäre, dieser Noth abzuhelfen. Dies Gefühl ihrerseits war der natürliche Ausdruck des Glaubens, den sie ins Geheim dreißig Jahre lang genährt hatte. Sie wußte, daß der Heilige Geist ihn bei seiner Taufe den Sohn Gottes genannt hatte; sie wußte, daß er in der Wüste gewesen war, um sich für sein Werk vorzubereiten; sie hatte seine Jünger gesehen, und gehört, was sie über ihn und sein Reich sagten; und ihr lebenslanger Glaube an ihn, als das Kind so vieler Wunder und Verheißungen und von so großer Frömmigkeit und Hingebung, stieg zu der erhabenen Ueberzeugung, daß er alle Dinge thun könne. Vielleicht verrieth sie zu sehr

den Eifer der Mutter, zu zeigen, daß Jesus etwas Wunderbares sei; vielleicht scheint es auch, hat sie ihre eigenen Wünsche
als den Willen der Vorsehung kund thun wollen; — aus
irgend einem Grunde wies Jesus sie mit einem Ausdruck
von Würde ab, obgleich er dieselbe ehrfurchtsvolle und ernste
Anrede gebrauchte, die er später am Kreuze als Abschieds-
wort an sie richtete. Wie einst im Tempel fühlte er, daß
selbst die Wünsche und Befehle seiner irdischen Eltern dem
Willen seines Vaters im Himmel weichen müßten. Damals drängte es ihn, das Werk seines Vaters anzufangen;
jetzt fühlte er noch nicht, daß die Zeit, seinen göttlichen
Beruf zu erfüllen, für ihn gekommen sei; und er wollte
nichts thun auf eines Anderen Geheiß, oder um Aufsehen
zu machen.

Aber seine Mutter war von dem Gedanken erfüllt, daß
er sich als Gottes Sohn zeigen würde; und obgleich sie ihn
nicht weiter zu dem drängte, wonach ihr Herz sich sehnte,
glaubte sie doch so von Herzen an ihn, daß sie den Dienern
sagte, sie möchten Alles thun, was er sie heißen würde.
Eine Weile nachher befahl ihnen Jesus, „die Krüge mit
Wasser zu füllen; und sie fülleten sie bis oben an" *). So
weit war Alles natürlich. Es war natürlich, daß Maria
von solchem Sohn Großes erwartete, natürlich, daß sie versuchte, ihn hervorzuziehen, natürlich, daß die Diener ihre
Autorität anerkannten und ihren Befehlen gehorchten, natürlich, daß, als es ihnen befohlen wurde, sie so viel Wasser in
in die Krüge gossen, als diese aufnehmen konnten. Diese
dienenden Männer hatten sicher keine Beziehungen zu Jesus:

---

*) Joh. 2, 7.

sie waren nicht seine Jünger, selbst nicht seine Diener. Sie füllten die Krüge dies Mal genau so, wie sie dieselben hundert Mal vorher gefüllt hatten, — mit dem Wasser des Brunnens, aus dem alle Nachbarn ihren Bedarf schöpften. Aber nun geschah ein erstaunliches Wunder. Auf das Geheiß Jesu schänkten dieselben Diener aus den Krügen, in die sie soeben Wasser gegossen hatten, und siehe, es war Wein! Sie brachten davon, ohne zu sagen, woher sie ihn genommen hatten, zu dem Vornehmsten der Tafel; und er, da er ihn kostete, fand den Wein so gut, daß er den Bräutigam anrief und ihn wegen der Güte des Weines lobte. Es war Gebrauch, die besten Weine zuerst aufzutragen und dann geringere Sorten folgen zu lassen; aber der Duft dieses Weines war so herrlich, daß der Speisemeister sagte: „Du hast den guten Wein bisher behalten." Der Bräutigam war ebenso erstaunt über dieses Lob, wie sein Gast über den Wein. Er war soeben noch unruhig darüber gewesen, daß der Wein nicht reichte, und wußte durchaus nicht, wo dieser neue Vorrath hergekommen war. Natürlich wurde es in wenig Augenblicken kund, daß das Wasser sich in Wein verwandelt hatte, und Jedermann war von Staunen ergriffen. Jesus hatte „seine Herrlichkeit geoffenbart" *). Ja, wahrlich; und welche Herrlichkeit! — die Macht des Geistes über die Materie, seines persönlichen Wollens über alles Geschaffene. In diesem Punkt konnte kein Irrthum herrschen. Er hatte die Krüge nicht berührt, hatte nichts hineingethan, war ihnen nicht nahe gekommen, hatte nicht einmal zuerst gekostet, was die Diener daraus geschöpft hatten. Um Wein zu machen, müssen die Trauben sorgfältig gezogen werden,

---

*) Joh. 2, 11.

müssen in der Sonne reifen, müssen gepflückt und ausge=
preßt werden; dann muß der Saft gähren und Zeit haben,
sich zu scheiden, klar und rein zu werden. Aber was auf
diese Weise Monate lang Sorgfalt, Arbeit und Geschicklich=
keit erfordert, geschah hier in einem Augenblick, — geschah
durch einen bloßen Gedanken, durch einen Willensakt, ohne
daß nur eine Hand dabei gerührt wurde. Zwischen solcher
Ursache und solcher Wirkung konnte kein natürlicher Zu=
sammenhang sein. Dies war eine Macht, die über allen
natürlichen Ursachen und Thätigkeiten stand, eine Macht außer=
halb menschlichen Bereiches, eine Macht, die nur von Gott
kommen konnte. Dennoch war alles dies für Jesus ebenso leicht
und natürlich, als es für seine Mutter war, zu ihm zu sprechen,
oder für die Diener, Wasser in die Krüge zu gießen. Es
war seiner Natur und seinem Wesen gemäß, solche Wunder
zu vollbringen; es war einfach das Kundgeben seines Gei=
stes. Aber daß er solche Dinge that, bewies, daß er der
war, den die Engel bei seiner Geburt verheißen hatten —
Emanuel, Gott mit uns.

Und selbst in dieser Offenbarung seiner Göttlichkeit
schloß er sich auf das Innigste an unsere menschliche Natur
an, und obgleich wir diese Bestätigung der Herrlichkeit Jesu
bewundern und anbeten, wollen wir nicht vergessen, daß er
sie im Schooß der Familie und auf einem Hochzeitsfest voll=
zog. Die Herrlichkeit Gottes kam, die Freuden der Men=
schen zu erhöhen und zu heiligen: der Sohn Gottes ist
noch der Sohn der Maria und geht als Gast und Freund
von einem Hause zum anderen. Und wenn wir uns nur
mit seinem Geist erfüllen wollen, so daß wir seine Nähe
empfinden, so wird er ein Gast bei jedem Feste und die
Freude jedes Hauses sein, wird auch in den alltäglichsten

Bedürfnissen des Haushaltes Gelegenheit finden, seine Macht und Gnade zu zeigen, wird sich offenbaren in dem Brod, das wir brechen, und dem Becher, den wir trinken, und wird über die einfachsten und intimsten irdischen Vorgänge die Segnung und Herrlichkeit des Himmels breiten.

18. Kapitel.
Die Geißel.

———

Dieser Scene voll Frieden und Lieblichkeit folgte eine voll Erschütterung und Zorn. Jesus, der eben als Gast und Freund aufgetreten war, um an den unschuldigen Freuden des Lebens Theil zu nehmen, zeigt sich im Tempel, die Geißel schwingend und Menschen und Thiere aus den Höfen austreibend. Dies machte großes Aufsehen und erregte beinahe einen Aufstand. Warum that er es? Und wie konnte er es thun, ohne von den Hütern des Tempels ergriffen zu werden, oder bei den Leuten, die er so rauh behandelte, auf Widerstand zu stoßen?

Der Tempel zu Jerusalem war „das Haus des Herrn", der geheiligte Ort der Andacht für die ganze jüdische Nation. Das Hauptgebäude war für die Juden selbst zu heilig, um betreten zu werden. In der Mitte desselben war ein dreißig Fuß im Geviert großer Raum, das Allerheiligste, welches nur der Hohepriester, und auch er nur einmal im Jahr betreten durfte. Hier wurden einst die Lade und die Tafeln

Thompson, Leben Jesu.   9

des Bundes, das goldene Rauchfaß, das goldene Mannagefäß
und „Aarons Reis, das gegrünt hatte"*), aufbewahrt; hier
war auch der Gnadenstuhl, überschattet von den Cherubim;
und am Eingang befand sich der Vorhang, der bei dem Erd=
beben während Christi Kreuzigung in zwei Stücke zerriß.
Vor dem Allerheiligsten war der sechzig Fuß breite und
dreißig Fuß lange heilige Vorplatz, wo der Rauchaltar stand
und der Tisch der Schaubrode und der goldene Leuchter.
Vor diesem befand sich eine funfzehn Fuß tiefe Vorhalle,
breiter und tiefer als der Tempel, in die man durch ein
prächtiges, mit reich gestickten Vorhängen geschlossenes Portal
eintrat, über welchem eine goldene Weinranke mit Juwelen=
büscheln in der Form von Trauben angebracht war. Dem
Hauptgebäude gegenüber an der Nord= und Südseite befan=
den sich dreistöckige Gebäude mit Zimmern für die Priester
und für die beim Gottesdienst benutzten Gegenstände. Aber
höher als dieselben erhob sich in der Mitte das Dach des
Tempels, das mit Reihen vergoldeter Thürme geziert war.
Vor der Vorhalle und rings um das Hauptgebäude war ein
geräumiger, mit glatten Steinen gepflasterter Hof. Dies
war der Hof der Israeliten, aber er war durch ein Gitter
in zwei Abtheilungen getheilt, und der innere, dem Tempel
zunächst liegende Theil für die Priester allein bestimmt. Die
Seiten dieses Hofes waren mit Hallen und Buden eingefaßt.
In ihm befanden sich der Altar für die Brandopfer, und die
Waschbecken und andere von den Priestern bei den Opfern
benutzten Gefäße und Werkzeuge. Um das Gitter herum
durften die jüdischen Männer sich stellen, um anzubeten;
aber die jüdischen Frauen durften nicht die zu dieser Platt=

---

*) Hebr. 9, 4. ,

form führenden Stufen betreten. Auf einer niedrigeren
Terrasse, getrennt durch ein anderes Gitter, zog sich ein an=
derer Hof um alle Seiten des Gebäudes, in welchen Frauen
zugelassen wurden. Hier gab es ebenfalls Hallen und Bu=
den zu verschiedenartigen Zwecken. Unterhalb desselben und
getrennt durch eine weitere Mauer, war ein weiter Raum,
der Hof der Heiden genannt. Hier befanden sich auf allen
vier Seiten, gegen die äußere Mauer gelehnt, große Colon=
naden, die in Hallen für die Leviten und die Rabbiner ge=
theilt waren. Man mußte also, wenn man in den Tempel
ging, zuerst durch ein Thor in der hohen äußeren Mauer
treten und die bedeckte Vorhalle zu dem ersten oder äußeren
Hofe, — „dem Hofe der Heiden" — welcher unbedacht war,
durchschreiten. Danach kam man an ein hohes Gitter und
eine Treppe, neben der eine Warnung angebracht war, daß
kein Heide, bei Todesstrafe, weitergehen sollte. Die Treppe
hinaufsteigend, kam man in den zweiten Hof, wo jüdische
Frauen sowohl wie Männer stehen durften. Durch ein an=
deres Gitter und auf einer zweiten Treppe gelangte man in
den dritten und vierten Hof, die eigentlich einen Raum bil=
deten, aber durch ein niedriges Gitter in den Hof für jüdische
Männer und den Hof der Priester getheilt war. Diesen
inneren Hof — die Opferstätte — durchschreitend, kam man
zuletzt an das heilige Gebäude selbst; zuerst die Vorhalle,
dann das Heiligthum, und zuletzt das Allerheiligste.

So war das Gebäude zur Zeit Christi, — eine Ge=
sammtheit von Terrassen, Erhöhungen, die sich sämmtlich
wenigstens vierzig Fuß über den Gipfel des Berges Morijah
erhoben, von dessen höchster Spitze der aus Marmor erbaute
und mit Gold verzierte Tempel über alle seine Mauern,
Höfe, Thore und Vorhallen emporragte, so daß er von allen

Theilen der Stadt aus sichtbar war und beinahe auf jeder Straße, die nach Jerusalem führte, ins Auge fiel. Jeder Jude war von Kindheit an dazu erzogen, den Tempel mit heiliger Scheu zu betrachten und jedes Jahr wenigstens eine Pilgerfahrt zum Hause des Herrn zu machen. Von allen Theilen des Landes Palästina und von allen der Welt, wo Juden lebten, kamen die Stämme herauf zu ihrer heiligen Stadt und sangen auf dem Wege: „Lasset uns gehen ins Haus des Herrn, unsere Füße werden stehen in deinen Thoren, o Jerusalem! Es muß wohl gehen denen, die dich lieben. Es muß Friede sein in deinen Mauern und Glück in deinen Palästen. Um des Hauses willen, des Herrn unseres Gottes, will ich dein Bestes suchen!"*) Diese Idee von der Heiligkeit des Tempels zu pflegen, war höchst wichtig, nicht nur für das religiöse Gefühl des Volkes, sondern auch zur Aufrechthaltung ihres Nationalbewußtseins als Juden, besonders da sie zerstreut unter andern Völkern lebten. Dennoch war es dem Bedürfniß der Andächtigen erlaubt worden, Eingriffe in die Heiligkeit des geweihten Ortes zu thun. Für die Opfer, die das Gesetz verlangte, mußten Stiere, Schafe und Tauben beschafft werden; und die Tempeldiener bestanden darauf, daß die Tempelabgaben in dem altmodischen, jüdischen Sekel, der nicht mehr geprägt wurde und selten in den Läden oder auf den Märkten zu haben war, bezahlt wurden. Leute vom Lande, die nur römisches Geld, und solche, die von Egypten und Asien kamen und verschiedene ausländische Münzen hatten, mußten zu einem Wechsler gehen und die jüdische Münze kaufen, um ihre Gebühren zu bezahlen. Um den Fremden Zeit und Mühe zu

---

*) Ps. 122.

ersparen, und auch als eine Einnahmequelle für den Tempel, wurde an großen Festtagen ein Jahrmarkt im Hofe der Heiden gehalten. Hier wurden Ochsen, Schafe und Tauben zum Verkauf geboten, und Geldwechsler saßen an Tischen bereit, Sekels von richtigem Gepräge und Gewicht gegen andere Münzsorten auszutauschen. Dieser Handel war all= mälig ausgedehnter geworden. Die Käufer wurden gut be= dient; die Verkäufer waren sicher, schnell und mit gutem Vortheil zu verkaufen, und die Priester erhielten eine gute Pacht für die Verkaufshallen. Ohne Zweifel würde Mancher behaupten, daß solches Geschäft innerhalb der Tempelmauern angemessen war, weil es sich auf Gegenstände beschränkte, die beim Gottesdienst gebraucht wurden, und weil es außerdem nur im Hofe der Heiden erlaubt war, den die Juden kaum als heilig ansahen, da Leute anderer Rassen ihn betreten durften. Aber wenn dieser Theil der Tempelräumlichkeiten in einen Markt verwandelt werden durfte, so würden die Juden selbst bald aufgehört haben, die höheren Höfe, und selbst die heilige Stätte mit Ehrfurcht zu betrachten. Der Lärm des Geschäfts= verkehrs, das Gebrüll des Viehes, das Schreien der Käufer und Verkäufer mochte die Stimmen der Betenden und den Lobgesang übertönen und alle Gefühle der Frömmigkeit verscheuchen. Kin= der konnten den Platz ebenso sehr für einen Markt, als für einen Tempel halten, und Fremde, denen erlaubt war, inner= halb der Mauern Handel zu treiben, konnten annehmen, daß die Juden den Handel höher hielten, als die Religion. Wie wir aus dem alten Testament ersehen, pflegten die Propheten seit den frühesten Zeiten ihre Autorität im Namen des Herrn zu gebrauchen, Religionsmißbräuche abzuschaffen und den Ort oder die Anbetung von Verderbtheit zu reinigen. So rei= nigten und erneuerten die Könige Hesekia und Josias, von

den Propheten dazu getrieben, das Haus des Herrn. Jere=
mias, im Namen des Herrn sprechend, fragt mit Unwillen:
„Haltet ihr denn dies Haus, das nach meinem Namen ge=
nannt ist, für eine Mördergrube“ *). Und Hesekiel ermahnt
die Diener des Heiligthums, es von allen Gräueln zu reini=
gen **).

Jesus trat nun ebenfalls als ein Prophet auf, der im
Namen Gottes spricht; und da das Volk den Messias er=
wartete, konnte diese plötzliche und entschiedene Weise, den
Tempel zu säubern, manche zu der Frage veranlassen, ob er
nicht Christus sei.

Niemand würde gewagt haben, diesen Handel im Tempel
zu vertheidigen; Jeder wußte wenigstens, daß es ein Unrecht
war. Und wie ein kühner, ernsthafter Mann zuweilen eine
Volksmenge, die im Begriff ist, eine böse That zu be=
gehen, beschämen, und die Leidenschaften eines Pöbelhaufens
durch Aufrütteln des Gewissens oder der Furcht bezwingen
kann, so ist es leicht zu begreifen, daß die Handlung, das Wort
und die Weise Jesu diese Entweiher des Tempels mit Furcht
vor dem Gericht Gottes erfüllte und sie veranlaßte, sich und
ihre Waaren schleunigst aus dem Bereiche des Tempels zu
entfernen. Eine Art Panik ergriff sie, und Niemand nahm
sich ihrer an. Bis dahin hatte Jesus in Jerusalem keine
Wunder gethan, aber die Kunde seines Wunders zu Cana
hatte sich verbreitet, und dies war genug, um ein Gefühl des
Schreckens hervorzurufen, als er dastand mit der Geißel der
Gerechtigkeit in der Hand, die Stätte zu säubern, von der
alle Juden wußten, daß sie heilig gehalten werden sollte.

---

*) Jer. 7, 11.
**) Hes. 44, 6—17.

Aber gewaltiger als Alles war die Majestät des Blickes Jesu, von der in unserem 16. Kapitel als einer Quelle seiner plötzlichen und wunderbaren Macht über die Menschen gesprochen ist. Es war mehr sein Auge als die Geißel, was die Entweiher des Tempels vor ihm erbeben machte. Als er die Rinder mit der Peitsche hinaustrieb, flohen die Eigenthümer vor seinem Blick. Die Zuschauer fühlten die Hoheit und Gewalt seiner Gegenwart, welche seinen Worten: „Traget das von dannen, und machet nicht meines Vaters Haus zum Kaufhaus!"*) göttliche Autorität gab.

Nachdem das erste Erstaunen vorüber war, faßten Einige Muth und verlangten Beweise seiner Machtvollkommenheit; oder, da sie das Gerücht von seinem Wunder gehört haben mochten, waren sie vielleicht begierig, selbst eins zu sehen. Daher sagten sie: „Was zeigest du uns für ein Zeichen, daß du solches thun mögest?" Aber da Jesus niemals Wunder that, um den Forderungen der Neugierigen oder den Zweifeln der Nichtgläubigen zu begegnen, antwortete er ihnen jetzt nicht durch ein Wunder, sondern durch eine Weissagung: „Brechet diesen Tempel und am dritten Tage will ich ihn wieder aufrichten."

Um die Gunst der Juden zu gewinnen, hatte der abscheuliche Tyrann Herodes der Große den Tempel vergrößert und in einem Prachtstyl neugebaut, der den Glanz des Salomonischen übertraf. Das Hauptgebäude wurde von Herodes vollendet, aber seine Nachfolger hatten Erweiterungen gemacht, so daß es fast funfzig Jahre dauerte, bis das Werk ganz beendet war. Die Juden, da sie nur an die gewaltigen Mauern und Säulen vor ihnen dachten, glaubten, Jesus müsse

---

*) Joh. 2, 16.

entweder scherzen oder wahnsinnig sein, da er sich erbot, den
Tempel in drei Tagen neu zu erbauen. Selbst die Jünger,
die an nichts zweifelten, was er sagen möchte, waren nicht
im Stande, diesen geheimnißvollen Worten eine Deutung zu
geben. Aber als er drei Tage nach seiner Kreuzigung von
den Todten auferstand, „gedachten sie, daß er ihnen dieses
gesagt hatte, von dem Tempel seines Leibes redend"*).

In der That adelte Jesus den menschlichen Leib; erstens
heiligte er ihn dadurch, daß er ihn zum Gefäße seiner Gött=
lichkeit, zur irdischen Wohnung des Sohnes Gottes machte,
und dann verklärte er ihn durch die Auferstehung aus dem
Grabe und dadurch, daß er in und mit ihm, in der Gestalt
des Menschensohnes zu seinem himmlischen Vater zurückkehrte.
Sein Leib war frei von jedem natürlichen Fehl, von jedem
Makel der Sünde, es wohnte in ihm die Fülle der Gott=
heit, und obwohl dieser Leib alle unsere menschlichen Schmer=
zen und Kümmernisse mitfühlte, so konnten doch weder die
Nägel= und Speerwunden ihn verunstalten, noch der Tod
ihn vernichten. Wahrlich, Jesu Menschwerdung und Auf=
erstehung ist die Gottwerdung des Menschen, für welche und
an welcher die Poesie und Kunst der früheren Welt und die
Wissenschaft der Neuzeit gearbeitet haben; — in Ihm ist der
Mensch nicht mehr von Erde für die Erde, sondern er ist
der Tempel des Vaters, der vollendete, befreite, glorreiche
Sohn Gottes selbst.

---

*) Joh. 2, 21. 22.

19. Kapitel.
Christi erster Schüler.

[Beschreibung von Jerusalem — Der Hohe Rath — Die Pharisäer — Nicodemus — Sein redliches Forschen nach der Wahrheit — Warum war er betroffen? — Die Idee der Juden von dem Reiche Gottes — Was es heißt, von Neuem geboren werden.]

———

Es bedurfte nicht langer Zeit, um in ganz Jerusalem von dem Aufstand im Tempel zu hören, — daß ein fremder Prophet aus Galiläa die Käufer und Verkäufer, die Schafe und Ochsen hinausgetrieben, und daß Niemand gewagt hatte, sich ihm zu widersetzen; denn, obgleich es keine Zeitung gab, den Auftritt zu berichten, verbreiteten sich doch Nachrichten schnell von Mund zu Mund in einer Stadt, die so dicht gebaut war wie Jerusalem, wo die Häuser in engen Straßen zusammengedrängt standen, und jedes Haus vom Boden bis an das Dach mit Bewohnern gefüllt war. Da der Tempel auf einem Hügel, dem größeren Theile der Stadt gegenüber stand, so mußte jede Bewegung dort die Beachtung Vieler erregen; und ein Rufen vom Berge Morija wurde jenseit der Schlucht auf Zion und Acra, wo die meisten Häuser waren, vernommen. Außerdem ging Jedermann zum Tempel, nicht nur um anzubeten, sondern auch um Freunde zu treffen und Neuigkeiten zu hören, und zu dieser Zeit war die Stadt voll von Fremden, die zu dem großen Fest gekommen waren, ihre Zeit meistens im Tempel verbrachten und selbst unter der Käufern der Opferthiere waren, oder Geld für ihre Gebühren umzuwechseln wünschten. So konnte sich die Erzählung von dem, was Jesus gesagt und gethan hatte, gleich einem Lauffeuer durch die Stadt verbreiten, und Alles lief zum Tempel, um den kühnen Fremdling zu sehen.

Die Aufregung, welche dieses gewaltsame Verfahren im Tempel verursacht hatte, wurde noch durch Wunderthaten gesteigert, die Jesus in den folgenden Tagen verrichtete; denn, obgleich er sich weigerte, den Juden für sein Thun dessen, was ihr Gesetz und eigenes Gewissen sie als Recht lehrte, „ein Zeichen" zu geben, that er später auf die ruhigste und natürlichste Art Wunder für die Kranken, die Lahmen, die Blinden, wenn er sie auf seinen Gängen durch die Stadt traf, oder wenn sie von ihren Freunden zu ihm gebracht wurden. Johannes erzählt uns, daß Viele „an seinen Namen glaubten, da sie die Zeichen sahen, die er that" *). Wie viele, oder welcher Art sie waren, sagt Johannes nicht; aber nach dem, was wir von den Wundern Jesu wissen, dürfen wir sicher sein, daß diese ersten Wunderthaten geschahen, um Gutes zu thun, und nicht um Macht zu zeigen, oder einen Namen zu erlangen. Er wollte nicht zu den Augen oder der Fantasie der Menschen sprechen, sondern zu ihren Herzen und zu ihrem Glauben durch lebendige Wahrheit. Und wenn das Volk, das seine Thaten gesehen, oder von ihnen gehört hatte, sich um ihn drängte, und ihn Christus nannte, und sich bereit erklärte, ihm als seinem König

---

*) Joh. 3, 22.

zu folgen, so kannte er sie zu gut, um sich ihnen hinzugeben, oder sich zum Führer einer solchen Partei von enthusiastischen, aber überspannten Anhängern zu machen.

Was für Anhänger er verlangte, was für ein Reich er zu errichten trachtete, das erklärte er einem Schüler, der zu ihm kam, um die erste Lehre des neuen Glaubens in sich aufzunehmen. Dieser Schüler war selbst ein „Lehrer in Israel". Er gehörte zum Sanhedrin, dem Rath der Siebzig, dem höchsten Gerichtshof der Juden für Religionssachen, der die Aufsicht über alle Synagogen in Palästina führte, die Angelegenheiten des Glaubens und des Gottesdienstes regelte, und die Bestrafung der Ketzer, Götzendiener und Abtrünnigen anordnete. Es war dieselbe Körperschaft, die Jesus zuletzt vor Gericht brachte und nach seinem Tode Petrus und Paulus gefangen setzte, und die Saulus von Tarsus ausschickte, die Christen in den Synagogen aufzusuchen und sie der Strafe zu überantworten. Ein Glied dieses hohen Rathes mußte das Gesetz Mosis, alle Vorschriften und Lehren, die sich an dasselbe anschlossen, alle Traditionen der Aeltesten und die Gebräuche der Synagogen genau kennen. Daher sah das Volk zu einem jeden solchen Rabbiner auf, wie zu einem Lehrer und einer Autorität in Allem, was sich auf die Religion bezog. Natürlich waren diese Männer geneigt, stolz auf ihr Wissen und anmaßend gegen das Volk zu sein. Sie trugen ihre Frömmigkeit und ihre Gebete zur Schau, sie liebten es, „auf dem Stuhl Mosis zu sitzen", und behaupteten, mit seiner Vollmacht zu sprechen, gerade wie heutzutage der Papst sich den Nachfolger Petri nennt und beansprucht, daß die Lehren und Gesetze, die er gibt, die Gewalt von Gott haben. Aber unter den siebzig Mitgliedern des Hohen Rathes waren wahrhaft ehrenwerthe und

fromme Männer, die ihr Amt zum Wohl des Volkes benutz=
ten und redlich danach strebten, die Wahrheit zu erkennen
und zu lehren. Ein solcher war Joseph von Arimathia, der
sich weigerte in das Geschrei gegen Jesus einzustimmen, und
der nach der Kreuzigung um seinen Leichnam bat und ihn
in sein eigenes neues Grab legte. Und ein solcher war auch
Nicodemus. Einmal, als der Hohe Rath Gerichtsdiener aus=
schickte, Jesus zu ergreifen, trat Nicodemus für ihn auf und
sagte: „Richtet unser Gesetz auch einen Menschen, ehe man
ihn verhört und erkennet, was er thut?"*) Dies zeigt
einen freimüthigen Sinn, der bereit ist, die Wahrheit zu er=
kennen, und der wünscht, ehrliches Spiel zu sehen. Nach
der Kreuzigung ging er auch zum Grabe Jesu mit köstlichen
Spezereien, um den Leib dessen zu salben und einzubalsa=
miren, den seine Genossen zuerst nach jüdischem Gesetz ver=
urtheilt, und den sie dann den römischen Statthalter über=
redet hatten zu tödten**). Es war natürlich genug, daß
ein so redliches Gemüth in den Wundern Jesu ein Zei=
chen sah, daß „Gott mit ihm war", und wünschen mußte,
ihn zu kennen und von ihm, als einem von Gott gesendeten
Lehrer zu lernen. Aber da er wünschte, seinen Einfluß auf
das Volk zu bewahren, und wußte, wie leicht man sich Feinde
machte zu einer Zeit, wo die ganze Stadt voll war von
Gerüchten, Parteien und Vorurtheilen, ging er in der Nacht
zu Jesus, mit der Absicht, sich selbst zu vergewissern, ehe er
etwas that, was ihn als einen Jünger hinstellte. Es war
dennoch nichts Geringes für einen solchen Mann, sich zu

---

*) Joh. 7, 51.
**) Joh. 19, 39. Die römische Regierung hatte dem Hohen Rath
die Gewalt der Todesstrafe genommen. Jesus wurde nach dem rö=
mischen Gebrauch hingerichtet.

entſchließen, ſelbſt auf dieſe heimliche Art zu gehen, und einen Fremden, der ſchon als Nazarener verachtet und als Neuerer gehaßt war, um Belehrung zu bitten.

Wir haben freilich nur einen kurzen Bericht von dem, was zwiſchen Jeſus und Nicodemus vorging. Einer von beiden muß es ſpäter dem Johannes geſagt haben, — höchſt wahrſcheinlich Nicodemus, als er ſich nach dem Tode Jeſu ſeinen Jüngern anſchloß, und Johannes hat nur die Haupt- punkte dieſes ſehr intereſſanten Geſprächs wiedergegeben. Um zu verſtehen, was Jeſus über das „von Neuem geboren Wer- den" ſagte, müſſen wir erwägen, daß die Juden ihre Ge- meinde oder, wie wir jetzt ſagen würden, ihre Kirche für das Reich Gottes anſahen, und die Mitgliedſchaft derſelben für nöthig hielten, um in den Himmel zu kommen. Alle, die nicht von Geburt Juden waren, waren Heiden und als ſolche vom Himmelreich ausgeſchloſſen; aber ein Heide konnte ein Mitglied dieſes Reiches werden, wenn er ſeine Götzen verließ und den Glauben und Gottesdienſt der Juden an- nahm.

Im Tempel zu Jeruſalem befand ſich ein Hof, in wel- chem ſolche „Proſelyten" zugelaſſen werden durften. Mit Bezug auf die große Veränderung in ihren Ideen und An- ſchauungen, auch in ihrem Leben und Thun, welche der Wechſel der Religion veranlaßte, wurden ſie neue Geſchöpfe oder Neugeborene genannt. Sie wurden mit einem Sclaven verglichen, der frei gelaſſen und an Kindesſtatt angenommen war. Wir brauchen dieſen Ausdruck jetzt für Einen, der böſe Gewohnheiten aufgegeben hat, um ein beſſeres Leben zu führen. Wenn ein Verſchwender, ein Gottesläſterer, ein Trunkenbold, ein Dieb gebeſſert wird, ſagen wir: „er iſt ein neuer Menſch". Es war bei den Juden Gebrauch, als ein

Zeichen dieser großen Veränderung, die Heiden, die sie als Proselyten für ihren Glauben annahmen, zu taufen, und so wurden sie „aus dem Wasser in das Himmelreich geboren"; von Dienern des Teufels wurden sie Kinder Gottes. Alles dies war Nicodemus vollkommen bekannt, so daß die Worte Jesu ihn nicht hätten befremden sollen. Aber gerade weil diese Worte ihm vertraut waren, wollte er um so mehr gern errathen, was Jesus meinen konnte, wenn er darauf bestand, daß er und Jedermann von Neuem geboren werden müßte, um in das Reich Gottes einzugehen. Nicodemus hatte die Idee, daß, wenn man zu Abrahams Saamen gehörte, man auch ein Sohn Gottes sei, daß, der jüdischen Gemeinde anzugehören, so viel sei, als im Reiche Gottes sein: gleich wie Jemand, der in Amerika geboren wurde, ein Amerikaner ist, was auch sein Name, seine Farbe, oder seine Lebensweise sein mag. Er war als Jude geboren, — geboren im Reiche Gottes. Er war so hoch gestiegen, „ein Lehrer in Israel" zu sein. Und die Idee, daß er nun wie ein Heide getauft und ein neuer Mensch werden sollte, um in das Reich Gottes einzugehen, erschien ihm ebenso sonderbar und widersinnig, als wenn er noch einmal wie ein kleines Kind geboren werden sollte.

Aber Jesus lehrte ihn, daß nur diejenigen Gottes wahre Kinder sind, die ihn von Herzen lieben und seinen Willen thun, daß das wahre Himmelreich zuerst in ihrer eigenen Seele sei. Wenn wir lernen, alle unsere Gedanken und Gefühle, unsere Wünsche und Zwecke durch den Geist der Wahrheit, Güte und Humanität zu lenken: wenn wir alle schlimmen Neigungen, alle bösen Worte, alle sündhaften Gedanken, alle schlechten Begierden unterdrücken und nur wünschen und streben, zu thun, was recht und gut ist, — dann hat „das Reich Gottes" in unseren Herzen angefangen. Dann haben wir denselben Geist, der die Engel heilig und selig macht. Dies Bestreben, Gott zu gefallen, der Wunsch, ihm in allen Dingen zu gehorchen, seinen Willen zu dem unsrigen zu machen, alles zu thun, was Gott von uns verlangt, und nichts, was er uns verbietet, — dieser Geist liebevollen Gehorsams gegen Gott schließt alles Andere ein: Wahrheit, Güte, Menschenliebe, Reinheit des Denkens, Fühlens und Handelns; und daher wird dieser göttliche Geist das Reich Gottes genannt. Gott herrscht in dem Herzen als König. Aber dieser Geist der Liebe zu Gott und Menschen wurde uns in Jesus zuerst in höchster Vollkommenheit gezeigt. Durch jede That seines Lebens erfüllte er den Willen seines Vaters im Himmel; und in allen seinen Worten und Handlungen gegen Menschen zeigte er die vollkommenste Güte und Nächstenliebe. So führte er durch seine Lehre und sein Leben den lieblosen und sündigen Menschen das Reich Gottes zurück, das ihnen zuerst im Paradiese beschieden war. Und da wir durch Christus von der Sünde zur Heiligung, von der Selbstsucht zur Liebe zurückgeführt sind, wird dies neue Gefühl sanftmüthiger und heiliger Liebe in unseren Herzen auch das Reich Christi genannt. Wenn wir Jesus als unseren Heiland lieben, ihm als unserem Lehrer gehorchen, ihm als unserem Herrn dienen, dann hat das Reich Gottes, das Himmelreich in unseren Herzen angefangen.

Kinder gleichen ihren Eltern in Aussehen, Sprache, Geberden, in Anlagen, Ideen und Gemüthsart. Und wenn wir Gottes Willen zu unserem Herrscher, und Gottes Wort zu unserem Führer gemacht haben, wenn wir suchen, Gott durch unser Thun wohlzugefallen, ihm in unseren Herzen zu gleichen, dann können wir Gottes Kinder genannt werden, dann sind wir von Neuem geboren. Da diese große Veränderung, unseren eigensüchtigen Willen aufzugeben und Gott als König in das Herz aufzunehmen, durch den Geist Gottes kommt, der auf unser Gemüth wirkt, so sagt man, daß wir „im Geist Gottes geboren" sind. Böse Gedanken, Leidenschaften, Begierden und Gewohnheiten abzulegen, und Geist und Herz mit allem zu erfüllen, was rein, gut und lieblich ist, reinigt den inneren Menschen, die Seele, wie der äußere Mensch, der Körper durch Wasser gereinigt wird; und daher ist die Taufe das Zeichen dieser innerlichen Reinigung des Geistes. Und so geschieht es, daß, wenn wir unedle und sündhafte Gedanken und Thaten aufgeben und reine Liebe zu Gott und Menschen dafür ins Herz nehmen, wir „aus dem Wasser und Geist" als die Kinder Gottes geboren werden und in das Himmelreich eingehen. Die Lehre Jesu an Nicodemus war, obgleich einfach genug für ein kleines Kind, tiefer und umfassender, als alle Weisheit der Welt. Die größten Meister der Wissenschaft und Philosophie müssen noch im Geiste eines kleinen Kindes zu Jesus kommen, um aus seiner Liebe von Neuem geboren zu werden.

20. Kapitel.

Die Samariterin.

Die Unruhe und Verwirrung des Festes war vorüber. Das große Lager der Pilger außerhalb der Stadtmauer wurde abgebrochen, und die Menge, die Tage lang Straßen und Tempel gefüllt hatte, war nun über die nächsten Hügel zerstreut, in langsamen Karavanen heimwärts ziehend, die „Lieder von Zion" singend, und erzählend, was sie in der Stadt gesehen und gehört hatten. Der fremde Prophet aus Galiläa, der die Händler aus dem Tempel getrieben und so viele Wunder gethan hatte, war das Gespräch Aller, und Tausende von Zungen trugen den Namen Jesu über das Land, wenn nicht so schnell, doch ebenso weit, als wenn Tagesblätter und Telegraphen seine Worte und Thaten berichtet hätten. Jerusalem war zu seinem Alltagsleben zurückgekehrt; die römischen Soldaten, von der Bewachung von einer halben Million Fremder befreit, wandelten müßig um die Forts und Wachthäuser; die Priester machten mit nur einer Hand voll Andächtiger die tägliche Aufgabe von Gebeten und Opfern durch. Die Müssiggänger an den Stadtthoren und dem Tempelpforten vertrieben sich die Zeit mit Besprechung der Gerüchte über den Messias; die Viehhändler und Geld=wechsler schlichen in den Hof der Ungläubigen zurück, nach=dem ihre Furcht vor Jesus sich in Haß verwandelt hatte; und die Pharisäer, mit all ihrem vorgeblichen Eifer für hei=lige Dinge, freuten sich über diese Entheiligung des Tempels, weil · sie eine Partei gegen Jesus, dessen Einfluß auf das Volk sie haßten und zugleich fürchteten, zu bilden wünschten.

Unterdeß war Jesus hinaus an die Ufer des Jor=dans gegangen, eine Gegend, die schon als der Schauplatz seiner Taufe, seiner Versuchung und der ersten Berufung seiner Jünger geheiligt war. Er konnte jetzt nicht wie da=mals mit seinen Jüngern allein gehen. Viele aus Jerusalem und den benachbarten Orten, die durch das, was sie von ihm gesehen und gehört hatten, erregt waren, folgten ihm auf seinem Wege, und viele Fremde zögerten auch vom Passah=fest nach Hause zu gehen, weil sie neugierig waren, zu er=fahren, ob er nicht doch Christus sei. Alle, die ihren Glau=ben an seine Lehre vom Reiche Gottes und ihre Bereit=willigkeit, ein neues Leben anzufangen, bekannten, wurden auf diesen neuen Glauben getauft; und ihrer waren so viele, daß man sogar sagte, „Jesus gewann und taufte mehr Jünger als Johannes"*). Johannes selbst fuhr fort zu taufen an einem Ort genannt Salim**), höher hinauf im Thale des Jordan, und einige seiner Jünger, die Jesus nicht nachge=folgt waren, versuchten Rivalität zu erregen, indem sie be=

---

*) Joh. **4**, 1.
) Joh. **3, 23.

richteten, daß alle Welt Jesus nachliefe. Aber Johannes war zu groß für Eifersucht, zu edel für Rivalität, zu demüthig für Ehrbegierde, ein zu treuer und guter Diener, um für sich selbst die Ehre zu suchen, die, wie er wußte, seinem Meister gebührte; und wie er schon vorher Jesus für den Sohn Gottes erklärt hatte, sagte er wiederum: „Ich bin nicht Christus, sondern vor ihm hergesandt. Da er gekommen, ist meine Freude erfüllet. Er muß wachsen, aber ich muß abnehmen." *) Jesus zollte Johannes später eine Anerkennung, durch welche er ihm höheres Lob aussprach, als jemals in Bezug auf irgend einen anderen Menschen von seinen Lippen kam. „Er war ein brennendes und scheinendes Licht" **). „Unter denen, die von Weibern geboren sind, ist kein größerer Prophet, denn Johannes der Täufer" ***).

Obgleich sie an so nahe bei einander liegenden Orten lehrten und tauften, begegneten sich Jesus und Johannes zu jener Zeit nicht; und sie kamen sogar nie mehr zusammen. Die Pharisäer umgaben sie mit Spionen und würden froh gewesen sein, sich Beider zu entledigen, obgleich sie es nicht recht wagten einem von ihnen zu nahe zu treten; doch wurde Johannes bald nachher von Herodes ins Gefängniß geworfen, und dieser zuletzt von Herodias und ihrer Tochter verleitet, ihn hinrichten zu lassen. Diese Anzeichen des Unheils veranlaßten Jesus, Judäa zu verlassen, denn obgleich er jeden Augenblick bereit war, sein Leben für die Menschheit hinzugeben, wollte er es nicht wegwerfen, ehe er sein Werk der Wahrheit und Liebe vollendet und die Bausteine zu seiner

---

*) Joh. 3, 28—31.
**) Joh. 5, 35.
***) Luc. 7, 28.

Kirche gesammelt hatte. Außerdem wollte er sein öffentliches Lehramt in dem heimischen Galiläa beginnen; und so machte er sich, begleitet von der kleinen Schaar Jünger, auf nach seiner Heimath.

Sie reisten zu Fuß, ihre täglichen Bedürfnisse mit den wenigen Mitteln bestreitend, die einige vom Fischerhandwerk und er selbst vom Erwerbe in seines Vaters Handwerk erübrigten. Von den Ufern des Jordan stiegen sie eine der felsigen Schluchten hinauf, die sich gegen Nordosten wenden, bis sie die große Heerstraße von Jerusalem nach Samaria erreichten. Hier kamen sie in eine schöne, ausgedehnte Ebene, ähnlich einer Prairie des Westens, ohne Erhöhungen, Vertiefungen, oder Umzäunungen, bedeckt mit reisendem Korn und bunten Blumen, doch ungleich einer Prairie, mit Gruppen von Olivenbäumen bestreut, und auf allen Seiten von Hügelketten und Bergen eingefaßt. Ein Weg von drei oder vier Stunden durch diese Ebene von Mükhna brachte sie zu deren nordwestlichem Winkel, in welchem das lieblichste Thal Palästinas sich öffnet, zwischen den berühmten Bergen Grisim und Ebal, die als die Berge des Segnens und Fluchens*) bekannt sind. Der Ebal ist ein steiler, felsiger Grat, baumlos, ohne jegliche Vegetation, zwölfhundert Fuß hoch, mit grausigen Abgründen, und sieht so trostlos und abschreckend aus, als wenn alle Flüche daran hafteten. Das Thal jedoch scheint alle Segnungen erfaßt und bewahrt zu haben. Von allen Seiten herabrieselnde Quellen, murmelnde Bäche, Grasflächen, Gemüsegärten, Gehege von Obstbäumen, Oliven und Maulbeerhaine. Alles belebt vom Gesang der Vögel und mit den wunderbarsten blauen, purpurnen und violetten

---

*) Mos. 11, 29 — 27, 11. Jos. 24, 11.

Farbentönen in der Luft und am Himmel verschönt, machen dieses abgeschiedene Thal zu einem wahren Paradiese von Schönheit und Frieden.

Dies war der erste Anblick, den Abraham vom gelobten Lande hatte, und hier bauete er dem Herrn den ersten Altar*). Dies war der Ort, den Jakob sich zur Heimath erwählte, als er mit seiner Familie und seinen Heerden von Haran zurückkam. Hier kaufte er ein Stück Land, das er später seinem Sohne Joseph gab**); und hierher wurde Joseph von Egypten gebracht, um begraben zu werden***). In dieses Thal führte Josua das Volk, und nachdem er die Stämme in Reihen einander gegenüber gestellt hatte, so daß auf jeder Seite sechs waren, ließ er sie dem Gesetz Gottes Gehorsam schwören, während die Leviten jedes Gebot wiederholten und Segen und Fluch von den Bergen wiedertönte. Und nun kam der langverheißene Same Abrahams†), der Stern Jakobs††), der wahre Führer und Heiland Israels†††) in diese Heimath der Patriarchen, diesen Ruheplatz der Kämpfenden, mit dem Evangelium des Segens und Friedens, den Fluch hinwegnehmend und das Wasser des Lebens bringend. Aber er kam als ein müder hungriger Mann, der die Bedürfnisse und Schmerzen unseres täglichen Lebens theilte und so sich mit denen, die er zu retten gekommen war, in sympathische Beziehung brachte, als ob er selbst ihres Mitgefühls und Beistandes bedürfte.

---

*) 5 Mos. 12, 6.
**) 1 Mos. 33, 19.
***) Jos. 24, 32.
†) Gal. 3, 16.
††) 4 Mos. 24, 17.
†††) Hebr. 4, 8. 9.

Die kleine Schaar war früh aufgebrochen und hatte manche ermüdende Meile zurückgelegt; es war bereits hoher Mittag, heiß und schwül, als sie den Fuß des Berges Grisim umschritten und das Thal von Sechem betraten. Aber die Stadt war noch eine halbe Meile entfernt, ihre weißen Mauern schimmerten in der Sonne auf einem Bergrücken am Rande des Thales; und Jesus schickte die Jünger voraus Nahrungsmittel zu kaufen, während er sich nach rechts wandte, um im Schatten eines Maulbeerbaumes neben Jakobs Brunnen sich auszuruhen. Dieser Brunnen war von dem Patriarchen selbst gegraben worden, damit er auf seinem eigenen Grund und Boden für die großen Viehheerden reichlich Wasser hätte, denn in Palästina, wo während der trockenen Jahreszeit die Flüsse und Quellen sparsam fließen, oft sogar versiegen, wird ein Brunnen oft als Privateigenthum betrachtet, und obgleich es im Thale Sechem viele Wasserrinnen und Quellen gab, hatte Jakob vielleicht keine auf seinem eigenen Grund und Boden, oder er wollte eines guten eigenen Brunnens sicher sein; und so, indem er durch den felsigen Boden zu einer bedeutenden Tiefe bohrte*), stieß er auf ein Wasserbett, das seitdem nie versiegt ist, denn nach beinahe viertausend Jahren können die durstigen Reisenden der Jetztzeit, Juden, Samariter, Christen und Muhamedaner, die alle den Namen des Patriarchen gleich werth halten, sagen: „Unser Vater Jakob selbst und seine Kinder und seine Heerden tranken aus diesem Brunnen."

Zur Zeit dieser Geschichte war der Brunnen im Besitz der Samariter, die Sechem zum Hauptort ihres Stammes gemacht hatten. Diese waren die Abkömmlinge des gemeinen

---

*) Ich fand den Brunnen ungefähr 70 Fuß tief.

Boltes von Assyrien, die man geschickt hatte, das Land
einzunehmen, nachdem die Juden in die Babylonische Ge=
fangenschaft geführt waren. Obgleich sie einige Begriffe und
Gebräuche ihres alten Götzendienstes beibehielten, hatten sie
doch so weit die jüdische Religion angenommen, daß sie das
Gesetz Mosis heilig hielten und dem Gotte der Patriarchen
auf dem Berge Grisim einen Tempel gebaut hatten*). Sie
behaupteten sogar, daß dieser Tempel heiliger wäre, als der
zu Jerusalem, und gleich den Juden hofften sie auf einen
Messias, der als der große Meister und Erlöser erscheinen
sollte. Zwischen den Juden und Samaritern bestand ein tiefer
und dauernder Haß. Die Juden verabscheuten die Samariter,
weil sie eine fremde Rasse, oder höchstens eine Vermischung
von Ausländern mit den armen israelitischen Bauern waren,
die der Gefangenschaft entgangen waren; dann auch, weil sie
weder die späteren Propheten noch Moses als Lehrer und
Führer anerkannten. Die Samariter haßten die Juden, weil
sie von diesen gehaßt waren, und weil ihre Hülfe beim
Wiederaufbau Jerusalems und des Tempels nach der Ge=
fangenschaft von diesen zurückgewiesen worden war**). Ob=
gleich sie keine Abneigung hatten, mit einander Handel zu
treiben — denn Geschäftsverkehr besiegt gewöhnlich nationale
Abneigung und religiöse Scrupel — und obwohl sie oft
Einer des Anderen Gebiet passiren mußten, so wollten doch
die Juden und Samariter so wenig als möglich mit einander
zu thun haben und waren jeder Zeit bereit, Streit anzu=
fangen. Zu der Hauptstadt und dem Heiligthum dieser
eifersüchtigen und neidischen Nachbarn kam unsere kleine Ge=

---

*) 2 Kön. 27, 24—34.
**) Esr. 4, 2—6.

sellschaft jüdischer Reisender, als sie nach dem Passahfest von ihrem Tempel und ihrer eigenen Hauptstadt zurückkehrten.

Jakobs Brunnen war zu fern von der Stadt, um viel besucht zu sein, doch wurde er von Frauen aus den benachbarten Dörfern und von Arbeitern in den nahen Feldern benutzt, und ab und zu kam wohl Jemand den weiten Weg von Sechem, einen Krug des kühlen, klaren Wassers zu holen, das der Patriarch gesegnet hatte. So geschah es, daß, bald nachdem Jesus sich neben dem Brunnen niedergelassen hatte, ein samaritisches Weib, das vielleicht auf dem Heimwege von ihrer Morgenarbeit im Felde war, bei dem Brunnen rastete, um ihren Wasserkrug zu füllen. So wenig wurde der Brunnen benutzt, daß kein Schöpfeimer da war und der Wanderer, der nichts hatte um damit zu schöpfen, bat sie um einen Trunk Wassers.

Die Frau jedoch, da sie sah, daß er ein Jude war, konnte nicht ihr Erstaunen unterdrücken, daß er geneigt war, von einer Samariterin einen Dienst zu erbitten. Denn wie konnte sie denken, daß dieser müde, durstige Reisende gekommen war, den Rassenhaß und die Religionsstreitigkeiten durch den Geist der Humanität und die Ausübung der Barmherzigkeit zu überwinden, und daß diese einfache Bitte um einen Trunk Wassers von Jemand, der dazu erzogen war, ihr Volk zu hassen, an sich selbst ein Kennzeichen des Evangeliums von Frieden und Liebe war? Statt auf ihren Hohn über die Juden und Samariter zu antworten, sagte Jesus mit Milde: „Wenn du erkenntest die Gabe Gottes und wer der ist, der zu dir sagt: ‚Gieb mir zu trinken‘; du bätest ihn und er gäbe dir lebendiges Wasser." *)

*) Joh. 4, 10.

Diese Worte waren ein Räthsel. Welches Wasser konnte der fremde Mann meinen? Nicht das aus dem Brunnen, denn er ist tief, und er hatte nichts zum Schöpfen und konnte nicht einmal einen Trunk für sich selbst erlangen. Kennt er vielleicht einen besseren Brunnen? Oder hat er Macht, wie Moses Wasser aus dem Felsen sprudeln zu lassen? Ist er größer als unser Vater Jakob, der uns diesen Brunnen gab? Könnte es besseres Wasser geben als dieses? Und was ist das lebendige Wasser, von dem der Fremde spricht? Das Räthsel wurde ihr nicht gelöst, als Jesus fortfuhr zu sprechen: „Wer dieses Wasser trinkt, den wird wieder dürsten; wer aber das Wasser trinken wird, das ich ihm gebe, den wird ewiglich nicht dürsten, sondern das Wasser, das ich ihm geben werde, das wird in ihm ein Brunnen des Wassers werden, das in das ewige Leben quillt." *) Da Wasser den Durst löscht, würde das, was Jesus zu geben hatte — nämlich die Wahrheit, Gnade und Liebe seines Vaters — das Sehnen der Seele nach dem Guten, welches oft wie Fieberdurst brennt, stillen, und würde Regungen, Gefühle, Hoffnungen, Tröstungen und Freude hervorrufen, die, wie ein in der Seele sprudelnder Quell, ein Strom des Lebens und der Befriedigung sein würde, der nie versiegen könnte. Dies Wasser thut mehr, als den Durst zu stillen: es verhindert ihn, und unterdrückt das Sehnen nach Glückseligkeit durch eine Fülle des Friedens, der nichts zu wünschen übrig läßt. Wenn die Seele sich einmal Gott erschlossen hat und ihr Leben aus seinem Geiste schöpft, braucht sie nicht die Welt nach Glück zu durchjagen, es nicht in der Natur, in Wissenschaft, in Kunst, in Schätzen, in Vergnügungen, in Schmuck, in Abwechselung zu suchen, braucht nicht zu rufen: „Wer

---

*) Joh. 4, 13. 14.

wird mir Gutes zeigen?" sondern sie trägt ihren Segen in sich und ist so erfüllt vom Geist des Guten, daß sie in Allem Gutes sieht, aus Allem Gutes erweist. Dies ist die innere Quelle, die niemals versiegt.

So leicht es jetzt für uns sein mag, alles dies als die Bedeutung von Christi Worten zu verstehen, und so wahr und schön es denen erscheinen mag, die es gefühlt haben, so erschien es dem Weibe am Brunnen doch immer geheimnißvoller, und sie konnte nur hervorstammeln: „Herr, gieb mir das Wasser, daß mich nicht dürstet, daß ich nicht herkommen müsse zu schöpfen." Sie würde froh gewesen sein, eine solche Erlösung von Sorge und Arbeit, von Mühe und Pein zu finden und nie mehr Durst zu fühlen! Aber die wahre Erlösung davon mußte innerlich sein, und das lebendige Wasser konnte nur durch den Glauben in der Seele empor-quellen; und darum mußten ihre Augen gewissermaßen für die Noth ihrer Seele geöffnet und ihr Vertrauen zu Jesus als einem geistlichen Lehrer eingeflößt werden. Befremdet wie sie war über dies lebendige Wasser, hatte sie bereits Etwas in des fremden Mannes Aussehen und Benehmen, wie auch in seinen Worten bemerkt, was ihn als einen ungewöhnlichen Mann kennzeichnete und was sie drängte zuzuhören, daß sie ihren Wasserkrug niedersetzte und ihr Geschäft am Brunnen gänzlich vergaß. Jesus unterbrach jetzt die Unterhaltung und gebot ihr zu gehen und ihren Mann zu holen. Es schien ihr zuerst, als ob er einen Zeugen haben wollte, ehe er das Geheimniß vom lebendigen Wasser erzählte. Aber sie fand bald, daß dies seine Art war, die Geheimnisse ihres Lebens zu berühren und ihr zu zeigen, wie sehr sie des inneren, geistigen Friedens bedurfte; denn als sie der Forderung aus-wich, bewies ihr Jesus, daß er wußte, wie sündhaft ihr

Leben gewesen, und wie böse es noch war. Erschrocken, daß ein vollkommen Fremder in ihrem Inneren lesen konnte, und voll Furcht vor seiner feierlichen und forschenden Weise rief sie aus: „Herr, ich sehe, daß du ein Prophet bist" *).

Doch ist es nicht angenehm, über seine eigenen Vergehungen zu sprechen, und deshalb wendete sie sich von den Thatsachen ihres eigenen Lebens, die ihr Gewissen beunruhigten, ab und befragte seine Meinung über eine Streitigkeit um heilige Orte zwischen den Juden und Samaritern. „Unsere Väter haben auf diesem Berge angebetet, und ihr sagt, zu Jerusalem sei die Stätte, da man anbeten soll" **). Und so hatte diese Frau, indem sie nach der wahren Religion im Dunkeln tappte, eben die Frage berührt, die Christus zu lösen gekommen war, — den Weg zu zeigen, auf dem der schwache, irrende, sündige Mensch sich Gott in Anbetung nähern und in ihm einen Vater finden kann. Altäre, Tempel, geheiligte Orte hatten in den Tagen der Unwissenheit ihre Bedeutung; aber jetzt war ihre Zeit vorüber und sie waren nicht werth, darüber zu streiten. Der Geist, nicht der Ort bestimmt die Gottesverehrung, und ein heiliges Herz wird jeden Ort heiligen. Denn Gott ist ein Geist: er ist nicht ein Bild, eine Gestalt in einen Tempel eingeschlossen, nicht ein Körper, der an einen heiligen Ort gebunden ist. Er ist seiner Natur und seinem Wesen nach ein Geist. Er ist ein Wesen des Gedankens und Gefühls, und in Gedanken und im Gefühl sollen wir ihn anbeten, mit der Liebe unseres Herzens. Er ist ein Vater, und wir sollen zu ihm kommen kindlichen Geistes, voll Sanftmuth, Liebe, Gehorsam, Ehr-

---

*) Joh. 4, 19.
**) Joh. 4, 20.

furcht: dann ist es gleichgültig, ob wir uns auf dem Berge oder im Tempel befinden. Gott sieht das Herz; er durch= schaut alle Formen und Oertlichkeiten; er weiß, wer ihn im Geist und in der Wahrheit anbetet, mit dem wahrhaften Gefühl von Abhängigkeit, Dankbarkeit und Liebe, und mit einem aufrichtigen Verlangen nach Heiligkeit. Diese Lehre von Gott als einem Geist, die zuerst den Juden gegeben wurde, soll jetzt ausgehen als das Heil der Welt, bis die Menschen den himmlischen Vater als Kinder des Lichts, der Wahrheit und Liebe anbeten werden. Diese erhabene Lehre Jesu von Gott traf zuerst das Ohr eines verlassenen, sün= digen Weibes, von einer Rasse, welche die Juden mieden und verabscheuten. Sie erweckte in ihrem Geist Alles, was sie gehört hatte von einem großen Propheten, der vom Himmel kommen sollte, — von dem Messias, dem Christus, der alle Dinge vorhersagen würde. Und während sie darüber nach= dachte, sprach Jesus zu ihr: „Ich bin es, der mit dir re= det"*). Er hatte sich diesen Namen nicht vor den Phari= säern gegeben, als sie nach seinem Recht fragten, den Tempel zu säubern; er hatte ihn nicht dem Nicodemus gesagt, als dieser ihn einen von „Gott gesendeten Lehrer" nannte; er hatte ihn nicht als seinen Titel oder als ein Zeichen des Glaubens benutzt, als die Menge von seinen Jüngern ge= tauft wurde; er hatte diesen Namen selbst nicht den Ohren seiner Jünger anvertraut. Er wählte die einfachste, ruhigste Art, um seine Lehre, seine Heilsverkündigung bekannt zu machen. Er kam, die Rassenvorurtheile zu überwinden und offenbarte seinen Vater zuerst einer Samariterin. Er kam, äußere Gebräuche und Aberglauben abzuschaffen; und er, als

---

*) Joh. 4, 26.

ein Jude, eben von Jerusalem und vom Tempel gekommen, verkündigte hier unter freiem Himmel und neben dem heiligen Berge der Samariter Gott als den „Vater aller menschlichen Geister". Er kam, die Erniedrigung des Weibes aufzuheben, und einem Weibe, das beinahe eine Ausgestoßene war, offenbarte er sich zuerst als Christus. Er kam, die Sünder zu erlösen, und dieser irrenden, sündigen Fremden bot er das Wasser des Lebens. Die Jünger, welche in diesem Augenblick dazu kamen, waren erstaunt, ihn im Gespräch mit dieser Frau zu finden, denn obgleich die Frauen bei den Juden viel mehr als bei anderen morgenländischen Völkern geachtet waren, hielt man doch die heiligen Mysterien der Religion für zu hoch für ihre Begriffe, und einige Rabbiner verboten sogar, die Frau im Gesetz zu unterrichten*). Aber die Jünger hatten gelernt, Jesus zu sehr zu verehren, um ihn zu fragen, warum er einer solchen Hörerin predigte. In der That fing er an, ihnen in einer Weise zu predigen, die zeigte, daß sie in geistigen Dingen ebenso tief unter ihm standen, als sie es von der Samariterin voraussetzen konnten. Sie hatten ihn müde und nahrungsbedürftig verlassen; sie waren mit Nahrungsmitteln zurückgeeilt. Sie fanden ihn lehrend, und als sie ihn drängten, zu essen, gab er ihnen die befremdende Antwort: „Ich habe eine Speise zu essen, davon ihr nichts wißt."

Wie er, indem er dem Weibe lebendiges Wasser gab, seinen eigenen Durst vergessen hatte, so vergaß er seinen Hunger in dem Eifer, das Evangelium zu verkünden, und

---

*) „Der, welcher seine Tochter im Gesetz unterrichtet, ist wie einer, der Narrheit treibt." S. Tholuck, Johannes (Abhandlung über Salz).

wurde so gestärkt und gesättigt durch geistliche Gedanken und Empfindungen, daß er sagen konnte: „Meine Speise ist die, daß ich thue den Willen deß, der mich gesandt hat." Und auf die Felder deutend, wo das Korn langsam reifte, besahl er seinen Jüngern, ihr Werk als Schnitter in der Erndte der Seelen anzufangen. Ihr Werk lag schon vor ihnen, denn die begeisterte Frau war zur Stadt geeilt, hatte Jedem von dem wunderbaren Fremden erzählt und gefragt: „Ist das nicht Christus?" Und jetzt kam sie eilends zurück, alle Einwohner der Stadt mit sich führend, die begierig waren, selbst zu hören und zu urtheilen. Und so erstaunlich und lieblich waren die Worte Jesu, daß diese Samariter an den jüdischen Fremdling glaubten und sagten: „Dies ist wahrlich Christus, der Heiland der Welt!" Ja, wahrlich Heiland, zugleich allliebend und Alles ertragend, der uns so nahe tritt, indem er unsere Schwachheit theilt, uns sich selbst so nahe bringt, indem er uns seine Kraft mittheilt. Ermattet, hungrig, durstig, schickt er seine Jünger nach Lebensmitteln aus und fleht eine fremde Frau um einen Trunk an, und hat doch in sich Kraft und Leben genug für das ganze verkommene, untergehende Menschengeschlecht. Wie strahlte die himmlische Barmherzigkeit und Gnade von der Stirn des müden, hungrigen Mannes, und wie wurde die menschliche Schwachheit und Leidensfähigkeit in ihm, der uns das „Gnadengeschenk Gottes" übermittelte, verklärt!

21. Kapitel.
Der Pöbel in Nazareth.

[Jesus geht wieder nach Nazareth — Politische Hoffnungen der Juden — Die Synagoge und der Gottesdienst — Seine erste Predigt — Seine gütigen Worte — Er wirft ihnen ihre Eitelkeit vor — Die Aufregung und Entrüstung des Volkes — Die Wuth des Pöbels — Wie Jesus ihnen entging.]

In Sechem that Jesus keine Wunder; aber viele Samariter, die ihn nur reden hörten, glaubten an ihn und erkannten ihn als den Christus an. Aber die Pharisäer zu Jerusalem und die Juden überall forderten ein Zeichen, bestanden darauf, daß er Wunder thun sollte, und selbst dann wollten sie nicht glauben. Die Schwierigkeit war, daß bei den Juden eine bestimmte politische Idee so ziemlich an die Stelle der Religion getreten war, und — wie wir bei der Geschichte des Lebens Jesu immer vor Augen behalten müssen — ihre Hoffnungen und Wünsche in Bezug auf den Messias waren, daß er als ein König kommen, die Römer aus dem Lande vertreiben und den jüdischen Thron ebenso glänzend, wie er zur Zeit Salomo's gewesen war, wieder aufrichten würde *).

---

*) Dr. Schauffler sagte einst in Constantinopel zu mir: „Die Griechen sind die hoffnungsloseste von allen Rassen, mit denen wir zu

Und da Christus aus einer armen Familie stammte, zu Fuß einherging und nicht versuchte, eine Insurrection zu machen oder ein Heer zu sammeln, sondern predigte, daß sie Buße thun und ein frommes Leben führen sollten, so entschlossen sie sich nur zögernd, seiner Lehre vom himmlischen Königreiche zu lauschen. Ein mächtiges und glänzendes Königreich auf Erden mit der Hauptstadt Jerusalem würde ihnen besser gefallen haben. Die Juden hatten alle Prophezeihungen ihrer Bibel nur aus diesem politischen Gesichtspunkte betrachtet und umspannen die einfache, rein geistige Lehre ihres Gesetzes mit allerlei mündlichen Ueberlieferungen, welche ihr die Lebenslust entzogen*). Aber die Samariter hatten keine solchen politischen Hoffnungen für sich selbst und keine so weltlichen Vorstellungen von dem Christus, der kommen sollte. Sie erwarteten in ihm einen großen und vollkommenen Lehrer, und darum waren ihre Herzen offen für

---

thun haben: das große Hinderniß ihrer Bekehrung ist Constantinopel." Er meinte, daß die Griechen noch von ihrem alten byzantinischen Kaiserthum träumen und eines Tages Constantinopel von den Türken zu gewinnen hoffen. Aber um dies zu erreichen, müssen sie sich an Rußland halten, und da Rußland das Haupt der griechischen Kirche ist, müssen sie ihrer Religion treu bleiben. Diese politische Hoffnung ist ein Hauptartikel ihres religiösen Glaubens geworden. Grade so war es mit den Juden zur Zeit Christi. Sie sahen nach einem Messias aus, der das Reich in Israel wieder herstellen sollte."

*) Es war natürlich, daß sich um das in den Büchern Mosis geschriebene Gesetz eine Menge von Formeln, Auslegungen und Bestimmungen angesammelt hatten, die zuletzt als ein Theil des göttlichen Gesetzes selbst betrachtet wurden; und mancher Schriftgelehrte stellte diese Commentarien über das Gesetz selbst. Daher sagte Jesus: „Ihr habt Gottes Gebot aufgehoben um eurer Aufsätze willen." (Matth. 15, 6.)

Jesu Worte, und er fand, obgleich er ein Jude war, mehr
Gunst bei ihnen, als bei seinen eigenen Landsleuten. Dies
zeigte sich bald in Nazareth.

Nicht lange nach seinem Besuch in Sechem kehrte Jesus
zur Heimath seiner Kindheit zurück. Auf dem Wege ver=
weilte er in Cana, wo er sein erstes Wunder verrichtet,
Wasser in Wein verwandelt hatte. Während er dort war,
kam ein vornehmer Mann, der ungefähr vier Meilen ent=
fernt, in Kapernaum wohnte und dessen Sohn sehr krank
war, um Jesus zu bitten, daß er käme und diesen heilte,
denn er hatte von den Wundern gehört, die Jesus in Je=
rusalem vollbracht hatte. Nachdem er des Mannes Glauben
eine Weile geprüft hatte, sagte Jesus zu ihm, daß er, wenn
er nach Hause käme, seinen Sohn hergestellt finden würde.
Voll Glauben an das Wort und die Macht Jesu, eilte der
Mann nach Hause. Unterwegs begegneten ihm seine Knechte
und verkündigten ihm, daß sein Sohn lebe, und er fand,
daß dieser angefangen hatte, sich zu erholen, genau um die
Stunde, in welcher Jesus zu ihm gesagt hatte, daß er leben
würde. Die Kunde von diesem Wunder und von all denen,
die er in Jerusalem gethan hatte, ging vor ihm her nach
Nazareth, und als er seine Heimath erreichte, erwartete das
Volk große Dinge von ihm.

Der nächste Sabbath gab Jedermann Gelegenheit, Jesus
predigen zu hören. Obgleich der Tempel zu Jerusalem der
Hauptort für den Gottesdienst der ganzen Nation und der
einzige Opferplatz war, hatte jede Stadt eine Synagoge, wo
am Sabbath Gebete gehalten und die Bücher Mosis und
der Propheten gelesen wurden. Am oberen Ende der Syna=
goge, deren Front immer gegen Jerusalem gerichtet war,
befanden sich erhöhte Sitze für die Schriftgelehrten und

Pharisäer, die Richter und andere hervorragende Männer.
Diesen gegenüber war ein Podium mit einem kleinen Pult
oder Katheder, an welchem der Lehrer stand, um die Schrift
und die Gebete zu lesen. Die Bücher des Gesetzes und der
Propheten waren in Sectionen getheilt, und an jedem Sab=
bath wurde eine von jedem gelesen und dann von dem Vor=
leser oder einer anderen geeigneten Person erklärt. Der erste
Lehrer oder Vorleser hatte Beistände, die in seiner Abwesen=
heit seinen Platz einnehmen oder wenn er zugegen war, beim
Gottesdienst helfen konnten. Zuweilen rief der Lehrer An=
dere auf, die den Ruf der Weisheit oder Frömmigkeit hatten,
oft auch ausgezeichnete Fremdlinge, das Podium zu besteigen
und vorzulesen. Und so wurde Jesus auserwählt; nachdem
das Gesetz verlesen war, wurde er aufgefordert, den Abschnitt
aus den Propheten zu lesen. Der Vortrag des Tages bot
ihm grade Gelegenheit auszusprechen, was er über das eben
begonnene Werk als neuer Prophet und Lehrer zu sagen
wünschte: „Der Geist des Herrn ist über mir, darum hat
mich der Herr gesalbet. Er hat mich gesandt, den Elenden
zu predigen, die zerbrochenen Herzen zu verbinden, zu pre=
digen den Gefangenen eine Erledigung, den Gebundenen eine
Oeffnung, zu predigen ein gnädiges Jahr des Herrn!"*)
Das Buch war auf Pergament geschrieben und in Form
einer Rolle mit Bändern umwickelt; und als Jesus geendigt
hatte, rollte er es wieder zusammen und übergab es dem
Lehrer zur Verwahrung. Es war Gebrauch, daß die Lehrer
beim Unterricht saßen, daher nahm Jesus seinen Platz ein und
fing an über die Worte zu sprechen, die er gelesen hatte. Aller
Augen waren auf ihn geheftet; lautlose Stille herrschte im

---

*) Jes. 61, 1.

Hause und wie er weiter ging und zeigte, daß alle diese Dinge sich jetzt erfüllen sollten, war Jedermann von Staunen und Bewunderung über seine sanften und milden Worte erfüllt. Was er im Anfang sagte, ist nicht berichtet; aber nach Allem, was wir über seine Predigten wissen, dürfen wir annehmen, daß er Trost den Traurigen, Gnade den Reuigen, Befreiung den Unterdrückten, Hülfe den Bedrängten, Licht den Unwissenden, Frieden den Verfolgten und diese Segnungen allen denen verhieß, die seinen Vater im Himmel wahrhaft lieben, ihm dienen und vertrauen würden. Dies war gewiß eine frohe Botschaft: sie gab den Worten, die man von Kindheit an in der Synagoge lesen gehört hatte, Leben und Bedeutung und stärkte die Hoffnung, daß das Reich des Messias noch zur Zeit der jetzt Lebenden kommen möchte. Aber obgleich ihre Herzen auf einen Augenblick durch diese geistigen Regungen bewegt waren, gab dennoch ihr Geist dem Zweifel Raum; und aus ihrer Verwunderung, daß der Sohn Josephs so sprach, erwuchs die Frage, welches Recht e r hatte, solche Versprechungen zu machen. „Wenn er es sprechen darf", sagten sie in ihrem Herzen, „und wenn er solche Versprechungen zu geben unternimmt, so laßt ihn uns ein Zeichen geben daß er Recht habe; laßt ihn hier solche Wunder thun, wie wir hören, daß er sie an anderen Orten gethan. Laßt ihn seiner eigenen Stadt die gleiche Ehre erweisen."

Obgleich Niemand dies laut sagte, wußte Jesus, an was sie Alle dachten, und er beschloß zu erproben, wie weit sie die einfachen, geistigen Aussprüche ihrer Bibel glauben und der Wahrheit gehorchen würden, die unmittelbar zu ihren Herzen sprach, und die keine Wunder wahrer oder deutlicher machen konnte. Er hatte ihnen das wahre Reich Gottes angeboten, und sie hatten gezeigt, daß sie seine Worte em-

pfanden. Er hatte ihnen von Gnade, Barmherzigkeit, Frie=
den und Erlösung gesprochen, und jetzt wollte er erfahren,
ob sie, gleich den Samaritern, wirklich solche Gaben des
Himmels begehrten und schätzten, oder ob sie nur aus Neu=
gier wünschten, daß er wunderbare Dinge thun sollte. Er
hatte ein Recht, dies von dem Volk von Nazareth zu ver=
langen. Er war unter ihnen aufgewachsen: sie kannten sein
ganzes Leben und seinen Werth. Sie brauchten kein Zeug=
niß über ihn und konnten aus ihrem eigenen Geist und
Herzen über die Wahrheit dessen, was er sagte, urtheilen.
Sie hatten bereits seine lieblichen Worte gepriesen; aber er
wußte wohl, daß sie wollten, er möchte ihrem Stolze schmei=
cheln, sie über ihre Nachbarn erheben und seine Macht zur
Ehre ihrer Stadt zeigen.

Was er gesagt hatte, war wundervoll, und wenn er
nur Wunder thun wollte, die alle Bewohner des Landes
Nazareth herbeizögen, um ihren großen Lehrer und Propheten
zu hören, so würden sie bereit gewesen sein, ihn als Christus
anzuerkennen. Aber Jesus verlangte nicht nach solchem Ruhm,
noch nach solchen Anhängern. Er wollte die Menschen aus Liebe
zur Wahrheit und Güte zu seinem Vater führen, ihre Herzen
von der Sünde abwenden, ihr Leben besser, edler, reiner
machen, und sie zu sich ziehen, weil er sie lehrte, ge=
recht, wahr und gut zu sein. Er wußte, wie sehr solche
Lehren stets von seinen Landsleuten verworfen worden waren,
wie stolz sie waren, das Volk Gottes genannt zu werden,
und doch, wie unwillig, als Kinder Gottes zu leben; wie sie
sich rühmten, daß Abraham ihr Vater war, wie sie das Gesetz
Moses lasen, die Lieder Davids sangen, und dennoch die
Propheten steinigten und tödteten. Und daher, statt vor
ihnen Wunder zu thun, erinnerte er sie daran, daß „kein

Prophet daheim etwas gilt", und daß Gott oftmals solchen, die nicht zu Israel gehörten, wie der Witwe von Zarpath*) und Naeman, dem Syrer**) besondere Segnungen geschickt hätte. Bei diesen Worten brach die ganze Versammlung in Wuth aus. Einen Augenblick vorher hatten sie nicht Worte genug, Jesus zu rühmen; sie waren stolz auf den Sohn Josephs und erwarteten von ihm große Ehre für ihre Stadt; und nun hatte er, statt ihrem thörichten Verlangen nachzugeben und ihnen Zeichen vom Himmel zu zeigen, seine Mitbürger öffentlich zurückgesetzt und sich erboten, für Fremde, sogar für Heiden zu thun, was er nicht für sie thun wollte.

Es bedarf wenig, eine Volksmenge zur Wuth zu entzünden, wenn das Feuer einmal geweckt ist. Niemand hielt sich zurück, weil er an die Synagoge oder an den Sabbath dachte, Niemand unter ihnen gedachte mit einem Wort des guten Lebenswandels Jesu, Niemand erinnerte sich der schönen Worte, die er soeben gesprochen; Niemand dachte an sein Recht, vor dem Gesetz gehört und gerichtet zu werden. Sie waren wuthentbrannt: sie fielen über ihn her und schleppten ihn aus der Synagoge; der Pöbel stieß und trieb ihn schreiend, kreischend, fluchend durch die Straßen, zur Stadt hinaus, bis sie an den Rand des Hügels kamen.

Es war in Rom gebräuchlich, gewisse Verbrecher von einem steilen Abhang des Hügels, auf dem das Kapitol gebaut war, hinabzustürzen, um sie an den unteren Felsen zu zerschmettern. Die Juden scheinen denselben Gebrauch gehabt zu haben, und die Menge wurde auf einmal von der Idee ergriffen, sich Jesu auf diese Weise zu entledigen. Aber

---

*) 1 Kön. 17, 9.
**) 2 Kön. 5.

da eine Volksmenge ohne Vernunft handelt, kann irgend eine Kleinigkeit sie ebenso schnell von ihrem Vorhaben abwenden, als sie zuerst darauf ausging, oder plötzliche Furcht, Mitleid, Gewissensangst, sogar eine Laune kann sie im letzten Augenblick veranlassen, anzuhalten, sich abzuwenden oder ebenso leicht zu zerstreuen, wie sie zusammenlief; und sobald eine Menge anfängt zu schwanken, oder ihre Führer Zeichen von Unentschlossenheit geben, ist ihre Macht gebrochen. In solchem Augenblick kann Kaltblütigkeit und Festigkeit einen Menschen vor plötzlicher Gewaltthat retten; und ein entschiedenes Wort oder ein Blick kann diejenigen beschämen, die laut seinen Tod verlangten.

Mirabeau, der Abgott des Volkes, das Haupt der Versammlung, der Retter Frankreichs, erwachte eines Morgens, um zu sehen, daß die von seinem Hause zur Deputirtenkammer führenden Straßen mit wüthenden Volksmassen gefüllt waren, die ihn tobend einen Verräther nannten und ihn an einen Baum zu hängen drohten. Trotz der Vorstellungen seiner Freunde ging er hinaus, mitten unter sie, indem er sagte: „Ich werde siegreich zurückkehren, oder in Stücke gerissen werden!" und er schüchterte den Pöbel durch seine Haltung so sehr ein, daß sie ihn ungefährdet durchließen.

Der Consul Marius, einst der Abgott Roms, wurde, als sein Glück im Abnehmen und er verbannt und ausgestoßen war, mit einem Strick um den Hals durch die Straßen geschleppt, und rettete sein Leben, indem er den Henker fest ansah und sagte: „Sclave! wagst du Marius zu tödten?" Der Soldat, der sich freiwillig erboten hatte, ihn zu tödten, warf sein Schwert weg und floh: und Marius lebte, um aufs Neue von seinen Landsleuten mit Ehren überhäuft zu werden.

Als Napoleon, von Elba zurückkehrend, in Frankreich landete, entwaffnete er die Truppen, die gegen ihn geschickt waren, indem er sich nur als ihr alter Kaiser zeigte.

Es wird kein Erstaunen erregen, daß die Geschichte von der wüthenden Menge in Nazareth mit dem einfachen Bericht endet, „daß Jesus, mitten durch sie hindurchschreitend, weiter ging". Die Majestät, die von seinem Angesicht leuchtete, dem Antlitz voll Unschuld, Wahrhaftigkeit und Milde, das Licht, das aus seinen Augen blitzte und der Leidenschaft und Sünde mit Vorwurf begegnen konnte, zähmte die Wuth seiner Feinde, so daß sie ihm Platz machten und ihn ungeschädigt gehen ließen.

22. Kapitel.

Sein Leben in Kapernaum.

[Jesus verläßt Nazareth — Er geht nach der Heimath seiner Jünger — Der See und die Ebene von Genezareth — Beschreibung von Kapernaum — Der Sitz des Messiasreiches — Wie die Lehrer unterhalten wurden — Jesus lehrt in Gleichnissen — Seine Rede über das lebendige Brod — Sein Umgang — Seine Jünger — Die Ehre von Kapernaum — Haß der Pharisäer — Unglaube des Volkes — Jesus verläßt Kapernaum — Die jetzige Veröbung des Ortes — Schönheit des Sees.]

Der Aufruhr in Nazareth war ein Wendepunkt im Leben Jesu. Sein Herz trieb ihn, Jedermann Gutes zu thun, und vor Allem seinen Landsleuten. Er hatte eine wunderbare Macht über die Naturkräfte, über Krankheiten, über böse Geister, und diese Macht war er stets bereit, zur Heilung und zum Segen seiner Mitmenschen zu gebrauchen, doch niemals, um durch Wunder, die ihm einen Namen machten, oder ihm eine Partei bildeten, Aufsehen zu erregen. Er hatte eine so tiefe, volle und reine Erkenntniß der Wahrheit und Gottes, daß das Licht derselben Irrthum und Sünde verbannen und den Weg zum ewigen Leben zeigen konnte; und diese Erkenntniß bot er Jedem dar, der bereit war, zu glauben und der Wahrheit zu gehorchen. Dennoch wollte er nicht als Prophet auftreten, um der Eitelkeit einer Stadt, oder Secte, oder Nation willen. Seine Thaten zu Jerusalem hatten die Eifersucht der Regierenden und der Pharisäer

hervorgerufen; und seine Reden in Nazareth hatten die Wuth
des Pöbels erregt. Seine ersten Versuche, durch Heilungen
und durch Belehrung Gutes zu stiften, hatten sein eigenes
Leben in Gefahr gebracht; er war vor der Hauptstadt ge=
warnt, aus seiner eigenen Heimath vertrieben worden. „Er
kam in sein Eigenthum und die Seinen nahmen ihn nicht auf." *)
Wohin sollte er nun gehen, das Evangelium zu predigen, wo
sollte er die Werke der Barmherzigkeit thun? Er hatte drei
oder vier Jünger, die ihn bereits mehr liebten als seine
eigenen Brüder, und der natürlichste Gedanke war, die Hei=
math dieser Freunde aufzusuchen, die, so arm sie auch waren,
ihm mit Freuden Alles gegeben hätten, was sie in der Welt
besaßen. Wahrscheinlich setzten Petrus, Andreas, Philippus
und Nathanael, nachdem sie Samaria verlassen, die große
Ebene von Esdralon überschritten und Cana zusammen er=
reicht hatten, wo Jesus sich seitwärts zur Heimath seiner
Eltern wandte, ihren Weg noch eine Tagereise weiter fort,
nach ihrem Wohnort Bethsaida, um nach ihrer Fischerei zu
sehen. Der vornehme Mann, dessen Sohn Jesus kürzlich
geheilt hatte, wohnte in der Nähe von Bethsaida, und da er auf
ihn, wie auf einen Freund rechnen konnte, ging er gerades
Weges nach Kapernaum. Wie sich erwies, machte er diesen
Ort auf mehr als zwei Jahre zu seinem Wohnort, wo er
Jünger versammelte, viele seiner Parabeln und Predigten
vortrug und viele seiner gewaltigsten Thaten vollbrachte.

Ein Weg von wenigen Stunden gegen Nordosten von
Nazareth brachte Jesus zum Ufer des See Genezareth, des
lieblichsten in Palästina, der in einem tiefen Becken inmitten
der Berge liegt, drei Meilen lang und an der breitesten

---

*) Joh. 1, 11.

Stelle 1½ Meile breit ist. Verglichen mit den englischen Seen, mit dem Züricher, Luzerner, Genfer, oder Wallenstädter See in der Schweiz, oder mit dem Lake George, Winipeg oder Moosehead See in den Vereinigten Staaten, imponirt der See Genezareth, wie er sich jetzt darstellt, weder durch Größe noch durch Schönheit. Die Hügel an der Ostseite, und ebenso an der niedrigeren Hälfte der Westseite, sind steil und rauh; sie bilden eine Felsenwand von achthundert bis tausend Fuß Höhe, mit einem flachen Uferstreifen zwischen sich und dem Wasser; aber am oberen Ende des Sees an der Westseite sind die Anhöhen sanfter und allmähliger und ziehen sich weiter vom Wasser zurück, so daß sie einen Rand schöner und fruchtbarer Ebenen offen lassen, von denen eine über dreiviertel Meilen lang und mehr als eine Viertelmeile breit ist und früher denselben Namen wie der See führte. Jetzt ist die Ebene von Genezareth mit den Ruinen einer Reihe von Städten bedeckt, die damals das Ufer so dicht einfaßten, daß sie fast eine zusammenhängende Ansiedelung bildeten, die sich bis zum letzten Ende des Sees, in das der Jordan mündet, hinstreckte. Die wenigen armen Eingebornen, die jetzt die Ebene bewohnen, thun wenig, um deren frühere Fruchtbarkeit zu erhalten; aber die herrlichen Kornerndten auf den kleinen angebauten Stellen, die üppigen Gräser und Blumen, selbst das Unkraut zeigt, wie fruchtbar der Boden von Natur und wie günstig das Klima ist, so daß wir beinahe das Entzücken des Josephus theilen können, der das Land ein zweites Eden nannte. Er beschreibt diese feenhafte Ebene also: „Am See Genezareth entlang und seinen Namen tragend, zieht sich ein Landstrich, der ebenso bewunderungswürdig wegen seiner Bodenbeschaffenheit als wegen seiner Schönheit ist. Die Fruchtbarkeit des Bodens ist so groß, daß alle Culturpflanzen darin fortkommen, und auch wirklich gebaut werden. Die Luft ist so belebend, daß sie für jede Pflanzengattung paßt. Die Wallnuß, die mehr als andere Bäume ein winterliches Klima liebt, wächst ebenso üppig wie die Palme, die der Hitze bedarf; neben ihnen stehen Feigen = und Olivenbäume, die auf ein milderes Klima an= gewiesen sind. Man könnte dies ein zu eifriges Bestreben der Natur nennen, die sich Gewalt anthut, indem sie Pflanzen von entgegengesetzten Lebensbedingungen zusammenbringt, oder man könnte sagen, es sei lieblicher Wetteifer der Jahres= zeiten, von denen jede ihr Recht an das Erdreich behaupten will: denn dasselbe besitzt nicht nur den außerordentlichen Vorzug, Früchte der verschiedenartigsten Klimate hervorzu= bringen, sondern sorgt auch für einen beständigen Vorrath derselben. Es liefert die edelsten von allen, die Traube und die Feige ohne Unterbrechung zehn Monate hindurch, und andere Sorten reifen das ganze Jahr über; denn außer daß es durch die angenehme Temparatur der Luft begünstigt ist, wird es durch einen ungemein befruchtenden Quell, den das Volk Kapernaum nennt, bewässert." *)

Diese Vermischung der Jahreszeiten verschiedener Klimate entsteht aus dem Umstande, daß der See in einer Schlucht, beinahe sechshundert Fuß unter dem Niveau des Mittel= ländischen Meeres liegt, und die Sonnenstrahlen ihn zeitweise zu einem kochenden Kessel machen, während er zu anderen Zeiten durch die kühlen Winde des schneebedeckten Libanon gefächelt wird. Uebrigens ist diese Region vulkanisch. Der Boden ist ein dunkler Lehm von zerbröckeltem Basalt; und

---

*) Joserbus, Der jüdische Krieg III, 8.

gegen das südliche Ende des Sees, auf der Westküste befinden sich heiße Quellen, die stark nach Schwefel riechen. Wie jeder vulkanische Erdboden ist dieser von Natur fruchtbar; am Ufer entlang giebt es Quellen, die nie zu versiegen scheinen und das Land mit tropischem Grün reich bedecken. Indigo, Melonen, Trauben, Weizen, Hirse wachsen auf den Feldern; der Lotus- oder Nesselbaum drängt sich zwischen Felsen hervor, und Palmen breiten ihre Blattfächer über die Gartenmauern. Die Naturschönheit des Sees war zur Zeit Christi so, wie sie Josephus beschreibt, und seine Ufer waren damals von einer fleißigen, thätigen Bevölkerung aller Klassen und Nationen bewohnt. In der Nähe der heißen Quellen war kurz vorher die große und glänzende Stadt Tiberias gebaut worden; und am oberen Ende des Sees, östlich vom Jordan, die Stadt Julias. Dies waren modische, von vornehmen, reichen Juden oder Fremden häufig besuchte Vergnügungsorte. So lange Tiberias die Hauptstadt von Galiläa war, drängte sich eine zahlreiche gemischte Bevölkerung in ihren Mauern, und die Landhäuser der Vornehmen schmückten ihre Vorstädte. Das westliche Ufer des Genezareth war sogar damals der am dichtesten bevölkerte Theil von Palästina und besaß eine größere nationale Mannigfaltigkeit von Einwohnern als Jerusalem selbst; Kapernaum war sein geschäftlicher Mittelpunkt.

Hier am Ufer entlang wohnten in den Städten Fischer und Schiffer, Handwerker und Händler jeder Art, sowie Pächter und Bauern auf dem Lande ringsumher. Kaufleute aus fremden Nationen reisten ab und zu: arabische Heiden, von der Ostseite des Jordan, phönizische Heiden vom Mittelmeer kamen in Berührung mit den jüdischen Tauschhändlern und Geldwechslern. Hier sah man römische Soldaten, Zoll-

einnehmer, Beamte und Edelleute. Alle Stände und Ver=
einigungen waren in Kapernaum zu finden.

Dies war der Ort, um allen Nationen das Evangelium
zu predigen, und die Thür dazu war bereits geöffnet. Es
gab hier eine Synagoge, aber wenige Schriftgelehrte und
Pharisäer, und in solcher leichtlebigen Gemeinde, hatten sie
weniger Einfluß als in Jerusalem. Hier, wie überall, war=
teten die Juden auf den Messias; aber da sie nicht in die
politischen und religiösen Parteikämpfe von Jerusalem ver=
wickelt waren und eine freiere und aufrichtigere Art der
Meinungsäußerung hatten, war ihnen weniger an einem
Messias gelegen, der ein König sein sollte, und sie waren
williger, die geistige Lehre Christi anzunehmen. Statt am
Seeufer einen einsamen Ort aufzusuchen, wo er vor Ver=
folgung sicher sein konnte, ging Jesus nach Kapernaum als
einem Sammelplatze geschäftiger Menschen, wo er allen
Klassen, jeder in ihrer eigenen Weise predigen konnte, —
dem Ackermann vom Saatkorn und den Aehren, von den
Blumen und Gräsern des Feldes, von den Vögeln in der
Luft; dem Fischer von seinem ausgeworfenen Netz; dem
Hauptmann von seinen Untergebenen; dem Kaufmann von
seinen kostbaren Perlen. Hier konnte er immer Hörer fin=
den und, während er sich dem Lehramt hingab, leicht das
Wenige erwerben, das er zu seinem Unterhalt brauchte.
So wurde das Gebiet von Genezareth mit seinen fünf
oder sechs Dörfern, mit seinem See und seinen Bergen
der Sitz des Reiches, das Jerusalem und Nazareth ver=
worfen hatten. Und so wurde ein alter Ausspruch des
Propheten*) erfüllt: „Das Land Sebulon und das Land Naph=

---

*) Jes. 9, 2.

thali am Wege des Meeres, diesseits des Jordan in der
Heiden Galiläa; das Volk so im Finstern wandelt, siehet ein
großes Licht, und über die da wohnen im finstern Lande,
scheint es helle."

Bis hierher haben wir das Leben Jesu Schritt für
Schritt von einem Punkt zum anderen, in der natürlichen
Folge von Ereignissen und Wandlungen geschildert. Dies
war nöthig, um die Thatsachen in seiner Geschichte deutlich
hinzustellen, da diese seine Persönlichkeit und sein Werk ins
rechte Licht setzen. Aber seit seiner Niederlassung in Kaper=
naum, das „seine Stadt" genannt wird, sind es nicht so
sehr die äußeren Umstände und die Wohnstätten seines Le=
bens, die uns interessiren, als vielmehr das Leben selbst, —
sein Predigen und Wirken, seine Anhänger und Feinde, seine
Leiden und sein Tod.

Jesus hatte in Kapernaum keine Verwandten und kein
eigenes Haus. Aber er fand bald Freunde, und so lange
er in der Stadt blieb, fehlte es ihm nie an einem Unter=
kommen. Die Juden waren gelehrt, zu einem Religions=
lehrer mit Ehrfurcht aufzublicken; und ihre Verehrung für
das Prophetenamt war so groß, daß sie willig jeden Dienst
für Jemand, den sie wahrhaftig von Gott gesandt glaubten,
verrichteten. Sie waren daran gewöhnt, die Schriftgelehrten
als Lehrer des Gesetzes durch Geschenke an Geld, Nahrungs=
mitteln u. s. w. zu unterstützen, und Schüler und Jünger
waren bereit, für die persönlichen Bedürfnisse ihrer Lehrer
zu sorgen, obgleich einige der größten Rabbiner unter den
Juden sich durch ein Gewerbe ernährten, so wie Paulus,
der, während er in Corinth predigte, durch sein Geschäft als
Zeltmacher seinen Unterhalt erwarb. Da Jesus jetzt als Volks=
lehrer anerkannt war und von Einigen sogar für einen Pro=

pheten gehalten wurde, gab es Viele in Kapernaum, die ihm
ihr Haus und ihren Beutel gern öffneten, Einige aus Dank=
barkeit für eine Gunst, die er durch seine Heilkunst einem
Familiengliede oder einem Freunde erwiesen hatte, Andere
um der Ehre willen, solchen Gast zu empfangen, und noch
Andere, wie die einfachen, ehrlichen Fischer, die zuerst an ihn
glaubten, um der Liebe willen, die sie für ihn hegten, und um
des Segens willen, den sie in seinen Lehren und seiner Ge=
sellschaft fanden. Es bedurfte keiner langen Zeit, um Ka=
pernaum den Ruhm zu geben, den seine Landsleute in Na=
zareth sich gewünscht, aber durch ihre zu eifrigen und welt=
lichen Wünsche verloren hatten.

Die Leute in Kapernaum zögerten nicht, von dem wunder=
baren Fremdling zu lernen, der gekommen war, bei ihnen
zu wohnen. Sobald Jesus öffentlich erschien, folgte ihm
die Menge, um zu hören, was er sagte, und zu sehen, was
er thun würde. Wenn er ausging, am Ufer des Sees zu
wandeln, lief das Volk ihm nach, und drängte sich oft so
zahlreich um ihn, daß er genöthigt war, sich in ein Boot zu
flüchten und dies als Rednerstuhl zu benutzen*). In dieser
Weise trug er die Parabeln vor vom Säemann, von den
Aehren, dem Senfkorn, dem unter das Mehl gethanen Sauer=
teig, dem in den Boden gelegten Saatkorn, und viele andere
Gleichnisse, von denen nicht einmal oberflächlich berichtet
wird**). Zuweilen fuhr er, um der Menge zu entgehen
und etwas Ruhe für sich selbst oder Gelegenheit zu Allein=
gesprächen mit seinen Jüngern zu finden, von Kapernaum
über den See zu dem wenig bevölkerten Lande am anderen

---

*) Luc. 5, 1—4.
**) Matth. 3, 1—37. Marc. 4, 1—43.

Ufer: und bei Gelegenheit solcher Ausflüge that er Wunder, wie das Gehen auf dem Meere und das Bedrohen des Sturmes*). Aber das Volk wollte ihn nicht allein lassen; und wenn sie ihn in einem Boot ausfahren sahen, brachten sie schnell alle Fischerboote der Stadt zusammen und segelten ihm nach, oder liefen zu Fuß am Ufer entlang, um ihn zu treffen, wenn er ans Land stiege. Einmal, als er durch das Kommen und Gehen Vieler so eilig fortgetrieben worden war, daß er nicht einmal Zeit gehabt hatte zu essen, versuchte er, mit seinen Jüngern zu einen einsamen Platz zu kommen, um eine Weile zu ruhen. Er nahm heimlich ein Boot und segelte hinüber zum nordöstlichen Winkel des Sees, an der anderen Seite des Jordanflusses. Aber er wurde von einigen Dorfbewohnern bemerkt, welche die Nachricht verbreiteten, und es folgten ihm solche Schaaren von allen Städten am Ufer, daß bald über fünftausend Menschen versammelt waren, die ihn baten, ihnen zu predigen und ihre Kranken zu heilen**). Diese Leute waren gerade im Begriff, in einer Karawane zum Passahfest nach Jerusalem aufzubrechen; daher konnten sie leicht durch die Gelegenheit, den großen Propheten zu sehen und zu hören, in Bewegung gesetzt werden; und Jesus, so müde und hungrig er auch war, brachte viele Stunden damit zu, sie zu lehren und zu heilen, und dann gab er ihnen Brod, sie zu speisen, ehe er sie wegschickte.

Während seines Aufenthaltes in Kapernaum pflegte er jeden Sabbath in der Synagoge zu lehren, und dort hielt er die wundervolle Predigt über das Brod und das Essen seines Fleisches und das Trinken seines Blutes***). In

---

*) Matth. 8, 18—27: 14, 24—33.
**) Marc. 6, 32—35.
***) Joh. 6, 26.

Kapernaum und der Nachbarschaft vollbrachte er den größeren
Theil der Wunder, die im Evangelium erzählt werden.
Hier heilte er die Blinden und die Stummen*), die Gicht=
brüchigen**), die vom Teufel Besessenen***). Er heilte die
Mutter von Petrus' Weibe vom Fieber†), und ein Weib,
das zwölf Jahre am Blutfluß gelitten hatte und das kein
Arzt heilen konnte††); er machte eine große Zahl Menschen
gesund, die an allen Orten von Krankheiten litten†††); und
erweckte Jairi Töchterlein §). Die Kunde von diesen Wun=
dern verbreitete sich so weit, daß Viele aus Galiläa, aus
Judäa und sogar aus Jerusalem zu ihm kamen. Und
nicht nur Leute seines eigenen Volkes, die des Messias
harreten, drängten sich an diesen neuen Lehrer; auch von
der Küste des Mittelmeeres kamen Schaaren, die, obgleich
halb heidnisch von Religion, doch Glauben und Hoffnung
genug hatten, um den großen Propheten von Israel aufzu=
suchen §§). Und neben diesen Gnadenwundern zum unmittel=
baren Besten der Leidenden, vollbrachte er hier auch Natur=
wunder, die den Jüngern seine Macht und Größe bezeugten,
und ihren Glauben an ihn, als den Sohn Gottes, befestig=
ten: so, als er ihre Netze mit Fischen füllte §§§), und als
er einen Fisch das Geld zur Bezahlung ihrer Steuern im

---

*) Marc. 9, 24—34.
**) Matth. 8, 4—13. Marc. 1, 1—12.
***) Marc. 1, 21—34.
†) Marc. 1, 31.
††) Marc. 5, 25.
†††) Luc. 4, 40.
§) Marc. 5, 28—43.
§§) Marc. 3, 7—12.
§§§) Luc. 5, 1—7.

Thompson, Leben Jesu. 12

Munde heraufbringen ließ*) und vor Allem, als er auf dem tobenden Meere wandelte**).

Doch in diesem unruhigen, geschäftigen Leben, überhäuft und gedrängt von den Sorgen und Nöthen Tausender aus Nah und Fern, fand Jesus noch Zeit für den erfreuenden geselligen Verkehr, durch welchen er es liebte die Güte seines eigenen Wesens und den humanen Geist seiner Religion zu zeigen. So finden wir ihn eines Tages im Hause Simons des Pharisäers beim Mittagessen***); ein anderes Mal bei einem großen Fest, das ihm zu Ehren von Levi dem Zöllner gegeben wurde†); und weiter lesen wir, daß er als willkommener Gast von Haus zu Haus ging.

Von Zeit zu Zeit machte er Ausflüge von Kapernaum nach den benachbarten Städten und Dörfern, unterwegs predigend und Kranke heilend. Drei Mal machte er eine große Rundreise durch Galiläa, überschritt einmal die Grenze des Bezirks von Tyrus und Sidon, und dann machte er eine längere Reise an der östlichen Seite des Jordan bis weit gegen Norden.

Wenn das Wetter es erlaubte, im Freien zu wohnen und zu schlafen, entwich er gern in das jenseit von Kapernaum gelegene Land und die Einsamkeit der Berge, um zu ruhen, zu sinnen und zu beten. Bei der Rückkehr von einer dieser Reisen in Galiläa, die er immer zu Fuß machte, während er nur mit seinen zwölf Jüngern sich in die Berge zurückgezogen hatte, fand das Volk seinen Aufenthalt, drängte

---

*) Matth. 17, 24—27.
**) Matth. 14, 24—33.
***) Luc. 7, 36.
†) Luc. 5, 29—32.

sich in unzähliger Menge um ihn, und er hielt ihnen die Bergpredigt *).

In Kapernaum ernannte er diejenigen, welche die er= wählten Prediger seines Evangeliums sein sollten, — die Zwölfe, welche zu ihm gehörten**), und die er zu seinen Aposteln machte, ebenso die Siebzig, die er zu Zweien aus= schickte, um in jeder Stadt und an jedem Orte, den er selbst besuchen wollte, den Weg zu bereiten***). Und so geschah es, daß weder Bethlehem, der Ort, wo der Sohn Davids geboren wurde, noch Nazareth, wo er als des Zimmermanns Sohn aufgewachsen war, noch Jerusalem, wo man ihn tödtete, weil er sich zum „Sohne Gottes" und zum „König der Juden" gemacht hatte, sondern daß eine kleine Fischer= und Handelsstadt am oberen Ende des Sees Tiberias, die beschäftigt mit ihren eigenen Angelegenheiten und voll von der Unruhe einer gemischten und immer wechselnden Bevöl= kerung, doch fern von den politischen Aufregungen und den religiösen Kämpfen der Hauptstadt war, — dieser blühende, geschäftige, weltliche Hafenort Kapernaum „zum Himmel ge= hoben" wurde, als der irdische Mittelpunkt des Reiches Gottes, der Ort wurde, wo Jesus den größten Theil seines thätigen Lebens verbrachte, seine gewaltigsten Werke verrichtete und die Lehren vortrug, die mehr als alle anderen seine Vorschriften für dieses Leben und den Weg zum himmlischen Leben enthalten†); der Ort, wo er sich als den Heiland der Welt ankündigte und von wo er seine Boten ausschickte, das

---

*) Luc. 6, 12.
**) Matth. 10, 1—42.
***) Luc. 10, 1—16.
†) Die Bergpredigt und die Lehre vom Brod des Lebens.

Himmelreich in seinem Namen zu verkünden. Welch ein ernstes, thätiges Leben führte Jesus während dieser zwei Jahre in Kapernaum! Wieviel drängte sich darin zusammen von Gemeinschaft mit seinem Vater, durch die Schönheiten und Herrlichkeiten der Natur und durch eigenes Nachdenken und Gebet; wie viel Rath und Weisheit bei der Unterweisung des Volks, wie viel Belehrung und Geduld bei der Erziehung und Anleitung seiner Jünger! Und wie Vieles ging aus von diesem Leben, wie viel Mitgefühl für Leiden und Sorgen, wie viel Wohlthaten an Arme, Kranke und Schwache, wie viel Güte für den Nächsten, für Fremde und für Kinder, wie viel Wahrheit für Forschende und Gläubige, wie viel Liebe für Menschen von allen Arten und Verhältnissen, wie viel Gnade und Hoffnung für eine sündige Welt, wie viel Macht, Ruhm und Größe für die kommende Kirche! Aber Hochmuth, Frömmelei und Eifersucht ließen ihn nicht in Ruhe! Sein Einfluß auf das Volk erregte den Neid der Rabbiner; seine rücksichtslose Verurtheilung des Buchstabenwesens und der Heuchelei rief deren Wuth hervor. Die Oberhäupter von Jerusalem, welche die Aufsicht über alle Schulen und Synagogen zu führen hatten, schickten Aufpasser, um Jesus in Kapernaum zu beobachten, und über seine Worte und sein Thun zu berichten. Wenn er einen Menschen heilte, der gichtbrüchig war, und zu gleicher Zeit seine Sünden vergab, klagten ihn die Schriftgelehrten und Pharisäer der Gotteslästerung an, einer Sünde, die nach dem jüdischen Gesetz mit dem Tode bestraft wurde. Wenn er Teufel austrieb und das Volk sich verwunderte und sprach: „Solches ist noch nie in Israel ersehen worden", so spotteten die Pharisäer und nannten dies eine List des Teufels selbst*). Sie versuchten einen

---

*) Matth. 9, 34.

Streit mit ihm über die Satzungen der Aeltesten anzu=
fangen*), und allerlei Vorwände zu finden, um ihn anzu=
klagen. Und was für sein zartes und liebevolles Gemüth
viel härter war, als der Haß der Pharisäer, auch das ge=
meine Volk, das ihm zuerst nachlief, um seine Wunder zu
sehen und voll Bewunderung seinen Lehren gelauscht hatte,
fiel allmählig von ihm ab, wenn es erkannte, wie streng und
tiefgehend seine Lehren, wie hoch und geistig seine Forde=
rungen an das Leben seiner Anhänger waren. Der Ver=
such, seine Lehre als eine Religion der Selbstaufopferung in
Ausübung zu bringen, zeigte, wie Viele ihm nur gefolgt
waren, um „von den Broden zu essen‟, um irdisches Gut
für sich oder ihre Freunde zu erlangen; und als er sah, daß
nur Wenige durch sein Predigen dazu geführt wurden, Buße
zu thun und ein heiliges Leben zu führen, sagte er mit
bitterem Kummer: „Du, Kapernaum, die du bis an den
Himmel erhoben bist, du wirst in die Hölle hinuntergestoßen
werden, denn wären solche Thaten, wie bei euch geschehen
sind, zu Sodom geschehen, es würde verschont geblieben sein
bis auf diesen Tag!‟ Heute tritt der Wanderer nur noch
auf einige Haufen Steine und Schutt, die am westlichen Ufer
von Genezareth umherliegen; doch trotz allen Suchens bleibt
es unentschieden, wo Kapernaum lag**). Kapernaum lebt
nur in der Erinnerung als die Stadt, in der Jesus wohnte;
doch es bedurfte keiner menschlichen Denkmäler, um an jenem
Ort sein Andenken zu bewahren. Er nahm Besitz von dem
Kleinode Palästina's und machte es unsterblich. Das tiefe
klare Blau des Sees strahlt noch das Blau des Himmels

---

*) Marc. 7, 1—23.

**) Es wird noch darüber gestritten, ob Khan Mingeh oder Tell
Hum. S. Robinson, Stanley, Thomson.

wieder, gleich einem Spiegel der Wahrheit, die er vom Himmel brachte; die Luft schwebt über seinem Schooße sanft und wohlthuend, voll des Friedens, den er darüber hauchte, oder weht von den nahen Bergen erfrischend und heilsam mit Segnungen der Gnade; die Blumen rings am Ufer glänzen in der Schönheit, in die er sie kleidete, und duften durch seine Güte; das Murmeln des Wassers auf dem kiesel= besäeten Strande tönte die Musik seiner Liebesworte. Die Geschlechter und die Ortschaften, unter denen er lebte, sind dahingegangen; die Felder und Ufer sind öde und ver= lassen; Handel, Fischfang, Ackerbau, Synagoge und Citadelle, alle Gewerbe und Geschäfte des täglichen Lebens, die Spuren des Krieges und selbst die Merkzeichen der Geschichte sind verschwunden. Aber die Natur bleibt dem ihr geheiligten Pfande treu, bewahrt diesen Platz als den theuersten und berühmtesten Ort der Erde, — den Schauplatz einer göttlichen, demüthigen und sich selbst opfernden, bis dahin noch von Kummer nicht getrübten Liebe; und jede Stimme des Sees und der Luft, der Berge und des Himmels ruft den Namen Jesus!

23. Kapitel.
Die Bergpredigt.

[Jesus predigt allerorten — Der Berg der Glückseligkeit — Wie man zur Segnung gelangt — Ungesegnete und gesegnete Armuth — Die wahren Leidtragenden — Wie Trübsal zum Segen wird — Demuth ist nicht Schwäche oder Feigheit, sondern die Sanftmuth der Liebe — Die Qualen des Hungers und Durstes — Der rechte Hunger der Seele — Geben und Nehmen — Wer sind die Barmherzigen? — Wie man den Himmel auf Erden findet — Reinheit des Herzens — Die Kinder Gottes — Warum die Welt die Friedfertigen haßt — Die Segnung des Verfolgtseins.]

————

Immer bereit zu predigen, wo Jemand zuhören wollte, predigte Jesus an jedem Ort, wo er Leute fand; war es nun in der Vorhalle des Tempels zu Jerusalem, auf der Landstraße bei Jericho, in der Synagoge, wenn eine in der Nähe und offen war, am Ufer des Sees, wo er wandelte, oder am Abhange eines Hügels, wohin er gegangen war, sich ein wenig auszuruhen. Er hatte keine Schule, zu welcher die Schüler kommen mußten, um seine Lehren in sich aufzunehmen, keine Kirche, die die Menschen besuchen mußten, um seine Vorträge zu hören: aber oft und überall lehrte er an einem gelegenen Ort im Freien, weil er eben Zuhörer fand und sich getrieben fühlte, ihnen wohlzuthun. Auf diese einfache, natürliche Weise hielt er die wunderbare Predigt, die an Tiefe und Schönheit der Sprache niemals ihres Gleichen gehabt hat, und die bis zum

Ende der Zeiten, als Grundlage der höchsten Weisheit, Tugend und Frömmigkeit für das menschliche Leben dienen wird. Eine Anhöhe diente ihm als Kanzel; die Vögel, das Gras, die Lilien, die Felder, die Bäume, die Felsen, die Disteln und Dornen lieferten ihm Gleichnisse.

Etwas südlich von der Ebene Genezareth ist eine Lücke in den Bergen, die sich rings um die Ufer des Sees hinziehen; eine andere Ebene erstreckt sich gegen Südwesten, an deren einem Ende vielleicht eine Meile entfernt sich ein ungefähr vierzig Fuß hoher Bergkamm sich befindet, der in ein breites Plateau mit zwei Buckeln oder Hörnern ausläuft, wie der Bogen eines Sattels. Wenn man sich von Osten nähert, ist das höchste dieser Hörner kaum siebzig Fuß über der Ebene: aber von der Nordseite scheint es hoch genug, um ein Berg genannt zu werden, hiermit ist· die Scenerie zur Erzählung von der Bergpredigt gegeben.

An einem milden, stillen Abend ging Jesus, der gern mit seinen Gedanken allein sein wollte, aus der Stadt und wandelte zu diesem Hügel, wo er die ganze Nacht im Gebet zubrachte*). Aber seine Jünger erfuhren, wo er hingegangen war, und am nächsten Morgen eilten sie und mit ihnen eine Menge Volks ihm entgegen. Da er diese eifrige Menge sah, rief Jesus erst zwölf seiner Jünger bei Namen, und forderte sie auf, zu ihm zur Spitze des Hügels zu kommen; dort stellte er sie auf als seine Apostel, und gab ihnen Macht, die Kranken zu heilen und Teufel auszutreiben**). Dann kam er mit ihnen herab vom Gipfel des Hügels, und stand auf der breiten, flachen Höhe, wo das Volk sich um

---

*) Luc. 6, 12—19.
**) Marc. 3, 13—15.

ihn drängte, mit Kranken aller Art, die mitgebracht waren, um geheilt zu werden. Diese Alle machte er gesund durch sein Wort oder durch Handauflegen. Danach begann er zu predigen. Aber die Menge war zu groß zum Ueber= sehen, und er trat ein wenig zurück, den Hügel hinauf, und setzte sich nieder, wo Jedermann ihn sehen und hören konnte.

Tiefe Stille herrschte. Kein Hauch bewegte den See: kein Ton durchklang die Luft. Der dumpfe Lärm der Stadt war zu fern, um gehört zu werden, und die Stadtbevölkerung hatte sich in die Felder ergossen. Die Fischer hatten ihre Netze am Ufer gelassen, die Ackersleute ihre Arbeit in der Ebene aufgegeben: selbst die Vögel verstummten in ihrem Morgengesang und verbargen sich still am Hain, oder suchten ihr Futter im Korn. Als Jesus die Ebene zu seinen Füßen überschaute, entzündete die Sonne die glänzenden Farben der Lilie und des Oleanders neben den grauen Schatten der Oliven und dem tiefen Grün des Feigenbaumes, und wob einen leichten Duft von Purpurfarbe über die Bläue des Sees. Fern im Norden strahlte der schneeige Gipfel des Hermon im Glanz des Morgens: und wie heute die weißen Mauern und Thürme von Safed, leuchtete die „Stadt auf dem Berge" von ferne.

Das erste Wort, welches dies Schweigen brach, schien ein Echo des Friedens und der Schönheit der Natur, eine Seligsprechung vom Himmel über die Stätte, — „Selig! Selig! Selig!" sieben Mal wiederholt, als wenn der Gesang der Engel bei Jesu Geburt: „Friede auf Erden und den Menschen ein Wohlgefallen", jetzt in vollem Accorde gesungen würde, umfassend die Scala aller menschlichen Zustände, Bedürfnisse, Wünsche, Hoffnungen, Fähigkeiten, von der Tiefe

der Armuth, der Sorge, des Hungers und der Sünde, bis
hinauf durch Wohlsein, Fülle, Besitz und Frieden zum Gipfel
der Seligkeit, als seine Kinder Gott zu schauen. Selig,
sieben Mal selig! denn alle diese Segnungen sollen insge-
sammt der sanften, liebenden und vertrauenden Seele werden, sollen jeder Seele werden, die in Mir lebt. Ein König
gibt bei seiner Krönung wenigen erwählten Freunden oder
Günstlingen, Fürsten, Generalen, Ministern oder Zeichen
seiner Huld, — Aemter, Ehren, Titel; während es für das
gemeine Volk genug ist, einen Feiertag zu haben und das
Gepränge zu sehen. Aber dies war kein Krönungstag, wo
Segnungen mit der Luft und so reichlich als das Sonnen-
licht gespendet wurden. Das Himmelreich war öffentlich
aufgerichtet, und wurde den Armen, den Trauernden, den
Schwachen, den Hungrigen, den Barmherzigen, den Reinen,
den Friedfertigen geboten, Jedem, der das wahre Sehnen
und Verlangen hatte, es dort und zu dieser Zeit anzunehmen. Und nicht nur dort und zu jener Zeit, sondern stets
und überall ist diese Segnung Jedem dargeboten, der im
Geiste bereit ist, sie zu empfangen: „Friede auf Erden und
den Menschen ein Wohlgefallen" — das Himmelreich den
geistlich Armen, das Anschauen Gottes denen, die reines
Herzens sind. Das Geheimniß hierin ist, daß Jesus die
Menschen lehrte, sich selbst „selig zu machen"; indem sie nur
sind und thun, was sie sein und thun sollten; — indem sie das sind, was jeder Mensch werden kann, das thun,
was jeder Mensch ausführen kann.

Aber obgleich dies Geheimniß so leicht zu verstehen ist,
erscheint es den meisten Menschen doch so unbegreiflich, daß
es selten ergründet wird: denn die Zustände und Empfindungen, die Jesus für gesegnet erklärt, sind solche, die

gewöhnlich als Uebel und Leiden angesehen werden, und die die Menschen wo möglich fliehen und meiden möchten. Wer denkt heute noch daran, die Armuth als eine Segnung zu preisen, oder wünscht arm zu sein, um sich glücklich zu fühlen? Es giebt Menschen, die in der tiefsten Armuth zufrieden, heiter und glücklich scheinen, obgleich sie arm sind. „Armuth bringt Unfrieden", sagt ein französisches Sprichwort, und in unsern Zeiten gaben die Armen überall Zeichen von Unzufriedenheit. Sie sind unzufrieden mit ihrem Lohn, unzufrieden mit ihren Wohnungen, unzufrieden mit ihrem Lebensschicksal, und zu oft zürnend oder murrend unzufrieden mit der Vorsehung. Einige sind arm und neidisch, Andere arm und stolz; und anstatt sich mit ihrer Lage auszusöhnen, machen sie dieselbe durch ihre Ruhelosigkeit und Unbefriedigtheit noch schlimmer. Andere sind arm und sorgenvoll und machen ihre Armuth zu einer noch größeren Bürde und Qual durch unnöthige Angst und Furcht; und noch Andere sind hilflos und muthlos, stets arm an Geisteskraft, aber nicht in dem Sinne arm im Geist, wie es Jesus meinte, wenn er sagte: „Selig sind die Armen".

Die Armuth, von der er sprach, kann auch von den Reichen und Großen gefühlt werden, und muß von ihnen gefühlt werden, wenn sie wirklich selig sein sollten. Der größte König muß dies Bewußtsein der Armuth haben, sonst kann er das himmlische Königreich nicht erlangen. Aber wenn Jemand fühlt, daß nicht Reichthum, noch Macht, noch Wissen, noch Beruf, noch Freunde seine Seele wahrhaft reich machen können, sondern daß er, was er auch in der äußeren Welt besitzen mag, die rechten Gedanken und Gefühle, und vor Allem die Liebe Gottes haben muß, dann wird er, gerade weil er so arm im Geist ist, bereit sein, wahrhaft reich gemacht zu werden. Er gibt dann auf, seines wahren Besten wegen, auf äußere Dinge zu sehen, giebt auf seinen inneren Stolz, seine Eitelkeit und Herrschsucht; fühlt, daß er Gottes bedarf, ihn zu lehren; betet, daß Gott ihn lehren möchte; fühlt, daß Gott ihn leiten muß, und wünscht, daß Gott ihn führen möchte. So wird das Himmelreich, — welches die im Herzen wohnende Liebe Gottes und daher der unser Denken und Thun beherrschende Wille Gottes ist, — das Eigenthum des Geistes, der soeben noch sich arm und nichtig und bedürftig fühlte. „Selig sind die Armen!"

Die Menschen suchen Leid und Sorgen nicht auf als Segnungen; junge Leute vornehmlich wünschen nie zu trauern, oder mit Trauernden zu verkehren, wenn sie es vermeiden können; und obgleich man sagt, daß Trübsale „verkleidete Engel" sind, die zuletzt zum Segen werden, möchten wir lieber nur die Engel sehen und das Gute haben ohne das Uebel. Was auch nachher daraus entstehen möge, Sorge ist Sorge, und Leid ist Leid, und keines wird um seiner selbst willen gewünscht. Gram für sich allein ist kein Gut; und wenn man über seine Prüfungen und Verluste trauert, über den Verlust des Besitzes, den Verlust eines Amtes oder der Heimath — als wenn dies unser Alles — so ist kein Segen in unserer Trauer, und nichts Gutes kann daraus kommen. Solcher Kummer kann sich abstumpfen, aber für Trost ist er nicht empfänglich. Die Menschen haben Recht zu wünschen, der Sorge ledig zu werden. Jedermann eilte zu Jesus, um von Krankheiten geheilt, von Schmerzen, Kummer und Leiden befreit zu werden. Er hatte Erbarmen mit jedem Leidenden, hatte ein gütiges Wort und ein Werk der Barmherzigkeit für Jeden; aber gerade als sie Alle sich freuten, die Leiden, die sie mitgebracht hatten, los zu sein,

sagte er: „Selig sind, die da Leid tragen!" Wohl! aber
dieses Leidtragen, gleich der Armuth, von der er gesprochen
hatte, ist geistig gemeint, — die Trauer des Herzens um
Sünde und Uebel, das Seufzen des Herzens nach Gott. Es
mag Jemand keine äußere Ursache zum Kummer haben und keine
äußeren Zeichen der Sorge geben; er mag ohne Verluste,
Schmerzen, Leiden und Enttäuschungen sein; sein Leben mag
sanft und angenehm genug dahinfließen: — dennoch, wenn er
im Herzen sündige Gedanken und Wünsche hegt, wenn er
ein selbstsüchtiges Leben geführt hat, ohne wahre Liebe zu
Gott und den Menschen, so werden die Vorzüge seines
äußeren Lebens ihn um so bedauernswerther machen, weil
sein Gemüth undankbar und lieblos ist. Aber wenn ein
solcher Mensch zur Einsicht kommt, wie sein Leben gewesen
ist, wenn er sieht, daß er wie ein Verworfener gelebt hat,
und voll Scham und Zerknirschung gramvoll zu seinem Vater
kommt, seine Sünde zu bekennen, dann wird er wahrhaft
selig sein, — nicht nur selig durch die Vergebung seiner
Sünden, sondern durch die Liebe und Freude seines Vaters.
Und wenn sein Herz einmal diesen Frieden Gottes gefunden
hat, so wird er immer getröstet sein, welche Leiden und
Prüfungen auch von außen her kommen mögen. „Selig sind,
die da Leid tragen!"

Es widerstrebt den meisten Menschen, Unrecht zu ertragen, ohne es zu vergelten, bei einer Beleidigung ruhig,
bei Ungerechtigkeit oder Schmach geduldig zu sein. Knaben
lernen früh, böse Worte und Schläge auszutheilen, und finden
es männlich, mit einander zu ringen; selbst Mädchen sind
bereit, scharfe Antworten zu geben, wenn sie sich beleidigt
fühlen. Beinahe Jedermann glaubt, daß Sanftmuth nur ein
anderer Name für Schwäche ist. Freilich ist es niedrig, feig

zu sein, niemals für Ehre, Wahrheit, Recht und Gerechtigkeit
aufzutreten, niemals gegen das Unrecht zu sprechen, niemals
einem bösen Menschen oder einer bösen Handlung Widerstand
entgegenzusetzen. Jesus selbst zeigte Entrüstung, als er die
Händler mit einer Geißel aus dem Tempel trieb, als er die
Pharisäer in der Synagoge zurechtwies, als er vor der
Volksmenge, vor den Soldaten, vor Pilatus ohne Todes-
furcht seine Ermahnungen und Drohungen aussprach. Aber
Jesus sagte: „Selig sind die Sanftmüthigen, denn sie werden das Erdreich besitzen!" Sanftmuth, nicht Bosheit oder
Gewalt, ist die wahre Quelle der Macht über Feinde, der
wahre Weg zu dauernder Herrschaft über die Menschen. Und
was ist dies Gefühl, diese Gewohnheit, diese Neigung, die
Jesus so rühmte und selig pries, und die so das Gegentheil
ist von dem gewöhnlichen Fühlen und Thun der Menschen?
Nicht eine ruhige, schweigende Art und Weise, denn diese
könnte auch aus Stolz oder Dummheit entstehen, oder Bosheit und Rachsucht verstecken. Nicht Schüchternheit noch Feig-
herzigkeit, die vor der Gefahr entflieht und eine Heraus-
forderung vermeidet oder hinnimmt, denn diese könnte durch
die Nerven verursacht werden, oder einen Mangel an wahren
Grundsätzen und Rücksichten auf irgend Etwas zeigen. Es ist
nicht eine bloß sanfte Redeweise; denn diese könnte ein Beweis
von Beschränktheit sein. Auch ist es nicht eine herablassende
Art gegen Andere, denn diese wäre ein Zeichen von Hochmuth. Wahre Sanftmuth ist die Nachgiebigkeit des Geistes
und Benehmens, die aus der Gewohnheit entspringt, all
Gefühle und Handlungen gegen Andere nach dem Gesetz der
Liebe zu regeln. Das Wort Sanftmuth bedeutet die Fähigkeit, sich zu bengen, sanft und nachgiebig zu sein, und wenn
wir unseren Eigenwillen beschwichtigen und ihn unter den

Willen Gottes beugen, wenn wir aufhören, uns selbst bei jeder Gelegenheit zur Hauptsache zu machen, und Jedermann und jedes Ding danach zu beurtheilen, welchen Werth oder Nutzen sie für uns selbst haben könnten, dann werden wir schwerlich Neid, Eifersucht, Rachegefühl oder eine andere böse und unbezwingliche Leidenschaft empfinden. Wir können das Unrecht hassen, und doch den Uebelthäter bemitleiden, wir können Ungerechtigkeit bekämpfen und verdammen, und doch geduldig sein, wenn uns Ungerechtigkeit widerfährt. Die diesen Geist haben, sagt Jesus, „werden das Erdreich besitzen". Sie haben gelernt, ihre eigenen Regungen zu beherrschen, und nichts kann sie mehr so weit beeinflussen, daß sie wirklich unglücklich werden. Hochmüthige, eitle, neidische, unverträgliche Menschen sind niemals glücklich: sie fürchten stets, daß irgend Jemand sie nicht beachten, sie verletzen oder bei Seite schieben könnte. Aber die Sanftmüthigen, statt sich vorzudrängen, warten geduldig auf ihre Zeit und sind ruhigen Gemüthes, weil sie die Zuversicht haben, daß Gott thun wird, was am besten für sie ist. Und indem sie sich selbst bezwingen, bezwingen sie auch die Welt; ihre Sanftmuth entwaffnet ihre Feinde oder läßt sie sich verzehren. Stolze und leidenschaftliche Leute kommen oft in Streit; böse Worte fordern böse Gesinnungen heraus. Aber diejenigen, die langsam von Wort und langsam im Zorn sind, die weder Drohungen noch Einschüchterungen anwenden, die ruhig und fest für das Rechte einstehen und kein Unrecht thun; diejenigen, die geduldig, langmüthig und gütig sind, die zeigen, daß Wahrheit und Recht ihnen höher stehen als ihre eigene Wohlfahrt und Sicherheit, und daß sie selbst ihre Feinde lieben können, — sie gewinnen zuletzt für ihre Grundsätze und Ideen den Sieg in der Welt. So ist es geschehen,

daß die Märtyrer der Christenheit und der Freiheit durch
die Macht ihrer Lehre und ihres Beispiels das Erdreich er=
obert haben; während ihre Verfolger unbekannt oder ver=
gessen sind. Nicht Nero, sondern Paulus, nicht der Cäsar,
sondern Jesus leben fort in diesen Gedanken und Herzen
der Menschheit. „Selig sind die Sanftmüthigen."

Es ist wohl gut, hungrig zu sein, wenn uns eine gute
Mahlzeit vorgesetzt wird, und durstig zu sein, wenn eine
frische Quelle nahebei ist. Aber hungrig sein und kein
Brod haben, durstig sein und keinen Tropfen Wassers haben,
ist eine der schlimmsten Formen von Qual und Pein. Es
giebt keinen stärkeren Anruf an das Mitleid als die Nach=
richt, daß Jemand vor Hunger oder Durst vergeht. Wie
herzzerreißend ist das Schicksal von Menschen, die in der
Wüste verirrt sind, oder Schiffbruch gelitten haben und mitten
im Ocean ohne Lebensmittel in offenem Boot sich befinden!
Dennoch sagte Jesus: „Selig sind, die da hungert und dür=
stet", — die in der Seele ein Verlangen haben, ebenso
sehnsüchtig, so brennend, so verzehrend, wie die Regungen
des Hungers und Durstes für den Körper sind.

Freilich peinigt sich die Seele oftmals mit Hunger und
Durst um Nichts. Wie Viele hungern und dürsten nach
Gold, Ruhm und Macht, die niemals das Ersehnte erlangen,
sondern zeitlebens dies Fieber in den Adern tragen. Wie
häufig entzündet sogar das Erreichen von Schätzen, Aemtern
und Ehren diese Leidenschaft noch viel mehr, und läßt das
Feuer brennen und rasen, bis es alles Gute im Menschen
verzehrt hat! Aber das, wonach wir nach Jesu Worten
hungern und dürsten sollen, das erlangen wir endlich sicher
durch die Kraft des fieberhaften Verlangens selbst, das füllt
und befriedigt sicher endlich unsere Seele. Die ernstliche

Sehnsucht, das Rechte zu kennen, im Recht zu sein, Recht zu thun, — wird Gott aus der Fülle seiner eigenen Wahrheit und Liebe erfüllen. Und wenn der Grundsatz, recht zu leben, sich in der Seele gestaltet hat, dann wächst und gedeiht er seiner Natur nach mehr und mehr, und erfüllt das ganze Wesen mit Licht, mit Wahrheit, mit Güte und Freude: „Selig sind, die da hungert und dürstet!"

Vom inneren Empfinden ging Jesus zu äußerlichen Handlungen über, wenn er in der fünften Seligsprechung sagte: „Selig sind die Barmherzigen." Und hiermit widersprach er nicht so sehr den allgemeinen Gedanken und Gefühlen der Menschen, wie er es scheinbar gethan hatte, wenn er die Armen, die Leidtragenden, die Sanftmüthigen, die Hungrigen selig pries, da Jeder fühlt, daß es gut ist, barmherzig zu sein, und bereit, die Güte an Anderen zu preisen, obgleich er selbst sie wenig üben mag. Und fast Jeder hat Zeiten gekannt, da er froh war, Barmherzigkeit anzunehmen, vielleicht Mitleid aufzusuchen. Aber um die Segnung zu erlangen, von der Jesus spricht, müssen wir uns gewöhnen, barmherzig zu sein und müssen im täglichen Leben an Allen, denen wir durch ein freundliches Wort oder eine gute That wohlthun können, Barmherzigkeit üben. Manche haben von Natur mehr Zartheit, mehr Theilnahme, mehr Großmuth als Andere; sie werden leicht zu Mitleid bewegt, oder sie geben aus einer Gefühlsregung. Doch Thränen, die so leicht fließen, und Geld, das so willig gegeben wird, beweisen nicht immer ein wirklich gütiges Herz; Leute dieser Art geben oft Geld, um das Elend loszuwerden, das sie belästigt, oder um einer dringenden Aufforderung zu genügen, während sie nie gehen würden, die Leidenden aufzusuchen, und während sie vielleicht in anderer Stimmung sich von einem Bedürftigen abwenden würden, ohne dessen Noth näher zu betrachten. Ein wahrhaft gütiges Herz wird Gutes zu thun suchen aus Liebe zu Gott und den Menschen; es wird selbst gütige Gesinnungen, gütige Worte, gütige Blicke haben, wo es Nichts für Andere thun kann. Es wird nie rauh gegen einen Schuldner, noch grausam gegen einen Feind sein; es wird Mitleid mit dem Verbrecher haben und den Armen beistehen; und seine Güte wird nicht nach der Nation, der Race, der Religion, der Lebensstellung des Leidenden bemessen sein, sondern wird Allen zufließen, die der Theilnahme und Hülfe bedürftig sind: und alles dies, weil das Herz selbst sich der Güte freut. Wer so handelt, der ist Jesu gleich, der „ausging Gutes zu thun"; und zu Solchen sagte er: „Selig sind die Barmherzigen!" Das Gefühl selbst ist gesegnet und so trägt jede Barmherzigkeit ihren Lohn in sich. Wahrlich, es ist eins der besten Mittel gegen eigene Sorge und eigenen Jammer, wenn man Anderen in ihrer Noth zu helfen sucht. Und dies Gefühl erhält unser Herz in Sympathie mit unserem himmlischen Vater, der barmherzig gegen Alle ist. Es ist eine Gesinnung, die ihm wohlgefällt, und die er mit seinem Segen hier unten und mit der Freude im Himmel belohnen wird.

Aber die, welche Jesus selig spricht, — die Demüthigen, die Reuigen, die Sanftmüthigen, die Gerechten, die Barmherzigen, — die brauchen nicht auf die andere Welt zu warten, um ihren Himmel zu finden. Durch solche innere Frömmigkeit und äußere Barmherzigkeit lehrte Jesus die Menschen, sich in der eigenen Brust den Himmel zu schaffen und zu erhalten. „Selig sind die reines Herzens sind, denn sie werden Gott schauen!" Gott schauen ist die vollkommenste Seligkeit des Himmels; es heißt so viel als da zu sein, wo

seine Gegenwart zur Wirklichkeit wird, wo sie gefühlt, mit=
empfunden wird, wo sein Ruhm das Licht der Seele, und
seine Güte ihre Wonne ist. Es ist das Anschauen unseres
Vaters und das Theilnehmen an der Segnung seines Da=
seins und seiner Liebe: „Sie werden Gott schauen." Wie
man die Sonne in einem klaren See erblicken und sich ihrer
Schönheit und Herrlichkeit freuen, und so den Himmel zu
seinen Füßen ausgebreitet sehen kann, wo die Augen es nicht
ertragen könnten, die Sonne am Himmel zu betrachten, so
wird Gott, wenn das Herz voll gerechter Gedanken und
guter Empfindungen, voll reiner und heiliger Liebe ist, darin
wiedergespiegelt, und das Licht und die Liebe, die Glorie
und der Friede des Himmels wohnen darin. „Wer in der
Liebe bleibet, der bleibet in Gott und Gott in ihm."

Das Herz ist der Sitz aller sittlichen Empfindungen.
Wenn das Herz um der Sünde willen betrübt ist, kommt
Gott zu ihm mit der Gnade der Vergebung; wenn das Herz
wund ist vor Trübsal, kommt Gott mit der Gnade des
Trostes; wenn das Herz sanftmüthig und geduldig ist, kommt
Gott mit der Gnade seines Beifalls; wenn das Herz hungert
und dürstet nach der Gerechtigkeit, kommt Gott mit der Gnade
seines Reichthums; wenn das Herz liebevoll und gütig gegen
Andere ist, kommt Gott zu ihm, mit seiner eigenen Liebe
und Güte; und wenn das Herz liebt, was rein und heilig
ist, dann wird es Gott ähnlich, daß es wirklich in ihm als
seiner Heimath wohnt; darum: die reines Herzens sind,
sehen Gott, kennen Gott, haben Gott. Ein solches Herz er=
kennt Gott in der Natur als ein lebendiges, liebendes, all=
gegenwärtiges Wesen; erkennt Gott in der Bibel als einen
athmenden, redenden Geist; erkennt Gott in den Ereignissen
des Alltagslebens als einen gütigen und getreuen Vater;

erkennt Gott in sich selbst, als den nächsten theuersten Freund, der dieselben Wünsche und Neigungen hat. „Selig sind, die reines Herzens sind!"

Wenn so das Herz von Gott erfüllt ist, wenn es im Innersten ganz Wahrheit, Güte, Liebe und Reinheit ist, dann haucht es über Alles in seiner Umgebung den Geist des Friedens und Wohlgefallens, und erwirbt so die weitere Seligsprechung: „Selig sind die Friedfertigen, denn sie wer= den Gottes Kinder heißen." Ein Sohn gleicht seinem Vater, und wessen Herz rein ist, der zeigt, daß er ein Kind des reinen, heiligen Gottes ist. Ein Sohn hat freien Zutritt zu seinem Vater, und nimmt Theil an seinen Gedanken und Gefühlen; und so hat auch das Herz, das sich nur an dem Wahren, Guten und Rechten erfreut, den freiesten Verkehr der Gedanken und Gefühle mit Gott. Ein Sohn lebt in seines Vaters Hause, in seiner Liebe und unter seinem Schutz; und das Herz, das so von reinen und liebevollen Gedanken an Gott erfüllt ist, findet Gottes Liebe in Allem, und lebt in diesem süßen Gedanken mit Gott, wie in seinem eigenen Himmel. Der Sohn ist Erbe alles dessen, was seinem Vater gehört; und dies Herz, das durch die Gegenwart Gottes reich gemacht ist, fühlt sich als Besitzer alles Guten und Schönen, das Gott hervorgebracht hat. Besser als ein Die= ner, obgleich es eine Ehre ist, solchem König zu dienen; besser als ein Freund, obgleich „Freund" der zärtlichste, ver= traulichste Name war, den Jesus seinen Jüngern gab: als das Kind Gottes, — in der Bedeutung des erwachsenen Sohnes, der alle Liebe und alles Vertrauen, alle Würden und Vorrechte, allen Besitz und alle Macht hat, die dem Sohne gebühren.

Dies ist die Seligsprechung der „Friedfertigen". Und

wer sind sie? Nicht die Menschen, die nur Frieden für sich selbst wünschen, und um des Friedens willen sich zurück= ziehen, wenn es gilt, die Armen zu vertheidigen, die Unter= drückten zu befreien, wenn ein Unrecht zunichte gemacht, ein Uebel beseitigt werden, etwas Gutes durch Mühe und Arbeit erreicht werden soll; nicht solche selbstsüchtigen, leicht befrie= digten Freunde des Friedens; nicht die Vergleichmacher, die des Friedens wegen jedes Recht, jeden Grundsatz, jede Pflicht aufgeben; nicht bloße Vermittler, die sehr oft Unheilstifter sind: sondern Seelen, die vor Allem innerlich rein und fleckenlos, ganz selbstlos in Gedanken und Wünschen, frei von Neid, Eifersucht, Lüsternheit und Betrug, und friedlich gegen alle Menschen gesinnt sind, die Frieden zwischen An= deren zu stiften suchen, indem sie Alles, was gerecht, gut und wahr ist, befördern und unterstützen. „Selig sind die Fried= fertigen." Doch die Welt, die Gott nicht liebt, die Welt, die den Sohn des Friedens tödtete, haßt solche Friedfertigen und läßt ihnen keine Ruhe. Die Welt möchte auf ihre Weise in Frieden gelassen werden, möchte keinen Widerstand gegen ihre Schändlichkeit, keinen Streit gegen ihre Meinungen, keinen Kampf gegen ihre Ungerechtigkeiten und Unthaten finden: solchen Frieden würde sie wohl lieben. Aber die= jenigen, die darauf bestehen, daß die Dinge, als einziges Mittel zum Frieden, richtig gethan werden sollen: die den Gekränkten, den Leidenden, den Unterdrückten Frieden bringen möchten, indem sie in und von der Welt Gerechtigkeit dringend fordern, — diese Friedfertigen haßt die Welt, wie die Dunkel= heit das Licht, wie die Sünde das Gute haßt. Und darum erinnerte Jesus, als er die Reihe seiner Seligsprechungen ge= schlossen hatte, seine Jünger daran, daß diese Segnungen ihrem Geist und Wesen nach geistlich, daß sie Segnungen für das innere Leben seien, und daß eben die Ursachen, die den inneren Frieden sicherten, Widerstand und Verfolgung von außen herausfordern würden. Als er im Begriff war, von seinen Jüngern gerissen zu werden und den Kreuzestod zu leiden, sagte er: „Wenn euch die Welt hasset, so wisset, daß sie mich vor euch gehasset hat. Der Knecht ist nicht größer, denn sein Herr. Haben sie mich verfolget, sie werden euch auch verfolgen."*) Das Leben eines einfachen, ernsten Christen ist ein Vorwurf für die Sünden und Thorheiten der Welt; und überall strebt der Christ direkt das Leben Anderer zu bessern und Jeden auf seinen eigenen Standpunkt zu bringen.

Solcher Widerstand und Vorwurf ruft Hohn und Feind= seligkeit hervor; und die Geschichte der Christenheit zeigt, wie wahr die Vorhersagung Christi an seine Jünger war, daß sie durch eine Seligsprechung den Haß der Welt ernten würden. Aber zugleich lehrte er sie, daß selbst dieser Haß ein Zeichen und Mittel zu noch größerer Segnung sein würde. „Selig sind, die um Gerechtigkeit willen verfolgt werden, denn das Himmelreich ist ihr." Wenn wir aus Liebe zu Christus und aus Eifer für seine Sache den Haß und die Verfolgung der Welt auf uns ziehen, so machen wir uns dadurch Eins mit Jesus in dem, was er lehrte und was er ist; und er wird uns Eins mit sich machen, in dem Reich der Seligkeit, das sein eigen ist.

Um die volle Bedeutung dieser Seligsprechung zu begrei= fen, müssen wir uns abermals erinnern, wie das Volk, das sie zuerst hörte, über das Reich Gottes und das Himmel= reich dachte und erwartete, dasselbe zu seiner Zeit und in seinem eigenen Lande aufgerichtet zu sehen. Aber das Reich,

---

*) Joh. 14, 18—20.

auf das sie warteten, war ein irdisches Reich, — mit
einem erobernden Messias an der Spitze siegreicher Legionen,
durch seinen Namen und seine Thaten Schrecken bringend,
gleich Moses und Elias mit der Macht Gottes bekleidet.
Ihre heiligen Schriften erzählten ihnen, daß Gott die Egypter
im Rothen Meere ertränkt, die Assyrer mit Blindheit geschlagen, die Philister aus dem Lande getrieben hatte. Und
dieser Prophet mit Wundermacht konnte nun gewiß ihr Anführer und König werden. Die Nation war reif dafür, das
römische Joch abzuwerfen. Aber statt von Krieg und Sieg
sprach Jesus von Frieden und Verfolgtsein; statt von Ehren
und Würden sprach er von Prüfungen und Sorgen; statt
von Stolz sprach er von Reinheit, von inneren Segnungen
der Seele und vom Lohn im Himmel. Er zeigte, wie weit
sie vom wahren Geist und Leben jenes Reiches und vom
Besitz seiner Segnungen und Belohnungen entfernt waren;
er zeigte, daß selbst ihre Religion eine Form, eine Bürde,
ein Mißbrauch geworden war; daß sie die Bedeutung der
Gebote verlernt und durch Traditionen falsche und sündhafte
Gebräuche und Gewohnheiten bei Heirathen und Ehescheidungen,
bei Eid, Blutrache und anderem eingeführt hatten; daß das
Volk, welches „das Salz der Erde" sein sollte, um die heidnische Welt zu reinigen und zu erlösen, die Reinheit und
Stärke seiner eigenen Religion so sehr verloren hatte, daß
es aus der Zahl der Nationen verstoßen war, und von den
heidnischen Römern mit Füßen getreten wurde; daß das Licht
von Gottes Wort, das leuchten sollte wie die Stadt, die vor
ihnen am Berge glänzte, jetzt schwach und verborgen war
wie „ein Licht unter einem Scheffel"; und daß der rechte
Weg, das Licht und die Macht, die sie verloren, zurückzuge-
winnen und das Himmelreich wieder aufzurichten, nicht der

war, wie die Pharisäer zu prahlen, daß sie Gottes Kinder
wären, noch sich gegen ihre römischen Herrscher aufzulehnen,
sondern dem Geist des Gesetzes in ihrem Herzen und
ihrem Leben zu gehorchen, nicht mit Fasten, Beten und
Almosengeben zu prahlen, sondern im Herzen die rechten
Gesinnungen und Absichten, wahre Liebe zu Gott und dem
Nächsten zu haben. Diese Liebe sollte das wahre Leben, die
wahre Religion, das wahre Himmelreich sein; und indem sie
gegen alle Menschen im Geist der Liebe und des Wohl=
wollens handelten, und suchten, Jeden so gut und so glücklich
zu machen, wie es den Menschen in diesem irdischen Leben
möglich ist, würden sie in Wahrheit die Kinder Gottes und
so vollkommen sein, wie unser Vater im Himmel vollkommen
ist. Das Gesetz der selbstlosen Liebe ist der Segen des
Himmels.

24. Kapitel.

Das Vaterunfer und die Goldene Regel.

[Harmonie zwischen der Natur und der Bibel — Wie Confucius, Hillel und Plato sich der Goldenen Regel näherten — Das Vaterunser für alle Menschen — Wie das Gebet gemißbraucht worden war — Es entspricht allen menschlichen Bedürfnissen — Recht Handeln muß bei rechtem Beten sein — Selbstlose Liebe — Wie Gott liebt — Die Goldene Regel — Gegen die menschliche Natur; „Auge um Auge" — Die Sünde soll verdammt, aber der Sünder gerettet werden.]

———

Wie man beten und wie man glauben, wie man lieben und wie man geben soll, — das sind Dinge, die Jeder lernen muß, und die beinahe die ganze Grundidee der Religion und des Lebens, wie Jesus sie lehrte, ausmachen. Die Lehren, die er darüber gab, sind so einfach, daß es scheint, als ob Jedermann hätte daran denken können, und sie hören sich so leicht an, daß es scheint, als wenn Jedermann danach leben könnte. Doch den Leuten, die ihn hörten, waren diese Lehren neu und fremd; und obgleich sie uns jetzt im Ausdruck so wohlbekannt sind, wie schwer finden wir es, in unserem Leben die Vorschriften Jesu zu befolgen! Im gewissen Sinne waren seine Worte nicht neu und hätten nicht zu befremden brauchen. Dieselben großen Wahrheiten in Bezug auf das Beten, Glauben, Lieben, Thun, sind in der Natur und in der Bibel offen ausgesprochen. Daß Gott im Himmel ist, — dem höchsten, herrlichsten und gesegnetsten Ort, den die

Dichtkunst erfinden kann; daß Gott heilig und gerecht und gut ist, — daß Gott für uns und jedes lebende Wesen sorgt; daß Gott uns in unsern Nöthen helfen, uns erhören wird, wenn wir beten, uns erlösen wird durch seine Gnade; daß Gott als König und Herr auf der ganzen Erde ange=betet werden soll, und daß man doch zu ihm, als zu einem Vater sprechen kann, — alles dies lesen wir im alten Testament, der Bibel der Juden; und viele dieser Gedanken und Gefühle finden wir in den heiligen Büchern aller Völker, und in den Schriften weiser und guter Männer, wie Sokrates, Plato, Cicero, Mark Aurel und Anderer, die nichts von den Lehren Christi wußten. Daß wir gerecht und gütig und versöhnlich sein sollen, und daß es besser ist, Gutes als Böses zu thun, wurde auch von einigen heidnischen Philosophen gelehrt, und Confuzius, der große chinesische Religionsstifter, der mehr als fünfhundert Jahre vor Christi lebte, kam der Idee der „Goldenen Regel" sehr nahe. Er setzte sie in die negative Form: „Was ich nicht wünsche, daß die Leute mir thun sollen, wünsche ich auch nicht, den Leuten zu thun."*) Der berühmte jüdische Lehrer, Rabbi Hillel, der zur Zeit, als Jesus geboren wurde, Vorsitzender einer hervorragenden Aka=demie in Jerusalem war, hatte auch die negative Form des=selben Gebotes gewählt: „Thue keinem Anderen, was du nicht möchtest, daß ein Anderer dir thue. Dies ist das ganze Gesetz: das Uebrige ist nur Erklärung." Hillel sagte auch: „Richte nicht deinen Nächsten, ehe du in seiner Stelle gewesen bist."**)

---

*) „The Chinese Classics" by James Legge D. D., vol. I, p. 79.

**) Deutsch, Ueber den „Talmud", S. 31.

Plato sagt, indem er von der Handlungsweise des Men=
schen spricht: „Die Grundlehre derselben ist sehr einfach:
Du sollst nicht anrühren, was mein ist, wenn du es ver=
meiden kannst, noch die geringste Sache, die mir gehört, ohne
meine Einwilligung fortnehmen; und auch ich muß, wenn ich
verständig bin, gegen Andere so handeln, wie ich wünsche,
daß sie mir thäten." *)

Daß die Weisen und Guten aller Länder denselben sitt=
lichen Ideen nahekommen, müssen wir erwarten; denn Gott,
Natur und Wahrheit sind überall dasselbe, wie auch das
Menschenherz in seinen Bedürfnissen und Befürchtungen, in
seiner Liebe und Hoffnung dasselbe ist: und alle wahren
und guten Dinge gehören zusammen ihrem Wesen und End=
ziel nach. Aber die wahren und guten Dinge, die in den
heiligen Büchern der alten heidnischen Welt und in den
Aussprüchen heidnischer Philosophen gefunden werden, sind
verdeckt und begraben unter vielen Dingen, die wir jetzt als
schwach, thöricht und unrichtig erkennen. Die Religion
verlor ihren einfachen Charakter, das Gebet wurde zu einer
Form oder Aeußerlichkeit und das Almosengeben zur reinen
Schaustellung gemacht, und den weisen, guten Lebensregeln
wurde durch Vieles, was unrecht und böse war, widersprochen.
In den Lehren Jesu aber ist Alles wahr, Alles gut, ohne
Beimischung von Schwäche oder Irrthum; und die weisesten,
reinsten Gedanken, die jemals gegeben worden, sind in wenige
einfache Worte zusammengedrängt, einem Jeden klar gemacht,
sind schön wie Vögel und Blumen, und süß und beseligend,
wie der Gesang der Engel. Darum ist es gleich, ob die

---

*) Die Gesetze, Bd. II, Jowetts Uebersetzung: Dialogen IV,
S. 424.

Dinge, die er sagte, jemals vorher gesagt worden waren oder
nicht: auf die Art, wie er sie aussprach, waren sie neu und
ursprünglich, als wenn eine Stimme im Himmel sie damals
zum ersten Mal ausgesprochen hätte. Wie wir aus der Ge=
schichte seines Jugendlebens und aus dem Zeugniß seiner
eigenen Aussprüche wissen, hatte er nie etwas von den Philo=
sophen anderer Länder gehört; insofern war er schöpferisch in
der Materie seiner Lehre, und in der Aeußerung derselben
„sprach er, wie nie ein Mensch gesprochen hatte"; er sprach
wie Einer, dessen Seele mit der Wahrheit identisch, der die
Wahrheit selbst war, und er sprach lebendige Wahrheiten zu
den Seelen der Menschen aller Zeiten. Die Leute, die ihn
hörten, waren erstaunt, denn „er lehrte sie, wie Einer, dem
die Macht gegeben ist", und wir fühlen die Stimme Gottes
in seinen Worten.

Das Gebet, welches Jesus vor achtzehnhundert Jahren
lehrte, paßt noch heute für uns und für Jeden, der auf
irgend eine Art an Gott glaubt, mag er Jude, Christ, Muha=
medaner oder Heide sein. Es ist kein Wort darin enthalten,
das einer besonderen religiösen Secte, einer Rasse, oder einem
Lande angehört, sondern es spricht die Bedürfnisse, Gefühle,
Wünsche, Hoffnungen aller menschlichen Seelen aus; und in
diesen wenigen einfachen Worten, die jedes Kind lernen
kann, sind alle Hauptsachen gegeben, · die die Menschen zu
ihrer irdischen und geistigen Wohlfahrt brauchen. Zu jener
Zeit machten Leute aller Religionen eine Schaustellung aus
dem Beten an öffentlichen Plätzen und in langen Formeln;
und sie waren gewöhnt, dieselben Worte vielmals zu wieder=
holen und laut zu schreien, als wenn sie dächten, Gott
würde sie deshalb eher erhören; so wurde das Gebet ent=
weder zu einer Aufgabe, die abgethan, oder zu einer Formel,

die erfüllt werden mußte, oder zu einer Darstellung, die dem
Ausübenden selbst Vergnügen bereiten und ihn seinen Nach=
barn als fromm erscheinen lassen sollte. Aber Jesus lehrte
uns, daß das wahre Gebet das Sprechen der Seele zu
Gott ist, wie ein Kind mit seinem Vater spricht, daß das
einfachste Gebet das beste ist, und daß wir, wenn wir allein
sind, Gott uns nahe bringen können, indem wir unser Herz
und Gemüth fest auf Ihn und seine Güte richten, denn Gott
ist weder in der Kirche noch im Tempel, noch an irgend
einem heiligen Platz, wo wir ihn suchen müssen, sondern er
ist im Himmel, der sich überall über der Erde befindet, so
daß wir, wo wir auch sein mögen, fühlen dürfen, daß er
uns kennt, sieht und hört, und daß wir zu Ihm, wie zu
unserm Vater sprechen können. Da Gott unser Vater ist, so
sollen wir ihn lieben und ehren und seinen Namen preisen;
und wenn wir Gott lieben, werden wir wünschen und beten,
daß sein Wille in unseren Herzen und Leben und von Allen
in der Welt geschehe; und daß so sein Reich komme im
Himmel wie auf Erden. Alles Gebet fängt an mit dem
Preisen Gottes.

Aber dasselbe Gefühl, das uns veranlaßt, ihn zu verehren
und ihm zu gehorchen, befähigt uns auch, ihm zu vertrauen.
Wie der Sohn des größten Monarchen weiß, daß sein Va=
ter, obgleich er an die Angelegenheiten seines Reiches, viel=
leicht sogar der ganzen Welt zu denken hat, ihn dennoch nicht
vergessen, sondern für seine Nahrung und Kleidung, seine Er=
ziehung und sein Vergnügen sorgen wird, so können wir
sicher sein, daß unser Vater, der die Welt regiert, an uns
als an seine Kinder denkt, und uns glücklich zu machen
wünscht. Er will, daß wir ihm vertrauen und keine Sorge
haben um das, was der morgende Tag bringt, sondern alle

Sorge ihm überlassen. Er ernährt die Vögel, er kleidet die
Lilien, und wir, seine Kinder, sollen nicht sorgen, was wir
essen und womit wir uns kleiden werden, sondern sollen ihn
jeden Tag wie unsern Vater bitten, uns unser tägliches Brod
zu geben: und wenn wir dies zu unserem wahrhaftigen Ge=
bet machen, so werden wir fröhlich und hoffnungsvoll an
unser Tagewerk gehen und glauben, daß Gott uns Segen
und Gedeihen schicken wird. Und indem wir so die Befrie=
digung unserer irdischen Wünsche von Gottes Segen auf
unsere Arbeit erwarten, können wir unsere Herzen der höheren
Wohlfahrt unserer geistigen und unsterblichen Seelen hin=
geben, — können „zuerst das Reich Gottes suchen“, und
„Schätze für uns im Himmel sammeln“.

Da wir dies vor Augen haben, sollten wir ganz ernstlich
um geistliche Güter bitten, daß wir von der Sünde befreit
und vor der Versuchung und dem Uebel bewahrt werden.
Gerade hier lehrt uns Jesus, daß wir, um recht zu beten,
auch recht fühlen und recht handeln müssen. Wenn wir
Gott bitten, uns unsere Sünden zu vergeben, müssen wir bereit
sein, denen zu vergeben, die uns beleidigen und verfolgen.
Wenn wir wirklich wünschen, zu werden, wie unser Vater im
Himmel ist, und den Himmel im Herzen zu tragen, indem wir
seinen Willen thun, dann sollen wir beten und versuchen,
uns vor der Gewalt des Teufels zu bewahren und vor allen
Versuchungen, die uns zu bösen Gedanken, bösen Gefühlen
oder bösen Thaten leiten könnten. Und um solche Hülfe,
die Hülfe von Gottes Geist, der unserem Geiste Kraft giebt,
dürfen wir mit dem höchsten Vertrauen beten. Denn Gott
will, daß wir rein und wahr und durchaus gut sind, und
wenn irdische Eltern ihre Kinder wohl und geschützt und
glücklich zu sehen wünschen, und Alles in ihrer Macht thun

werden, ihnen solche Gaben zu sichern, wie viel mehr wird unser Vater im Himmel denen Gutes geben, die ihn darum bitten.

Um recht zu beten, müssen wir recht leben: und dieselben Gefühle von Liebe und Vertrauen gegen unseren himmlischen Vater, die uns leiten, richtig zu beten, werden uns auch leiten, gegen unsere Mitmenschen mit Gefühlen des Wohlwollens zu handeln. Indem Jesus uns lehrte, wie wir beten und glauben sollen, lehrte er uns zugleich, wie wir geben sollen. Gebet reichlich, aber mit einer stillen Hand: gebet heimlich, wenn es möglich ist, und niemals, um gesehen zu werden, oder um Ruhm vor den Menschen dadurch zu erlangen, selbst wenn ihr des Beispiels wegen, oder um einer allgemeinen Sache zu nützen, öffentlich gebt. Prahlt nie mit euer Mildthätig- keit: laßt selbst die linke Hand nicht wissen, was die rechte thut. Gewiß, das Geld, das den Armen gegeben wird, thut ihnen gut, als bloßes Geld, auch wenn wir, wie die Phari- säer an der Kirchenthür oder Straßenecke eine Trompete blasen ließen, um die Bettler zum Almosenempfangen zusammen zu rufen. Aber was man für Geld kaufen kann, ist nicht alles Gute, was vom Geben kommt: jede Wohlthat, die einem Anderen erwiesen wird, sollte unsere eigenes Herz mit der Wärme der Liebe beglücken, und das wird sie thun, wenn wir nicht aus Stolz oder um des Lobes willen geben, son- dern aus wirklicher Liebe und Theilnahme: und überdies werden ebenso wohl unsere Blicke, unsere Worte, sogar der Ton unserer Stimme wohlthun, wie die Gaben, die wir austheilen, wenn wir nur aus wahrer Güte geben. Die Wohlthat mag irgend einem körperlichen Bedürfniß des Armen abhelfen: aber die Art sie zu thun, kann das Herz aufheitern und beglücken, und so können wir die Gefühle

Anderer mildern und veredeln und ihr Leben leicht und freundlich machen.

Um geben zu lernen, müssen wir lieben lernen, denn durch Worte und Gefühle können wir Anderen einen An= theil an allem Guten, das wir im eigenen Herzen tragen, geben. Aber wie sollen wir lieben? Es scheint zuerst so leicht! denn die Kinder wachsen auf in der Liebe zu ihren Eltern und zu einander, und die Liebe scheint ein natürliches Gefühl zu sein, das von selbst kommt. Aber Jesus sagt: „Wenn ihr die liebt, die euch lieben, was für Dank habt ihr? und wenn ihr denen wohlthut, die euch wohlthun, wel= chen Dank habt ihr?" Wenn wir den vollen Segen der Liebe kennen wollten, wenn wir unserem Vater im Himmel gleich sein wollten, indem wir liebten, wie Gott liebt, müßten wir viel weiter gehen, als das natürliche Gefühl, das uns treibt, die zu lieben, die uns lieben. Wir müssen unsere Feinde lieben und bereit sein, ihnen zu verzeihen und ihnen Gutes zu thun; wenn wir Anderen nicht vergeben, können wir nicht um Vergebung beten; wir müssen gegen die Bösen und Undankbaren gütig sein, und obgleich uns ihr Wesen mißfällt, obgleich wir ihnen ihre Fehler vorhalten und ihre Wege meiden, müssen wir ihnen Gutes und nicht Böses wün= schen, und versuchen, ihnen Gutes zu thun, so oft wir Ge= legenheit dazu haben; wir müssen selbst die segnen, die uns fluchen und für die beten, die uns Böses zu thun suchen; wir müssen bei Beleidigungen sanft und geduldig sein, und uns nie eine Regung von Haß oder Rache erlauben; wir müssen uns erinnern, daß unser Vater im Himmel seine Sonne scheinen läßt über Böse und Gute, und regnen läßt über Gerechte und Ungerechte: und durch diese gütige, gleich= mäßige, Alles umfassende Liebe müssen wir streben, ebenso vollkommen zu werden, wie unser Vater im Himmel vollkommen ist. Alles dies macht die Liebe zu einer viel schwierigeren Sache als zuerst schien; aber zugleich machte er sie zur schönsten Sache, die wir erdenken können. Und Jesus hat eine sehr leichte Regel aufgestellt, um diese vollkommene, diese himmlische Liebe zu lernen und zu üben: wie ihr wollt, daß euch die Leute thun sollen, so thut ihr ihnen auch.

„Lohn um Lohn" ist die Regel, welche die menschliche Natur gern befolgt. Die Kinder fangen bei ihren kleinen Streitigkeiten damit an, erwachsene Menschen und selbst ganze Völker führen sie bei ihren Streitigkeiten durch, und die Juden gingen so weit, daß „Auge um Auge und Zahn um Zahn" zu einer Vorschrift zu machen.

„Es geschieht ihm recht", sind wir geneigt zu sagen, wenn ein streitsüchtiger Knabe oder Mann „ebenso empfängt, wie er gab". Aber Jesus lehrte uns, Anderen nicht zu thun, wie sie gegen uns handeln, sondern wie wir möchten, daß sie uns thäten. Wenn sie in Armuth, Noth und Sorge sind, sollen wir uns an ihren Platz versetzen und gegen sie fühlen und handeln, wie wir wünschen würden, daß sie gegen uns handelten. Wenn Andere uns durch Worte oder Thaten kränken, sollen wir, statt heftig zu werden und auf dieselbe Art zu erwiedern, ein Beispiel der Geduld, Milde, Würde und Hochherzigkeit geben. „So dir Jemand einen Streich giebt auf deinen rechten Backen, dem biete den anderen auch dar; vergebet, so wird euch vergeben." Und selbst wenn die Anderen ganz im Unrecht sind, sollen wir mehr zum Mitleid als zum Tadel geneigt sein, und ihre Bedrängnisse, ihre Schwachheiten in Rechnung ziehen. „Richtet nicht, auf daß ihr nicht gerichtet werdet; verdammet nicht, auf daß ihr nicht verdammet werdet; vergebet, auf daß euch vergeben werde."

Durch diese großartige Lehre von der Liebe wollte Jesus nicht das Gesetz umstoßen, noch die Strafe abschaffen, um den Bösen Freiheit zu geben, zu thun wie sie wollten, ohne Vorwurf oder Strafe. Damit würde er das Laster über die Tugend gestellt und der Sünde und dem Bösen Gewalt gegeben haben, die Welt ohne Widerstand zu beherrschen. Niemand verdammte die Sünde stärker, als Jesus that, niemand sprach je schreckliche Strafworte aus und drohte den Uebelthätern mit schrecklicherem Unheil. Eben die Reinheit der Liebe für das Wahre und Gute machte ihn zu einem glühenden Feuer gegen Falschheit und Schändlichkeit. Mehr als einmal wird uns erzählt, daß er mit Zorn auf die Pharisäer sah, und wie feierlich warnte er sie vor der höllischen Verdammniß*). Doch in diesen Warnungen und Strafworten zeigte Jesus seine Liebe zur Wahrheit, Reinheit und Güte, und das Verlangen seines Herzens, die Menschen von der Sünde abzuwenden, damit sie erlöst werden könnten. Niemals, niemals zeigte er Zorn über ein Unrecht, das ihm geschehen war; niemals, niemals drohte er seinen Verfolgern; mit seinem letzten Athemzuge am Kreuz betete er für seine Mörder: „Vater, vergieb ihnen, sie wissen nicht, was sie thun!" Und wenn wir von der Liebe Jesu erfüllt sind, wenn wir seine Bergpredigt zum Vorbild unseres Lebens machen, so werden wir für den Uebertreter Mitleid empfinden und dem Uebelthäter Güte erweisen, obgleich wir Unrecht und Sünde hassen, und fühlen werden, daß Verbrecher bestraft werden sollten, und daß selbst die Liebe ge-

---

*) Matth. 23, 33.

recht sein muß. Obgleich die Liebe das Gesetz, das Gott selbst zum Preise des Guten und zur Strafe des Bösen gegeben hat, ehren soll und muß, sollten wir doch als das Gesetz unseres eigenen Lebens, um alle unsere Gedanken, Gefühle und Handlungen gegen Andere zu leiten, einprägen in unsere Herzen:

„Die goldene Regel".

Druck von Friedr. Andr. Perthes in Gotha.

II. Abtheilung.

25. Kapitel.

Besuche in Jerusalem. — Ein Schlüssel zu seinem Geschick.

Das ruhige, häusliche Leben Jesu in Kapernaum wurde durch Besuche in Jerusalem unterbrochen, wo er mit aufgeregten Versammlungen in Berührung kam und oft mehr Feinde, als Freunde fand. Jerusalem war damals ein fruchtbarer Boden für religiösen Fanatismus und politische Unruhen. Die Juden hatten sich den Unterdrückungen Herodes des Großen gefügt, weil er ihnen trotz all seiner Verbrechen und Erpressungen in Bezug auf ihre Religion Nachgiebigkeit gezeigt und ihren Tempel wieder aufgebaut hatte. Sie erreichten, daß Archelaus vom römischen Kaiser verbannt wurde, da er mit der Schändlichkeit seines Vaters Herodes nicht seine Geschicklichkeit verband, das Volk zu regieren. Aber obgleich sie sich so eines Tyrannen und einer verhaßten Königsfamilie entledigten, brachten sie sich noch vollständiger unter die Macht der Römer. Herodes der Große war durch eine römische Armee zum König eingesetzt worden und hatte sich durch kostbare Geschenke an den römischen Kaiser und das Bauen von Städten und Tempeln ihm zu Ehren in seiner Macht befestigt; aber da er sich einen Juden nannte (obgleich er von einer alten heidnischen Familie in Edom abstammte) und den jüdischen Gottesdienst auf einem glänzenden Fuß erhielt, fühlte das Volk damals nicht, daß es unter dem directen Joche des römischen Reiches war. Jetzt jedoch, da sie die Römer baten, sie vom Sohn des Herodes zu befreien, hatten sie sich vollständig in die Hände dieser fremden heidnischen Macht gegeben; und wie zu den Fröschen in der Fabel, war der „König Storch" gekommen, sie zu verschlingen. Obgleich sie früher Grausamkeiten und Unterdrückungen gekannt hatten, waren diese durch bestimmte Privilegien ausgeglichen; und unter allen den fremden Herrschern, deren Geißel sie im Laufe von fünfhundert Jahren gefühlt, hatten sie dennoch den Geist nationalen Lebens und einige Formen und Zeichen ihrer alten Unabhängigkeit aufrecht erhalten. Doch nun war jede Stadt mit römischen Soldaten besetzt und Zolleinnehmer der römischen Regierung überschwemmten das Land; jeder Jude mußte seinen Namen an einem römischen Zollamt in die Listen eintragen lassen und eine Angabe seines Vermögens machen, so daß das Volk auf die empfindlichste Art fühlte, daß es in den Händen seiner heidnischen Herren war. Wir lesen beständig in den Evangelien von dem „römischen Hauptmann" und dem „Zöllner", den Repräsentanten römischer Macht und römischer Habgier.

Der römische Statthalter nahm dem Sanhedrin sein altes Recht, Vergehungen gegen die Religion mit dem Tode zu strafen, und der Hohepriester konnte ohne seine Einwilligung keine öffentlichen Amtshandlungen verrichten. Im Allgemeinen behandelten die Römer die Juden mit Härte und Verachtung.

Sie machten ihre Religion lächerlich; und zuweilen errichteten sie Götzenbilder und hielten heidnische Feste an Orten, die die Juden für heilig hielten, und was Tacitus, der römische Geschichtsschreiber, über den Gottesdienst und die Ceremonien der Juden geschrieben hat, und daß er sie thörichter Gewohnheiten und unmoralischer Gebräuche beschuldigt, zeigt, wie die Römer im Allgemeinen über sie dachten*). Doch arm, schwach, getreten, gehaßt, wie sie waren, hielten die Juden treu an den Vorschriften ihrer Religion. In alten Zeiten war es ihre Nationalsünde, ihre heidnischen Nachbarn nachzuahmen, und dafür waren sie oft gestraft worden, dadurch daß sie unter die Gewalt einer heidnischen Regierung kamen. Aber seit ihrer Rückkehr aus der babylonischen Gefangenschaft waren sie nie mehr in Götzendienst verfallen; und obgleich ihre Religion viel von ihrer Einfachheit und Reinheit verloren hatte und mit Formen, Vorschriften und Gebräuchen überladen war, die in früheren Zeiten nicht gefunden wurden, fühlten sie dennoch, daß sie in ihrem Glauben wahrer und strenger waren, als ihre Väter gewesen, und jemehr sie in ihrer politischen Stellung gedemüthigt wurden, desto höher stieg ihr geistlicher Stolz als das einzige Volk des einigen Gottes. Sie fühlten, daß es für solches Volk Sünde wäre, einem anderen Volke zu dienen, besonders einem, das falsche Götter anbetete. Sie lasen in ihren Propheten die Verheißungen des „Reiches Israel", „des Reiches Gottes", das in Macht und Herrlichkeit über alle Völker herrschen und „die Herrschaft von Meer zu Meer haben sollte, so lange Sonne und Mond dauern würden". Die von Daniel vorhergesagten Zeichen schienen sich vor ihren Augen zu er-

---

*) Tacitus' Historien, 5. Buch, 5. Kap.

füllen. Der Messias mußte bald kommen, und er würde sie frei machen, und alle Feinde unter ihre Füße geben. Wer immer ihr Gesetz, ihren Stolz, ihr Reich Gottes rühmte und ihnen zu gleicher Zeit Sieg, Unabhängigkeit und nationale Macht versprach, konnte sich Gehör verschaffen, sie nach sich ziehen und sie so fieberhaft aufregen, daß sie bereit gewesen wären, ihn als Christus aufzunehmen und zum König zu krönen. So brachte ein Galiläer mit Namen Judas bald nach Christi Geburt eine Anzahl bewaffneter Männer zusammen, um sich gegen den Census aufzulehnen, den der römische Kaiser angeordnet hatte. Er versprach seinen Anhängern, das Reich Gottes, wie es von Moses gegründet war, wieder herzustellen, und trieb sie an, als Volk Gottes jeder Unter= werfung unter irgend eine menschliche Gewalt zu widerstehen. Einer seiner Söhne gab sich für den Messias aus. Einige Jahre nach dem Tode Jesu behauptete ein gewisser Theudas, gesendet zu sein, um das Volk zu befreien, und führte Tau= sende an den Jordan, indem er ihnen versprach, daß er den Fluß sich vor ihnen theilen lassen würde, wie es von Josua und auch von Elias geschehen war*). In der That gaben sich zu jener Zeit Fanatiker und Betrüger wiederholt für den Messias aus und versprachen, die Römer zu vertreiben; und das Volk war, so oft es auch betrogen wurde, in steter Er= wartung seines Befreiers. Durch seine Wunder erregte nun auch Jesus die Idee, daß er der erwartete Befreier der Nation sei, so daß sie bereit waren, ihn selbst „mit Gewalt zum König zu machen"**). Aber obgleich er das Gesetz rühmte, beschuldigte er sie, es zu brechen, und behauptete, sie

---

*) Josephus.
**) Joh. 6, 15.

bedürften der Buße und der Besserung ihres Lebens. Ob=
gleich er das Reich Gottes predigte, schilderte er es als rein
und geistig und heilig, daß Niemand darin eingehen könnte,
ohne von Neuem geboren zu werden. Und darum haßten ihn
Manche mit der ganzen Kraft des Stolzes und National=
gefühls, welches sie trieb, einen politischen König und Er=
retter zu erwarten. Gerade ihre Sehnsucht nach einem Mes=
sias wirkte ihm, als dem Prediger der Sanftmuth, der
Heiligkeit und Liebe, entgegen. Eine wüthende Opposition
religiöser und politischer Parteien wurde gegen ihn wachge=
rufen, als er nach Jerusalem ging. Die Religionslehrer
haßten Jesum, weil sie sahen, daß seine Worte die Herzen
des Volkes bewegten und ihm die Massen zuwendeten, und
daß jedes Wort gegen die Schriftgelehrten und Pharisäer
sprach und darauf gerichtet war, ihre Macht zu brechen. So
viel auch die verschiedenen Lehrer und Schulen unter ein=
ander gestritten haben mögen, sie stimmten Alle darin über=
ein, sich diesem neuen Lehrer zu widersetzen, der sie beschul=
digte, die Gesetze Moses geändert und „das Wort Gottes
aufgehoben zu haben"*). Politische Führer haßten Jesus,
weil er, wenn er populär genug gewesen wäre, sich zum
König zu machen, nichts gethan haben würde, ihrem Ehrgeiz
die Wege zu öffnen, sie vielmehr als Verführer und Unter=
drücker anklagte. Jeder Führer hatte seine Partei und
konnte einen Tumult gegen Jesus erregen, indem er ihn be=
schuldigte, ein Feind der Nation zu sein; und diejenigen im
Volk selbst, die ihm zuerst in der Hoffnung, er sei der Mes=
sias, gefolgt waren, wendeten sich von ihm, wenn sie fanden,

---

*) Marc. 7, 13.

daß er nichts für ihre Partei oder Sache that, sondern ihnen Ermahnungen und Drohungen statt Versprechungen und Belohnungen gab.

Dieser Stand der Dinge zeigt, woher es kam, daß Jesus immer, wenn er nach Jerusalem ging, auf irgend eine Art von den Priestern und Pharisäern angegriffen wurde, bis der Hohe Rath zuletzt wagte, ihn zu ergreifen, und dann den Pöbel aufreizte, zu rufen, daß er gekreuzigt werden müsse. Am Teich von Bethesda heilte er einen armen Mann, der seit achtunddreißig Jahren nicht hatte gehen können. Die Kunde von diesem Wunder versammelte Schaaren, die Jesus aufsuchten; und doch wird uns erzählt, daß „sie ihn zu tödten suchten" *).

Der Grund, den sie angaben, war, daß er dies am Sabbath gethan hatte. Gott hatte doch sicher kein Gebot gegeben, den Sabbath so zu feiern, daß es ungesetzlich wäre, an diesem Tage einen Kranken zu heilen oder einen Menschen oder ein Thier vom Ertrinken zu retten. Aber die „Schriftgelehrten" hatten viele strenge und thörichte Gesetze für den Sabbath gemacht, und dadurch, daß sie ihm diese Gesetze als einen nothwendigen Theil der Religion aufzwangen, hielten sie ihre Herrschaft über das unwissende und abergläubische Volk aufrecht. Als daher Jesus diese Gesetze brach, und das Staunen und die Bewunderung des Volkes auf sich zog, wurden die Schriftgelehrten beunruhigt. Sie sahen, daß seine Lehre und sein Beispiel, unterstützt durch solche Wunder, bald ihre Macht stürzen würde, und da sie einsahen, daß sie sein Werk nicht hindern, noch seine Stimme zum Schweigen bringen konnten, so beschlossen sie, ihn aus dem Wege zu schaffen.

*) Joh. 5, 16.

Dieser Haß der Häupter von Schulen und Parteien in
Jerusalem auf Jesus, wurde noch nachdrücklicher, als sie
hörten, daß das Volk bereits von ihm als Christus sprach
und sagte: „Wenn Christus kommen wird, wird er auch
mehr Zeichen thun, als dieser thut."*) Die Pharisäer und
Hohenpriester schickten nun Soldaten aus, ihn zu ergreifen;
aber die ehrlichen Krieger hörten ihn vor dem Volke predigen, und waren so ergriffen von dem, was er sagte, daß sie
nicht wagten ihn anzurühren. Darauf ging er öffentlich in
den Tempel und sprach dort die wunderbarsten und lieblichsten Worte vom „Licht der Welt", von der „Freiheit der
Wahrheit", „der Liebe seines Vaters", dem „Siege über den
Tod"; aber zugleich warf er dem Volk seine Sünden und
seinen Unglauben vor, und dafür fingen sie an, ihn zu
schmähen. Sie nannten ihn einen Samariter, welches eine
verächtliche Bezeichnung war; sie sagten: „Du hast einen
Teufel", und verhöhnten so alles, was er sagte und that,
als ob es die Wirkung der Zauberei oder eines bösen Dä-
mons wäre. Zuletzt war der Geist des Aufruhrs aufs Höchste
erregt, und „sie hoben Steine auf, daß sie auf ihn wür-
fen"**), so daß Jesus genöthigt war, sein Leben durch die
Flucht zu retten. Dies geschah im Herbst beim Fest der
Laubhütten, als Jerusalem von Fremden überfüllt war.

Dasselbe geschah ihm wieder im folgenden Winter beim
Fest der Tempelweihe. Jesus zeigte jetzt wie früher seine
Eigenthümlichkeit durch Worte und Werke der Liebe. Diese
erregten Staunen und erhöhten die Hoffnungen des Volkes,
aber zugleich riefen sie die Eifersucht der Pharisäer hervor.

---

*) Joh. 7, 31.
**) Joh. 8, 59.

Er gab einem Manne, der von Kindheit an blind war, die Sehkraft wieder. Kein solches Wunder war jemals in Jerusalem geschehen, und die ganze Stadt war voll davon. Aber je mehr das Volk Jesu nachlief, desto mehr fürchteten und haßten ihn dessen Häupter. Die Pharisäer brachten die alte Beschuldigung vor: er habe den Sabbath entheiligt, und müsse deshalb „ein Sünder" sein, und, weit entfernt davon, Gottes Sohn zu sein, müsse er einen bösen Geist, einen „Teufel" in sich haben. Jesus antwortete ihnen durch sein schönes Gleichniß vom guten Hirten, der bereit war, sein Leben für seine Schafe zu geben*). Aber das Volk stritt über seine Worte, zuerst unter einander und dann mit ihm. Zuletzt beschuldigten sie ihn der Gotteslästerung, da er „sich selbst zum Gott machte", und sie hoben wieder Steine auf, ihn zu steinigen. Einige Zeit hielt er sie nieder, indem er nach ihrer eigenen Bibel sein Recht vertheidigte, sich den Sohn Gottes zu nennen; doch „sie suchten abermal ihn zu greifen"; und da er sah, daß er seines Lebens in Jerusalem nicht sicher war, entfloh er und ging an einen entlegenen Ort, jenseit des Jordan**). Hier müssen wir in wenigen Worten voranstellen, was in spätere Kapitel gehört, weil wir nur den Schlüssel zu seinem Schicksal finden können, wenn wir die religiösen Eifersüchteleien und die Verschwörungen in Jerusalem verstehen.

Während er auf der anderen Seite des Jordan war, schickten ihm Martha und Maria die Nachricht, daß ihr Bruder Lazarus, den sie so innig liebten, krank wäre, und Jesus kam zurück nach Bethanien, um das größte seiner

---

*) Joh. 10, 1—18.
**) Joh. 10, 22—40.

Wunder, die Erweckung des Lazarus vom Tode, auszuführen.
Die Kunde davon verbreitete sich wie ein Lauffeuer und
brachte Schaaren von Jerusalem nach Bethanien, die selbst
das unerhörte Wunder sehen wollten, daß ein Todter aus
dem Grabe erstanden und wieder lebendig geworden war.
Es waren sogar Boten zu der nur eine halbe Meile ent=
fernten Stadt geeilt, um die Pharisäer zu benachrichtigen,
daß der neue Prophet zurückgekommen sei, daß Jedermann
bereit wäre an ihn zu glauben. Der Große Sanhedrin
wurde nun zusammenberufen; und die Hohenpriester und
Pharisäer, die so oft versucht hatten, Jesus durch den Pöbel oder
einen Meuchelmörder aus dem Wege zu räumen, zogen Vor=
theil aus dem Wankelmuth des Volkes. Sie verbreiteten
das Gerücht, daß, wenn man Jesus erlaubte, so fortzufahren,
die Römer kommen würden, die Nation zu vernichten, wo=
durch sie die unwissende Menge auf ihre Seite brachten,
und es für Jesus so unsicher wurde, öffentlich aufzutreten,
daß er sich nochmals in die Wüste an der Ostseite des Jor=
dan zurückzog und sich nicht wieder in Jerusalem zeigte, bis
er kam, dort seinen Tod zu finden. Kein Wunder, daß er
aus der Tiefe seiner Seele rief: „O Jerusalem, Jerusalem,
die du tödtest die Propheten und steinigest, die zu dir ge=
sandt sind: wie oft habe ich deine Kinder versammeln wollen,
wie eine Henne versammlet ihre Küchlein unter ihre Flügel;
und ihr habt nicht gewollt!"*) Wahrscheinlich würde
er in keiner anderen Stadt Palästinas solches Schicksal ge=
funden haben; aber bei der Gährung in Jerusalem um jene
Zeit konnte es nicht anders sein, als daß solche Lehren und
Drohungen das Geschrei hervorriefen: „Kreuziget ihn!"

---

*) Matth. 23, 37.

Man braucht sich nur der Scenen in Paris während der Revolution von 1790 und der Commune von 1871 zu erinnern, um zu erkennen, daß diese Wuth eine Aeußerung der menschlichen Natur und nicht ein besonderes Verbrechen der Juden war. Daß sie aufrichtig waren, zeigten sie, als Pilatus wünschte, sie möchten Jesum loslassen, und sie ausriefen: „Sein Blut komme über uns und unsere Kinder!" *)

---

*) Matth. 27, 25.

26. Kapitel.
Die Gleichnisse Jesu.

[Die Bedeutung und Anwendung von Gleichnissen — Die Gleichnisse im Evangelium Johannes — Nur dreißig Gleichnisse angeführt — Vom Säemann — Wie das Himmelreich aufgenommen wird — Wie es zurückgewiesen wird — Der verlorene Sohn — Gleichnisse vom Gebet — Worte der Gnade und Ermahnung.]

Jedes Kind hat Äsops Fabeln gelesen und daraus weise und gute Lehren gelernt, deren es sich erinnern wird, so lange es lebt. Zuerst war es ergriffen von der Idee, daß Thiere, Vögel, Fische, Insekten, Bäume mit einander sprachen und dieselben Gedanken und Empfindungen hatten, wie es selbst. Da es älter wurde, begriff es, daß Thiere und Pflanzen nicht sprechen, noch dieselben Zeichen sittlicher Anschauungen wie die Menschen zeigen; aber es behält die Moral der Fabel, und behält sie um so besser, weil es sie auf diese Art gelernt hat. Es findet sogar oft, daß die Fabel eine tiefere Bedeutung hat, wie es als Kind darin sah, und daß sie mehr Weisheit enthält, als ein ganzes Buch voll Philosophie. Ebenso erinnert man sich eines Sprüchwortes und führt es an, lange nachdem eine Predigt vergessen ist.

Aus diesem Grunde bediente sich Jesus der Gleichnisse und Sprüche, beim Predigen seiner Lehren vom Himmelreich und dem irdischen Leben. Die Wahrheiten, welche er

lehrte, waren so groß und tief, wie nur irgend etwas in
der alten Philosophie, und zuweilen sprach er, wie in der
Bergpredigt, oder in den von Johannes berichteten Gesprächen, wie ein Philosoph. Obgleich seine Worte klar waren,
war ihre Bedeutung so hoch und weit, daß bis jetzt kein
Geist den Inhalt einiger seiner Aussprüche hat erschöpfen
können*). Aber er liebte am meisten in Gleichnissen zu sprechen.
Dadurch fesselte er die Aufmerksamkeit seiner Hörer und
half ihnen, zu behalten, was er sagte. Er regte sie zum
Denken und Lernen an, denn seine Gleichnisse waren oft wie
ein Saatkorn, das in ihren Geist gesäet wurde und theil-
weise verborgen blieb, bis es wuchs und eine viel größere
Bedeutung zeigte, als zuerst. Und außerdem lehrte er sie

---

*) Der auffallende Unterschied im Styl zwischen den Reden Jesu,
wie sie von Johannes berichtet werden, und denen der anderen Evangelisten, hat Einige verleitet, zu zweifeln, ob das vierte Evangelium
wirklich von dem Apostel geschrieben ist, dessen Namen es trägt, und
es einem christlichen Philosophen späterer Zeit zuzuschreiben, der Jesu
die Lehrsätze in den Mund legt, die aus seinem Leben und seiner
Lehre erwachsen waren. Aber der Jesus, den Johannes beschreibt, ist
von dem Jesus der anderen Evangelisten nicht mehr verschieden, als
Sokrates, wie er in Plato's Dialogen erscheint, von dem Sokrates
in Xenophons Erzählung verschieden ist; und in der Bergpredigt und
einigen der Gleichnisse finden sich ebenso tiefe und bedeutsame Aussprüche, als die von Johannes gegebenen. Wir wissen auch, daß Jesus
oft, fern von dem Volk, zu seinen Jüngern allein sprach, und dann
tiefer in die Geheimnisse seines Lebens und seiner Lehren einging.
Kein Evangelist behauptet, alles zu geben, was Jesus gesagt und gethan hat. Natürlich betont Jeder am meisten das, was den größten
Eindruck auf sein Gemüth machte, und berichtet es auf seine Weise.
Der Styl des Johannes in seinen Episteln beweist, daß sein Geist
und Gemüth gerade solche Aussprüche Jesu ergreifen konnte und
mußte, wie sein Evangelium sie enthält.

auf diese Weise, darauf zu achten, daß Alles, was um sie
her in der Natur und im Leben vorging, irgend eine sitt-
liche Anschauung, eine höhere Wahrheit über das Reich
Gottes lehrte. So verband er seine Zeit mit zukünftigen
Zeiten, durch Wahrheiten, die von einer Generation zur an-
deren an Bedeutung zunehmen; und er verband die wirkliche
Welt mit der geistigen durch Analogien voll Leben und
Schönheit.

Von den vielen Gleichnissen, die Jesus gebrauchte, sind
nur dreißig in den Evangelien aufbewahrt. Viele von diesen
sind nur zwei oder drei Zeilen lang, und in einigen Fällen
enthalten zwei oder drei Worte die ganze Lehre des Gleich-
nisses. Doch selbst zwei oder drei Worte, wie „die kostbare
Perle", „der Sauerteig", „der Weizen auf dem Felde", „das
Senfkorn" *), enthalten eine Lehre, die wir auf so viele Dinge
und in so mancherlei Weise anwenden können, daß wir sie
jeden Tag, so lange wir leben, wiederholen dürfen, ohne
ihre Weisheit zu erschöpfen, oder ihrer einfachen Schönheit
müde zu werden.

Die meisten Gleichnisse Jesu beziehen sich auf das Himmelreich, denn dies war der große Gegenstand, von dem er
sprach, und mit dem sich die Gemüther seiner Hörer beschäftigten. Sein erstes Gleichniß, wie es Matthäus erzählt,
— das Gleichniß vom Sämann — war ein Gemälde davon, wie seine und seiner Apostel Predigten vielleicht aufgenommen werden würden, wie in der That das Evangelium
noch heute von verschiedenen Klassen aufgenommen wird.
Wie wir aus der Skizze seines Lebens zu Kapernaum gesehen haben, hatten seine Bergpredigt, seine Lehren und die

---

*) Matth. 13.

in der Stadt verrichteten Wunder solches Aufsehen gemacht, daß er nicht ausgehen konnte, ohne Viele um sich zu versammeln, die alle bereit waren, seine Jünger zu werden, wenn sie sicher sein konnten, daß er der Messias wäre und das Himmelreich aufrichten würde. Jesus fühlte, daß die Zeit gekommen war, solche Zuhörer auszuforschen, indem er ihr wirkliches Interesse für ihn und seine Lehre prüfte; und eines Morgens, da sich eine größere Menge als gewöhnlich am Ufer des Sees von Galiläa um ihn drängte, trat er in ein Boot und trieb es ein kleines Stück vom Lande. Als er die wißbegierige Menge überschaute, ruhte sein Auge auf der reichen Ebene von Genezareth und den abgerundeten Hügeln im Hintergrund, von welchen die Städte am Uferrand ihren Bedarf an Obst und Korn empfingen; und vielleicht sah er in demselben Augenblick in der Ferne einen Säemann, der den Samen zu einer neuen Ernte ausstreuete. Keine Umzäunungen theilten die Felder, trennten selbst nicht das Korn von den betretenen Pfaden, auf denen Fußgänger und Lastthiere ihren Weg von und nach dem See machten. Der Säemann konnte sich nicht aufhalten, jedes einzelne Weizenkorn in die dafür bereitete Furche zu legen, die Dornen auszuziehen, die Steine aufzulesen, das steinige Land zu lockern: er mußte den Samen weithin über das gepflügte Feld streuen, und es fallen lassen, wie es kam. Einiges fiel an den Weg und wurde von den Vögeln aufgefressen; Einiges fiel auf steinigen Boden, um zu keimen und zu welken; Einiges fiel auf guten Boden und trug reichliche Frucht*). So ist es überall im Reich der Natur und im Reiche der Gnade,

> „Gott spendet Liebe allerwegen
> Für seine Kinder jeden Tag;
> Und immer schlagen Herzen ihm entgegen,
> In die der Same fallen mag.“

---

*) Matth. 13, 1—9.

Aber obgleich Wahrheit und Liebe, wie Regen und Sonnen=
schein für Alle gleich vom Himmel fallen, werden unsere
Herzen keinen Gewinn davon haben, wenn sie hart und
selbstsüchtig sind; und die besten Gaben Gottes können durch
unsere weltlichen Wünsche und unheiligen Empfindungen in
uns erstickt werden. Es ist nicht genug, daß der gute Same
gesäet wird, oder daß uns ein reicher Antheil davon zu=
fällt.

Gott, dessen liebende Hand überall waltet, ist nicht der
einzige Säemann. Der Feind, der Böse, ist immer geschäftig,
Unkraut in die Welt und in unsere Herzen zu säen, und
versucht, Gutes mit Bösem zu vermischen und alles, was
gut anfängt, in Uebel zu verkehren. Der Säer des guten
Samens kann seine Zeit nicht damit verlieren, das Unkraut
auszujäten; er ermahnt uns, wachsam zu sein, das Böse fern
zu halten, und das Gute zu lieben*). Zugleich müssen wir
Sorge tragen; nicht das Gute zu verderben, indem wir ver=
suchen, es zu schnell wachsen zu machen. Wenn wir die
Pflanze jeden Tag ausziehen, um zu sehen, wie die Wurzeln
wachsen, so werden wir sie bald tödten. Wenn der gute
Same in uns gelegt ist, müssen wir ihn ruhig und natürlich
wachsen lassen, und obgleich er zuerst nicht größer scheint als
ein Senfkorn, wird er sich nach und nach entfalten und
schöne, blühende Zweige treiben, in denen die Vögel singen**).

Um im Leben Etwas zu erreichen, ihm für die Welt Werth
und wahre Würde zu verleihen, müssen wir die Wahrheit in
unseren Herzen über Alles stellen und in unseren Hand=
lungen der Wahrheit vor Allem gehorchen. Wir hören oft

---

*) Matth. 13, 24—30.
**) Marc. 4, 26—34.

die Frage: „Wie viel ist dieser Mann werth?" und die Antwort ist: „Er ist so viele Millionen werth." Doch mit all seinen Millionen ist der Mann für die Welt wenig oder gar nichts werth. Gleich dem reichen Thoren, der glaubt, alles zu haben, was er bedarf, und „für viele Jahre Schätze gesammelt hat", kann gerade dann seine Seele leer und nackt vor Gott gerufen werden, ohne etwas Gutes aufweisen zu können, trotzdem er so viel gehabt hat*). Was hat er dem wahren Werth des Lebens hinzugefügt, durch seine Ideen, seine Grundsätze, Gefühle oder Handlungen? Hier muß es sich zeigen, wie viel er wirklich werth ist, ob er in Wahrheit „reich vor Gott ist"; und jeder Mensch mag suchen, so viel Werth zu erlangen, als Fähigkeit zum Guten in ihm ist. Solchen Werth zu erlangen, müssen wir bereit sein, jeden anderen aufzugeben. Wie der Weise gesagt hatte: „Kaufe Wahrheit, und verkaufe sie nicht", so lehrte uns Jesus, alles Andere aufzugeben — Freuden, Ehren und Reichthümer —, um den verborgenen Schatz der Weisheit, die kostbare Perle der Wahrheit, zu erlangen***). Und um mit Recht die Wahrheit zu besitzen, ist es nicht genug, sie zu begreifen, selbst nicht, sie mit dem Herzen anzuerkennen: wir müssen sie in unserem eigensten Selbst verkörpern, so daß sie alle Triebfedern unserer Gedanken, Gefühle und Handlungen bewegt und gleich dem Sauerteig sich jedem Atom unseres Wesens mittheilt†). Wir können nicht Wahrheit mit Irrthum, noch Gutes mit Bösem vermengen, ebenso wenig wie wir „neue

---

*) Luc. 7, 16—21.
**) Spr. Sal. 23, 23.
***) Matth. 13, 44—46.
†) Matth. 13, 33.

Lappen auf ein altes Kleid" flicken, oder „neuen Wein in alte Schläuche füllen können". „Ich bin die Wahrheit", sagte Jesus; denn Wahrheit war sein Leben; und das Leben, durch welches Gottes Wahrheit beständig hindurch schien, war das Licht der Welt.

Die erste Reihe der Gleichnisse lehrte in mancherlei Gestalten, wie das „Himmelreich in die Herzen aufgenommen, und darin zu Wachsthum und Leben gebracht werden sollte. Aber wenn nun Jemand diese himmlische Weisheit versäumt, wenn er unterlassen hat, von der in unser Gewissen gepflanzten Stimme der Wahrheit zu lernen; zugelassen hat, daß sein Herz vom Geist der Welt erfüllt war, und sein Leben für niedrige und selbstsüchtige Zwecke vergeudet wurde? Dann zeigen andere Gleichnisse, daß Gottes Liebe größer ist als unsere Thorheit, seine Gnade größer als unsere Sünde. Gleich der Frau, die das Haus kehrt und es durchsucht, um einen verlorenen Groschen zu finden; gleich dem Hirten, der seine ganze Heerde verläßt, und die Wüste auf- und abgeht, um das eine verlorene Schaf zu suchen, — so wendet sich Gott von der seligen Gemeinschaft der Engel, und sucht das verlorene Menschenkind. Und obgleich der verlorene Sohn seines Vaters Liebe verschmäht und seines Vaters Haus verlassen hatte, und zur niedrigsten Gesellschaft herabgesunken war, obgleich Alle ihn in seiner Noth und seinem Elend verlassen hatten, und die Laster, in denen er geschwelgt, ihn hinausgetrieben hatten bis unter die Schweine, sehnte sich doch sein Vater nach ihm, bemitleidete ihn, hieß ihn willkommen, zog ihm die schlechten Kleider aus, küßte seine Thränen hinweg, und drückte ihn an sein Herz*).

---

*) Luc. 15, 1—32.

Wenn wir uns zu schwach fühlen, das Böse aufzugeben, wenn unsere Herzen schwer sind von Furcht und Zweifel, dann hat Jesus uns die Segnung des Gebetes, als Hülfe in jeder Noth gegeben. Wenn wir, wie der Zöllner, aus einfältigem Herzen rufen: „Gott, sei mir Sünder gnädig" *), so ist die Antwort der Gnade im Voraus bereit; wenn wir wie die verlassene und hilflose Wittwe bitten, von Prüfungen, Sorgen und Feinden befreit zu werden, so wird der gerechte Richter uns hören und beistehen**); wenn wir, gleich dem Wanderer, um Mitternacht hungrig und müde ankommen, so werden wir Brod und Obdach finden***). Viel größer als alle menschliche Geduld, Theilnahme und Barmherzigkeit ist die Liebe unseres himmlischen Vaters. „Wo bittet unter euch ein Sohn den Vater um Brod, der ihm einen Stein dafür biete? und so er um einen Fisch bittet, der ihm eine Schlange für den Fisch biete? Oder so er um ein Ei bittet, der ihm einen Scorpion dafür biete? So denn ihr, die ihr arg seid, könnet euren Kindern gute Gaben geben, wie vielmehr wird der Vater im Himmel den heiligen Geist geben denen, die ihn bitten!" †) Selbst wenn wir ganz vergessen und verlassen scheinen und wie Lazarus vor des reichen Mannes Thür liegen und von den Hunden geleckt werden sollten, dennoch werden wir, wenn wir durch Alles hindurch an Gott, an unserem Theil festhalten, zuletzt seine Engel bereit finden, uns in Abrahams Schooß zu tragen ††). Wie groß auch unsere Geduld bei den scheinbaren Verzöge-

---

*) Luc. 18, 13.
**) Luc. 18, 2—8.
***) Luc. 11, 11—13.
†) Luc. 11, 5—8.
††) Luc. 16, 22.

rungen der Vorsehung sein mag, Gottes Geduld ist weit größer bei den Verzögerungen und Aergernissen unserer Sünden. Der Sohn, der trotzig sagte: „Ich will nicht", doch nachher bereute und kam, — die Arbeiter, die den ganzen Tag müßig waren, doch zuletzt in der eilsten Stunde kamen, — empfingen Lob und Belohnung ohne jegliches Wort des Vorwurfes. So reichlich, so bereitwillig gibt Gott die Gnade, die ganz sein eigen ist*).

Neben diesen Gleichnissen von Liebe und Gnade waren andere mit Warnungen vor der Nichtachtung der Güte und dem Mißbrauch der Gnade. Nicht was wir empfangen, sondern was wir thun und sind, bestimmt unsern Werth: „Was zum Munde ausgehet, das verunreinigt den Men=schen."**) Das Reich Gottes ist uns dargeboten, wie ein reiches, glänzendes Mahl; Alles ist bereit und die Einladungen waren zahlreich und dringend. Aber wenn wir die Groß=muth des Werthes geringschätzen und leichtfertige und nichts=sagende Entschuldigungen für unser Wegbleiben vorbringen, so werden wir zuletzt finden, daß die Gelegenheit verloren ist, und daß die, welche wir tief unter uns an Berechtigung geglaubt haben, — die Heiden sogar, — „die vom Morgen und vom Abend, von Mitternacht und vom Mittag kommen und zu Tische sitzen werden im Reiche Gottes"***). Ja, wenn diejenigen, die zur Hochzeit des Königssohnes ge=laden sind, die Boten sogar mit Verachtung und Gewaltthat behandeln, müssen sie wie Mörder bestraft werden†). Die Segnungen, die Jesus im Evangelium bietet, dürfen nicht

---

*) Matth. 20, 1—16.
**) Matth. 15, 10—20.
***) Luc. 13, 28. 29; 14, 16—24.
†) Matth. 22, 1—14.

gering geschätzt werden. Der Umstand, daß wir sie haben, macht uns verantwortlich dafür, sie zu benutzen. Es ist wahr in Bezug auf alle Vorzüge und Begünstigungen, — unsere Geburt, unsere Naturgaben, unseren Besitz, unsere Stellung, — daß, „wem viel gegeben ist, von dem wird viel gefordert werden" *). So ist es mit dem geistigen Segen des Evangeliums. Der Haushalter, der einen Weinberg ge= pflanzt, ihn umzäunt, eine Kelter darin eingegraben und einen Thurm gebaut hat, mit einem Wort, der Alles gethan hat, die Weinstöcke zu pflegen und vor Schaden zu behüten, hat ein Recht, eine gute Ernte zu erwarten, und darf wohl zornig auf die Arbeiter sein, die den Weinberg als ihr Eigen= thum betrachten und die Früchte für sich nehmen, oder thörichter Weise verbringen. Er würde sogar Recht thun, ihnen die Privilegien zu nehmen, die sie so arg gemißbraucht haben, und den Weinberg Anderen zu geben **). Der Feigen= baum, der Jahre lang sorgfältig gezogen worden ist, muß zu= letzt abgehauen werden, wenn er keine Frucht bringt ***).

Das Gute, das wir so reichlich empfangen, müssen wir ebenso reichlich mittheilen. Die Gunst, die Gott uns erweist, sollen wir unseren Mitmenschen erweisen. Wenn der Herr in seiner großen Barmherzigkeit uns zehntausend Talente erlassen hat, sollen wir nicht um einer Schuld von hundert Pfennigen willen gegen unsern Mitmenschen hart sein, sondern müssen ihm von Herzen jede Schuld vergeben; müssen ihm wieder bis zu siebenmal siebzig mal vergeben †).

---

*) Luc. 12, 48.
**) Matth. 21, 33—46.
***) Luc. 13, 2—9.
†) Matth. 18, 21—35.

Die Dinge dieser Welt, die uns anvertraut sind, müssen wir so zu Wohlthaten gegen Andere verwenden, daß selbst der „ungerechte Mammon", der gewöhnlich der Feind der Frömmigkeit ist, in einen Freund verwandelt wird, der für uns spricht,. um des guten Gebrauches willen, den wir von ihm gemacht haben*). Und selbst wenn wir das Alles gethan haben, müssen wir daran denken, daß wir nur Haushalter sind, und müssen sagen: „Wir sind unnütze Knechte; wir haben gethan, das wir zu thun schuldig waren" **). Gottes Gnade gegen uns sollte uns zur Dankbarkeit gegen ihn, und zur Barmherzigkeit gegen Andere bewegen; das Bewußtsein unserer Sünde und Unwürdigkeit wird uns drängen, unsere Dankbarkeit wie köstliche Salben zu den Füßen Jesu auszugießen: „Wem viel vergeben ist, der hat viel geliebet" ***). Und das Bewußtsein unserer eigenen Bedürftigkeit und Nichtigkeit wird uns treiben, Alle, die in Noth oder Jammer sind, zu bemitleiden und aufzurichten, ohne Rücksicht auf äußere Umstände und Unterschiede. Gleich dem barmherzigen Samariter sollen wir jeden Menschen wie unseren Nächsten ansehen und jedem Leidenden wie einem Bruder helfen†). Die Segnungen, die uns zu Theil geworden sind, die Gaben, die uns anvertraut sind, rufen uns auf zu treuer Wachsamkeit, in Hinsicht auf unsere letzte Abrechnung.

Die „Pfunde", „die Talente", die in unsere Hände gelegt sind, sollen nicht nur frei von Rost und Zerstörung

---

*) Luc. 16, 1—13.
**) Luc. 17, 7—10.
***) Luc. 7, 40—50.
†) Luc. 10, 24—37.

bewahrt, sondern sie sollen im Dienste des Herrn verbessert und für sein Kommen bereit gehalten werden. Sein Tadel für Nachlässigkeit und Mißbrauch wird ebenso scharf und streng sein, wie seine Belohnung der Treue groß und reich sein wird. Wir müssen nur über dem, was uns anvertraut ist, treu sein, und wir werden eingehen zu unseres Herren Freude*). Aber wir müssen „handeln, bis daß er kommt"**), und wie die klugen Jungfrauen, die ihre Lampen getränkt und geputzt hatten, müssen wir wachen und hoffen und stets bereit sein; „denn wir wissen weder Tag noch Stunde, in welcher des Menschen Sohn kommen wird"***).

Die Reihe der Gleichnisse, die mit dem Säen des guten Samens für das Himmelreich und dem Versprechen hundert= fältiger Frucht für jedes gute und willige Herz anfing, schloß mit den Belohnungen und Auszeichnungen für die gläubige Annahme des Evangeliums, die den „Gesegneten des Va= ters" in der Herrlichkeit des himmlischen Reiches bereitet sind. Doch der Tod, der die endliche Erscheinung des Him= melreichs entscheiden muß, wird auch über seine wahren Erben und Besitzer das Urtheil sprechen. „Denn das Himmel= reich ist gleich einem Netz, das in's Meer geworfen ist, da= mit man allerlei Gattung fänget; wenn es aber voll ist, so ziehen sie es heraus an das Ufer, sitzen und lesen die guten in ein Gefäß zusammen, aber die faulen werfen sie weg. Also wird es auch am Ende der Welt gehen: die Engel werden ausgehen und die Bösen von den Gerechten

---

*) Matth. 25, 14—30.
**) Luc. 19, 12—27.
***) Matth. 25, 1—24.

scheiben"*). Wohl durfte Jesus zu uns sagen, wie er zu den ersten Hörern dieser Gleichnisse sagte: „Habt ihr das alles verstanden?"**)

---

*) Matth. 13, 47—49.
**) Matth. 13, 51.

27. Kapitel.

Die Wunder Jesu.

[Nur wenige werden berichtet — Man soll bei solchen Thatsachen die Vernunft zu Rathe ziehen — Die Naturgesetze sind nicht Urkräfte oder erste Ursachen — Ein Wunder kann einer höheren Sphäre entstammen — Die Natur kann in der Hand einer geistigen Macht liegen — Unermeßlichkeit des Weltalls — Es mag gute Gründe dafür geben, daß Gott den Menschen seine unmittelbare Macht zeigt — Die Wunder Jesu stehen im Einklang mit seinem ganzen Wesen — Die Evangelisten waren glaubwürdige Zeugen — Wunder gegen die Natur, nur hervorgebracht durch den Willen Jesu — Die Macht des Geistes über die Materie — Wunderthaten am menschlichen Körper — Macht über böse Geister — Todtenerweckung — Seine Wunder geschahen öffentlich und zu guten Zwecken — Warum geschehen keine Wunder mehr?]

Von den Wundern Jesu wurde, ebenso wie von seinen Gleichnissen, nur eine kleine Zahl in die Evangelien aufgenommen. Wieder und wieder erzählen sie uns, daß er viele gewaltige Thaten verrichtete und „allerlei Seuche und Krankheit im Volk heilte" *); und in der warmen Bewunderung des Lebens seines Herrn sagt Johannes: „Es sind auch viele andere Dinge, die Jesus gethan hat, welche, so sie sollten eins nach dem andern geschrieben werden, achte ich, die Welt würde die Bücher nicht begreifen, die zu beschreiben wären" **).

---

*) Matth. 4, 23.
**) Joh. 21, 25.

Aber nicht die Zahl der Wunder, die Jesus that, sondern ihre Wahrhaftigkeit als Thatsachen, ihre Natur, ihre Bedeutung, ihr Zweck geben seinem Leben, seinen Werken den Charakter. Ein einziges wirkliches Wunder, wie seine eigene Auferstehung, würde genügen, ihn als den Sohn Gottes zu bestätigen. Es handelt sich um die Thatsache.

Die Naturgesetze sind so feststehend und gleichmäßig, daß es uns schwer fällt, an die Wirklichkeit eines Ereignisses zu glauben, das dem regelmäßigen Verlaufe der Dinge, wie er uns bekannt ist, zuwider scheint. Die Erfahrung lehrt uns zu zweifeln, ob ein solches Ereigniß möglich ist, und die Vernunft verlangt, daß der Bericht davon mit ungewöhnlicher Sorgfalt geprüft werde. Aber zu sagen, daß ein Ereigniß, welches dem bisher von uns beobachteten Lauf der Natur zuwider ist, unmöglich, und deshalb der Untersuchung nicht werth sei, ist unbillig, ist gegen unsere eigene Vernunft und gegen den Charakter zuverlässiger Zeugen, und ist an sich selbst dem Geist wahrer Wissenschaft zuwider. Wir wissen nicht genug von der Natur, noch weniger vom Weltall, von welchem die physische Natur nur eine niedrige Stufe ist, um zu behaupten, daß Nichts stattfinden kann, noch jemals stattgefunden hat, zuwider dem, oder nur neben dem, was wir als den Lauf der Dinge in der Welt der Materie beobachtet haben. Wir kennen nicht die ganze Natur, — wie z. B. was zwischen uns und den Fixsternen liegt, oder was sich jenseit jener Gestirne im unendlichen Raum befindet, welche Formen, welche Kräfte dort walten, oder wie die Einrichtung und der Zustand im Innern der Erde ist, auf der wir leben. Die Wissenschaft hat oft ihre Ansichten geändert und ändert sie noch jetzt über solche Punkte, die Jahrhunderte lang das Studium der Menschen waren. Was wir Naturgesetze nennen, sind nicht ursprüngliche Kräfte, nicht erste und unabhängige Ursachen, sondern nur die regelmäßige Fortsetzung und Methode, nach welcher gewisse Ereignisse zu geschehen pflegen. Eine Vereinigung von Ursachen oder Bedingungen hat man immer dieselben Ereignisse hervorbringen sehen, oder wenigstens sah man dieselben darauf folgen, und dies nennen wir in dem Falle Naturgesetz; — so wie, daß Feuer, Holz oder Fleisch verzehrt, und daß ein in die Luft geworfener Stock nicht wie ein Vogel davonfliegt, sondern zur Erde fällt. Aber was wir in diesem Falle das Gesetz nennen, mag nicht die eigentliche Kraft sein, die das Ereigniß herbeiführt. Diese kann weit hinter Allem verborgen liegen, was wir sehen oder verfolgen können; und die Ursache, die am nächsten vor dem Ereigniß steht, mag nur die letzte einer langen Kette von Ursachen und Bedingungen sein, die dem Ereigniß vorangingen, und von denen jede mit dem Resultat in Verbindung steht und einen Bestandtheil des Gesetzes ausmacht. Jede dieser Ursachen kann umgekehrt eine Wirkung sein, ein Factum, das einem anderen Factum folgt; und das sogenannte Gesetz ist vielleicht nichts weiter als eine Kette von Wirkungen, deren Ausgangspunkt wir nicht kennen. Was wir in der Natur verfolgen, sind diese Folgereihen secundärer Ursachen; aber es bleibt immer Etwas, was wir nicht erfassen können. Von Zeit zu Zeit bringt die Wissenschaft secundäre Ursachen ans Licht, die vorher nicht beobachtet worden sind, oder gibt den bereits bekannten Ursachen neue Formen, neue Namen, neue Bestimmungen, so daß wir immer noch in der Natur lernen und zuweilen genöthigt sind, alte Annahmen über ihre Gesetze und Ursachen für ein neues Prinzip oder eine andere Wirkungsart aufzugeben. Geologie, Magnetismus, Licht, Wärme, Schall, die Krankheiten des menschlichen Körpers liefern viele Beispiele von dem Wechsel, den die Wissenschaft in unserer Weise, die Natur und ihre Gesetze zu begreifen, hervorgebracht hat. Ohne Zweifel stehen noch andere Wechsel bevor; denn die Wissenschaft, — wie z. B. die Erforschung des Meeresbodens, — sucht immer nach etwas Neuem; und nach jeder Thatsache, die sie entdeckt, entsteht wieder die Frage: „Warum oder wie ist dies? oder wo ist der Anfang von allem Diesem?" Und auf diese Frage finden wir keine Antwort in der Natur oder in ihren Gesetzen. Wie sehr hat sich seit der Entdeckung des Teleskops unsere Kenntniß des Weltalls erweitert. Wie hat sie zugenommen und nimmt sie noch zu seit der Anwendung der Spectralanalyse! Und welche großen Entdeckungen mögen noch bevorstehen! Der also, welcher sagt, daß dies oder jenes unmöglich ist, weil es dem, was wir bis jetzt von der Natur wissen, zuwider= läuft, zeigt nur seine eigene Unwissenheit und Ueberhebung. Es ist wahr, das Ereigniß, daß er so vornehm bei Seite schieben möchte, ist vielleicht „wunderbar seltsam". Und darum gewährt ihm Zulaß als etwas Seltsamem:

> „Es gibt mehr Dinge im Himmel und auf Erden,
> Als Eure Schulweisheit sich träumt, Horatio."

Die Natur hat einen zu weiten Umfang für unsere Sehkraft; und deshalb kann, was wir übernatürlich oder ein Wunder nennen, nur eine tiefere Absicht der Natur sein, die unseren Gesichtskreis für einen Augenblick kreuzt, wie die Venus Jahr= hundert nach Jahrhundert durch die Sonne geht, oder wie ein Komet, der nach seinen eigenen Gesetzen im Raum um= herschweift, einmal nach Jahrtausenden an unserem Himmel leuchtet. Wie der Komet, wie der Venusdurchgang mag das Wunder, obgleich es so selten erscheint, daß es „wunderbar seltsam" ist, nur eine natürliche Berührung der himmlischen Sphäre mit der irdischen sein.

Oder wer kann behaupten, genug von der Natur zu wissen, um zu sagen, daß alle ihre sichtbaren Gesetze und Wirkungen nicht im Bereich einer geistigen Macht liegen, die, ohne den bestehenden Einrichtungen Gewalt anzuthun, zu einem außergewöhnlichen Zweck, ein außergewöhnliches Wirken in Bewegung setzen kann? Wer diese Möglichkeit läugnen wollte, würde nur beweisen, daß sein geistiger Horizont zu eng ist, um den Begriff des so unendlichen und erhabenen Weltalls zu erfassen. Ein solcher Philosoph ist in Wahrheit ein Fetischanbeter, der die Materie, Natur genannt, zu seinem alleinigen Gott macht. Was er sehen und anfassen, wägen und analysiren kann, ist die Ursache von Allem, sogar von ihm selbst.

Wie viel höher ist die Vorstellung von einer Macht, die über allen Dingen steht! Wie viel ehrenvoller ist es für den menschlichen Geist, einen Geist über der Natur anzunehmen, mit dem der Mensch verwandt ist!

Der letzte Wagen eines Eisenbahnzuges wird durch eine Kette gezogen, die ihn an den Wagen vor ihm befestigt. Aber diese Kette ist nicht die bewegende Kraft, sondern diese liegt in der voraneilenden Locomotive; dennoch ist es nicht die Eigenthümlichkeit der Locomotive, sondern der Dampf, der die Maschine bewegt; und der Dampf wird von dem Maschinenmeister hervorgebracht, der auf diese Weise Feuer und Wasser benutzt; und obgleich die Locomotive sich auf einer vorgezeichneten Bahn zwischen den eisernen Schienen bewegt, die ihren Lauf bestimmen, kann der Führer doch durch Berührung eines Ventils ihre Schnelligkeit vermehren oder vermindern, kann sie nach seinem Willen regieren. So kann vielleicht, obgleich die Natur sich in den von ihren eigenen Gesetzen vorgeschriebenen Linien bewegt, die unsichtbare Hand ihre Federn ohne Gewaltthätigkeit zu berühren verstehen, sie vielleicht auf einen Augenblick ohne Rücksicht auf Stationen und Tabellen zum Halten bringen. Wenn es wäre, weil grade an dieser Stelle der König einsteigen sollte? Der befremdende Halt erregt die Aufmerksamkeit eines Jeden; alle Köpfe strecken sich aus den Fenstern, und da das Puffen der Maschinen und das Rasseln des Zuges aufgehört haben, hört man die Musik, die verkündigt, w e r gekommen ist, und warum Halt gemacht wurde. So kann der Laut der Natur auf einen Augenblick zum Schweigen gebracht, der Zug ihrer Ereignisse ohne Gewalt aufgehalten worden sein, damit die Menschen sehen und hören, fühlen und erfahren möchten, daß der Fürst des Friedens erschienen und mit Hosiannah begrüßt ist.

In solchem Falle würde der Zweck die Mittel heiligen. Wenn der Gegenstand eines Wunders etwas Alltägliches, Unwürdiges, Eitles, Niedriges, Unmoralisches wäre, so würden wir uns weigern, den Fall nur zu betrachten. Aber wenn das behauptete Wunder in Beziehung zu einem erhaben guten Leben und Charakter steht, und mit der Absicht geschieht, die Menschheit zu segnen, zu bessern und zu erlösen, dann ist das Motiv groß genug, um es zu rechtfertigen: die Gelegenheit ist eines solchen Zeugnisses werth; und das Wunder, statt der Mittelpunkt, der Anziehungspunkt für die Blicke der Menschen zu sein, ist nur der Herold, der Posaunenbläser, der die Ankunft des Königs verkündet. So ist in der Person Jesu, dessen Leben, Lehren, Motiv, Charakter, Zweck und Erfolge ihn und seine Werke so weit über das gewöhnliche Maaß der Menschheit erheben, daß Renan schließ-

lich sagt: „Diese erhabene Persönlichkeit muß in gewissem
Sinne göttlich genannt werden", — in der Person und
dem Leben Jesu wird die Voreingenommenheit gegen Wun=
der durch die Umstände des Falles aufgewogen; und seine
wunderbaren Thaten sind ebenso wahrscheinlich wie alle an=
deren Thatsachen. Zu sagen, daß ein Wunder unmöglich ist,
heißt die Lösung der Frage vorwegnehmen; denn es handelt
sich ja hauptsächlich darum, ob solche Dinge wirklich von
ihm gethan sind. Zu sagen, daß ein Wunder gegen die Er=
fahrung spricht, heißt wieder die Lösung der Frage vorweg=
nehmen, denn unsere Erfahrung umfaßt nicht die ganze Ge=
schichte der Menschheit, und in den Evangelien treten Zeugen
auf, die bezeugen, daß die Ereignisse vor ihren Augen statt=
fanden. Diese Zeugen beweisen durch den einfachen, geraden
Ton ihrer Erzählung, daß sie ehrlich und aufrichtig, Männer
von gesundem Menschenverstand waren, die selbst nur schwer
an das größte aller Wunder, die Auferstehung Jesu von den
Todten, glaubten. Sie erzählen die Geschichte ihrer eigenen
Zaghaftigkeit, ihres Schwankens und Unglaubens mit einer
Ehrlichkeit, die unser Vertrauen fordert. Sie benutzen die
Wunder nicht, um Aufsehen zu machen; den größeren Theil
derselben erwähnen sie nicht einmal. Sie hatten durch das
Verkünden dieser Wunder nichts zu gewinnen — weder
Geld, noch Ruhm, noch Macht —, im Gegentheil, sie setzten
ihr eigenes Leben in Gefahr durch die Kundgebung solcher
Thatsachen. Sie waren gebessert worden, und suchten An=
dere durch den Glauben an Jesus zu bessern. Ein großer
Rechtsgelehrter hat gesagt, daß er „mit diesen Zeugen ein
Kreuzverhör anstellen möchte"; aber er vergißt, daß sie das
Verhör am Kreuz erlitten und ihr Leben ließen, um
zu beweisen, daß Jesus diese Dinge gethan hatte, und

daß sie ihn nach seiner Kreuzigung lebendig gesehen hatten.

Von der Wahrscheinlichkeit dieser Werke Jesu als That= sache, müssen wir auf ihre Bedeutung und ihren Werth zu= rückgehen. Der Beweis, daß Jesus eine Macht besaß, die nicht Menschen angehört, war in der Auferweckung des La= zarus ebenso stark, als wenn er im Thal von Josaphat ge= standen und alle Todten aus den rings umherliegenden Gräbern hervorgerufen hätte. Das Factum seiner eigenen Auferstehung wird in einem späteren Kapitel behandelt wer= den; unsere Absicht ist hier, die Wunder, wie wir es bereits mit den Gleichnissen gethan haben, in eine einzige Lehre zu= sammenzufassen. Um eine richtige Idee von diesen Werken Jesu zu haben, müssen wir sie zusammenstellen und in Klassen theilen, und sehen, wann und wie, aus welchem Grunde und zu welchem Zweck sie geschahen.

Eine Klasse seiner Wunder bezieht sich auf die Natur, die physische Welt, zugleich auf das Thier= und Pflanzen= leben. Durch sein Wort gebot er dem Sturm auf dem See von Galiläa, als die muthigen und erfahrenen Fischer, die das Boot führten, alle Hoffnung aufgaben*). Dann, als die Jünger um Mitternacht gegen einen der plötzlichen und heftigen Stürme, wegen deren der See berüchtigt ist, arbei= teten und ruderten, kam Jesus zu ihnen und ging auf dem Meer, und da Petrus auf dem Wasser ging, daß er zu Jesu käme, rettete Jesus ihn vom Untersinken**). Zu Cana in Galiläa verwandelte Jesus Wasser in Wein***). Zweimal

---

*) Matth. 8, 23—27. Marc. 4, 36—41. Luc. 8, 22—5.
**) Matth. 14, 22—33. Marc. 6, 45—53. Joh. 6, 18—21.
***) Joh. 2, 1—12.

vervielfältigte er die Brode und Fiſche, ſodaß einmal vier=
tauſend und einmal fünftauſend Menſchen geſpeiſt wurden*).
Auf dem Wege von Bethanien nach Jeruſalem verfluchte
Jeſus einen Feigenbaum, und er verdorrte**).

Alle dieſe Fälle, ſo verſchieden ſie der Form und den Um=
ſtänden nach ſind, ſtimmen darin überein, daß Jeſus durch
ſeinen Willen direct und in einer von den Naturgeſetzen
ganz verſchiedenen Weiſe auf die Materie wirkte. Es gibt
keine Naturmacht, durch die Waſſer in Wein verwandelt
werden könnte; durch keine Naturmacht können die Brode in
der Hand der Männer, die ſie brechen und vertheilen, ver=
vielfältigt werden: dennoch geſchahen dieſe beiden Wunder
ohne irgend einen ſichtbaren Act von Seiten Jeſu, der ſolche
Reſultate hätte hervorbringen können. Daß das Geſetz der
Schwere aufgehoben werden konnte, ſodaß ein Menſch auf
dem Meer wandelte, ſtatt unterzuſinken, und ſogar einen
anderen Menſchen, der neben ihm unterſank, herausziehen
konnte, beweiſt, daß ein Naturgeſetz, das allgemein und gleich=
förmig iſt, unter eine höhere Macht gebracht war. Es konnte
keine natürliche Verbindung zwiſchen dem Wort eines Mannes
und dem Verdorren eines mit friſchen Blättern bedeckten
Baumes geben. So alſo ſtimmen alle dieſe Wunder darin
überein, daß ſie die Macht des Geiſtes über die Materie
zeigen, die Macht, ihre Formen, ihre Eigenſchaften, ihre Be=
ziehungen zu ändern, ohne eins der Naturgeſetze oder einen
ihrer Prozeſſe anzuwenden, ſelbſt ohne dieſe Geſetze aufzu=
heben; mit einem Wort, wir ſehen hier die Wirkungen einer

---

*) Matth. 14, 15—21; 15, 32—39. Marc. 6, 30—46; 8, 1—9.
Luc. 9, 10—17. Joh. 6, 1—14.
**) Matth. 21, 18—22. Marc. 11, 12—14. 20—26.

Macht, gleich der, welche sich in der Schöpfung offenbarte. Und wer ist im Stande, zu beweisen, daß der Geist in seiner höchsten Manifestation nicht solche Macht über die Materie besitzt?

Bei dem wunderbaren, zweimal wiederholten Fischzug und dem Fangen eines Fisches mit einem Goldstück im Maule, bestand das Wunder darin, im Augenblick zu wissen, wo die Jünger das Netz hinwerfen sollten, oder die Bewegungen der Fische so in der Gewalt zu haben, daß sie in demselben Augenblick in das Netz gingen. In beiden Fällen war dies, obgleich es von einem directen Act schöpferischer Macht verschieden ist, etwas, das weit über die gewöhnliche Grenze menschlicher Macht und Geschicklichkeit hinausgeht *).

Eine andere und größere Gruppe der Wunder Jesu wurde am menschlichen Körper vollbracht: wir dürfen in der That behaupten, daß der bei weitem größte Theil seiner Wunderthaten zur Erleichterung menschlicher Leiden ausgeführt wurde. Obgleich die Zahl der uns überlieferten Wunder klein ist, schließen sie eine solche Mannigfaltigkeit von Fällen ein, daß sie die Herrschaft Jesu über jede Form menschlicher Hinfälligkeit und Krankheit, und sogar über den Tod zeigen. Sechs Fälle werden berichtet, in denen er Blinden das Gesicht wiedergab, und in einem von diesen war der Mensch blind geboren**). Ein Beispiel ist gegeben von der Heilung eines Taubstummen***); zwei von Heilung

---

*) Luc. 5, 1—11. Joh. 21, 1. Matth. 17, 24—27.
**) Matth. 9, 27—31; 20, 29—34. Marc. 7, 31—35; 8, 22—26; 10, 46—52. Luc. 18, 25—43. Joh. 9, 1—41.
***) Marc. 7, 31—37.

eines Gichtbrüchigen*); eins von der Wassersucht**); drei von anderen langen und hoffnungslosen Krankheiten***); zwei wenigstens von Heilung der ekelhaften und unheilbaren Krankheit, des Aussatzes†), und drei von der Heilung von Personen, die von ihren Freunden als in den letzten Stadien tödtlicher Krankheit befindlich aufgegeben waren††).

Die merkwürdige, halb geistige, halb physische Krankheit, die die Juden dem Besessensein von bösen Geistern oder Teufeln zuschrieb, rief in hohem Grade das Mitleid und die Macht Jesu hervor. Dieses Besessensein scheint das Gehirn und andere Organe des Körpers in einer Weise angegriffen zu haben, die sich der Herrschaft des Leidenden und der Geschicklichkeit der Aerzte entzog. In zwei von den erwähnten Fällen war das Opfer stumm oder blind und stumm†††). In den anderen vier Fällen zeigte der Kranke heftige und schreckenerregende Symptome von Geistesstörung§). Doch in allen diesen Fällen war etwas, was sie von gewöhnlichen Krankheitsfällen oder Wahnsinn oder anderen Leiden unterschied, — ein Etwas, das die Leute von dem Kranken sagen ließ: „Er hat einen Teufel." Jesus behandelte diese Fälle alle wie die der Besessenen; und es wurde als ein wunderbares Zeichen seiner Macht angesehen, daß er Teufel austreiben konnte. Und ein solches war es, denn es zeigte nicht

---

*) Matth. 8, 5—13; 9, 1—8.

**) Luc. 14, 1—6.

***) Matth. 9, 20—22. Luc. 13, 10—17. Joh. 5, 1—14.

†) Matth. 8, 1—4. Luc. 17, 11—19.

††) Matth. 8, 14—17. Luc. 8, 43. 44. Joh. 4, 46—54.

†††) Matth. 9, 32—34; 12, 22—37.

§) Matth. 8, 28—34; 15, 21—28; 17, 14—21. Marc. 1, 23—28.

nur seine Herrschaft über die ganze physische Natur, sondern auch über die verborgene Welt der Geister.

Doch von allen Wundern, die Jesus vollbrachte, war das staunenswertheste die Todtenerweckung. Nicht von seiner eigenen Auferstehung zu sprechen, die der Gegenstand eines späteren Kapitels sein wird, erweckte er drei andere Personen vom Tode. In dem ersten Falle war die Tochter des Jairus gestorben, ehe er das Haus betrat, und war so lange todt, daß Freunde und Nachbarn sich versammelt hatten, ihren Verlust beklagten, laut weinten und jammerten. Als Jesus sagte: „Sie ist nicht gestorben, sondern sie schläft", wurden sie böse, daß er mit ihrem Kummer scherzte, da sie doch wußten, daß das Mägdlein todt war. Aber er nahm sie in Gegenwart ihrer Eltern und dreier seiner Jünger bei der Hand und gebot ihr, aufzustehen, und „alsbald stand sie auf und wandelte" *).

In dem zweiten Falle trugen die Leute von Nain einen Todten zu dem Begräbnißplatz außerhalb der Stadt. Der junge Mann war wohlbekannt und man fühlte die größte Theilnahme für seine verwittwete Mutter, die in ihm ihren einzigen Sohn verloren hatte. Jesus hielt die Bahre an, und gebot dem jungen Mann aufzustehen; und „der Todte richtete sich auf und fing an zu reden" **). In dem dritten Fall war Lazarus seit vier Tagen todt, und seine Leiche lag, in Leichentücher gewickelt, im Grabe, welches mit einem Stein bedeckt war. Jesus ließ den Stein fortnehmen, und rief dann mit lauter Stimme: „Lazarus, komm heraus!" und der Verstorbene kam heraus ***). In allen diesen Fällen

*) Marc. 5, 22—43.
**) Luc. 7, 11—15.
***) Joh. 11, 1—46.

wurde nichts gesehen oder gehört als das bloße Wort
Jesu, das dem Todten gebot aufzustehen; und in jedem
Falle war die Wirkung eine augenblickliche. Sobald Jesus
sprach, stand der Todte auf, lebendig und vollkommen ge=
sund. Aber es giebt keine Macht in der Natur und kein
dem Menschen bekanntes Wirken, wodurch einem Leichnam
das Leben zurückgegeben werden kann, noch können wir uns
eine Verbindung zwischen einem gesprochenen Wort und einer
so erstaunlichen Wirkung vorstellen. Es war der Wille
Jesu, der diese wunderbare Macht besaß, eine Macht, die
gänzlich über und neben allen, von Menschen beobachteten
und gekannten Naturgesetzen und =Kräften stand, die Kraft
des Geistes über die Materie, Gottes eigene Kraft in der
Hervorbringung des Lebens.

Wenn wir die Wunder Jesu genau betrachten, so finden
wir, daß sie alle öffentlich ausgeführt wurden. Sie waren
nicht wie die Wunder, von denen Muhamed berichtete, daß
er sie in der Nacht gesehen oder gethan hätte, ohne daß
Zeugen zugegen waren; noch wie die Wunderdinge, die
Spiritualisten in dunklen Zimmern oder geschlossenen Kabinet=
ten, oder hinter Vorhängen ausführen; sondern diese Wunder
geschahen öffentlich im Lichte des Tages, in Gegenwart vieler
Zeugen, ohne vorherige Ankündigung, noch Vorbereitung,
und ohne den geringsten Anschein von Heimlichkeit oder In=
trigue. Die Wunder Jesu waren so, daß die menschlichen
Sinne sie wahrnehmen und bemerken konnten. Die Leute,
die einen Blinden, einen Lahmen, einen Gichtbrüchigen ge=
kannt hatten, konnten sehen, daß er geheilt war; diejenigen,
welche einen Todten gesehen hatten, konnten sehen, daß er
wieder lebendig war. Ueber diese Wunder konnte kein Irr=
thum walten: sie wurden reichlich besprochen und von Augen=

zeugen berichtet, während Tausende, die sie gesehen hatten, noch am Leben waren. Diese Wunder wurden in einem Zeitraum von drei oder vier Jahren und in Gegenwart von Feinden sowohl als von Freunden vollbracht. Sie geschahen niemals um Aufsehen zu erregen, noch um persönlichen Vortheiles willen, sondern immer entweder für einen wohlthätigen Zweck oder um einer erhabenen und moralischen Lehre wegen. Niemals waren sie bloße Schaustellungen der Macht, und dennoch zeigen diese mächtigen Thaten die göttliche Kraft Jesu. Sie stimmen vollständig mit seiner Persönlichkeit und seinen Lehren überein, sie erscheinen an einer solchen Person natürlich, und sind in der Geschichte seines Lebens niedergeschrieben, damit wir „glauben sollen, daß Jesus sei Christ, der Sohn Gottes, und daß wir durch den Glauben das Leben haben in seinem Namen" *).

Wir sind geneigt zu sagen: „Wenn ich nur ein Wunder sehen könnte, würde ich glauben." Aber wir betrügen uns hierin. Viele, Viele sahen die Wunder Jesu, und glaubten nicht. Wenn man mit Wundern fortgefahren hätte, so würden sie bald alltägliche Begebenheiten geworden sein. Ich kann mich zum Beispiel auf die erste Eisenbahn, den ersten Telegraphen, das erste Dampfschiff über den Atlantischen Ocean, das Legen des ersten Atlantischen Kabels besinnen; eins nach dem anderen wurde als ein so großes Wunder angesehen, daß man es mit Fahnen und Kanonen, mit Festen und Banketten feierte. Aber dem Kinde der jetzigen Zeit scheinen Eisenbahnen und Dampfschiffe immer existirt zu haben, und Telegraphenstangen sehen ihm ebenso natürlich aus wie die Bäume am Wege entlang. Fortgesetzte

---

*) Joh. 20, **31**.

Wunder würden ein Gesetz für die mit dem christlichen Glauben in Verbindung stehenden Ereignisse geworden sein, und Niemand würde ihnen Aufmerksamkeit geschenkt haben. Wenn es für die Todten etwas gewöhnliches wäre, wieder aufzustehen, so würden wir nicht zum Kirchhof gehen, um Zeugen des Vorganges zu sein, sondern würden ihre Rückkehr wie von irgend einer anderen Reise zu Hause erwarten. Darum hat Jesus die Wunder nicht im Werth herabgesetzt, nicht gewöhnlich gemacht. Er brauchte sie nur, um seine Liebe zu den Menschen zu zeigen, und zu beweisen, daß er von Gott gesendet war. Das letzte und größte Wunder seiner Auferstehung von den Todten stellt alle übrigen fest. Für denjenigen, der von den Todten auferstand, war es ein Geringes, Wasser in Wein zu verwandeln, Kranke zu heilen und auf dem Meer zu wandeln. Aber von diesem, dem größten der Wunder sagte er zu dem ungläubigen Thomas: „Selig sind, die da nicht sehen und doch glauben." Die unumstößliche Evidenz des Christenthums, der Beweis, daß es von Gott kam, liegt im Leben Jesu und in seinen Worten.

28. Kapitel.

Die Verklärung.

[Das Leben Jesu ist ein größeres Wunder als seine Wunderthaten — Moses und Elias thaten Wunder, aber sie besaßen die Gabe nur zeitweise; Jesus hatte die Macht aus und in sich selbst — Die Verklärung — Ein Fehler in Raphaels Gemälde — Es war weder Traum noch Vision — Wahrhaftigkeit der geschilderten Scene — Ihre moralische Bedeutung — Die Jünger waren niedergeschlagen beim Gedanken an den Tod Jesu — In Jesus waren zwei Naturen und zwei Werke vereinigt — Die Verklärung ist ein Schlüssel zum alten Testament und zur Zukunft der Kirche — Sie giebt uns die Gewißheit einer Heimath im Himmel — Eine Aussicht vom Mont Blanc und der Carantaise.]

Groß waren die Wunder, die Jesus that, aber das größte Wunder ist, was Jesus selbst war. Seine Wunder dienten, so zu sagen, dazu, ihn bei den Menschen in seiner Eigenthümlichkeit einzuführen, doch auf der anderen Seite durchleuchteten seine Person und sein Wesen, sein Herz und Leben diese Wunder und ließen sie in ihrem wahren Werth und Wesen erscheinen. Wenn wir lesen, wie dieser Mann unumschränkte Macht über die physische Schöpfung hatte, wie auf ein Wort und einen Blick, ja durch den bloßen Willen Jesu, ohne jede sichtbare Handlung, die Blinden sehend gemacht wurden, die Tauben hören, die Stummen sprechen, die Lahmen gehen konnten; wie das Meer ruhig, wie das Brod vervielfältigt, das Wasser in Wein verwandelt, der Feigenbaum welf gemacht, wie die Aussätzigen rein, die

Teufel ausgetrieben, die Todten erweckt wurden, — wenn wir anfangen, dies für wahr zu halten, so fühlen wir, daß Jesus mehr als ein Mensch, und wenn ein Mensch, daß er von der Kraft Gottes erfüllt war. Doch wenn wir genauer hinsehen, so fühlen wir, daß diese Wunder an sich nicht das Wichtigste im Leben Jesu sind, und daß selbst in den Wun= dern ein tieferer Grund zur Bewunderung ist, als ihre über= natürliche Macht. Solche Gewalt über die Natur und den Menschen war nicht nur Jesus eigenthümlich. In den zehn egyptischen Plagen, im Theilen des Rothen Meeres, als er Wasser aus dem Felsen schlug und die tödtliche Seuche durch die eherne Schlange heilte, zeigte Moses dieselbe Herr= schaft über physische Körper und Kräfte, wie Jesus. Elias fuhr lebend gen Himmel; und Elisa heilte den Aussatz und erweckte die Todten. Petrus heilte einen Lahmen an der Pforte des Tempels und erweckte Tabea vom Tode; und die Kranken und von unsauberen Geistern Besessenen wurden zu den Jüngern gebracht und geheilt*). Aber diese Pro= pheten und Apostel thaten niemals Wunder in ihrem eigenen Namen, noch durch ihre eigene Macht, sondern jedes Wun= der war ein deutlicher Act göttlicher Kraft, die in ihnen und durch sie, als ihre Werkzeuge, wirkte. Es war eine nur für den Augenblick verliehene Gabe, und sie behaupteten nie, daß dieselbe sie göttlich machte. Aber in Jesus waren alle solche Handlungen normal und persönlich; die Macht war in und von ihm, — ein Theil seines Wesens. Die Menschen sahen dies in seinen Augen, sie fühlten dies in seiner Stimme, sie erkannten es an der Art, wie er Wunder that, ohne eine außer ihm stehende Kraft anzurufen. Selbst am Grabe

---

*) Apg. 9, 32—42.

des Lazarus sagte er: „Ich bin die Auferstehung und das Leben"; und dann befahl er dem Todten aus eigenem Willen herauszukommen *).

Der Gebrauch), den Jesus von seiner Wunderkraft machte, zeigte eine dahinter verborgene moralische Kraft und eine persönliche Güte, die größer war, als das Wunder. Der unbegrenzten Macht bewußt, war er ganz selbstlos in ihrem Gebrauch. Er verwendete sie niemals als eine bloße Macht, noch um des Ruhmes und niemals um des Gewinnes willen. Er, der die Brode für fünftausend Mann ausreichend machen konnte, weigerte sich, in der Wüste Brod für sich selbst zu schaffen; er, der Gewalt über die Reiche der Natur, über Tod und Hölle hatte, weigerte sich, von der Menge, die seine Macht anbetete, zum König gemacht zu werden. Selbst die wenigen Wunder des Gerichtes und der Zerstörung, die er vollbrachte, geschahen nicht, um seinen Namen mit Schrecken zu umgeben, sondern um eine sittliche Wahrheit zu lehren **), und der größere Theil seiner Wunder geschah für directe Zwecke der Barmherzigkeit. In diesen zeigte er tiefes und zartes Mitgefühl für die Leidenden. Er „hatte Mitleid" mit denen, welchen er half. Er weinte mit Martha und Maria, als er im Begriff war, ihnen ihren Bruder aus dem Grabe zurückzugeben. Aber je mehr er sich mit den Men= schen in Mitleidenschaft setzte, desto mehr fühlten sie ihn über sich. Die Vertraulichkeit, in der seine Jünger drei Jahre hindurch mit ihm lebten, vermehrte ihre Ehrfurcht für ihn, als ein höheres Wesen. Sie sahen, daß seine gewaltigen Thaten vor dem Volk nur das stille Wirken seines eigenen

---

*) Joh. 11, 25.
**) Marc. 5, 11—17; 11, 20—26.

Wesens, die Offenbarung seines geistigen Lebens waren. Und
so kam das Gefühl über seine Jünger, daß er Christus, der
Sohn Gottes wäre.

Dies Gefühl wurde zur Ueberzeugung im Geiste von
dreien seiner Jünger, die einer Scene beiwohnten, die Jesus
allein angehört, und doch nur ein anderer natürlicher Aus=
druck seiner wahren inneren Natur zu sein scheint. Copien,
Stiche und Photographien haben jedes Kind mit Raphaels
Gemälde der Transfiguration bekannt gemacht; dies ist ganz
wunderbar im Ausdruck des Gesichtes Jesu, in der schwebenden
Haltung seiner Gestalt in der Wolke, und in der Verschmelzung
des Göttlichen mit dem Menschlichen durch die Verklärung
auf dem Berge und die Scene des Leidens und Schmerzes
am Fuß desselben. Doch die Verklärung, wie sie von den
Evangelisten beschrieben wird, war viel erhabener und glor=
reicher, als die von Raphael gemalte Transfiguration. Als
ein Symbol des ganzen Lebens und Wirkens Jesu macht
die Vereinigung himmlischer Glorie, menschlichen Elends und
tröstender Gnade auf derselben Leinwand Raphaels Gemälde
zu einem wahrhaft staunenswerthen Kunstwerk; was aber
die wirkliche Scene betrifft, sieht es zu sehr aus, als wenn
Jesus in der Wolke für eine gaffende Menge unter ihm zur
Schau gestellt wäre. In Wirklichkeit hatte der Auftritt keine
anderen Zeugen als die drei Jünger, die Jesus mitnahm
„und führete sie auf einen hohen Berg, besonders allein" *).
Dieses Alleinsein ist ein Zug von Majestät in der Scene;
und die Erzählung, wie sie die Augenzeugen geben, ist so
erhaben in ihrer Einfachheit, daß, sie anzurühren, hieße sie
verunstalten.

---

*) Marc. 9, 2.

Denn es war nicht ein Traum, wie der Jakobs, wo der
Phantasie erlaubt ist, sich eine Leiter von der Erde bis zum
Himmel zu bilden und Schaaren von Engeln darauf spielen
zu lassen. Die Jünger hatten geschlafen*); aber was sie
beschreiben, fand nachher statt. Vielleicht erweckte sie das
plötzliche Licht, und „da sie aufwachten, sahen sie seine Klar=
heit"**). Jesus war vor ihnen verklärt, sein Antlitz glänzte
wie die Sonne und seine Kleider wurden weiß als ein
Licht***), und sehr weiß wie der Schnee†). Zu seinen bei=
den Seiten waren zwei Männer, die redeten mit ihm, welche
waren Moses und Elias††). Petrus, der immer bereit war,
etwas zu sagen, sprach zu Jesus, als das erste Erstaunen
vorüber war, in der Begeisterung der Freude über solche
Herrlichkeit und solche Gefährten: „Herr, hier ist gut sein.
Willst du, so wollen wir hier drei Hütten machen, dir eine,
Moses eine und Elias eine." Aber während er noch sprach,
wurden sie von einem Gezelt überdeckt, wie es nie von
Menschenhänden gemacht worden war, — eine lichte Wolke
bedeckte sie. Und eine Stimme aus der Wolke sprach: „Dies
ist mein lieber Sohn, den sollt ihr hören." Ueberwältigt
von Furcht fielen die Jünger auf ihr Antlitz und sahen und
hörten nichts mehr, bis Jesus kam und sie anrührte und
sprach: „Stehet auf und fürchtet euch nicht." Seine geliebte,
wohlbekannte Stimme beruhigte sie, und sie hoben ihre Augen

---

*) Luc. 9, 32.
**) Luc. 9, 32.
***) Matth. 17, 2.
†) Marc. 9, 3.
††) Luc. 9, 29.

auf, aber die Wolke war verschwunden. Moses und Elias waren fort und sie sahen Niemand, denn Jesum allein*).

In der ganzen Scene ist, obgleich das Uebernatürliche mit dem Natürlichen verschmolzen und der Himmel zur Erde herabgebracht ist, dennoch der Zusammenhang des Wirklichen nicht für einen Augenblick aufgehoben. Zu jedem Zeitpunkt wird Jesus von den Jüngern erkannt; obgleich „die Gestalt seines Angesichtes anders wird" durch den Glanz, den es aus= strahlt, verlieren sie ihn nie aus dem Gesicht, noch sehen sie ihn für einen Engel an. Auf dem Höhepunkt des Glanzes redet ihn Petrus als seinen Herrn an, und als die Wolke verschwunden ist, ist Jesus allein mit ihnen und sieht ebenso aus, als da er mit ihnen den Berg hinaufgestiegen war. Die Person Jesu war das Glied, das Himmel und Erde verband. Beide Welten waren ihm gleich natürlich; Moses und Elias waren ihm nicht fremder als Petrus, Jakob und Johannes; das weiße, glänzende Gewand war ihm nicht fremdartiger als sein gewöhnliches Bauernkleid; die Stimme, die aus der Wolke sprach und die Jünger mit Entsetzen er= füllte, war ebenso natürlich, wie die sanften Laute von Jesu Stimme. Jahre nachher berichtete Petrus in einem Briefe an alle Gläubigen, ebenso wie er es zuvor dem Marcus für sein Evangelium angegeben hatte: „Wir haben nicht den klugen Fabeln gefolget, da wir euch kund gethan haben die Kraft und Zukunft unseres Herrn Jesu Christi, sondern wir haben seine Herrlichkeit selbst gesehen. Da er empfing von Gott dem Vater Ehre und Preis durch eine Stimme, die zu ihm geschah von der großen Herrlichkeit dermaßen: ‚Dies ist mein lieber Sohn, an dem ich Wohlgefallen habe.' Und die

---

*) Matth. 17, 1—9.

Stimme haben wir gehöret vom Himmel gebracht, da wir mit ihm waren auf dem heiligen Berge."*)

Das wirkliche Wunder dieser Scene liegt in ihrer mora=lischen Bedeutung, und es muß durch die Zeit und die Um=stände, unter denen es stattfand, erklärt werden. Gerade als die Jünger das Geheimniß in ihres Meisters Wesen durchschauet und gefunden zu haben schienen, daß er mehr als ein Mensch war, hüllte sich Jesus in ein anderes Ge=heimniß, das zu wunderbar war, um verstanden, zu traurig, um geglaubt zu werden. Petrus, da er für die Anderen sprach, hatte gesagt: „Du bist Christus, der Sohn des le=bendigen Gottes"; und Jesus hatte nicht nur zugegeben, daß er Christus war, sondern sagte, daß dies dem Petrus von seinem Vater im Himmel geoffenbaret wäre**). Ohne Zweifel hatten die Jünger jetzt angefangen, die Wiederauf=richtung des Königreiches Israel mit der von Hesekiel und Jesaia***) geweissagten Macht und Herrlichkeit zu erwarten; aber ebenso weit entfernt wie immer vom Reden über irdische Macht und königlichen Glanz, begann dieser „Sohn des le=bendigen Gottes" von sich, als dem Menschensohne, zu sprechen und seine Jünger zu lehren, daß er „viel leiden müßte und würde verworfen werden von den Aeltesten und Hohenpriestern und Schriftgelehrten und getödtet werden"†). Dies war ein harter Schlag für ihre Gefühle und Hoffnungen. Jesus fügte freilich immer hinzu, daß er am dritten Tage „wieder auferstehen würde"††). Aber entweder verstanden die Jünger

*) 2 Petr. 1, 16—18.
**) Matth. 16, 16—18.
***) Jes. 9, 11. 40. Hes. 36, 37.
†) Marc. 8, 31.
††) Marc. 8, 32.

nicht, was er meinte, oder der Gedanke, daß ihr Herr und König leiden und sterben sollte, erfüllte sie so mit Enttäuschung und Betrübniß, daß ihnen das Herz tief sank. So stark war dies Gefühl in Petrus, daß er in eine leidenschaftliche Erwiderung ausbrach: „Herr, schone deiner selbst, das widerfahre dir nicht“ *); aber Jesus gab seinen Jüngern um so mehr die trübe und ernste Einsicht in sein Leben und seine Aufgabe: „Will mir Jemand nachfolgen, der verleugne sich selbst, und nehme sein Kreuz auf sich und folge mir“ **). Doch zugleich mit der feierlichen Verkündigung, daß sie ihr Leben um seinetwillen verlieren würden, sagte er vorher, daß „des Menschen Sohn kommen würde in der Herrlichkeit seines Vaters mit seinen Engeln; und alsdann wird er einem Jeglichen vergelten nach seinen Werken“ ***). Wir können uns kaum vorstellen, wie diese kleine Gemeinschaft von Jüngern durch Worte und Gedanken, die uns ganz so vertraut sind, wie das ganze Leben Jesu, und so deutlich erklärt wurden durch Alles, was folgte, verwirrt und betrübt waren. Alles schien in Geheimniß und Widerspruch gehüllt: auf der einen Seite die Macht Todte zu erwecken, auf der anderen eine Schwachheit, die sich darein ergab, zu leiden und zu sterben; auf einer Seite das Uebergeben der „Schlüssel des Himmelreichs“ an die Jünger, auf der anderen die Mahnung, daß sie das „Kreuz aufnehmen“ und bereit sein müßten, das Leben für ihren Meister zu lassen; auf einer Seite soll er getödtet werden, auf der anderen soll er wieder auferstehen; auf der einen ist er der Sohn Gottes,

---

*) Matth. 16, 22.
**) Matth. 16, 24.
***) Matth. 16, 27.

auf der anderen des Menschen Sohn. Während sie noch über diese sonderbaren und sich widerstreitenden Aussprüche staunten, nahm Jesus die drei Jünger mit auf den Berg und wurde vor ihnen verklärt. Da sahen sie, wie zwei Naturen, zwei Wesen, in ihm vereinigt waren, wie er in einem Augenblick in den Zustand der Göttlichkeit übergehen und mit dem Glanz der Sonne leuchten und im nächsten Augenblick mit dem wohlbekannten Gesicht des täglichen Lebens neben ihnen stehen konnte; wie die Boten des Himmels kamen, ihn zu ehren und ihm zu dienen, und doch davon sprachen, daß er nach Jerusalem gehen und sterben müsse; wie die Stimme des ewigen und unsichtbaren Vaters sie erschüttern konnte, indem er sagte: „Dies ist mein lieber Sohn, höret ihn", und wie im nächsten Augenblick die vertraulichen Worte Jesu sie trösten konnten, da er sagte: „Stehet auf und fürchtet euch nicht." So war die Verklärung der Schlüssel zu den Mysterien, die das Leben Jesu eingehüllt hatten und es jetzt mit dem Schauer des Todes überschatteten. In der Mitte zwischen der Niedrigkeit der Krippe und des Kreuzes erhob sich dieser Berg des Lichtes und der Herrlichkeit, um beide zu deuten und zu verklären.

Und da die Transfiguration so das Göttliche und Menschliche in der Person Christi vermittelte, stellte sie ihn auf als den Vermittler zwischen dem Alten und dem Neuen Testament. Mit ihm waren die Jünger, die auch erwählt waren, die Apostel seines Evangeliums zu sein; und zu dieser Versammlung, welche die Kirche Christi darstellte, kamen Moses, der Gesetzgeber, und Elias, der Prophet, um zu zeigen, daß ihre Lehren und Verheißungen sich jetzt in dem Sohne Gottes vereinigten, den Alle hören und dem Alle gehorchen müßten. Elias war in einem Feuerwagen zum Himmel gefahren, und

Moses war auf dem Berge Nebo dem Auge der Menschen entschwunden; nichts von dem Schmerz und der Schwäche des Todes war mit ihrem Andenken verknüpft. Sie wurden unter die Unsterblichen gezählt, und doch erschienen sie hier in menschlicher Gestalt, so daß sie von den Jüngern als Moses und Elias erkannt wurden. Sie nahmen den lebhaftesten und zärtlichsten Antheil an dem Tode Jesu. Und so zeigten sie, wie Vergangenheit und Zukunft im Glauben und im Dienen, wie das ganze Reich Gottes im Himmel und auf Erden, in Zeit und Ewigkeit ein erhabenes Ganze in der Person und dem Werk Jesu bilden.

Wie diese wunderbare Vision der Schlüssel zu dem Wesen und der Sendung Jesu war und die Vereinigung des Göttlichen mit dem Menschlichen offenbarte, so stellt sie Jesus selbst als den Schlüssel zu dem höheren Leben hin, das in unsere menschliche Natur gehüllt ist. Der Glaube, der uns mit dem Leben Christi verbindet, soll uns fähig machen, auch seine Herrlichkeit zu theilen: wir werden sein wie er, denn wir werden ihn sehen, wie er ist. Der Gottessohn und der Menschensohn, sowohl im Himmel als auf Erden zu Hause, von einer Welt zur anderen kommend und gehend, der uns den Himmel als die Wohnung seines Vaters zur Wahrheit, und diese Welt den Heiligen im Himmel, als den Schauplatz seines eigenen Lebens und Todes theuer macht, Jesus nimmt die natürliche körperliche Furcht vor dem Ungekannten von uns, und hilft uns, im Tode selbst eine Verklärung zu sehen, durch welche die Seele in eine Wolke aufgenommen wird, um mit dem Glanze der Sonne zu leuchten. Und wenn im letzten Augenblick unsere angstbewegte Seele vor der Glorie, die sie überschattet, ein Beben des Schreckens empfinden sollte, dann wird, wenn wir der Stimme des

Gottessohnes gehorcht haben, die Stimme des Menschensohnes voll menschlichen Mitgefühls uns beruhigen, indem sie spricht: „Stehe auf und fürchte dich nicht."

Einst, inmitten der Alpen, glaubte ich diese himmlische Erscheinung zu sehen, diese himmlische Stimme zu hören. Ich war mit der Morgendämmerung nach dem Col des Fours aufgebrochen, hatte den großen weißen Dom des Mont Blanc von der aufgehenden Sonne beleuchtet gesehen, während die ganze Welt daneben noch im Schatten lag, und als ich auf gleicher Höhe mit dem Col de la Seigne stand, schied dieser Berg= rücken mich von Allem, außer dem Dom, der in der Höhe ausgebreitet schien wie ein lustiges Zelt für Engel, — so hoch, so rein, so glänzend, so herrlich! Ich konnte mich nicht wegwenden von dem Zauber des Anblicks; es schien nur ein Schritt zu sein bis zu jener Wohnung des Lichtes, und von da nur ein Schritt in den klaren, blauen Himmel drüber.

Als ich die Höhe des Passes erreichte und mich der ent= gegengesetzten Seite zuwendete, lag vor mir ein Meer von Wolken, in welchem die höchsten Spitzen der Tarantaise gleich grün eingefaßten Schneeinseln schwammen. Soweit das Auge reichte, rollten die Wolken gleich Wellen und brachen sich wie Schaum an den Bergspitzen. Ich stand zwischen zwei Himmeln, — dem blauen Himmel droben, dem klaren, leuch= tenden, unermeßlichen, und dem Wolkenhimmel in der Tiefe, dem tiefen, dunkeln, unbegränzten, der in seinen Falten die Erde verbarg, doch auf der Oberfläche mit dem Glanze von tausend Sonnen blitzte. Zuletzt erhob sich ein Nebel und bedeckte mich, so daß ich in Finsterniß gehüllt war. Ich konnte den Weg nicht mehr erkennen, kaum den Boden sehen, auf dem ich stand. Ich wußte nur, daß nahebei ein Ab=

grund war und unter ihm eine düstere Tiefe gähnte; und „ich fürchtete mich), da ich in die Wolke trat". Plötzlich strahlte die Sonne, die nicht aufgehört hatte zu scheinen, ihr volles Licht auf mich, nicht indem sie die Wolke zertheilte, sondern indem sie sie mit einem Glanz durchleuchtete, der zu blendend für die Augen war. Ich glaubte mich von einer Glorie umgeben, und aus der Glorie kam eine Stimme, die sprach, was kein Mensch zu der staunenden, harrenden Seele sagen kann. Ich ging meines Weges voll Freuden und fürchtete mich nicht mehr.

29. Kapitel.

Die Freunde Jesu.

[Von der Göttlichkeit zur Menschlichkeit — Jesus als Helfer, Tröster und Freund — Sein Bedürfniß nach Freunden — Einige seiner Jünger waren reich — Beschreibung von Bethanien — Martha die Haushälterin, Maria die Lernende; ihre Charaktere geschildert — Der Tod des Lazarus — Jesus in der Familie — Seine Liebe für weibliche Wesen.]

Ja, dieser Sohn Gottes war in der That des Menschen Sohn, — so menschlich in Mitgefühl und Liebe, in allem Edelsten, Höchsten, Besten der Menschheit, wie nie ein anderer Mensch gewesen war. Nicht um auf ihre Sinne oder ihre Einbildungskraft zu wirken, noch um ihnen Verehrung für ihn selbst einzuflößen, sondern um sie in gegenwärtigem Kummer zu stärken und über seinen Tod zu trösten, hatte Jesus seine Jünger der Erscheinung seiner himmlischen Verklärung auf dem Berge theilhaftig gemacht. Und als die Vision vorüber war, erlaubte er den Augenzeugen nicht, durch den Bericht darüber Aufsehen zu machen; sondern „er verbot ihnen, daß sie Niemand sagen sollten, was sie gesehen hatten, bis des Menschen Sohn auferstände von den Todten" *). Und er, den alle Menschen hören, und dem sie,

---

*) Marc. 9, 9.

4*

als dem Sohne Gottes folgen sollten, der Prophet, der größer war als Elias, der Gesetzgeber, der größer war als Moses, kam herab aus der Herrlichkeit seines Vaters, von dem Orte, da er seines Vaters Stimme hörte, um sich von Neuem in die Schmerzen und das Elend der Menschheit zu versenken, kam auf den Hülferuf eines armen Fremdlings zu hören, der für seinen Sohn um Barmherzigkeit flehte: „Herr, ich glaube, hilf meinem Unglauben", und der ihn bat, aus seinem unglücklichen, besessenen Knaben den Teufel auszutreiben*). Was wir dann zunächst von ihm hören, ist, daß er seine Jünger Demuth lehrt, indem er ihnen ein Kind als Vorbild und Lehrer hinstellt**).

Dieser sanfte, liebevolle Mann, der jedes Menschen Freund war, bedurfte selbst der Freunde, und er fand Freunde, obgleich ihrer wenige waren und die meisten von ihnen wenig mehr thun konnten, als ihm ihre Liebe zu schenken. Aber nicht alle seine Jünger waren arm. Matthäus, der Zöllner, war reich genug, ein eigenes Haus zu haben und Jesus zu Ehren ein großes Fest zu geben***); und unter den Frauen, die er von Krankheiten und bösen Geistern befreiet hatte, und von denen einige ihn auf seinen Reisen begleiteten, waren mehrere, „die ihm Handreichung thaten von ihrer Habe"†). Zu ihnen gehörte Maria Magdalena, die reich genug war, ihre Dankbarkeit zu zeigen und eine Büchse voll köstlichen Oeles auf das Haupt ihres Erlösers ausgoß; und Johanna, deren Gemahl ein einträgliches Amt als Haus-

---

*) Marc. 9, 14—29.
**) Marc. 9, 33—37.
***) Luc. 5, 29.
†) Luc. 8, 2. 3.

halter des Königs Herodes einnahm. Einige Männer von Vermögen und Einfluß, wie Nicodemus und Joseph von Arimathia, waren Jesus auch freundlich gesinnt, und obgleich sie anfänglich sich aus Vorsicht nicht seinen Jüngern anschlossen, traten sie öffentlich auf seine Seite, als es am gefährlichsten war. Die Spezereien, mit denen sein Leichnam balsamirt wurde, das Leinen, in das er gehüllt, das neue Grab, in das er gelegt war, alles dies wurde von diesen edlen, reichen Freunden geschenkt.

Aber es war eine Familie, aus einem Bruder und zwei Schwestern bestehend, in der Jesus eine wirkliche Heimath hatte, — sein liebster Zufluchtsort, wo er sich während seiner Besuche in Jerusalem ausruhte und erfrischte. Gegenüber der Stadt, gegen Osten, ungefähr zweihundert Fuß höher, liegt der Oelberg und zwischen ihm und dem Hügel des Tempels ist die Tiefe, enge Schlucht des Kidron, durch welche in der Regenzeit noch jetzt ein Bach fließt. Vom Gipfel des Oelberges steigt man, sich nach Osten wendend, zuerst in eine Art Bassin, dann erhebt sich ein zweiter, mehr oder weniger bewaldeter Bergrücken, und von ihm steigt man wieder in einen anderen Kessel, eine Fläche, die mit Eichen, Oliven-, Mandel- und Granatbäumen bepflanzt ist. Hier mündet der über den Gipfel führende Pfad in die breitere Straße, die sich über den südlichen Kamm des Berges windet, und senkt sich jäh den steilen Abhang nach Jericho hinunter. Von diesem Plateau sieht man in das tiefe Thal des Jordan und hinüber auf die Berge von Moab, die auf der anderen Seite stehen. Hier an der Grenze der Oede, an dem letzten Außenposten menschlicher Wohnorte, über der traurigen Wüste von Judäa hangend, doch wohlgeschützt gegen Nord- und Westwinde und die tropische Wärme des unteren Thales

genießend, lag das Dorf Bethanien, — einst von Palmbäu=
men überschattet und darum „das Haus der Datteln" ge=
nannt. Hierhin ging Jesus gern, wenn er im Tempel ge=
predigt, oder mit den Schriftgelehrten und Pharisäern dis=
putirt, oder mit einem rohen, erzürnten Pöbel zu thun gehabt
hatte. Die erste Erwähnung Bethaniens macht uns mit den
beiden Schwestern der Familie bekannt, — mit Martha, der
Haushälterin, und Maria, der Lernbegierigen. „Er kam in
einen Ort, da war ein Weib mit Namen Martha, die nahm
ihn auf in ihr Haus. Und sie hatte eine Schwester, die
hieß Maria; die setzte sich zu Jesu Füßen und hörete seiner
Rede zu."*) Die ältere dieser beiden Schwestern war eine
thätige, geschäftige, ernste Frau, stolz auf ihre Haushaltung
und ihre Gastfreundschaft. Sie war, was man heutzutage
einen festen Charakter nennen würde; sie hatte ihre eigene
Weise und einen starken Willen und wünschte, daß ihre Um=
gebung sich dem, was sie für angemessen hielt, anpassen
möchte. Doch in der demüthigen Verehrung Jesu zeigte sich
ihr natürliches Temperament nicht weniger wahr und auf=
richtig als das ihrer ruhigen und fügsameren Schwester.
Zur Zeit, als viel Meinungsverschiedenheit über Jesus herrschte,
als die Pharisäer und Schriftgelehrten das Volk gegen ihn
aufregten, öffnete ihm Martha bereitwillig ihr Haus und
bewirthete ihn mit dem Besten, das sie hatte, — bewirthete
ihn so eifrig, daß sie fast zu geschäftig war und ihren Gast
mit häuslichen Besorgungen belästigte; und dennoch ehrte sie
ihn nicht weniger als ihre Schwester, die zu seinen Füßen
saß und zu ihm aufblickte, um jedes seiner Worte in ihre
Seele aufzunehmen. Von ganzem Herzen suchte Martha

---

*) Luc. 10, 38. 39.

den Leib ihres geliebten Gastes zu stärken und zu erfri-
schen; während Maria in ihrer Liebe und dem Verlangen,
ihre eigene Seele mit seinen Worten zu nähren, ganz vergaß,
daß er einen Körper hatte. Mit solcher Dienerin und solcher
Schülerin war für Jesus das kleine Haus in Bethanien
eine willkommene Heimath; und der Herr des Hauses hatte
Theil an seiner Zuneigung und an seinem Vertrauen. „Jesus
liebte Martha und ihre Schwester und Lazarus." Die
Botschaft der Schwestern: „Herr, der, den du liebst, ist
krank", zeigt, wie sehr Jesus diese Familie in sein Herz geschlossen hatte; und als er weinend und schluchzend am
Grabe des Lazarus stand, sagten selbst die Nachbarn: „Sehet,
wie sehr er ihn geliebt hat!"

Der Tod des Lazarus zeigte die Liebe Jesu in ihrer
ganzen Stärke und Zärtlichkeit und brachte auch die Charakter-
züge der beiden Schwestern ebenso sehr zum Vorschein, als
damals, da Jesus ihr Haus zum ersten Mal besuchte. Im
Augenblick, wo Lazarus in Gefahr zu sein schien, schickten
die Schwestern eiligst einen Boten zu Jesus, denn sie waren
gewiß, daß er ihres Bruders Leben retten würde. Und als
alles vorüber war und Lazarus im Grabe lag, zeigten
Beide, obgleich Jesus zu spät kam, um zu helfen, dasselbe
Vertrauen in seine Macht und Liebe, denselben Glauben, der
sich ihrem Kummer beigesellte! Als Beide ihn nacheinander
sahen, sprach einer jeden Herz all' seine Liebe, all sein Vertrauen, seinen ganzen Verlust aus in dem Ausruf: „Herr,
wenn du hier gewesen wärest, wäre mein Bruder nicht gestorben!" Doch auch in diesem gemeinsamen Schmerz ist
Martha noch Martha, und Maria ist Maria geblieben. Sie
saßen zusammen im Hause mit Freunden, die von Jerusalem
gekommen waren, sie zu trösten, als sie vernahmen, daß Jesus

nahete. Sobald Martha dies hörte, sprang sie auf und eilte ihm zu begegnen, ehe er die Stadt erreicht hatte. Dort fing sie sogleich an, ihrem Glauben an das, was Jesus hätte thun können und was er noch thun könnte, Worte zu geben, und sprach in ihrer raschen, entschiedenen Art von der Auferweckung als ob sie alles wüßte, was Jesus ihr sagen könnte. Dennoch bekannte sie ihren Glauben an ihn als an „Christus, den Sohn Gottes". Martha war nicht ohne den Geist der Frömmigkeit; sie war durchaus nicht weltlich; ihr Glaube war ebenso stark als der der Maria; vielleicht ging sie noch weiter als Maria in dem Gefühle, daß es noch nicht zu spät für Jesus war, ihnen zu helfen. Aber ihr Temperament trieb sie zu weit; und noch, als sie am Grabe standen, und Jesus stöhnend sagte: „Nehmet den Stein hinweg", konnte sie nicht lassen, sich einzumischen und Einwendungen zu machen, daß das Grab nach vier Tagen geöffnet werden sollte.

Maria, immer demüthig und nachdenklich, als sie hörte, daß Jesus kam, „saß still im Hause". Ihr Herz war zu voll für solche Begegnung, und sie konnte nur in ehrfurchtsvollem Schweigen harren, bis Jesus erscheinen würde. Doch als Jesus nach ihr schickte, eilte sie zu ihm und sank mit einem Schrei aus ihrem überfließenden Herzen zu seinen Füßen und weinte. Am Grabe hat sie nichts zu sagen; aber als alle Aufregung dieses wunderbaren Tages vorüber ist, und sie am Abend wieder, mit Lazarus zur Seite, Jesum gegenüber sitzt:

> „Ihr Auge glänzt von stillem Beten,
> Nichts Andres hat ihr Geist gedacht;
> Denn der Verstorbene kehrte wieder,
> Und Er ist hier, der ihn zurückgebracht.

Und eine tiefe Liebe sieget,
Ob jeder andern Liebesgluth
Als sich ihr Blick vom Bruder wendet
Und auf dem Bringer alles Lebens ruht."

Etwas später werden wir nochmals in diesen Familienkreis zu Bethanien geführt, wo für Jesus und seine Jünger ein Abendessen bereitet war. Und auch diesmal, während Lazarus an der Tafel saß, „diente Martha", um für das Wohlsein ihrer Gäste zu sorgen; aber Maria, die von Dankbarkeit für ihres Bruders und ihren eigenen Erretter überströmte, hatte sich eine Büchse voll des kostbarsten wohlriechenden Oeles verschafft, und Alles über ihrer Liebe zu ihm vergessend, stahl sie sich leise hinter den Sitz, auf dem „Jesus ruhete, kniete vor ihnen Allen nieder, salbte die Füße, Jesu, und trocknete sie mit ihrem Haar" *). In diesem kleinen Kreise voll Zärtlichkeit und häuslicher Stille verbrachte Jesus die letzten Abende seines Lebens. Er ging des Morgens nach Jerusalem, um dort zu lehren, zu ermahnen, zu weissagen, und am Abend machte er den lieblichen Weg über den Kidron und den Oelberg nach jener Wohnstätte des Friedens. Hier konnte er ausruhen von Arbeit und Sorge, konnte sich vor der Bosheit seiner Feinde verstecken; konnte sich in der frischen, freien Bergluft stärken; konnte in Einsamkeit mit der Natur und mit seinem Vater verkehren; und indem er in die Wüste seiner Versuchungen hinausblickte, konnte er durch die Erinnerung an seinen dort bestandenen Sieg Kraft für die nahen Kämpfe sammeln.

Wir hätten niemals empfinden können, wie menschlich,

---

*) Joh. 12, 1—3.

wie liebevoll, wie ganz mit uns und unter uns Jesus war,
hätten wir ihn nicht im Schooße der Familie in Bethanien
die schützende Liebe einer irdischen Heimath suchen und finden
sehen. Wir würden das reinste, liebste Glied vermissen, das
ihn an unsere Menschennatur kettet, das ihn als einen in
seiner Menschlichkeit vollkommenen Mann kennzeichnet, hätten
wir ihn nicht die zarte, heilige, hingebende Liebe und das
Vertrauen einer Frau bedürfen und empfangen sehen. Ohne
dies Ereigniß würde Jesus uns mehr wie ein Engel denn
ein Mann erschienen sein; oder wenigstens wie ein von
unserer Art verschiedenes, besonderes Wesen, das zu hoch
für uns stände, um es zu begreifen, zu fern, um es zu
kennen. Aber mit der Maria in Bethlehem, der Maria zu
Bethanien und der Maria am Kreuz und am Grabe beginnt
und endet sein Leben mit dem, was jedem irdischen Leben
an dessen Anfang und Ende am nächsten und theuersten ist,
mit der geheiligten Empfindung weiblicher Liebe.

Und während er so mit uns Eins geworden ist in dem
Bedürfniß und der Erfahrung irdischer Zuneigung, hat er
uns gelehrt, daß die, welche ihm am nächsten sind im Dienste
seines Vaters, ihm auch am nächsten stehen durch die Bande
der Liebe. Sie sind seine Familie; „denn wer den Willen
thut meines Vaters im Himmel, derselbige ist mein Bruder,
Schwester und Mutter" *).

*) Matth. 12, 50.

30. Kapitel.

Die letzte Reise.

Drei Jahre hatte Jesus nun öffentlich gepredigt, und sein Name war in jedem Dorf und in jedem Hause von Palästina bekannt. Er war mit seinen Jüngern durch einen großen Theil des Landes zu Fuß gewandert, und wo immer er anhielt, sprach er vom Himmelreich, entweder in der Synagoge oder an der Landstraße, so daß viele Tausende sein Gesicht gesehen und seine Stimme gehört hatten. Außer diesen Predigtfahrten im Lande, war er ein= oder zweimal im Jahr zu den großen Festen nach Jerusalem gereist, und zu solchen Zeiten war er von den Schaaren, die sich dazu aus allen Theilen Palästina's und aus anderen Ländern, wohin die Juden zerstreut waren, versammelten, gesehen und gehört worden. Von Geburt ein Jude, war Jesus von Herzen und in seinem Thun ein Patriot, und er widmete seine Zeit und Arbeit vor Allem und meistens seinen Lands= leuten, indem er suchte ihre Religion und ihr Leben zu bessern und sie vor dem Strafgericht zu retten, das früher oder später über die Nationen hereinbricht, die Wahrheit, Gerechtigkeit und Tugend verlassen. „O Jerusalem, Jerusalem, die du tödtest die Propheten und steinigest, die zu dir gesandt! Wie oft habe ich deine Kinder versammeln wollen, wie eine Henne ihre Küchlein unter ihre Flügel versammelt, aber ihr habt nicht gewollt!" Der Ernst seiner Mahnungen zeigte die Zärtlichkeit seiner Liebe.

Nur zwei Mal überschritt Jesus die Grenzen des Landes Israel, und er that dies, um seine Jünger zu lehren, daß, obgleich seine Sendung zunächst für die Juden, sein Evangelium doch für die ganze Menschlichkeit bestimmt war, und daß es allen Nationen gepredigt werden sollte. Einmal ging er an die Küsten von Tyrus und Sidon, in das Land der Phönizier, die Götzendiener waren, und als er dort das Flehen einer armen heidnischen Mutter hörte „um die Krumen, die von des Herrn Tische fielen", heilte er ihre Tochter und lehrte, daß der Glaube dieselbe Macht, und die Liebe dasselbe Mitgefühl hat für den Heiden, wie für den Juden.

Ein anderes Mal ging er in die Gegend von Cäsarea Philippi am Berge Hermon, nördlich vom See Tiberias, wo eine aus Phöniziern, Syrern, Griechen und Juden gemischte Bevölkerung wohnte. Hier war eine Welt im Kleinen — ein Typus seines Werkes —, so viele Rassen und Religionen, die zu einer Brüderschaft und zu einem Glauben vereinigt werden sollten; so viel von dem Glanz der Kunst, von Luxus und Macht, um das Reich des Mammon dem Reiche Gottes entgegenzustellen; und doch neben und über all diesem so viel Schönheit, Güte und Größe in der Natur, um seine Seele mit der Liebe und Hoheit seines Vaters zu trösten. Er war in dieser Gegend, wie wir gesehen haben, wahrscheinlich auf einem Gipfel des Berges Hermon, daß Jesus verklärt wurde; und es war in einer der benach= barten Ebenen, daß er den geisteskranken Knaben heilte, nachdem seine Jünger vergebens versucht hatten, den Teufel auszutreiben; und auf den Hermon deutend, hatte er damals zu ihnen gesagt: „Wenn ihr so viel Glauben habt, als ein Senfkorn" — wenn euer Geist das geringste Vertrauen auf die Macht Gottes hat, wie der eines kleinen Kindes auf den Arm seines Vaters —, „so werdet ihr zu diesem Berge sprechen", zu dieser gewaltigen Masse von Erde und Felsen, von Wald und Schnee, die sich zehntausend Fuß über das Meer er= hebt, „ihr werdet zu ihm sagen: ‚Bewege dich und rücke auf jenen Platz‘, und er wird sich bewegen; und nichts wird euch unmöglich sein."

Diese erhabenen Naturscenen, welche die frische, lebendige, unerschöpfliche Macht Gottes zum Bewußtsein brachten, wur= den noch erhabener gemacht durch diese Verbindung mit dem Glauben, der Gnade und Herrlichkeit des Menschensohnes. In der That, das größte Interesse für die Gegend von Cä= sarea Philippi liegt für uns in dem Umstande, daß Jesus dort gewesen ist. Aber wir wollen versuchen, dieselbe mit seinen Augen anzusehen.

Von dem westlichen Gebirgszug des großen Hermon er= streckten sich zwei wilde, tiefe Schluchten, die den Berg bis zu seiner Grundfläche zu spalten scheinen, die eine nach Nor= den, die andere nach Süden, sich öffnend auf eine breite fruchtbare Terrasse, die hier von der Natur zwischen dem Gebirge und der Ebene aufgerichtet ist; und an ihrem nord= östlichen Rande bildet eine dritte Schlucht einen Winkel, wo ein schroffer Kalkfelsen wie eine natürliche Festung aufragt. Aus einer düstern Höhle am Fuße dieses Felsens rauscht ein

Strom reinen und glitzernden Wassers hervor und rinnt eilends
die felsige Schlucht hinab, um sich mit anderen Strömen zu verbinden, die den Jordan bilden. Kaum vereinigt ein Punkt in
Syrien so vielerlei Schönheiten in einem so kleinen Umkreis:
die bewässerte Terrasse mit ihrem vom Thau des Hermon
frisch erhaltenen, grünen Teppich; die Haine von Oliven und
Terebinthen, die Büsche von Hagedorn und Myrthen, die glänzenden Oleander, in einem Kranz von Farrenkräutern, die tiefen, wilden Schluchten, die rauschenden Wasser, die die Luft
mit der Musik ihres Sturzes erfüllen; im Vordergrund eine
weite, mit Baumgruppen und Kornfeldern bestreuete und von
Silberströmen durchzogene Ebene; im Hintergrunde die rie-
sigen Bergspitzen, die von fünftausend bis zu achttausend
Fuß über der Terrasse emporsteigen, und deren Vorberge mit
Wäldern bekleidet sind, während der große, mittlere Gipfel
mit Schnee bedeckt ist. Hier inmitten dieser Haine und
Grotten hatten die Phönizier den Baaldienst eingerichtet; hier
an dieser Flußgrotte bauten die Griechen dem Pan, dem
Gotte der Wälder und Ströme, einen Tempel und nannten
den Ort Panium oder Panias. Hier hatte Herodes der
Große, als er Statthalter dieses Theiles von Syrien war,
ehe er sich zum Herrn von Jerusalem machte, seine erste
Hauptstadt; und hier errichtete er zu Ehren des Kaisers Augustus
einen schönen Marmortempel. Als das Reich des Herodes
getheilt wurde, erhielt sein Sohn Philipp die Gegend nord-
östlich vom See Tiberias als seinen Antheil und machte
Panias zu seiner Hauptstadt, änderte aber ihren Namen zu
Ehren des Kaisers in Cäsarea um, und dann fügte er seinen
eigenen Namen hinzu, um diese Stadt von dem Cäsarea an
der Meeresküste zu unterscheiden. Nach dem Tode Philipps
wurde der Name, um dem Nero zu schmeicheln, in Neronias

verwandelt, dann wurde er Cäsarea Panias, und jetzt ist die
Stadt seit lange nur als Banias bekannt. Dies Stück Ge=
schichte und Geographie kommt uns hier als Beweis zu
Hilfe, wie vollständig zuverlässig die Evangelien in Bezug
auf Wahrheit und Genauigkeit in den kleinsten Dingen sind.
In den dreitausend Jahren, seit Panias erbaut wurde, nannte
man es nur während einer einzigen Periode von fünfzig
Jahren Cäsarea Philippi, und der Name übertrug sich auf
einen District. Das Leben Jesu fiel in diese Periode, und
Matthäus und Marcus sprechen in der Beschreibung einer
seiner Predigtfahrten von seiner Wanderung nach Cäsarea
Philippi und brauchen für Panias den Namen, der nur dreißig
Jahre vorher eingeführt war und zwanzig Jahre nachher
nicht mehr gebraucht wurde.

In der Nähe dieser schönen, berühmten Hauptstadt des
Nordens verkündete Jesus Leuten von gemischten Nationen
und verschiedenem Glauben sein Evangelium als das Wort
der Wahrheit und den Weg zum Leben. Dort sagte er
seinen Jüngern, wie sie leiden und sterben müßten, und er=
klärte zur selben Zeit, daß das Bekenntniß Petri: „dies sei
Christus, des lebendigen Gottes Sohn", der Fels sein sollte,
auf welchem seine Kirche stehen würde bis an das Ende der
Zeiten *).

Ja, er mußte leiden und sterben. Solch wunderbares
Ende mußte diese Sendung der Wahrheit und Liebe zuletzt
finden. Da die Machthaber fanden, daß sie aus Jesus keinen
Vortheil für sich ziehen konnten, waren sie gegen ihn, und
seine Predigten erzürnten sie mehr und mehr. Viele unter
dem Volk folgten ihm mit einer Art blinden Glaubens wegen

---

*) Matth. 16, 18.

der Wunder, die er that, wie die Menge immer einer neuen und sonderbaren Sache nachläuft; einige hielten sich zu ihm mit wahrem und ernstem Glauben an seine Worte, während vielleicht die größte Zahl sich in einem Zustande von Unge= wißheit befand, einmal bereit zu glauben, daß dieser Wunder= thäter Christus sein müßte, und dann wieder erzürnt, daß er sich nicht als ihr König zeigte und ihnen in ihrer Noth half. Die Erweckung des Lazarus brachte die Dinge zur Entscheidung. Man sollte glauben, daß ein solches Wunder Alle, die davon hörten, zum Glauben an Jesus geführt haben müßte, und es vermehrte sowohl die Zahl der wahren Gläu= bigen, als der neugierigen Anhänger. Aber es erregte seine Feinde zu wüthendem Hasse, denn sie sahen, daß ihre Zeit vorüber wäre, sobald Jesus das Volk durch solche Thaten an sich ziehen würde. „Lassen wir ihn also", sagten sie, „so wer= den sie Alle an ihn glauben" *); und von dem Tage an „rathschlagten sie, wie sie ihn tödteten".

Zuerst wich ihnen Jesus aus. Nicht daß er sich zu sterben fürchtete: er erwartete, getödtet zu werden, und war bereit, sich zu opfern, sobald seine Zeit kommen würde; aber er hatte seinen Jüngern und dem Volke noch manche Dinge zu sagen, und vor Allem seine Freunde über die Bedeutung seines Todes und das Nahen des Himmelreiches zu unter= richten. Und so verließ er auf eine kurze Zeit diese stürmi= schen Scenen in Jerusalem und begab sich nach dem Norden, am Rande der Wüste hingehend, die an den Jordan stößt. Er hatte keine Heimath mehr. Nazareth hatte ihn verstoßen, und er hatte sich entmuthigt von Kapernaum abgewendet. Er wußte nicht, wo er sein Haupt hinlegen sollte. Aber

---

*) Joh. 11, 48—53.

auf seiner Wanderung scheint ihm die ruhige kleine Stadt Ephraim, östlich von Bethel, ungefähr drei Meilen von der Hauptstadt, Ruhe und Sicherheit geboten zu haben, und „hatte sein Wesen daselbst mit seinen Jüngern" *).

Aber seine Feinde fanden bald die Spuren zu seinem Zufluchtsorte; daher überschritt er wieder den Jordan zu „der anderen Seite" oder Perea, dem alten Gilead, der Heimath der Stämme Ruben und Dan. Dies schöne hügelige Land, das jetzt nur von räuberischen Beduinen bewohnt wird, war damals von Städten und Dörfern belebt, deren Ruinen noch zu sehen sind. Es war berühmt wegen seiner Wälder und Viehheerden und bot das beste Weideland von Palästina. Zu diesem ländlichen Distrikte floh Jesus vor der Eifersucht und den Intriguen der Hauptstadt; aber er war jetzt eine zu bedeutende Persönlichkeit, um dem Volke zu entgehen, selbst wenn er es gewünscht hätte. „Und das Volk ging abermal mit Haufen zu ihm, und wie seine Gewohnheit war, lehrete er sie abermal" **). Er machte eine Bekehrungstour durch Perea, wie er sie vorher in Galiläa gemacht hatte, „und ging durch Städte und Märkte und lehrete und nahm seinen Weg gen Jerusalem" ***). Gerade um diese Zeit machten sich auch die Karawanen zum Passahfest auf, und Jesus wurde den ganzen Weg von einer begierig lauschenden Menge begleitet. Dieser letzten Predigtjahr verdanken wir viele seiner schönsten Gleichnisse, aber besonders die tiefere Einsicht in sein Leben und seinen Tod, die er seinen Jüngern gab, als er sie zu besonderer Belehrung auf die Seite rief.

---

*) Joh. 11, 54.
**) Matth. 19, 1. 2. Marc. 10, 1.
***) Luc. 13, 22.

Der Ton seiner Predigten war zugleich sanft und streng, wie bei einem Menschen, der fühlte, wie sehr die Wahrheit und Gnade seines Vaters in seiner eigenen Person gering geachtet und geschmäht worden war, der das große Verbrechen kannte, das die Religionslehrer der Nation gegen ihn vor hatten, der das Elend kannte, das wegen ihrer Sünden über das Volk kommen mußte, der für sie die Angst und den Schrecken des letzten Gerichts fürchtete, und der in seinem sehnsüchtigen Verlangen nach ihrer Erlösung willig war, sein Leben zu opfern. Wie voll von diesem Verlangen ist das Gleichniß vom verlorenen Sohn, das vom großen Gastmahl, das von der betenden Wittwe und das vom demüthigen Zöllner! Wie zerfloß die Seele Jesu in Mitleid für die Armen, die Krüppel, die Lahmen, die Blinden, die Hungrigen und die Heimathlosen auf den Straßen und Gassen der Stadt; für die verlassenen und mißhandelten Wittwen und Waisen; für die demüthigen, reuigen, betenden, umkehrenden Sünder! Wie sein Herz sich erbarmt über den reichen, vornehmen und liebens- würdigen, jungen Mann, der Alles zu haben scheint, und dem doch Eins Noth thut, der nichts thun will, was ihm auf Erden den Himmel bringen und ihm nachher „im Himmel ein Schatz" sein würde*). Wie mitleidsvoll legt er die Hände auf das von Krankheit gebeugte Weib, und vertheidigt die Armen und Elenden gegen die Stolzen und Uebermüthi- gen! Wie sanft und liebevoll nimmt er die kleinen Kinder auf den Arm, erzürnt, daß seine eigenen Jünger die Mütter mit ihren Kleinen zurückgewiesen hatten! — denn Jesus konnte Zorn über niedrige Gesinnung und Ungerechtigkeit gegen die Schwachen und Unschuldigen zeigen. Und doch

---

*) Marc. 10, 17—22.

wie gütig ist er bei den Fehlern seiner Jünger gegen ihn selbst, sie durch sein Beispiel lehrend, daß man sieben Mal an einem Tage vergeben soll*); und wie nachsichtig und großmüthig gegen die, welche noch in der elsten Stunde in seine Dienste treten wollten!**)

Solche Weisen voll zarter, inniger Liebe klingen zu uns herüber von jenseit des Jordan, aus der Zeit, da Jesus nach Jerusalem pilgerte, der „Mann der Schmerzen", der unsere Schmerzen und Krankheiten trug. Zugleich mit diesen zarten Tönen hören wir aber auch strenge Worte, — Vorwurf und Mahnung in dem Gleichniß vom reichen Mann und Lazarus, in dem Bilde vom Kommen des Menschensohnes und vom jüngsten Gericht: „Ringet danach, daß ihr durch die enge Pforte eingehet"***). „Viele, die da sind die Ersten, werden die Letzten, und die Letzten werden die Ersten sein"; „Der Eine wird erwählt, und der Andere verworfen werden".

Doch dieser Ernst in der Ermahnung zeigt die Innigkeit seiner Liebe; und durch alles hindurch hören wir den tiefen, feierlichen, pathetischen Ton der Klage über das Schicksal seiner Feinde: „O Jerusalem, Jerusalem, die du tödtest die Propheten und steinigest, die zu dir gesandt sind!" Und jetzt im letzten Augenblick wollte er sie noch retten, und „wollte ihre Kinder versammeln", obgleich er dafür seine Arme am Kreuze ausbreiten sollte. Er sah das Kreuz beständig vor sich, und abgesehen von dem Opferzweck und der erlösenden Kraft seines Kreuzes, wird er durch den moralischen Heldenmuth, mit dem er ihm entgegenging, soweit

---

*) Luc. 17, 3. 4.
**) Matth. 20, 9—16.
***) Luc. 13, 24. Matth. 19, 30. Luc. 17, 34.

über alle anderen Helden und Märtyrer der Menschheit er=
hoben, wie das Kreuz selbst über alle anderen Symbole eines
erhabenen, über den Tod triumphirenden Ideals erhaben ist.
Wohl wissend, was ihm in Jerusalem geschehen wird, all'
die schmählichen, rohen Steigerungen seiner Leiden, und seinen
Tod vorhersehend, — wie er von einem seiner Jünger, dem
Hohenpriester und den Schriftgelehrten verrathen werden wird;
wie diese Religionslehrer und Häupter von Gottes erwähltem
Volke ihn, den Sohn Gottes, zum Tode verurtheilen werden;
wie dieses geweihte Tribunal seiner eigenen Nation ihn den
Ungläubigen, einem heidnischen Statthalter und seinen frechen
ausländischen Kriegsknechten überantworten wird, wie sie ihn
verspotten und geißeln, ihn bespeien und tödten werden, —
alle Schmach und Pein dieser großen Todesangst kennend
und fühlend, bespricht er es alles ganz ruhig mit seinen Jüngern,
nicht um seinen Kummer zu erleichtern, sondern um sie zu
trösten:

> „Thou wilt feel all, that thou mayest pity all!
> So to the end, though now of mortal pangs
> Made heir, — with unaverted eye
> Thou meetest all the storm."*)

Doch selbst den Augenblick einer so heldenmüthigen, so er=
habenen Selbstverleugnung benutzen seine Jünger, um einen
selbstsüchtigen, weltlichen Vortheil aus seinem Opfer zu ziehen.
Die Leiden, die ihn erwarten, ganz übersehend, halten sie
sich an die Verheißung, daß er wieder auferstehen wird, und
indem sie ihre alten Ideen vom Messias damit zusammen=

---

*) „Du willst Alles fühlen, um dich Aller zu erbarmen,
So harrest du, obgleich schon jetzt der Dulder künft'ger Todespein
Mit unverwandtem Aug' des nahen Sturms."

stellen, veranlassen Jacobus und Johannes ihre Mutter, für
sie die ersten Ehrenplätze bei seinem Triumph zu erbitten:
„Laß diese meine zwei Söhne sitzen in deinem Reich, einen
zu deiner Rechten, und den Anderen zu deiner Linken" *).
Alles Mitleid und alle Geduld Jesu zeigt sich in seiner
Antwort. Er will nicht zulassen, daß ihre niedrige Ehrsucht
von der noch niedrigeren Eifersucht ihrer Brüder getadelt
werde; aber indem er sie nochmals an den Kelch der Schmer=
zen und die Taufe des Leidens erinnert, sucht er sie aus
der Schwachheit des Fleisches zur geistigen Reinheit, aus der
Habgier der Selbstsucht zur Hoheit der Selbstaufopferung zu
erheben: „So Jemand will unter euch gewaltig sein, der sei
euer Diener. Und wer da will der Vornehmste sein, der
sei euer Knecht. Gleich wie des Menschen Sohn ist nicht
gekommen, daß er ihm dienen lasse, sondern daß er diene,
und gebe sein Leben zu einer Erlösung für Viele." **)
Er kam zu dienen und zu helfen; und wie er dahingeht,
sein Kreuz auf sich zu nehmen, ist er, obgleich die ihn um=
drängende Menge seinen Weg zu einem Triumphzug machen
möchte, bereit, Jedem zu helfen, eines Jeden Kreuz zu tragen,
zu heilen, zu trösten, zu „dienen". Er geht an Niemand
vorüber, weil er arm, freundlos und unbekannt ist: am mei=
sten hilft er denen, die weder ihm noch sich selbst helfen können.
Dicht vor dem Thor von Jericho sitzen zwei Blinde 'am
Wege und betteln von den Vorübergehenden. Sie hören den
ungewöhnlichen Lärm, den Schritt von tausend Füßen, das
Rufen von tausend Stimmen, hören, wie die Schaaren aus
der Stadt hinausströmen, um sich mit den Schaaren von der

---

*) Matth. 20, 21.
**) Matth. 20, 26—28.

Furth des Flusses zu vereinigen, die alle eifrig waren, zu hören oder zu sehen, was Jesus sagen oder thun würde. Der Schall kommt näher, wird deutlicher; das geschärfte Gehör der Blinden vernimmt, daß Jesus vorbeizieht, und sie rufen aus: „Erbarme dich unser, o Herr, du Sohn Davids!" Aber Volksmassen haben kein Mitleid; Jeder macht nur Platz für sich, wünscht Alles für sich, und haßt, was ihn verhindert, zu sehen oder zu erlangen, was zu sehen oder zu erlangen ist; und die Menschen rufen den Blinden zu, daß sie ruhig sein sollen, stoßen sie, ärgerlich, daß sie nicht still sein wollen, auf die Seite. Aber sie rufen und rufen um so mehr, bis der durchdringende Klageruf: „Jesus, Sohn Davids, erbarme dich unser!" allen Lärm und alles Geschrei übertönt. Niemand kümmert sich um sie; Niemand bietet sich an, sie zu führen. Aber Jesus steht still und ruft sie. Sie springen auf, schwanken vorwärts, strecken die Arme aus, um zu tasten und den Weg durch die Menge zu finden, erheben ihre des Gesichtes beraubten Augen zu der Stelle, wo die Stimme der Barmherzigkeit spricht: „Was wollt ihr, daß ich euch thue?" Dieser Sohn Davids, der sich zum König machen könnte, stellt sich unter ihren Befehl, wie ein Diener Aller. „Herr, daß unsere Augen aufgethan werden!" ist der Ruf ihres noch blinden, aber ernsten Glaubens; und „es jammerte Jesum, und rührte ihre Augen an, und alsobald wurden ihre Augen wieder sehend." Er, den diese Haufen erregter Menschen zu ihrem Oberhaupt machen wollten, verschließt die Ohren ihren Beifallsrufen, hört den Schrei menschlicher Noth und hält an, den blinden, zerlumpten Bettlern am Wege zu helfen.

Etwas weiter hin, nahe der Stadt breitet ein Ahornbaum seine breiten, dichten Zweige über den Weg, gerade

wie man jetzt noch einen Baum vor jedem Dorfe, am Brun=
nen, oder an einem Scheidewege in Palästina sieht. Als
Jesus an dem Baum vorbeikam, sah er einen Mann in den
Zweigen sitzen, der begierig auf seine Ankunft wartete. Dieser
Mann war kein Bettler und stieß keinen Schrei aus. Als
Zolleinnehmer hat er sich bereichert, indem er den Unter=
drückern seiner Nation diente und seine Landsleute betrog.
Er wird mehr verachtet als ein Bettler, und ist mehr zu
bedauern, als die Blinden, die am Stadtthor sitzen und um
Almosen bitten, denn seine Seele ist blind und arm. Er ist
„ein Zöllner und Sünder“. Aber jetzt ist sein Gewissen
erwacht, und er fühlt neuen Glauben und neues Leben sich
in ihm regen. Nicht beschämt der Menge gegenüber zu tre=
ten, die ihn mit Geschrei hinwegtreiben könnte, klettert er
in seinem Eifer, Jesus zu sehen, auf einen Baum, weil er
klein von Gestalt ist. Jesus, der immer bereit ist, das erste
Zeichen der Reue festzuhalten, spricht zu ihm: „Zachäus, steig
eilend hernieder, denn ich muß heute zu deinem Hause ein=
kehren“. Die wankelmüthige Menge fängt an, gegen ihren
Führer zu murren, weil er die Gastfreundschaft eines solchen
Sünders annehmen will; aber „des Menschen Sohn ist ge=
kommen zu suchen und selig zu machen, was verloren war“.
Köstlicher als das Sehvermögen dem Auge, ist die Erlösung
der Seele. Der reiche Sünder bereut, er stattet vierfach zu=
rück, gibt die Hälfte von dem, was bleibt, den Armen, und
freut sich, daß seinem Hause Heil widerfahren ist.

Mit diesen auffallenden Beispielen von hilfreichem Er=
barmen und erlösender Gnade, als Kennzeichen seiner Sen=
dung, mahnt Jesus seine Anhänger, daß kein Reich Gottes,
wie sie es erwarten, erscheinen wird; daß er von ihnen ge=
nommen werden wird, aber daß sie im Glauben seine Diener

bleiben sollen; daß der Glaube der Schlüssel zum Eintritt in sein Reich, und daß Treue der Schlüssel zu seinen Belohnungen ist. Und so geht er, den gewissen Tod vor Augen, doch überall auf seinem Wege Leben verbreitend, „hinauf gen Jerusalem“. Von den Höhen Bethaniens blicken Lazarus, Martha und Maria weit den Hügel hinab dem Kommen ihres Freundes und Herrn entgegen. Ihre Herzen schlagen voller Freude, daß sie ihn so bald willkommen heißen sollen, und sinken dann wieder in Entsetzen, daß sie ihn vielleicht begrüßen auf seinem Wege zu Gefahr und Tod.

31. Kapitel.

Hosianna in der Höhe.

Zuweilen ist es einem Manne gegönnt, der höchsten Ehren- und Machtstellen würdig gehalten zu werden, seinen Namen mit den Auszeichnungen genannt zu sehen, die die meisten Menschen ersehnen, dies alles durch den Willen des Volkes auf sich gehäuft zu wissen, und doch seine Größe darin zu zeigen, daß er Amt und Ruhm zurückweist und sich einem einfachen, ruhigen Leben voll guter Thaten widmet. Aber es liegt in der Natur des Menschen und besonders der wankelmüthigen Menge, die Hochherzigkeit, die es verschmäht auf diese Weise geehrt zu werden, übel aufzunehmen. Sind nicht Throne, Würden, Reichthümer, Macht, Ruhm die höchsten Preise, welche die Welt zu verleihen hat? Und ist nicht das Darbieten derselben, selbst ihre Voraussetzung, die höchste Huldigung, die Menschen Einem, den sie bewundern und dem sie folgen, erweisen können? Wenn er dieselben

also gering achtet, so verwundet er ihren Stolz: und wenn er
nicht nur die Ehren, die sie ihm aufzwingen wollen, verwirft,
sondern ihnen zugleich sagt, daß er höhere und bessere Dinge
zu geben hat, als sie zu bieten vermögen, daß sie von ihm
noch die höchsten Ideen über Ehren, Reichthümer und Macht
zu lernen haben, dann verwundet er auch ihre Eitelkeit, er
verkehrt ihre Liebe in Haß, ihr Jubelgeschrei in Schmährufe.
Wenn die Leute einen Führer rühmen, schmeicheln sie sich
selbst dadurch, daß sie ihn wählen, oder daß er ihnen ange=
hört. Sie umgeben sich mit dem Duft des Weihrauchs, den
sie ihrem Abgott entzünden; und sie verwerfen schnell einen
Abgott, der ihre Huldigungen nicht beachtet, und ihre Aner=
bietungen nicht annimmt, um so mehr, wenn er seine Ver=
ehrer tadelt.

Dieser Zug der menschlichen Natur ist der Schlüssel zu
den sonderbaren, plötzlichen Gegensätzen in der Behandlung
Jesu, die sich in die sechs letzten Tage seines Lebens zu=
sammendrängten. Es war die Scene in der Synagoge zu
Nazareth, die sich in größerem Maaßstabe in der ganzen
Nation wiederholte und das tragische Ende erreichte, das
bei jener gefehlt hatte. Es war von neuem die Geschichte
von Kapernaum, da das Volk, als er fünftausend mit wenig
Broden und Fischen gespeist hatte, ihn mit Gewalt zum König
machen wollte. Aber als er sich ihnen entzog und dann zu=
rückkam, um sie zu tadeln, weil sie nach mehr Brod ver=
langten, und sich selbst das wahre Brod des Himmels nannte,
da verlangten sie von ihm ein „Zeichen“, verhöhnten ihn als
den Sohn Josephs, wendeten sich ab und gingen nicht weiter
mit ihm. Es war der Zwiespalt seines ganzen Lebens, der
dadurch entstand, daß er entweder den Annahmen des Volkes
über das, was er war oder werden sollte, entgegenkam, oder

dieselben durchkreuzte. Einen König wollten sie haben, und ein König mußte Jesus sein.

Am Morgen nach der Ankunft Jesu in Bethanien war die ganze Stadt in Aufregung und der Weg nach Jerusalem war von Menschen belebt.

> „Von Haus zu Haus die Menge zieht:
> Die Straßen füllet Jubelschall;
> Und Festesfreud' wie überall
> Des Oelbergs purpurn Haupt umglüht."

Obgleich es noch sechs Tage vor dem Passahfest war, waren viele Karawanen vom Lande bereits angekommen, und der Zudrang schien größer als gewöhnlich zu werden, weil Jedermann gern den Propheten sehen und hören wollte, der einige Monate vorher beim Laubhüttenfest und beim Stiftungsfest*) so viele Wunder gethan und solchen Aufstand erregt hatte, daß sein Leben in Gefahr kam. Bei jeder neuen Ankunft war die erste Frage: „Wo ist Jesus?" und da er noch nicht im Tempel gesehen worden war, stritt man lebhaft darüber, ob er kommen oder nicht kommen würde. „Was denkt ihr, daß er nicht zum Feste kommen wird?"

Aber wenn er auch nicht kommen sollte, so konnte man doch Lazarus sehen, und dieser war fast ein ebenso großes Wunder, als Jesus selbst. Die Karawanen, die vom Jordan heraufkamen, hielten bei Bethanien an, um den Mann zu sehen, der von den Todten erweckt war. Jeden Tag kamen

---

*) Das Laubhüttenfest wurde gefeiert, nachdem alle Früchte eingeerntet waren, zur Zeit unseres October. Das Stiftungsfest war in der Mitte des Winters: das Passah im April oder Mai, kurz vor der ersten Ernte; Pfingsten im Juni nach der Kornernte und vor der Weinlese.

Schaaren von Jerusalem in derselben Absicht, und es war
augenscheinlich, daß das Volk mehr auf den Nazarener und
seine Thaten, als auf alle Schriftgelehrten und Lehrer des
Tempels gab. Dies brachte die Hohenpriester so auf, daß
„sie danach trachteten, auch Lazarus zu tödten, denn um
seinetwillen gingen viele Juden hin und glaubten an Je=
sum." *)

Sobald es in Jerusalem bekannt wurde, daß Jesus im
Hause des Lazarus war, strömte die ganze Stadt hinaus ihn
zu sehen. Hinunter den Abhang der Tempelhöhe, durch das
Bett des Kidron den Oelberg hinauf schwärmte das Volk,
rennend, rufend, singend, — Männer, Weiber und Kinder
sich vorwärts drängend nach Bethanien. Aber unterwegs
trafen sie zusammen mit den Wogen einer anderen Menge,
denn Jesus war schon nach der Stadt aufgebrochen, mit ganz
Bethanien und den östlichen Karawanen im Gefolge. In
diesem Augenblick brachten die Jünger ein Eselsfüllen, brei=
teten ihre Kleider über dessen Rücken, setzten Jesus darauf,
um ihn im Triumph nach Jerusalem zu führen. Denn jetzt
zum Schluß wollte Jesus als der Messias, als der König
der Juden auftreten. Er wollte den Leuten zeigen, daß sie
nicht umsonst die Propheten gelesen, nicht vergebens auf einen
Befreier geharrt hatten; er wollte in eigener Person die
Weissagung ihrer Schriften, und dann in einem viel höheren
Sinne ihre Erwartung eines Erlösers erfüllen. Ihrer Be=
geisterung nachgebend, wollte er, indem er die Zeit und Um=
stände, die seine Handlungsweise am auffallendsten, bedeutungs=
vollsten und denkwürdigsten machen würden, benutzen, einen
öffentlichen Einzug in die Hauptstadt zu halten, wie ein

*) Joh. 12, 9—11.

Fürst, der gekrönt werden soll; und durch dies Symbol wollte er zu der Tochter Zions sagen: „Siehe, dein König kommt zu dir, sanftmüthig und reitet auf einem Esel, und auf einem jungen Füllen der Eselin." *) Aber auf der größten Höhe dieser allgemeinen Begeisterung, in diesem erhabenen Augenblick scheinbaren Königthums und Triumphes, zeigte er die Größe seines Königreiches, indem er verweigerte, seine Macht über die Feinde zu gebrauchen, und nur Symbole der Demuth und des Friedens trug, und Worte der Sanftmuth und Trauer sprach.

Es war nichts Entehrendes darin, daß er auf einem Esel ritt, denn dies war ein Thier, dessen man sich in Palästina allgemein zum Reisen bediente. Abraham und Jakob waren auf diese Art gereist. Zur Zeit der Richter ritten die Beherrscher Israels auf „weißen Eseln", und die jungen Prinzen hatten Jeder ein Eselsfüllen **). Es würde sich für Jesus wohl geschickt haben, selbst als König seinen Einzug in Jerusalem auf einem solchen Thier zu halten, besonders da die Prozession zu Fuß und ohne Vorbereitung vor sich ging; aber er sandte nach dem Eselsfüllen und ritt es, als ein Zeichen der Einfachheit und Friedfertigkeit seines Reiches. Er kam nicht als Eroberer mit weltlichem Prunk und Glanz, sondern als Erlöser, sanftmüthig und von Herzen demüthig. Aber das Volk verlangte ihn zum König, ob er wollte oder nicht.

Die Morgenländer haben einen Anflug von Fanatismus in ihrer Natur. Diese ruhigen, feierlich aussehenden Menschen, die in ihren langen Gewändern und Turbanen so

---

*) Sach. 9, 9.
**) Richt. 5, 10; 12, 14.

gemessen einherschreiten, und zu stumpf für jede Erregung
scheinen, können bis zum Wahnsinn aufgestachelt werden, be=
sonders wenn ein starker religiöser Impuls sich ihrer bemächtigt.
Eine abendländische Volksmenge würde dann neben ihrem
lauten Geschrei, ihren heftigen Geberden, ihren lärmenden
Uebertreibungen jeder Art ganz zahm erscheinen. So gab sich
auch an diesem Morgen auf dem Oelberge die Menge der
wildesten Aufregung hin, die sowohl durch religiösen Eifer,
als durch politische Hoffnungen hervorgerufen war. Endlich!
endlich hatten sie ihren Messias. Er hatte Teufel ausgetrie=
ben, Todte erweckt, er konnte Alles. Er fürchtete sich nicht
vor den Pharisäern, denn obgleich er wußte, daß sie ihm
nach dem Leben trachteten, ging er öffentlich nach Jerusalem.
Und er war nun willig, als König einzuziehen, dem Volke
voranzureiten, und sich von ihm ehren und preisen zu lassen.
Ohne Zweifel wollte er in Jerusalem ein wunderbares Zei=
chen thun. Gott war mit ihm und würde ihm helfen; er
wollte sich für den Messias erklären, wollte den Thron Da=
vids einnehmen, und das Reich Gottes würde sogleich er=
scheinen*). Von solchen Gefühlen angefeuert, zum höchsten
Gipfel des Enthusiasmus für ihr Volk und ihre Religion,
die jetzt frei gemacht werden sollte, erhoben, lief eine zahl=
reiche Menge vor Jesus her und breitete ihre Gewänder auf
den Weg wie einen Teppich, daß er darüber reiten sollte.
Andere stiegen auf die Palmbäume, welche die Straße ein=
faßten, brachen Zweige ab und streuten sie auf seinen Weg;
und wie mit einer Stimme ließen die Tausende und Aber=
tausende Berge und Wälder von dem Rufe widerhallen:
„Hosianna dem Sohne Davids! Gesegnet sei, der da kommt

---

*) Luc. 19, 11.

im Namen des Herrn! Gesegnet sei der König von Israel, der da kommt im Namen des Herrn! Hosianna in der Höhe!"

Vergebens versuchten die Phärisäer, dies Geschrei zu er= sticken; und als sie Jesus aufforderten, seine Jünger zu schelten, antwortete er: „Ich sage euch, wenn auch diese schweigen würden, so würden die Steine reden." Ja, wahr= lich, er war da, der König! Der König der Natur, der König der Juden, der König der Welt, der König des Le= bens, und Alles war bereit, ihm zu dienen, ihm zu huldi= gen, — die unfühlende Natur, die Bäume des Feldes, die Stimmen der Kinder, das Jubelgeschrei des Volkes, — Alles außer den hochmüthigen, neidischen, selbstsüchtigen Herzen der Menschen.

Daß es solche Herzen gab, erregte ihn nicht zum Zorn, sondern zu unendlichem Mitleid. Gerade als die Phärisäer das Hosianna des Volkes mißtönend unterbrachen, wendete sich Jesus um den Vorsprung am Abhange des Oelberges, wo die ganze Stadt mit unbeschreiblicher Herrlichkeit sich dem Auge darbot; Tempel, Paläste, Mauern, Thürme, Thore, Gärten, die Wonne der Erde vor den Füßen der Men= schen ausgebreitet. Der Anblick war Jesus wohlbekannt: er hatte ihn so oft gesehen, wenn er von und nach Bethanien gegangen war. Doch nun hält er an, die Stadt zu betrach= ten, und die Menge dämpft ihr Geschrei, und drängt sich näher an ihn um zu hören. Von dem Punkte aus hatte hundert Jahre vorher der römische Feldherr Pompejus, als er von Jericho heraufkam, frohlockend auf Jerusalem, als seine Beute, geblickt. An diesem Punkte pflanzte dreißig Jahre später der römische Feldherr Titus eine Legion auf, um die Straße nach Jericho zu bewachen, und die Mauern

der Stadt und des Tempels zu beschießen. Aber kein Kriegs=
plan, kein Eroberungsgedanke erfüllte den Geist des Messias=
Königs, als er, versunken in die bezaubernde Schönheit des
Anblicks da stand. Seine Augen füllten sich mit Trauer,
sie flossen über von Thränen; und statt der Hosiannas, die
soeben noch für ihn erklungen waren, brach er aus in die
Klage: „Wenn du es wüßtest, so würdest du auch bedenken,
zu dieser deiner Zeit, was zu deinem Frieden dienet! Aber
nun ist es vor deinen Augen verborgen." Dann fügte er,
den Tag vorhersehend, an dem die römischen Legionen stehen
würden, wo er stand, hinzu: „Denn es wird die Zeit über
dich kommen, daß deine Feinde werden um dich und deine
Kinder mit dir eine Wagenburg schlagen, dich belagern und
an allen Orten ängsten, und werden dich schleifen, und keinen
Stein auf dem anderen lassen, darum daß du nicht erkannt
hast die Zeit, darinnen du heimgesucht bist!"*) Keine Ein=
bildungskraft könnte eine solche Scene erfinden. Die Ge=
schichte erzählt, daß Philipp von Macedonien nach der
Schlacht von Cheronéia in Thränen ausbrach über das Ge=
metzel, das er den tapferen Thebanern bereitet hatte, und daß
Alexander der Große, als er nach Persepolis zurückkam,
weinte, da er die Zerstörung wahrnahm, die er über die
Stadt gebracht hatte. Aber in beiden Fällen war der Er=
oberer selbst der Urheber der Zerstörung, die er beweinte,
und sein Gefühl war eine natürliche, vielleicht mit Gewissens=
bissen gemischte Reaction. Aber als Jesus die Stadt ansah
und um sie weinte, war keine sichtbare Ursache zur Betrübniß
vorhanden. Der Tempel und die Hauptstadt standen da in
ihrer Herrlichkeit, so stolz und schön, wie nie zuvor. Die

---

*) Luc. 19, 42—44.

Römer waren allerdings im Besitz der Stadt; aber die Ju=
den hatten Freiheit in ihrem Hause und in ihrer Reli=
gionsübung, und keine Kriegszeichen standen am Himmel.
Seine Betrübniß konnte aus keinem seiner Worte oder Hand=
lungen entspringen. Sein einziger Gedanke war gewesen,
seinen Landsleuten Gutes zu thun; sein einziger Wunsch für
die Stadt war, sie zu retten. Er weigerte sich, ihren Frie=
den zu stören, indem er sich zum König machte; er weigerte
sich, die Erregung des Volkes zu seinem Vortheil zu wenden;
er sah schon im Hintergrunde des vor ihm ausgebreiteten
Gemäldes sein Kreuz aufgerichtet und hörte dasselbe Volk rufen:
„Kreuzige ihn!" — und er weinte, nicht über sich selbst und
seine eigenen Leiden, sondern über Jerusalem und über des
Volkes Sünden und Trübsale. Durch diese That steht Je=
sus allein in der Geschichte da, und durch die Stärke seines
Mitgefühls für ein sündiges, leidendes Geschlecht, erhebt er
sich so weit über unsere menschliche Erfahrung, daß wir sagen
müssen, diese Thränen waren nichts anderes als göttliches
Mitleid. Wir würden ohne zwei Ereignisse, die uns zeigen,
was im Geiste Jesu vorging — seine eigene Kreuzigung
und die Zerstörung der Stadt —, niemals die Bedeutung
dieser Thränen verstanden haben. Ohne dieselben würde sein
Weinen eine Schwäche oder ein Räthsel geschienen haben;
denn die Bewegung, die Jesus zeigte, als er auf Jerusalem
blickte, war ganz verschieden von dem, was Andere ge=
fühlt oder gedacht haben würden in dem Augenblick, wo alles
Volk ihm nachlief, und die Hauptstadt durch das Gerücht,
daß er als ihr König käme, sich in höchster Aufregung be=
fand, wo die Luft von dem ihm gerufenen Hosianna wider=
hallte. Es ist der menschlichen Natur nicht verliehen, sich
unter solchen Umständen eines Schauers der Freude, des

Stolzes, der Hoffnung oder eines gewissen Selbstgefühls zu enthalten. Doch Jesus weinte. Er blickte nicht auf eine Stadt in Trümmern, noch war es eine augenblickliche Gefahr, die ihn so bewegte: aber vor seinem prophetischen Auge standen die Tage, die in der nächsten Generation über die Stadt kommen sollten, — die Schrecken der Belagerung, das Einschließen der Stadt durch die Heere, die zum Sturm aufgehäuften Wälle, die Hungersnoth und Pestilenz in den Mauern, das Stürmen der Soldaten, die das Volk niedertraten, den Brand des Tempels, das Schleifen der Mauern und Häuser bis auf den Grund; und als er dies schreckliche Ende voraussah, da weinte er darüber, daß seine verblendeten, bethörten, abtrünnigen Landsleute nicht zulassen wollten, daß er sie rettete, indem er sie zu Gott zurückführte. „O Jerusalem! Jerusalem! wenn du gewußt hättest!"

Keiner der Zuschauer, selbst kein einziger unter seinen Jüngern verstand die Bedeutung dieser Thränen, dieser Klage. Sie hatten lange genug angehalten, um diesen befremdenden Gefühlsausbruch zu sehen und zu hören, aber sie waren zu begierig, ihren König zu krönen, um die Mahnung des Propheten zu beachten; und mit erneutem Hosiannarufen zog die Prozession den Abhang des Oelberges hinab, an den Gräbern der Propheten vorüber, durch das Bett des Kidron, unter den Schatten der Tempelmauern, die steile Seite des Morija hinan, bei jedem Schritt an Zahl zunehmend, bis, da sie durch das östliche Thal einzog, „die ganze Stadt in Aufregung war, und Alles fragte: ‚Wer ist dies?'" Es ist Jesus, der Prophet von Nazareth in Galiläa. Dies ist nicht mehr ein Schmähname, denn Gutes ist aus Nazareth gekommen. Hosianna, dein König kommt! Mit diesen schwärmenden Schaaren betrat Jesus den Tempel. Die Kranken,

Lahmen und Blinden hörten alsobald, daß der Mann der Wunder, der Freund der Armen und Leidenden wiedergekommen war; und aus allen Stadttheilen eilten sie zum Tempel, oder ließen sich hintragen, und er heilte sie. Diese Wunderthaten steigerten die Begeisterung des Volkes; die Höfe und Hallen klangen wider von seinem Preise, und aus denselben Räumen, wo er als Knabe mit den Lehrern gesessen hatte, grüßten ihn Kinder mit: „Hosianna dem Sohne Davids!" Wieder versuchten die erzürnten Priester und Schriftgelehrten, sie mit Scheltworten zu unterbrechen; aber Jesus sprach zu ihnen: „Aus dem Munde der Unmündigen und Säuglinge hast du Lob zugerichtet."

Bald darauf verließ er den Tempel, zog sich von den Erregungen des Tages zurück und ging ruhig nach Bethanien zurück, um einen Abend in seinem geliebten Freundeskreise zu verbringen.

Heute noch kann man seinen Weg verfolgen und von derselben Stelle, wo Jesus anhielt, Jerusalem zu betrachten, das entzückende Gemälde der Stadt sehen. Aber es ist nicht mehr das Jerusalem der Juden. Die Türken herrschen dort, und an der Stelle, wo der Tempel gestanden, erhebt sich die heilige Moschee der Mohamedaner. Keine Spuren des alten Gebäudes sind zu sehen; nur einige alte Steine in einer Seitenwand bezeichnen seine Grundmauern; und dahin gehen die frommen Juden jede Woche, über die Zerstörung ihres Tempels zu weinen und für das Kommen ihres Messias zu beten. Dies ist ein trauriger und hoffnungsloser Anblick. O Jerusalem, wenn du an jenem Tage gewußt hättest, was zu deinem Frieden dienet! Doch die Verblendung und Raserei, welche die Zerstörung der Stadt und des Tempels herbeiführte, gab der Welt die Kreuzigungsstätte und den

Erlöser; und über dem einst so heiligen Ort, der jetzt der Klage geweiht ist, begegnen sich die Wellen des Gesanges, der die erlöste Welt durchtönt: „Gesegnet ist, der da kam im Namen des Herrn! Hosianna in der Höhe!"

32. Kapitel.
Jesus Christus, der König.

[Die letzte Woche — Jesus scheltend und ermahnend — Er klagt die Pharisäer an; vertheidigt sich gegen die Herodier, Sadducäer und Rechtsgelehrten — Jesus ist der wahre Christus, der Sohn Gottes — Die Griechen verlangten Jesus zu sehen — Seine Sendung in die Welt muß durch seinen Tod erfüllt werden — Der Kampf und Sieg in seiner Seele — Die Stimme vom Himmel — Das Wort Christi als Richter — Die Zerstörung Jerusalems und der Tag des Gerichts.]

Durch seinen öffentlichen Einzug in Jerusalem hatte Jesus bestätigt, daß er der Messias war. Seinen eigenen Jüngern hatte er sich vollständig durch seine Antwort auf Petri Bekenntniß: „Du bist Christus, der Sohn des lebendigen Gottes!" zu erkennen gegeben. Und jetzt hatte er, indem er von der Menge die Titel „Sohn Davids" und „König von Israel" annahm, und sich weigerte, sie für diese Ausrufe zu tadeln, zugelassen, vor ganz Jerusalem als Christus proklamirt zu werden. Als König von Israel, als der Christus der Prophezeihung war er in die Stadt Davids, in das Haus des Herrn eingezogen; er hatte sein Evangelium gepredigt und sein Werk beendet: aber sein Reich war nicht von dieser Welt, und nachdem er seine Person und seine Sendung offen dargethan hatte, war er bereit zu sterben. Sein Einzug unter dem Hosianna des Volks fand am Montag statt, und am Freitag vor Mittag hing er am Kreuz zum Spott des Pöbels. Niemals wurde so Vieles in ein menschliches Leben zusammengedrängt, wie in diese letzten Lebenstage Jesu, — so viel Wahrheit, Zeugniß und Ermahnung für Alle, die Ohren hatten, zu hören; so viel Rath und Theilnahme im engeren Verkehr mit Freunden; so viel Mitleid und Beistand für die Bedürftigen; so viel Mitgefühl und Verheißung für seine Jünger; so viel Liebe für seine Feinde und Aufopferung für Alle; so viel Einsamkeit und Verlassenheit von Gott und Menschen; so viel Todesangst und Schmach im Leiden, und so viel Hoheit und Triumph im Tode.

Da er die Nächte in Bethanien blieb, ging er jeden Morgen über den Oelberg nach der Stadt, und brachte den Tag im Tempel zu, wo er dem Volke predigte, dessen Zahl zunahm, je näher das Passahfest kam, und dessen Aufregung unter seinen strengen und glühenden Worten immer größer wurde. Denn das Predigtamt, das mit Segnungen und Flehen angefangen hatte, schloß mit Vorwürfen und Drohungen. Bei seinem ersten Wunder benutzte er seine Macht über die Natur, um ein geselliges Fest zu verschönen, — es war ein Wunder der Schöpfungskraft zur Erheiterung und Segnung: bei seinem letzten Wunder brauchte er seine Macht über die Natur zu einem Symbol des erwählten, aber gerichteten Volkes, dem sein Predigtamt keine Frucht gebracht hatte, — es war ein Wunder der Zerstörung, das den unfruchtbaren Feigenbaum bis in die Wurzeln verdorren machte.

Diesem handelnd gegebenen Gleichniß folgte eine Reihe von Parabeln, deren Hauptgedanke immer seine Verwerfung und die seiner Gnade durch die Juden, und in Folge davon ihre Verwerfung von seinem Vater, durch den Untergang ihrer Stadt, ihres Tempels und ihres Volkes und das strengere Gericht des jüngsten Tages ist. In diesen Para-

beln werden die Juden mit ihrem Nationalstolz und religiö=
sen Formalismus mit dem Sohne verglichen, der voll guter
Vorsätze war, und doch nie seines Vaters Willen that; und
es wird ihnen gesagt, die niedrigsten Heiden, die Buße thun,
„würden eher ins Himmelreich kommen" *). Sie werden mit
Arbeitern verglichen, die des schönsten Weinberges zu warten
hatten, den Erben tödteten und selbst vom Herrn des Wein=
bergs getödtet wurden **); sie werden den erwählten Gästen
verglichen, die zur Hochzeit des Königssohnes geladen waren,
die nicht nur verweigerten zu kommen, sondern eine Em=
pörung gegen den König stifteten und ihn zwangen, sie zu
entfernen und zu bestrafen, während die Bettler auf den
Straßen als Gäste zur Hochzeit geladen wurden ***). Diese
Gleichnisse trafen ihren Nationalstolz und ihr falsches Selbst=
gefühl an der Wurzel und verwandelten ihre Hoffnungen
auf den Messias, als einen König, in ebenso viele Anschul=
digungen, um den Messias als Erlöser zu verwerfen. Sol=
ches Predigen konnte nur eine oder zwei Wirkungen haben:
entweder mußte es ihre Augen öffnen, ihre Herzen demüthi=
gen, sie zum Bekenntniß ihres Irrthums bringen und von
ihren Sünden abwenden; oder es mußte ihren Stolz starrer
machen, ihre nationale Eitelkeit erregen und gegen den Tadler
derselben Haß erregen.

Aber entschiedener als dies immerhin schonende Ver=
fahren mit dem Volke war die Kühnheit, mit der Jesus die
Pharisäer und Schriftgelehrten anklagte. Zuerst versuchten
sie, seine Lehren zu unterdrücken, indem sie ihn fragten:

---

*) Matth. 21, 28—32.
**) Matth. 21, 33—41.
***) Matth. 22, 1—10.

„Aus was für Macht thust du das? Und wer hat dir die Macht gegeben?" *) Aber Jesus verwirrte sie, indem er darauf bestand, daß sie ihm erst sagen sollten, ob die Taufe des Johannes von Gott oder den Menschen wäre. Sie konnten nicht sagen „vom Himmel", denn Jesus würde gefragt haben: „Warum glaubet ihr ihm denn nicht?" Sie konnten nicht sagen: „Von den Menschen", denn sie fürchteten das Volk, das Johannes für einen Propheten hielt. Also verweigerte Jesus, seine Machtvollkommenheit zu beweisen. Seine Worte und Werke bewiesen seine Macht genugsam; und er brachte sie zum Schweigen.

Da sie an dieser Stelle geschlagen waren, versuchten die Pharisäer und Schriftgelehrten ihn „in seiner Rede zu fangen". In ihrem Eifer, etwas gegen ihn zu finden, kamen die Parteien, die gewöhnlich mit einander zankten, zusammen und vereinigten sich zu einem Angriffsplan. Zuerst kamen die Herodier**), eine politische Partei, die dafür hielt, daß es besser sei, durch Anerkennung ihrer Autorität mit den Römern Frieden zu halten, und ihren Forderungen nachzu-

---

geben. Diese fragten ihn: „Ist es recht, daß man dem
Kaiser Tribut gebe, oder nicht?" Wenn Jesus „Nein" gesagt
hätte, würden die Herodier ihn dem römischen Statthalter
als einen, der Aufruhr predigt, angezeigt haben; und wenn
er „Ja" gesagt hätte, würden die Pharisäer das Volk gegen
ihn aufgereizt haben, als wollte er die jüdische Nation ihren
Feinden überliefern. Jesus ließ sich einen Zinsgroschen
geben und zeigte ihnen, daß sie, indem sie eine mit dem
Bilde des Kaisers geprägte Münze benutzten, seine Autorität
anerkannten. Aber zugleich hielt er die Autorität Jehova's
aufrecht, indem er sagte: „Gebet dem Kaiser, was des Kaisers
ist, und Gott, was Gottes ist."*) Damit waren diese
schlauen Politiker geschlagen.

Dann kamen die Saducäer**), die nicht an eine Auferstehung glaubten, und versuchten, ihn zu fangen, indem sie
ihm den Fall vorlegten, daß eine Frau sieben Mal verheirathet
gewesen wäre, und fragten, wessen Weib sie nach der Auferstehung sein würde. Aber Jesus antwortete: „In der
Auferstehung werden sie weder freien, noch sich freien lassen,
sondern sie sind gleich wie die Engel Gottes im Himmel."
Und dann zeigte er ihnen, daß ihre eigenen Schriften ein
Leben nach dem Tode annahmen, und sprach von Abraham,
Isaac und Jacob, als noch mit Gott lebend. So waren

---

*) Marc. 12, 13—17.

**) Die Saducäer waren eine Schule oder Secte von Reformern
oder Freidenkern, die ungefähr zweihundert Jahre vor Christo, als die
Anhänger eines berühmten Lehrers, Namens Zadock, auftraten. Sie
fingen damit an, zu versuchen, die Nationalreligion zu reinigen, indem sie sich vielen Traditionen und Gebräuchen widersetzten; aber zuletzt verwarfen sie einige der Hauptlehren, wie die von der Vorsehung
Gottes, der Existenz der Seele und dem Leben nach dem Tode.

die sceptischen Sadducäer auch geschlagen, und sowohl das gemeine Volk, als die Schriftgelehrten, die dabei standen, traten auf Jesu Seite.

Zuletzt wurde einer der klügsten Schriftgelehrten*) oder Rechtskundigen gedrängt, ihn zu fragen: „Welches ist das vornehmste Gebot im Gesetz?" Die Rechtslehrer waren beständig in Streit über diesen Punkt. Einige bestanden darauf, daß Opfer das Wichtigste seien, Andere hielten den Zehnten und die Gebräuche dafür. Aber Jesus konnte nicht in solche Streitfragen gezogen werden; seine Antwort griff so tief in Vernunft, Herz und Gewissen, in das Wesen Gottes, der Menschen und der Religion, daß Niemand von dem Tage an hinfort ihn fragen durfte. „Du sollst lieben Gott, deinen Herrn, von ganzem Herzen, von ganzer Seele, von ganzem Gemüth und von allen deinen Kräften. Dies ist das vornehmste Gebot. Das andere aber ist dem gleich: Du sollst deinen Nächsten lieben, als dich selbst. Es ist kein anderes größeres Gebot, denn diese." **)

Jesus wendete jetzt die Waffen gegen seine Feinde, und

---

*) Es hatte immer unter den Leviten Männer gegeben, deren besondere Studien in dem heiligen Gesetz ihnen den Namen der „Gelehrten" erwarb. Aber zur Zeit des Esra wurde eine Schule zur Ausbildung solcher Studirenden gegründet, und diese bildeten sich allmählich zu Lehrern heran, die das Volk in Fragen über die Lehre und die Ausübung derselben als Autorität ansah. Die Schriftgelehrten schrieben Commentare zum Gesetz; und nach und nach spalteten sie sich und stritten gleich den theologischen Schulen der Neuzeit über die Bedeutung oder die Wichtigkeit der Lehrsätze, die sie ihren heiligen Schriften entnahmen.

**) Marc. 12, 28—34.

da die Pharisäer*) sich um ihn sammelten, stellte er ihnen
eine Frage, welche sie vor den Leuten in Verwirrung brachte:
„Was denkt ihr von Christus? Wessen Sohn ist er?"
Sie antworteten sogleich: „Der Sohn Davids." „Er aber",
sagte Jesus, „David, spricht durch den heiligen Geist: ,Der
Herr hat gesagt zu meinem Herrn: Setze dich zu meiner
Rechten, bis daß ich lege deine Feinde zum Schemel deiner
Füße.' " Die Juden betrachteten den hundertundzehnten
Psalm als eine Prophezeiung des Messias. Er ist darin
geschildert als ein König, der Könige und Völker unterwirft,
und dessen Heerschaaren so zahlreich, so frisch und glänzend
sind wie der Morgenthau. Zugleich ist er ein Priester, doch
nicht einer wandelbaren, menschlichen Priesterschaft angehörig
sondern „ein Priester für immer in der Weise wie Melchi-
sedek", der sich in seiner königlichen und priesterlichen
Würde allein über alle anderen erhebt, ohne Erwähnung
seiner Geburt oder seines Todes, seiner Vorfahren oder
Nachfolger: der Typus einer ewig bestehenden Priesterschaft.
Aber der Psalmist schildert seinen königlichen Priester, seinen

---

*) Die Pharisäer könnten die Ritualisten ihrer Zeit genannt
werden. Im dritten Jahrhundert vor Christo fand unter den Juden
eine Wiederbelebung des alten Geistes der Frömmigkeit statt, der sie
von anderen Nationen als das erwählte Volk Gottes getrennt erhalten
hatte. Eine gewisse Partei suchte dieses fromme Gefühl zu besitigen,
indem sie die Frömmigkeit, als in strenger Beobachtung des Gesetz-
buchstabens bestehend hinstellte, in Rücksicht auf die Form der Religions-
ausübung, Opfer, Gebete, Almosen u. s. w.: aber was zuerst ein
wahrhafter Geist religiösen Eifers gewesen war, wurde mit vielen
bloßen Formalismen ein äußerer Schein. Jesus zögerte nicht, die
Pharisäer Heuchler zu nennen, weil sie so viel Religion zur Schau
trugen und so wenig von ihrem Geist besaßen.

geweihten Herrn, als zur Rechten Gottes sitzend, und die Macht und Würde des Allerhöchsten theilend; und da die Juden so eifersüchtig auf den Namen Jehova waren, daß sie es für Gotteslästerung, — eine Todsünde — erklärten, einem Menschen die Namen, den Platz, die Ehre Gottes zu geben, so machte David, indem er Christus seinen Herrn nannte und ihn auf den Thron Jehova's setzte, ihn zum Sohn Gottes und zum Theilhaber göttlicher Majestät und Herrlichkeit. Weit, weit erhaben über den irdischen Thron Davids war der Christus, vor dem David sich in Demuth als vor seinem Herrn beugte. Diese göttliche Kindschaft beanspruchte Jesus, in der Frage an die Pharisäer für sich, und „Niemand konnte ihm ein Wort antworten" *), aber „das gemeine Volk hörte ihn gern" **). Er sprach nun öffentlich zu seinen Jüngern von sich als Christus: „Einer ist euer Meister, Christus" ***), und nach seiner Erklärung der auf Christus bezüglichen Weissagungen kann kein Zweifel sein, daß er meinte, er, der Menschensohn, sei der Sohn Gottes. Es war Gott, der Vater, der ihn in die Welt gesandt hatte, der ihm befahl, was er reden sollte †), und der immer seine Gebete erhörte.

Als er nun vor allem Volk als Christus dastand, sprach er Ermahnungen aus gegen die Pharisäer und Schriftgelehrten, gegen ihren Hochmuth, ihren Geiz, ihre Eitelkeit, Hartherzigkeit und Heuchelei. Dann klagte er sie selbst ins Gesicht als Heuchler an, „die der Wittwen Häuser fressen,

---

*) Matth. 22, 46.
**) Marc. 12, 37.
***) Matth. 23, 8.
†) Joh. 12, 49.

und wenden lange Gebete vor, und die das Himmelreich vor den Menschen zuschließen", oder als „verblendete Leiter, die Mücken seihen und Kameele verschlucken"; als „getünchte Gräber, welche auswendig hübsch scheinen, aber inwendig sind sie voller Heuchelei und Untugend". Er machte sie für das Blut der Propheten verantwortlich, bezichtigte sie der Absicht, seine Jünger zu verfolgen und zu tödten, und drohte ihnen mit der „Verdammniß", die über sie kommen werde. Doch war in all diesen furchtbaren Anklagen nichts von persönlicher Erbitterung, nichts von Groll über ihr Benehmen gegen ihn. Denn nach diesen prüfenden, glühenden Worten kommt wieder die Klage: „O Jerusalem, Jerusalem, die du tödtest die Propheten, und steinigest, die zu dir gesandt sind! Wie oft habe ich deine Kinder versammeln wollen, wie eine Henne ihre Küchlein unter ihre Flügel versammelt, und ihr habt nicht gewollt!"*)

Die Entscheidung nahete, sie mußte kommen. Wenn diese Reden das Volk veranlaßten, sich entweder zu Jesus als dem von Gott gesendeten Erlöser zu bekennen, oder ihn als Friedensstörer zu verwerfen, so trieben sie die Pharisäer zu einer noch grimmigeren Entschlossenheit, sich seiner gänzlich zu entledigen. Es war klar, daß er oder sie untergehen mußten. Wie konnten sie noch auf Ehrfurcht und Ansehen für ihre Belehrungen hoffen, wenn sie ihm erlaubten, sie als verblendet, falsch, selbstsüchtig, grausam, als „Otterngezücht"**) zu verklagen? Täglich machten sie Anschläge, wie sie ihn aus dem Wege räumen wollten. Jesus kannte ihre Absicht, war darauf vorbereitet und fing nun an, seine

---

*) Matth. 27, 37. 38.
**) Matth. 23, 33.

Jünger auf das Ende, das nahe herbeigekommen war, vor=
zubereiten.

Zwei von den Zwölfen, Andreas und Philippus, sagten
ihm, daß einige Griechen, die den jüdischen Glauben ange=
nommen hatten, begierig wären, ihn zu sehen. Bis zu dieser
Stunde waren seine Jünger noch von ganzem Herzen Ju=
den, betrachteten ihren Meister als den Erlöser und König von
Israel und konnten es kaum zulässig finden, ihm Männer
einer fremden Rasse, die als Heiden geboren und jetzt nur
Proselyten waren, vorzustellen. Doch im Geiste Jesu warf
das Begehren dieser Griechen, ihn zu sehen, die Schatten
des Eintritts der ganzen heidnischen Welt in sein Reich
voraus. Das konnte nicht geschehen, so lange er noch auf
Erden wandelte, und als Jude nur von seinen Landsleuten
gekannt, und von wenigen unter ihnen gefolgt war. Um
die ganze Welt zu sich zu ziehen, mußte er erst sein Leben
für die Welt hingeben. Nachdem er von den Juden ver=
worfen und ans Kreuz geschlagen, würde die Bedeutung
seines Lebens und seines Werkes von allen Menschen ge=
kannt und gelesen werden, und der Menschensohn würde
wirklich verherrlicht sein. Ehe das Leben, das in ihm war,
seine belebende, erlösende Macht üben konnte, mußte es von
der irdischen Hülle, die es umgab, befreit werden. „Es sei
denn, daß das Weizenkorn in die Erde falle und ersterbe, so bleibt
es allein; wo es aber erstirbt, so bringt es viele Früchte.
Wer sein Leben lieb hat, der wird es verlieren; und wer
sein Leben auf dieser Welt hasset, der wird es erhalten zum
ewigen Leben."*) So sprach Jesus, als er nochmals zu
wählen hatte zwischen weltlichem Beifall, der ihn zum Thron

---

*) Joh. 12, 24. 25.

erheben konnte, und der Selbstaufopferung, die eine geistige Saat ausstreuen sollte. Sein Leben zu retten, indem er dem Willen des Volkes nachgab, wäre das Aufgeben seines Lebens als eine Macht zum Guten gewesen. Indem er den bloßen Gedanken einer Lebensrettung durch das Aufgeben seines Werkes verwarf, indem er das Leben für sein Werk opferte, erhielt er seinen Namen und sein Werk für immer in den Herzen und im Leben der Menschen lebendig. Durch seine gänzliche Unterwerfung unter Gott und die Wahrheit ruft er seine Diener auf, ihm in den Tod zu folgen. Dann fügt er hinzu, indem er sich zu dem erhabenen Bewußtsein aufschwingt, daß er Gottes Sohn ist: „Wo ich bin, da soll mein Diener auch sein. Und wer mir dienen wird, den wird mein Vater ehren."*) Er zögert nicht, zu sagen, daß der Himmel ihm und seinen Nachfolgern gehört, und sich dafür zu verbürgen, daß der Vater diejenigen, die Jesu dienen, so ehren wird, als wenn sie Gott selbst gedienet hätten.

Aber diese Vision geistiger und himmlischer Herrlichkeit erhebt ihn nicht über die Schwachheit seiner menschlichen Natur. Die Zartheit und Vergeistigung seiner Empfindungen machen die Nerven seines Körpers um so peinlicher empfindlich gegen Schmerz. Die feinsten, edelsten Naturen leiden am meisten. Und das Zurückbeben seines körperlichen Organismus vor der Pein des Kreuzes läßt ihn ausrufen: „Meine Seele ist betrübt." Der alte Kampf in der Wüste zwischen dem Geist und dem Fleisch erneuert sich und: „Was soll ich sagen? Vater, hilf mir aus dieser Stunde"; so fleht der Mensch in ihm, das Menschliche, das vor Qual und Tod zurückschreckt. „Doch darum bin ich in diese Stunde ge-

---

*) Joh. 12, 26.

kommen", mein ganzes Leben ist eine Vorbereitung für dies Ende gewesen: „Vater, verkläre deinen Namen": so antwortet der Christus in ihm, der Sohn Gottes dem Rufe seines Vaters*).

Ein Ton schallt vom klaren Himmel herab. Einige unter dem erschrockenen Volk sagen: „Es donnert", andere: „Es redete ein Engel mit ihm"**); aber für sein geschärftes Ohr war es eine Stimme vom Himmel, die sagte: „Ich habe meinen Namen verklärt und will ihn abermal verklären."***) Christus besteigt jetzt seinen Thron und tritt die Herrschaft der Welt an. „Jetzt gehet das Gericht über die Welt, nun wird der Fürst dieser Welt ausgestoßen werden. Und Ich, wenn ich erhöhet werde von der Erde, so will ich sie Alle zu mir ziehen"†), — also Sieg und Herrschaft durch das Kreuz. Er erklärt sich selbst für das Licht der Welt, er stellt sich dar als Eins mit Gott. „Wer mich sieht, der sieht ihn, der mich gesandt hat." Aber in allem Diesem ist kein Fanatismus. Er ist sich bewußt, auf welchem Boden er steht. Es ist die Sprache einer großen und heiteren Seele aus der innersten Tiefe der Wahrheit. Seine vorherige Strenge verschwindet; das leise Durchklingen des Mitleids wird noch einmal gehört: „So Jemand meine Worte hört und glaubet nicht, den werde ich nicht richten; denn ich bin nicht gekommen, daß ich die Welt richte, sondern daß ich die Welt selig mache. Wer mich verachtet und nimmt meine Worte nicht auf, der hat schon, der ihn richtet; das Wort,

---

*) Joh. 12, 27.
**) Joh. 12, 29.
***) Joh. 12, 28.
†) Joh. 12, 31. 32.

welches ich geredet habe, das wird ihn richten am jüngsten
Tage"*). Der Mensch soll der Wahrheit gehorchen. Wenn
er die Wahrheit gering achtet oder von ihr abweicht, im
äußeren Leben, in der Moral, in der Gesellschaft, muß er
die Strafe nach den Gesetzen seines eigenen Wesens erleiden.
Die Wahrheit ist gewiß, die Wahrheit ist unveränderlich, le=
bendig, ewig. Wir können niemals eine Wahrheit von uns
weisen, die wir einmal erkannt haben. Daß wir sie gefun=
den haben, zwingt uns, sie zu betrachten. Und wenn Jesus
nicht von sich, sondern wenn er die Wahrheit von Gott
sprach, dann mußte sein Wort die Seele leiten und er=
lösen, oder es würde sie richten und verdammen. Indem
er sein Wort als Licht und Richtschnur zurückließ, schloß
Jesus sein öffentliches Lehramt, ging hinaus und verließ den
Tempel.

Im Fortgehen machten die Jünger ihn auf die Größe
und Herrlichkeit des Gebäudes aufmerksam, worauf Jesus
antwortete: „Es wird hier nicht ein Stein auf dem andern
bleiben, der nicht zerbrochen werde."**) Sie waren auf dem
Wege nach Bethanien, und als sie den Gipfel des Oelberges
erreicht hatten, setzten sie sich nieder, um auszuruhen, wäh=
rend die Stadt zu ihren Füßen lag. Die Reden und Gleich=
nisse Jesu im Tempel hatten die Jünger mit ungewöhnlicher
Furcht erfüllt. Seine schrecklichen Anklagen und Drohungen
herrschten in ihren Gedanken vor, und da sie glaubten, daß
der Tag des Gerichts nahe sei, kamen sie zu dem Meister
und sagten: „Sage uns, wann wird das geschehen? und

---

*) Joh. 12, 47. 48.
**) Matth. 24, 1. 2.

Thompson, Leben Jesu.   7

welches wird das Zeichen sein deiner Zukunft und der Welt
Ende?"*) Jesus gab ihnen in den Hauptzügen ein Bild
von den Ereignissen, die seiner Kreuzigung und der Zerstörung von Jerusalem folgen würden, — Kriege, Aufruhr,
Hungersnoth, Pest, Erdbeben an verschiedenen Orten, schreckliche Erscheinungen und große Zeichen am Himmel. Sie
selbst würden verfolgt, ins Gefängniß geworfen, einige von
ihnen getödtet werden. Zuletzt würde Jerusalem von Heeren
eingeschlossen werden; seine Einwohner würden von der
Schärfe des Schwertes fallen oder als Gefangene weggeführt,
und die Stadt von den Heiden der Erde gleich gemacht
werden. Da diese Zerstörung plötzlich kommen würde, sollten
die Jünger aufmerken, wachen und beten, daß sie bei Zeiten
entfliehen könnten. Gleich klugen Jungfrauen sollten sie ihre
Lampen bereit halten; gleich treuen Dienern sollten sie bereit sein, von ihren Talenten Rechenschaft zu geben. Drei
Tage vorher hatte Jesus an derselben Stelle über die dem
Unglück geweihte Stadt geweint; jetzt mahnt er die Jünger, dem
Geschick derselben zu entfliehen. Damals ritt er als Christus,
als König, in die Stadt ein; jetzt sitzt er über ihr als
Christus, als Herrscher, zu Gericht. Es ist etwas Furcht-
bares in der Majestät, die diesen sanftmüthigen, geduldigen
Mann, diesen liebevollen, duldenden Erlöser bekleidet. Er
kam zu den Seinigen, und die Seinigen nahmen ihn nicht
auf. Fortan können die Menschen nur noch in zwei Klassen
getheilt werden: in solche, die ihn aufnehmen, und in solche,
die ihn verwerfen, — in seine Freunde und seine Feinde.
Und so wird auch die Theilung der Welt am jüngsten Tage

---

*) Matth. 24, 3.

sein. Wie Christus der Mittelpunkt menschlicher Geschichte, der scheidende und bestimmende Prüfstein menschlichen Werthes ist, so wird er die Hauptgestalt beim Gerichte, der Scheidungspunkt für die Ewigkeit sein. „Wenn des Menschen Sohn kommen wird in seiner Herrlichkeit, und alle seine heiligen Engel mit ihm, dann wird er sitzen auf dem Stuhl seiner Herrlichkeit. Und werden vor ihm alle Völker versammelt werden. Und er wird sie von einander scheiden, gleich wie ein Hirt die Schafe von den Böcken scheidet; und wird die Schafe zu seiner Rechten stellen, und die Böcke zur Linken", und die Probe, durch welche sie geschieden werden sollen, ist ihr Thun gegen ihn, in der Person der Armen, der Kranken, der Hungrigen, der Durstigen, der Nackten, der Fremden, der Gefangenen. Und so strahlt noch durch die Majestät Christi, des Weltrichters, die Gnade Jesu, des Heilandes*).

Um dieselbe Stunde hielten die Hohenpriester, Schriftgelehrten und Aeltesten des Volkes im Palaste des Kaiphas einen Rath, wie sie Jesum mit List fangen und tödten könnten, ohne einen Volksaufruhr zu verursachen. Jesus und seine Jünger gingen für die Nacht nach Bethanien, die letzte Nacht, die er dort zubringen sollte. Seine Gefahren und Sorgen vergessend, war er noch einmal der Gast bei seinen Freunden. Bei diesem Abendessen füllte Maria das Haus mit dem Dufte des Oels, das sie über seine Füße goß. „Sie ist zuvorgekommen", sagte Jesus, „meinen Leichnam zu salben zu meinem Begräbniß."*) Und Judas Ischariot, der über die Verschwendung gemurrt hatte,

---

*) Matth. 25.
**) Marc. 14, 1—9.

schlich sich hinweg von diesem Akt der Liebe, — ging und verkaufte sich für dreißig Silberlinge, um seinen Herrn in Abwesenheit der Menge an die Hohenpriester zu verrathen.

33. Kapitel.

Das Abendmahl.

[Vorbereitungen für das Passahfest — Das Passah ist ein Familienfest — Die Zwölfe waren eine Familie für Jesus — Er nennt sie „Freunde" — Ihre Fehler und Vorzüge — Die wahren Grundlehren der Reform — Jesu Lehre von der Humanität ist edler als Wissenschaft und Volksherrschaft — Männlichkeit ist nicht Selbstsucht, Brüderlichkeit nicht Communismus — Er hatte Lieblinge unter seinen Jüngern — Er benutzt gesellschaftliche Eigenthümlichkeiten zu sittlicher Erneuerung (Reform) — Seine Weisheit als Philosoph und Reformator — Jesus gründete eine Aristokratie des Charakters und eine Demokratie der Liebe — Der französische Convent und die christliche Kirche — Jesus hilft den Menschen zur Erhebung — Seine Lehre von der Einigkeit — Das Abendmahl eine Gedächtnißfeier — Jesus der Heiland — Wir feiern Geburts-, nicht Todestage, aber sein Tod krönt sein Leben — Das Osterlamm und das lebendige Brod — Wie Jesus mit seinen Jüngern zu Tische saß — Er wäscht ihnen die Füße — Der Verräther — Das letzte Gebet und die Verheißungen Jesu.]

Es war Donnerstag, „der erste Tag der süßen Brode, da man das Osterlamm opferte" *). Um Mittag dieses Tages hörte alle Arbeit auf und der Sauerteig wurde hinwegthan; vor Sonnenuntergang wurde das Osterlamm geschlachtet, und nach Sonnenuntergang, dem Anfang des Freitages, nach jüdischer Rechnung, wurde das Lamm mit bitteren Kräutern und ungesäuertem Brod gegessen. Es war für die auf dem Lande lebenden Juden von Wichtigkeit, das Osterlamm innerhalb der Thore von Jerusalem zu essen; und Leute, die

---

*) Marc. 14, 12.

Häuser in der Stadt besaßen, thaten ihr Möglichstes, Gästen Aufnahme zu bereiten, wenn diese auch weder Verwandte noch Freunde waren. Früh am Donnerstag Morgen schickte Jesus Petrus und Johannes hinüber von Bethanien, um für das Osterlamm Vorbereitungen im Hause eines Freundes in der Stadt, der ein großes oberes Zimmer eingerichtet hatte, zu treffen*). Gegen Abend ging Jesus mit den übrigen Jüngern nach Jerusalem**).

Anfänglich war das Essen des Osterlammes eine Familienfeier. Jede Familie hatte ihr eigenes Lamm; oder, wenn eine Familie zu klein war, ein ganzes Lamm anzuschaffen und zu verzehren, so durften zwei oder drei Nachbarn sich zu der Feier vereinigen. Anfänglich wurde auch jedes Lamm im Hause getödtet, und sein Blut über das Getäfel und die Thürpfosten des Hauses gesprengt. Doch zu dieser Zeit war es ganz gebräuchlich, daß die Männer allein die Mahlzeit einnahmen, und dazu in Gesellschaften von zwanzig oder mehr, ohne Rücksicht auf Familienbeziehungen zusammenkamen; obgleich die Frauen nicht ausgeschlossen waren, wenn sie wünschten, an der Mahlzeit Theil zu nehmen. Das Lamm wurde im Tempel getödtet, wo man den Altar mit seinem Blut besprengte; dann wurde es mit nach Hause genommen und gebraten, wobei man Sorge trug, keinen Knochen zu zerbrechen***).

Die zwölf Jünger Jesu waren seine Familie. Seit drei Jahren waren sie kaum von ihm getrennt gewesen, ausgenommen, wenn sie zu Predigtfahrten ausgesandt wurden; und

---

*) Luc. 22, 8—13.
**) Marc. 14, 16. 17.
***) 2 Mos. 12, 46.

während der letzten Monate hatten sie ihn auf allen seinen Reisen begleitet. Und je dichter in diesen letzten Tagen die Schatten des Todes sich um ihn lagerten, desto inniger schloß sich Jesus an seine Jünger an. In ihnen war wenig, worauf er sich stützen konnte, — wahrlich nichts, was in dieser Welt für eine Stütze gehalten wird. Stellung, Reichthum, Einfluß, Macht, Wissen — alles dies besaßen sie nicht. Verständniß für große Ideen und großartige Unternehmungen hatten sie nicht gezeigt. Sie waren nicht im Stande gewesen, ihres Meisters Lehren zu verstehen und die wahre Idee seiner Sendung und seines Werkes zu begreifen. Aber, Einen ausgenommen, kannte er sie alle als wahr; und gerade die Einfalt ihrer Hingebung, die auf gesunden Menschenverstand gegründet war, empfahl sie ihm als Männer, die er erwählen, und denen er vertrauen durfte. Unter ihren Irrthümern und Schwachheiten lagen die Elemente eines starken, wahrhaftigen Charakters; und als das Ende herannahte, vertraute ihnen Jesus seine geheimsten Gedanken und Gefühle, seine Absichten und Hoffnungen, bis er zuletzt die heilige Gemeinschaft seiner Seele mit Gott mit ihnen theilte: „Ich sage hinfort nicht, daß ihr Knechte seid; denn ein Knecht weiß nicht, was sein Herr thut. Euch aber habe ich gesagt, daß ihr Freunde seid; denn Alles, was ich habe von meinem Vater gehöret, habe ich euch kund gethan." *). Mit diesen Empfindungen versammelte er die Zwölfe wie seine Familie zum Essen des Osterlammes; seine letzten Stunden auf Erden wollte er in der geheiligten Vertraulichkeit der Freundschaft verleben. Sehr bedeutsam ist die Sprache, in der Johannes dies beschreibt: „Da Jesus erkannte, daß seine Zeit

---

*) Joh. 15, 15.

gekommen war, daß er aus dieser Welt ginge zum Vater; wie er hatte geliebet die Seinen, die in der Welt waren, so liebte er sie bis ans Ende."*) Diese Worte und die Hand= lungen, die sie begleiten, zeigen das Gemüth Jesu in seiner menschlichen Empfindung, und den Geist Jesu in seiner gött= lichen Weisheit. Wie liebevoll menschlich, immer inniger zu lieben, je näher dem Ende! Wie göttlich weise, die tiefsten Empfindungen der menschlichen Natur zur Förderung eines Reiches, das nur in den Herzen und durch die Herzen der Menschen gedeihen konnte, zu benutzen!

Zu den mächtigsten Hülfsmitteln menschlichen Thuns gehören der Geselligkeitstrieb die Wahlverwandtschaft oder der Klasseninstinct, das Gefühl der Zusammengehörigkeit und endlich die Gemeinsamkeit der Erinnerungen. Diese Triebe, Neigungen, Eigenschaften — nennen wir sie, wie wir wollen — sind unvergängliche Besitzthümer der menschlichen Natur; und Jesus zeigte seine wunderbare Einsicht als Re= formator dadurch), daß er in den Einrichtungen für seine Kirche nicht diesen Instincten entgegenarbeitete, sondern sie alle durch Unterwerfung unter seine großen Ideen von Liebe und Heiligkeit, und in Harmonie mit denselben nutzbar machte. Durch seine Lehren von der Würde der Seele und den persönlichen Beziehungen des Menschen zu Gott gab er dem Menschen als Menschen eine viel höhere Stellung, als irgend eine Philosophie oder Religion des Alterthums ihm gegeben hatte, und selbst eine höhere, als die moderne Wissen= schaft und die moderne Demokratie erreicht haben; aber er versuchte nie, den einzelnen Menschen als seinen eigenen Hauptzweck hinzustellen, der wie ein Mystiker in einer geheimen

---

*) Joh. 13, 1.

persönlichen Beziehung zu Gott steht. Im Gegentheil, seine
Lehre von der Würdigkeit des Individuums floß hinüber in
die Lehre von der christlichen Bruderschaft. Wie hinsichtlich
alltäglichen Bedürfens und Helfens jeder Mensch ein Nächster
ist, so ist hinsichtlich geistiger Bedürfnisse und Hoffnungen
jeder Mensch ein Bruder. „Einer ist euer Vater, welcher ist
im Himmel; und Einer ist euer Meister, Christus; und ihr
seid alle Brüder." Statt diesen Geselligkeitstrieb durch geistigen Hochmuth vernichten zu lassen, suchte Jesus ihn zu veredeln und in der christlichen Gemeinschaft und Bruderschaft
zur Vollkommenheit zu bringen.

Auf der anderen Seite aber trieb er die Idee der Brüderlichkeit nicht bis zum Communismus: seine Lehre von Freiheit, Gleichheit und Brüderlichkeit war nicht die eines Ge-
meinbesitzes der Güter, der gleichen Vertheilung aller Ehren-
und Machtstellungen, allen Besitzes von Talent und Eigenthum. Während er lehrte, daß alle Menschen Kinder eines
Vaters sind, daß die Seelen alle vor Gott gleich sind, und
daß es die Pflicht eines Jeden ist, seinen Nächsten wie sich
selbst zu lieben, das Wohl Anderer zu wünschen und es wie
sein eigenes zu fördern, lehrte er auch die Freiheit eines jeden Menschen, sich selbst einen Gefährten zu wählen und
mit seinem erwählten Freundeskreise brüderlich zu verkehren.
Unter allen seinen Jüngern und Anhängern „erwählte er
zwölf, die immer bei ihm sein sollten". Diese Zwölf behielt
er um sich als seine Gefährten; er sprach zu ihnen manche
Dinge, die er Anderen nicht sagte; „er liebte sie bis
ans Ende"; er forderte diese Zwölf allein auf, mit ihm
sein letztes Nachtmahl zu theilen; er sagte ihnen die liebe-
vollsten, zärtlichsten Worte, indem er wiederholte: „Ihr
habet mich nicht erwählet, sondern ich habe Euch erwäh-

let." *) Hierin lag die Grundidee der Erwählung, der Auf=
nahme, der Bevorzugung, obgleich alle anderen Jünger ebenso
sehr Gegenstand der Liebe ihres Meisters waren.

Aber Jesus dehnte diese Erwählung noch weiter aus,
und unter den Zwölfen, die aus den Uebrigen erwählt wa=
ren, hatte er Lieblinge und Vertraute. Bei der Erweckung
von Jairi Töchterlein ließ er alle Jünger, außer Petrus,
Jacobus und Johannes vor dem Hause. Diese Drei nahm
er nebst dem Vater und der Mutter des Mädchens in das
Zimmer, wo sie todt lag. Ebenso nahm er, als er den Berg
bestieg, um verklärt zu werden, nur Petrus, Jacobus und
Johannes mit sich; und als sie hinabgingen, ließ er sie
versprechen, ihren Brüdern nicht zu erzählen, was sie ge=
sehen hatten, bis er von den Todten auferstanden sein würde.
Er schickte Petrus und Johannes nach Jerusalem, das Oster=
lamm zu bereiten; und zuletzt, als er nach Gethsemane ging,
ließ er den größeren Theil der Jünger am Eingange des Gartens
zurück und nahm Petrus, Jacobus und Johannes mit hinein,
weil er wünschte, daß die Drei, die ihn in seiner Verklärung
gesehen hatten, auch in seiner Todesangst bei ihm sein soll=
ten. Immer diese Drei, und nur diese Drei. Hier zeigte
Jesus eine Wahlverwandtschaft innerhalb des kleinen Kreises
seiner erwählten Jünger, eine Auswahl der Auswahl. Und
er trieb seine persönliche Vorliebe noch weiter; in diesem
engeren Kreise liebender Brüderschaft hatte er einen noch
näheren Liebling, einen Erwählten unter den Dreien. Er
zog Petrus in Angelegenheiten von Wichtigkeit und Thatkraft
ins Vertrauen, — baute auf ihn als einen Felsen; aber
Johannes war seinem Herzen am nächsten. Er war unter

---

*) Joh. 15, 16.

der Brüderschaft bekannt als „der Jünger, den Jesus liebte"; beim Abendmahl „lag er an Jesu Brust": er war der Einzige, der durch alle die letzten Ereignisse hindurch bei Jesus stand; und vom Kreuz herab, „als Jesus seine Mutter sahe und den Jünger dabei stehen, den er lieb hatte, spricht er zu seiner Mutter: ‚Weib, siehe, das ist dein Sohn', und zu dem Jünger: ‚Siehe, das ist deine Mutter'."*) Von allen seinen Anhängern erwählte er einen einzigen zu den zartesten, heiligsten Diensten menschlicher Zuneigung und christlicher Treue. Die Liebe Jesu verflachte sich nicht in ein unbestimmtes, über die ganze Menschheit ausgedehntes Gefühl: aber während sie groß und tief genug war, die ganze Menschheit, alle Völker und Generationen zu umfassen, eine Liebe zu den Menschen, die die Welt erlösen wollte, wählte sie zu gleicher Zeit den Einzelnen, den Besonderen aus. Der breit dahinfließende Strom hatte seine sonnigen Eilande, seine stillen Winkel, seine plätschernden Strudel für Kindheit, Heimath, Freundschaft, erwählte Genossen. Jesus wollte alle selbstsüchtige Liebe ausrotten; er wollte die Bruderschaft der Menschlichkeit zur Wahrheit machen, wollte eine weltumfassende Barmherzigkeit einführen, wollte Hochmuth, Frömmelei, Neid, Haß, Krieg, Rache in der Nächstenliebe verschwinden lassen. Aber er versuchte nicht, die Neigungen, die Gott unserer Natur eingepflanzt hat, die uns auf Familie, auf Freundschaft, auf eine geheiligte Verbindung durch persönliche Wahl, als Beweggrund und Mittel zu unserem höchsten Glück hinweisen, zu unterdrücken. Er suchte nicht die Gesellschaft zu bessern und zu retten, indem er die Gefühle und Eigenthümlichkeiten in der Natur des Menschen zerstörte, die ihn zu einem geselligen

---

*) Joh. 19, 26. 27.

Wesen fähig machen. Er benutzte eben diese Kräfte, sein Reich der Liebe aufzubauen. Hierin zeigte sich Jesus als den größten Socialphilosophen, als den weisesten Reformator. Wenn wir seinem Beispiel folgen, werden wir das Wohl aller Menschen wünschen und erstreben, werden keine persönlichen Ziele oder Absichten gegen die Wohlfahrt Anderer haben; aber wir dürfen unseren erwählten Kreis von Gefährten haben, unsere besonderen Vertrauten, unseren Busenfreund.

Indem er dem Grundsatze der Wahlverwandtschaft folgte, ging Jesus noch weiter in der Richtung des Klasseninstincts. Der französische Convent von 1793 stellt als das höchste Gesetz der menschlichen Gesellschaft den Grundsatz auf, daß die „Freiheit eines jeden Bürgers da aufhört, wo die Freiheit eines anderen Bürgers beginnt". Dies war der letzte Ausspruch dieser „Retter der Gesellschaft" des achtzehnten Jahrhunderts, welche die Revolution leiteten, deren Wehen Europa noch fühlt. So viel sie auch für die Menschheit thaten, sie hinterließen Frankreich ein Jahrhundert von Schwankungen zwischen Anarchie und Despotismus. Um ihre Theorie von Freiheit auszuführen, setzten sie jede Ordnung, Unterscheidung, Klassenbegünstigung, die vorher in Kirche und Staat bestanden hatte, bei Seite und suchten eine leblose Gleichheit des Bürgerthums einzuführen. Diese Führer waren größtentheils Hasser des Christenthums. Jesus war als Reformator der Gesellschaft freilich auch ein Gleichmacher: seine Lehre war für den Menschen, gegen alle Schranken der Kaste, der Nation oder Rasse, und für das gemeine Volk gegen die Schriftgelehrten und Pharisäer. Aber wo die Freiheit eines Anderen anfängt, läßt er auch unsere Pflicht anfangen, sein Bestes zu suchen. Er stiftete zu gleicher Zeit einen Orden, eine Aristokratie, die in ihren Forderungen höher strebend und in ihren Bedingungen absoluter und wählerischer ist, als irgend eine, die jemals auf der Erde existirt hat. Diese, von allen übrigen Menschen durch eine Wiedergeburt und einen heiligen Charakter verschiedene Klasse ist bekannt als die Erwählten Gottes, seine Kinder, die Erben des Himmels. Sie, und sie allein gehören zum Reiche Gottes auf Erden; sie und sie allein werden dereinst den Himmel besitzen. Zwischen ihnen und allen Anderen hienieden ist die Trennung so groß als die zwischen Heiligkeit und Sünde, und im Jenseits wird zwischen ihnen „ein großer Abgrund befestigt sein". Nie wurde ein so hoher, ausgleichender, dauernder Anspruch als dieser zu Gunsten irgend einer Gemeinschaft von Menschen erhoben: eine Aristokratie des Himmels, gegründet auf der Erde. Aber dieser Orden, diese Gesellschaft hat drei Eigenthümlichkeiten, — erstens, daß sie geistig ist in ihren Zeichen und ihren Belohnungen; zweitens, daß Jeder darin eintreten kann, wenn er sein Leben und seinen Charakter ändert, und sich ihren Bedingungen anpaßt; und drittens, daß alle ihre Glieder, wenn sie einmal in ihren Schooß aufgenommen worden, gleich sind. Von Außen die höchste Aristokratie, ist sie innerlich die am meisten gleichmachende Demokratie. Durch ihre geistige Natur ist sie im Stande, überall hin, unter alle Völker, in alle Länder zu dringen. Durch ihre hohen Forderungen nimmt sie alle irdischen Unterschiede — Throne, Herrschaften, Regierungen, Machtvollkommenheiten — wie Nichts hinweg; durch ihren freien Geist zieht sie Jeden an, der seinen Charakter zur höchsten Entwickelung zu bringen wünscht. Jesus wendet sich so an einen der stärksten menschlichen Triebe — das Verlangen, zu steigen — und führt uns durch die reinste und edelste Ehrbegierde zur menschlichen Vollkommenheit. Es kommt nicht darauf an, wie niedrig Jemand an Geburt oder Lebensstellung, wie arm er an Mitteln und Eigenschaften sei: „Alle, die ihn aufnehmen, berechtigt er, Gottes Kinder zu werden; die nicht geboren sind vom Blut noch aus dem Willen des Fleisches, sondern von Gott."

Geselligkeitstrieb und Wahlverwandtschaft, diese großen Kräfte der menschlichen Natur, finden in verschiedenen Arten allgemeiner Vereinigungen Ausdruck; und diese Neigung, gemeinschaftlich zu fühlen und zu handeln, benutzte Jesus, seine Kirche zu gründen. Aber auch hier, wie in allen Dingen, veredelte er eine menschliche Fähigkeit, und gab ihr die höchste geistige Triebfeder und Richtung. Denn die Gemeinschaft, die er stiftete, war nicht eine Gemeinschaft in Gebräuchen und Formen, sondern in Glauben und Liebe. Das Abendmahl, das er seinen Jüngern zu halten gebot, und die Gebote, die er gab, die Brüder nicht zu ärgern, schließen ein und fordern eine Art von Vereinigung; aber das Zeichen christlicher Verbrüderung sollte sein: „Daß ihr euch untereinander liebet", und die Einheit der Kirche ein geistiger Zusammenklang durch die Gemeinschaft in Christus und mit dem Vater; „gleich, wie du, Vater, in mir, und ich in dir; daß auch sie in uns eins seien; ich in ihnen und du in mir, daß sie vollkommen seien in eins und die Welt erkenne, daß du mich gesandt hast". Es kann keine Gemeinde Christi sein, außer wo der Geist Christi ist. Die Gemeinschaft der Gläubigen mit Christo ist so eng und fest, daß sie als wirkliches Theilhaben an seinem Leben beschrieben ist: „Ich bin der Weinstock, ihr seid die Reben. Wer in mir bleibet, und ich in ihm, der bringet viel Frucht; denn ohne mich könnet ihr nichts thun." Dies ist das Gesetz der

Gemeinschaft oder Vereinigung in seiner höchsten Form: nicht bloße äußerliche Verbindung, sondern innere Gemeinschaft; nicht Glaubensbekenntnisse und Formen, sondern Leben und Frucht.

Aber es gibt auch ein äußeres Zeichen dieser inneren Gemeinschaft, das Jesus selbst festsetzte, — das heilige Abend= mahl; als er dieses anordnete, gedachte er, daß die Menschen eine Vorliebe für jede Gedächtnißfeier haben. Durch das Gedächtnißmahl wollte er seine Jünger in Erinnerung an ihn um einen Tisch versammeln. Die Form dieser Feier ist so einfach, daß sie überall begangen werden kann. Hätte er eine Wallfahrt zu seinem Grabe, oder ein Erinnerungsfest in Je= rusalem verordnet, so würde der größte Theil der Menschheit von jedem Antheil daran abgeschnitten worden sein. Aber diese Gedächtnißfeier ist durch die Einfachheit ihrer Form universell. Dennoch ist sie, obgleich die einfachste, die er= greifendste.

Alle bis hierher aus der Scene des letzten Abendmahls zusammengestellten Gedanken gehören der menschlichen Seite der Sache an, und zeigen die Weisheit Jesu als Reformator, der für die höchsten geistigen Zwecke die großen, tiefen, ver= borgenen, allgemeinen Triebe und Neigungen der menschlichen Natur benutzt. Aber in dieser letzten Stunde mit seinen Jüngern sehen wir in ihm nicht nur den Lehrer und Refor= mator, sondern den Erlöser. Nicht nur Wahrheiten, sondern ein Leben, und nicht das Leben an sich, sondern sein durch den Tod erst klar gemachtes Leben — ist im Abendmahl zum Gedächtniß aufgestellt. Es ist unter uns Gebrauch, die Geburtstage und nicht die Todestage derer, die wir lieben, zu begehen; und wenn der Tod von besonders traurigen oder gewaltsamen Umständen begleitet war, beben wir vor der

Erinnerung an die Einzelheiten zurück. Ein Freund gab mir als heiliges Andenken ein Stück von der Bekleidung der Loge, in der Lincoln in dem Augenblick saß, als die Kugel des Meuchelmörders ihn zum Märtyrer machte. Dies Fragment ist mit seinem Blut befleckt; aber ich halte es verborgen, und halte den Stock, den er zu benutzen pflegte und den man mir als Andenken schickte, seine Namensunterschrift unter eine Maßregel des Friedens und Wohlwollens, und sein Bild im Moment, da er die Proklamation der Sclavenemanzipation verliest, viel höher. Es ist der lebende Mensch, dessen Gesicht, dessen Gestalt, dessen Worte und Thaten wir mit Vorliebe uns erinnern. Aber Jesus verordnete, daß bis ans Ende der Tage, seine Nachfolger seines Todes gedenken sollten, und nicht bloß des Todes, sondern sogar der Art seines Todes: — daß sie das Brod brechen sollten, um sich zu erinnern, wie sein Leib gebrochen ward: daß sie den Kelch trinken sollten, um sich zu erinnern, wie sein Blut vergossen wurde. Und es ist geschehen, daß — wie sehr wir auch vor dem Blute selbst zurückschrecken mögen — das Symbol des Blutes das heiligste, von Menschen bewahrte Gedächtnißzeichen geworden ist. Um zu erkennen, warum dem so ist, müssen wir tiefer in die Bedeutung des Abendmahls eingehen, wie sie uns durch Jesu Reden und Gebete bei dieser Veranlassung und durch das, was gleich nachher in Gethsemane und Golgatha geschah, erklärt wird.

Als Johannes der Täufer Jesum zuerst seinen Jüngern zeigte, sagte er: „Sehet, das ist Gottes Lamm, welches der Welt Sünde trägt"*) In seiner Rede in der Synagoge zu Kapernaum sagte Jesus: „Ich bin das lebendige Brod,

---

*) Joh. 1, 29.

vom Himmel gekommen. Wer von diesem Brod essen wird,
der wird leben in Ewigkeit. Und das Brod, das ich geben
werde, ist mein Fleisch, welches ich geben werde für das
Leben der Welt. Werdet ihr nicht essen das Fleisch des
Menschensohnes und trinken sein Blut, so habt ihr kein
Leben in euch." *) Alle diese Aussprüche wurden durch
das Osterlamm, das Jesus zum letzten Mal aß, und
das Gedächtnißmahl, das er zugleich einsetzte, erklärt. Der
ganze Abend war erfüllt mit dem Gedanken an seinen Hingang; der Schatten des Todes lagerte sich über die Halle.
Als das Mahl bereitet war, wurde das Lamm mit Brod
und Wein auf einen kleinen Tisch in der Mitte gestellt; um
denselben waren im Kreise eine Reihe Kissen gelegt, auf
welche man sich beim Essen niederließ. So war das Gesicht
jeden Gastes dem Tische zugewendet und seine Füße waren
hinter dem Kissen oder Sitze, auf das er sich lehnte, ausgestreckt.

Diese Sitte machte es für Maria leicht, bei der Abendmahl-
zeit in Bethanien hinter Jesus zu schlüpfen, als er sich zum
Tisch beugte, und seine Füße zu salben. Bei des Herrn
Abendmahl waren keine Diener. Alle aßen von einer gemeinsamen Schüssel, oder es war für jede Gruppe von drei
oder vier eine Schüssel, und jeder Gast nahm seinen Antheil mit den Fingern oder mit einem Stück Brod. Zuweilen reichte Einer dem Andern ein Stück aus der Schüssel.
Judas tauchte seine Hand in dieselbe Schüssel mit Jesus,
und nachher tauchte Jesus einen Bissen ein und gab ihn
ihm. Als Jesus sich auf eine Hand lehnte; um, wie es
Gebrauch war, mit der anderen zu essen, konnte Johannes,

---

*) Joh. 6, 51—53.

deſſen Sitz ihm zunächſt war, indem er ſich von der anderen
Seite überbog, ſein Haupt an Jeſu Bruſt legen. So ſaßen
ſie um das Lamm, deſſen Blut, als ein Zeichen der Rettung
und Erlöſung des Volkes Gottes, auf den Altar geſprengt
worden war. Und jetzt kam der Augenblick der ſchrecklichen
Ungewißheit, da Jeſus ſprach: „Einer unter euch wird mich
verrathen"*). Judas ſuchte ſich, erſtaunt über die Ent=
hüllung ſeines Verbrechens, zu verſtecken, indem er fragte:
„Meiſter, bin ich es?" Unter dem Vorwande, etwas für
das Feſt zu kaufen, oder Almoſen zu geben, ſchlich ſich Judas
fort, ſobald die Mahlzeit beendet war. Jeſus fuhr fort, den
Uebrigen davon zu ſprechen, wie nahe die Stunde ſeines
Leidens gekommen wäre. „In dieſer Nacht werdet ihr euch
alle ärgern an mir. Denn es ſtehet geſchrieben: ‚Ich werde
den Hirten ſchlagen, und die Schaafe der Heerde werden ſich
zerſtreuen‘." Er mahnt den zu zuverſichtlichen Petrus daran,
daß er ihn drei Mal verleugnen werde. Die Scene wird
immer tragiſcher, ſo ſchmerzlich ernſt, ſo großartig feierlich,
daß es über menſchliche Kraft geht, ſie zu ertragen. Nach
drei Jahren ſo vertrauten Umgangs, wie ihn Jeſus mit
ſeinen Jüngern gehabt hatte, ſoll er eines gewaltſamen Todes
ſterben; einer von ihnen wird ihn verrathen, alle werden ihn
verlaſſen und der Tapferſte wird ihn verleugnen. Aber bei
alledem iſt Jeſus ruhig, ja noch mehr: er iſt voll Zärtlich=
keit und Mitleid für ſeine Jünger, er hat Rath und Troſt
für ſie. Er nimmt das Brod, ſegnet es, giebt es ihnen und
ſpricht: „Nehmet hin und eſſet: dies iſt mein Leib." Dann
nimmt er den Kelch, dankt, reicht ihnen denſelben und ſpricht:
„Trinket Alle daraus; dieſer Kelch iſt das Neue Teſtament

---

*) Joh. 13, 21.

in meinem Blute, das für Viele vergossen wird zur Ver=
gebung der Sünden." Wie das Blut des Lammes das alte
Bündniß des Osterfestes bestätigt hatte, so sollte sein Blut,
das Blut des Lammes Gottes, das neue Bündniß, welches
durch das Abendmahl gestiftet wurde, bestätigen. Und wäh=
rend die Jünger in schweigendem Staunen lauschen, spricht
Jesus weiter: „Größere Liebe hat kein Mensch denn diese,
daß er sein Leben läßt für seine Freunde." Aber warum
und wie sollte er sein Leben für sie lassen? Wären sie alle
Gefangene oder Verurtheilte gewesen, so hätte er sich frei=
willig erbieten können, sie durch Opferung seines Lebens
auszulösen. Aber die Jünger waren in keiner persönlichen
Gefahr, wenn nur Jesus selbst sich retten wollte. Ihrer
Sicherheit wegen brauchte er nicht zu sterben. Er durfte
nur das Land verlassen, oder fortgehen und ruhig in Galiläa
leben, und Niemand würde diese armen, unbekannten Jünger
beunruhigen. Er konnte ihnen keinen irdischen Vortheil da=
durch sichern, daß er sein Leben für sie opferte. Warum
sollte er also, trotz ihrer Thränen und Bitten, darauf bestehen,
zu sterben, und dies zum höchsten Beweise seiner Liebe machen?
Ach, es ist nicht nur dies, daß der Meister im Begriff ist,
ein Märtyrer zu werden. Etwas Höheres als das Mensch=
liche, spricht in Jesus von etwas Höherem als gewöhnlichem
Sterben. Er enthüllt seine höhere Natur: „Ich bin der
Weg, die Wahrheit und das Leben, Niemand kommt zum
Vater, denn durch mich. Wer mich gesehen hat, hat auch
den Vater gesehen. Was ihr bitten werdet in meinem Na=
men, werde ich euch geben." Er geht fort, aber er wird
wiederkehren; er muß sterben, aber er wird von den Todten
auferstehen. Danach wird er zu seinem Vater zurückkehren,
und dann will er den Tröster, den heiligen Geist, schicken.

Er hat die Welt überwunden, und selbst in der Qual des Todes wird er den Fürsten dieser Welt überwinden: darum sollen die Jünger sich nicht betrüben, sondern getrost sein. Er geht, ihnen in seines Vaters Hause einen Platz zu bereiten. Sie sollen zu ihm und zu dem Vater in seinem Namen beten. Dann betet er selbst für sie, spricht mit Gott so dringend, so vertraulich, so zärtlich, wie ein Sohn mit seinem Vater. Er hat nichts für sich zu erbitten. Er kann das ewige Leben verleihen. In dieser erhabenen Schenkung ist er mit Gott eins. „Das ist das ewige Leben, daß sie dich, der du wahrer Gott bist, und Jesum Christum, den du gesandt hast, erkennen." Er ist in Gott und Gott in ihm. „Nicht mehr von dieser Welt", stützt er sich freudig auf die Liebe, mit welcher der Vater ihn liebte, ehe denn die Welt war, und spricht: „O Vater, verkläre du mich bei dir selbst mit der Klarheit, die ich bei dir hatte, ehe denn die Welt war."

Wer ist der Mann, der am Vorabend seines Todes so handelt, so spricht, so betet? War Jesus ein Schwärmer, ein Träumer? Wir suchen in seinen Lehren, seinen Thaten vergeblich nach Schwärmerei, und in diesen letzten Augenblicken tritt uns eine gefaßte Würde, eine unerschütterliche Ruhe, ein göttliches Bewußtsein entgegen, das seinen Frieden über die ganze Scene hauchte. Nie hatte es ein solches Scheiden gegeben. Wenn wir uns im Geiste in jenen heiligen Raum versetzen, so fühlen wir eine solche Hoheit, solche Wahrheit, Heiligkeit und Liebe uns umwehen, daß wir mit dem Schächer am Kreuz ausrufen möchten: „Wahrlich, dies ist Gottes Sohn gewesen." Dies war das passende Ende solchen Lebens, wie wir es auf diesen Blättern geschildert haben, der Abschluß eines solchen Charakters. Wir

zögern schweigend, liebend, anbetend in diesem Raume: Je=
sus, der Erlöser ist hier!

Wir kehren wieder und wieder zurück, diese letzten
köstlichen Verheißungen zu hören, das liebende Umfassen jenes
letzten Gebetes zu empfinden: „Ich bitte aber nicht für sie
allein, sondern auch für die, so durch ihr Wort an mich
glauben werden; auf daß sie alle Eins seien." Wir fühlen,
daß dies der Wendepunkt unserer Menschheit war, — sein
Opfer und unsere Erlösung. Dies sollen wir thun zu
deinem Gedächtniß! Ach, was könnte uns jemals treiben,
dich zu vergessen? Die ganze Christenheit, die Menschheit
selbst ist zum Gedächtnißzeichen Jesu geworden. Die Welt
selbst ist verändert und nicht mehr, was sie vorher gewesen;
sie ist nie wieder ganz so geworden, seit Jesus sie verlassen
hat. Die Luft ist durchrauscht von himmlischen Düften,
und eine Art himmlischen Bewußtseins, ein Ahnen anderer
Welten weht uns mit diesem Hauche entgegen. Es wäre
leichter, alle Lichtstrahlen des Himmels aufzulösen und eine
ihrer Farben abzutrennen und auszulöschen, als die Gestalt
Christi, die das wahre Evangelium ist, aus der Welt ver=
schwinden zu lassen. Seht her, ihr Verblendeten und Ge=
fallenen unter den Menschenkindern: ein Besserer ist unter
euch; ein reineres Herz ist aus einer reineren Welt in euren
Kerker gekommen und wandelt mit euch darin. Verlangt
ihr von uns, zu zeigen, wer er ist, seine persönliche Erschei=
nung bestimmt zu deuten? Wir werden es nicht können.
Genug ist es, zu wissen, daß er nicht von den Unseren
ist, — ein seltsames Wesen außer und über der Natur ist,
und sein Name ist „Wunderbar". Genug, daß die Sünde
niemals seine geweihete Person berührt hat, und daß er
unser Freund ist. In ihm dämmert uns eine Hoffnung, —

daß die Reinheit nur in die Welt gekommen ist, um zu reinigen. Sehet das Lamm Gottes, das die Sünden der Welt trägt! Licht strahlt herein; Frieden wohnet in der Luft. Siehe, die Mauern des Kerkers weichen! Erhebt euch, lasset uns hinaus gehen!"*)

*) Bushnell, Nature and the Supernatural, p. 331. 332.

34. Kapitel.

Gethsemane.

[Der Lobgesang nach dem Abendmahl — Der traurige und stille Gang hinab an den Kidron — Der Oelberg und seine Gärten — Jesus sehnt sich nach Mitgefühl, aber er bedarf des Alleinseins — Gott ist sein einziger Trost — Sein erstes Gebet; die Jünger schlafen — Seine Angst ist weder Furcht noch Schwäche — Er würde nicht fliehen, auch wenn er könnte — Seine Herrschaft über sich selbst — Die Versuchungen des Satans durch körperliche Hinfälligkeit — Er entschuldigt die Schwachheit seiner Jünger — Seinem Gebet und Flehen folgt Ergebung und Sieg — Das Erscheinen der Verfolger — Die Ruhe und Würde Jesu — Unbesonnenheit des Petrus — Jesus ist ruhig in seinem göttlichen Bewußtsein und unterwirft sich dem Willen seines Vaters — Bangigkeit seiner Jünger; ihre plötzliche Panik — Beweise für den Vorgang aus innerer Betrachtung desselben — Gegensatz zwischen Gethsemane und dem Kreuz — Er litt für uns, lehrte uns zu leiden und zu dulden.]

—

Der Mond schien hell, als Jesus und die eilf Jünger (denn einer hatte ihre kleine Schaar verlassen) aus dem östlichen Thore der Stadt schritten und den gewundenen Pfad zum Kidron hinunter einschlugen, als ob sie den bekannten Weg nach Bethanien nehmen wollten. Der Freund, der ihnen ein Zimmer für das Abendmahl überlassen hatte, konnte sie nicht die Nacht beherbergen, und keiner von ihnen hatte eine Wohnung in Jerusalem. Es war zu spät, nach Bethanien zu gehen, aber sie konnten in einem der um die Stadt aufgeschlagenen Lager schlafen, oder zu dieser trockenen Jahreszeit ohne Nachtheil sich im Freien betten. Die Jünger hatten nicht gefragt, wohin sie gingen, denn sie hatten gelernt, ihrem Meister vertrauensvoll und ohne Fragen zu folgen. Aber Jesus wußte, daß wenigstens ihm die Nacht keinen Schlaf bringen würde. Ehe sie das Gemach verlassen, hatten sie mit einander die Halleluja-Psalmen (Ps. 116—118) ge= sungen; und er sang: „Stricke des Todes hatten mich um= fangen und Angst der Hölle hatte mich getroffen; ich kam in Jammer und Noth. Aber ich rief an den Namen des Herrn. O Herr, errette meine Seele!*) Ich danke dir, daß du mich demüthigest und hilfst mir. Der Stein, den die Bauleute verworfen, ist zum Eckstein geworden .... Ge= lobet sei, der da kommt im Namen des Herrn .... Schmücket das Fest mit Maien bis an die Hörner des Altars. Du bist mein Gott und ich danke dir; du bist mein Gott, ich will dich preisen. Danket dem Herrn, denn er ist freundlich, und seine Güte währet ewiglich."**). In diesem Psalm hatte er alle die widersprechenden Empfindungen von Gram, Todesangst, Kampf, Ergebung, Zuversicht, Trost, Hoffnung, Triumph, Frohlocken ausgeströmt. Wie das Osterlamm ein Vorbild des Opfers und der Erlösung war, die er voll= bringen sollte, so waren die Gesänge, die sich an das Fest gereiht hatten, und die den meisten Juden nur als ein Theil des Gottesdienstes galten, für ihn wie ein Trauermarsch, der ihn zum Kreuz geleiten sollte. Bach, Graun, Mozart, Ließt und andere große Tonmeister haben versucht, die letzten Stun= den Christi in Tönen darzustellen, welche das Pathos des Schmerzes, die Erhabenheit der Aufopferung, die Verzückung des Himmels ausdrücken; aber keine Messe oder Passions=

---

*) Ps. 16, 3. 4.
**) Ps. 118, 21—29.

musik kommt der Zartheit und Lieblichkeit, der heiligen Wonne dieser alten Tempelpsalmen gleich, wie Jesus sie zu seinem eigenen Tode und Begräbniß sang.

Es läßt sich denken, daß die kleine Schaar auf ihrem Wege zum Kidron hinab still und traurig war: sie wandelten, wie durch das Thal der Todesschatten. Die Jünger hatten nicht die volle Bedeutung der Reden und Gebete des Herrn verstanden; noch hielten sie seinen Tod für so nah. Aber er hatte von seinem Hingang gesprochen, daß sie ihn nicht mehr sehen, und um seines Namens willen gehaßt werden würden, und dies war genug, sie mit düsteren Ahnungen zu erfüllen. Die Gedanken Jesu reichten weiter und tiefer. Er wußte, zu welchem Zweck Judas von dem Abendmahl hinausgegangen war, und was seine Feinde in diesem Augenblick gegen ihn vorhatten. Er fühlte sich schon von den Jüngern, mit denen er soeben noch von der Zärtlichkeit seiner Liebe gesprochen hatte, verlassen, und auf der ganzen Erde war kein Freund, der seinen Schmerz theilen konnte. Er fühlte schon die Last des Kreuzes und die Pein des Todes, und mehr als Alles fühlte er in der Seele den Kampf beginnen, den er mit dem Teufel erneuern mußte, der, da es nicht gelungen war, ihn beim Anfang seines Werkes zu verführen, versuchen würde, ihn am Ende desselben zu stürzen. Mancher, der groß im Denken und groß im Handeln ist, ist nicht groß im Leiden: und der Fürst dieser Welt, der nach der Versuchung in der Wüste Jesus für eine Weile verlassen hatte, machte jetzt einen letzten Versuch, ihn durch Furcht in seine Gewalt zu bekommen. Diese letzte Versuchung zeigte der Welt, wie vollkommen Jesus in der Unterwerfung unter den Willen Gottes, in jeder Gestalt der Versuchung war. „Der Fürst dieser Welt kommt und

hat nichts an mir; aber die Welt erkenne, daß ich den Vater
liebe." *)

Der Oelberg war mit Gruppen von Oliven= und Feigen=
bäumen besetzt, von denen einige sich an der Landstraße hin=
zogen, andere wie Gärten eingezäunt waren, obgleich wenige
Häuser in der Nähe standen. Einen dieser Gärten jenseit
des Kidron pflegte Jesus als ruhigen und schattigen Zu=
fluchtsort zum Nachdenken und Gebet aufzusuchen; und als
sie das Thor erreichten, nahm er die Jünger mit hinein,
sagte aber zu ihnen, da er allein zu sein wünschte: „Setzet
euch hier, bis daß ich dorthin gehe und bete." **) Er hatte
soeben im Hause mit ihnen und für sie gebetet: jetzt wollte
er für sich beten, — wollte seine Seele in unmittelbarem,
ernstem Flehen zu Gott, der allein ihm helfen konnte, aus=
strömen. Aber obgleich er „die Kelter allein treten mußte" ***),
die bittere Qual dieses Kampfes mit Tod und Hölle allein
tragen mußte, sehnte sich sein Herz nach der Empfindung
von Theilnahme und Hülfe, welche die Nähe von Freunden
ihm geben konnte; und als er tiefer in die Schatten des
Gartens vorging, nahm er Petrus und Jacobus und Jo=
hannes, die Jünger, die er am liebsten um sich hatte, zu sich.
Doch auch diese wagten nicht, den geheiligten Ort zu be=
treten, wo er für sich allein leiden und kämpfen, beten und
siegen sollte. Hat nicht Jeder etwas von diesem inneren
Kampf kennen gelernt, wo sein Herz sich so nach Mitgefühl
sehnte, daß er die, die bei ihm waren, bitten möchte, nicht
fortzugehen, und doch so sehr nach einer stillen Stunde seiner

---

*) Joh. 14, 31.
**) Matth. 26, 36.
***) Jes. 63, 3.

Seele mit Gott verlangte, daß er zu seinem theuersten Freunde sprechen würde: „Laß mich eine Weile allein"? So gänzlich war das Leben Jesu in den zartesten und heiligsten menschlichen Gefühlen in Harmonie mit dem unsrigen. Zuerst nahm er die drei Jünger, die mit ihm auf dem Berge waren, mit sich, als ob er die Zeugen seiner Verklärung zu Tröstern im Kummer haben wollte; aber als sie aus dem Mondlicht in das dichtere Dunkel traten, schienen sich die Schatten auch um seine Seele dichter zu legen. „Er fing an zu trauern und zu zagen"; und als seine Todesangst zunahm, vermehrte die Gegenwart der Freunde, die sie nicht theilen konnten, nur die Schmerzen des Todes durch den Gedanken an die Trennung von ihnen. Es giebt ein Allerheiligstes, wo jede Seele allein zur Gegenwart Gottes eintreten muß, wenn der Tod den Schleier fortzieht. Gott erbarmt sich der Seele, die in solcher Stunde nach menschlichen Gefährten zu Trost und Beistand sich umsieht.

Die Liebe zu Jesus würde seine erwählten Freunde in dem gefürchteten Zeitpunkt des Scheidens noch näher zu ihm gezogen haben; aber seine durch diese Liebe gesteigerte Todesangst drängte ihn, allein zu sein. Er sprach zu ihnen: „Meine Seele ist betrübt bis in den Tod; bleibet hier, und wachet mit mir." Und er ging ein wenig weiter, einen Steinwurf weit, fiel nieder auf sein Antlitz, betete und sprach: „Vater, willst du, so nimm diesen Kelch von mir; doch nicht mein, sondern dein Wille geschehe!" Diese Worte ergriffen die Jünger und wurden später in ihrem Gedächtniß neu belebt durch die Auftritte, die ihnen eine so tiefe Bedeutung gaben, und durch die Auferstehung, welche so deutlich zeigte, wer es war, der sich dort im Garten gebeugt hatte, um den Kelch zu trinken; aber gerade als dieser Angstschrei ihr Ohr traf, schlossen sich ihre von dem Kummer dieses Abends schweren Augen zum Schlummer.

Dies erste Gebet brachte Jesu keine fühlbare Erleichterung. Der Kelch war nicht hinweggenommen — „und es kam, daß er mit dem Tode rang" —; keine Stimme des Trostes kam vom Himmel, und obgleich er von Anfang an seinen Willen dem seines himmlischen Vaters unterwarf, bebte doch sein Herz zurück vor der Bitterkeit des Wehes, das auf seine Lippen gedrückt wurde. In seinem Schmerz verlangte er nach einem Wort, einem Blick seiner Jünger; und seine Liebe zog ihn wieder an ihre Seite, — wie eine Mutter immer wieder zu ihrem Kinde zurückkehrt, nachdem sie ihm zum letzten Male „Gute Nacht" gesagt hat. „Und er kam zu den Jüngern und fand sie schlafend. Und sprach zu Petrus: ‚Wie? konntet Ihr nicht eine Stunde mit mir wachen?‘" Dieser scheinbare Vorwurf über ihre Vernachlässigung entsprang aus seiner Angst um ihre Lage, und Jesus verschmolz seinen eigenen Kummer mit der Theilnahme für die Gefahren und Prüfungen derer, die er liebte. „Wachet und betet, daß ihr nicht in Anfechtung fallet; denn der Geist ist willig, aber das Fleisch ist schwach." Was auch seine Seelenangst verursacht, ihn zitternd zu Boden geworfen, ihm den flehenden Ausruf: „Nimm diesen Kelch von mir!" entrissen haben mag, die Worte und das Benehmen Jesu mit seinen Jüngern, die seine eigene Todesangst unterbrachen, verriethen weder Schwäche noch Furcht in dem „Mann der Sorge", der jetzt so gänzlich von Allen verlassen war. Wenn Furchtsamkeit ihn zu so „großem Geschrei und Thränen" getrieben hätte, würde er geflohen sein, ohne sich mit Beten aufgehalten zu haben. Wenige Stunden hätten ihn auf die andere Seite des Jordan und aus dem Bereich seiner Feinde gebracht;

und er hätte sein Leben einfach dadurch retten können, daß
er sich von Jerusalem fern hielt. Aber der Gedanke an
Flucht oder Verstecken kam ihm nicht in den Sinn. Er betete
nur um Erlösung durch seines Vaters Hand, oder um Kraft,
zu leiden und auszuharren. Daß ihm eins von Beiden gewährt werden würde, bezweifelte er keinen Augenblick. Er
sah deutlich, daß seine Stunde gekommen war: aber er war
auch für diese Stunde erschienen, und hatte sie herbeigeführt,
indem er Gott und der Wahrheit treu geblieben war. Er
wußte, daß seine Feinde ihn greifen würden: aber der Heldenmuth, mit dem er ihnen im Tempel gegenüber gestanden,
und ihnen angesichts der Menge die Wahrheit gesagt hatte,
war nicht von ihm gewichen, jetzt, da er einsam und verlassen war. Er wußte, daß seine Freunde wie Schafe zerstreut werden würden, aber gleich dem guten Hirten wollte
er statt ihrer geschlagen werden. Er schreckte vor nichts,
das ihm bevorstand, aus gewöhnlicher Furcht und Schwachheit zurück. In allem Pathos seines Schmerzes verliert
sein Leiden nie die Würde der Selbstbeherrschung. Aber er
mußte nochmals im Feuer der Versuchung stehen. Die Reinheit, Zartheit und Hoheit seines Wesens machten ihn gerade
um so empfindlicher gegen den Schmerz, gegen den Stachel des
Kummers, gegen die Nichtswürdigkeit der Menschen und den
Spott der Sünde; und der Teufel suchte ihn gerade jetzt zu
fangen, da sein Körper durch die Aufregung und die Kämpfe
der letzten sechs Tage und durch den zärtlichen Gefühlsaustausch
mit seinen Jüngern während der letzten Stunden erschöpft war.
Von der geistigen Erhebung seiner letzten Reden und Gebete
kam er zu der plötzlichen Wahrnehmung des Verraths, der
Flucht, Scham, Undankbarkeit und des Leidens; und die
Gegenwirkung auf seinen Seelenzustand stürzte ihn in solches

Grauen der Trostlosigkeit, daß die Furcht, von seinem Vater verlassen zu sein, ihn überschattete und ihn auf sein Angesicht niederwarf. Nichts Geringeres kann mit den Worten gemeint sein: „Er fing an zu zittern und zu zagen" — voll Bestürzung und in Schauern der Angst — „und war schweren Herzens", unter dem Druck einer Traurigkeit, die beinahe sein Leben auslöschte, „betrübt bis in den Tod". Dieser Schrecken vor der großen Finsterniß ist die größte Versuchung, die Satan der Seele bereiten kann; aber durch Alles hindurch hielt Jesus, ohne zu wanken, fest an dem Willen seines Vaters. Er fragt nur, ob der Kelch von Gott ist, und ob Gott ihn nicht hinwegnehmen will. Dann, indem er seinen eigenen, noch nicht beendeten Kampf beschwichtigt und seinen Jammer unterdrückt, entschuldigt er sanftmüthig die Schwäche seiner Jünger: „Der Geist ist willig, aber das Fleisch ist schwach." Er gebietet ihnen, gleich ihm der Versuchung zu widerstehen durch Wachen und Beten. Wer so seine eigene Angst unterdrücken, seinen eigenen Kampf unterbrechen, über sich selbst schweigen und mit so zärtlichem Mitleid um Die sorgen konnte, die ihn verlassen hatten, mag erschüttert, verwundet, überlastet, zerschmettert gewesen sein, aber er war nicht schwach.

Aus ihrem Schlummer geweckt, von Beschämung und Furcht bewegt, versuchten die Jünger, wach zu bleiben; aber ihre Augen wurden wieder schwer, als ihr Ohr eben die flehenden Laute vernahm: „Mein Vater, wenn dieser Kelch nicht von mir genommen werden kann, ich trinke ihn denn, so geschehe dein Wille." Der Sohn des Menschen hatte bereits die Heftigkeit der Todesangst überwunden. Zuerst hatte er gebetet, daß der Kelch, wenn möglich, von ihm genommen werde; aber jetzt hatte die Ergebung den Schmerz besiegt, und er nimmt den Kelch, wenn es der Wille seines Vaters ist. Wie lange er so lag, erdrückt von der Qual seines Schmerzes, ist uns nicht gesagt. Die Jünger hatten sich nicht genähert, um nach der Ursache dieses langen, wunderbaren Kämpfens zu forschen. Aber Jesus konnte ihrer nicht vergessen: er fühlte, daß sie seines Rathes, seines Trostes, seiner Gnade bedurften. Unter den Bäumen hervortretend, fand er sie abermals schlafend, denn ihre Augen waren schwer. Sie richteten sich verstört auf, und „wußten nicht, was sie zu ihm sagen sollten". Zum dritten Mal drang dasselbe Gebet zum Ohr der Nacht, und dieses Mal erhielt es die Jünger wach. Die Versuchung Jesu war zu Ende, aber sein Geist hatte in dem Siege über das Fleisch seine Todesangst zu solcher Höhe gesteigert, daß ihm das Blut wie Schweiß aus den Poren drang. Die Stunde des Wachens war vorüber. Die Jünger durften jetzt schlafen, wenn es ihnen möglich war; denn ihr Meister wollte ihnen keine Last mehr um seinetwillen auferlegen. Aber wie konnten sie schlafen, wenn er sagte: „Die Stunde ist gekommen. Siehe, des Menschen Sohn ist überantwortet in die Hände der Sünder!" Entsetzt und plötzlich ganz wach sprangen sie auf und drängten sich um ihn, als er sprach: „Stehet auf, lasset uns gehen; siehe, der mich verräth, ist nahe."

In diesem Augenblick wurde Geräusch von Fußtritten und Stimmen vor dem Garten laut. Judas kannte Jesu Gewohnheit, sich an diesen Ort zu flüchten; und wohl errathend, daß er sich nach dem Nachtmahl dahin begeben würde, hatte er die Hohenpriester und Pharisäer veranlaßt, seinen Meister unter dem Schutz der Nacht und des entlegenen Ortes zu ergreifen, ohne Gefahr, einen Aufruhr zu erregen. Und so kam eine große Schaar von Knechten und

Soldaten mit Laternen, mit Schwertern und Stangen, plötz=
lich daher, um ihn unerwartet zu überwältigen. Aber wie
groß war ihr Staunen, als er ruhig vortrat und sprach:
„Wen suchet ihr?" Da sie antworteten: „Jesum von Na=
zareth!" erwiderte er sogleich: „Ich bin es." In demselben
Augenblick drängte sich Judas zu ihm und küßte ihn und sprach:
„Gegrüßet seiest du, Rabbi!" denn dies war das Zeichen,
welches er mit den Knechten verabredet hatte, um Jesus
kenntlich zu machen. Es bedurfte dessen nicht. Jesus hatte
sich selbst zu erkennen gegeben; aber er brandmarkte für
immer die Schändlichkeit des Verräthers, als er sich um=
wendete und sagte: „Judas, verräthest du des Menschen
Sohn mit einem Kuß?" Die ganze Hoheit Jesu vereinigte
sich in dem Blick, mit welchem er diesen Vorwurf aussprach
und die Werkzeuge des Verräthers herankommen sah; und wie
bei dem Aufruhr in Nazareth und früher im Tempel, ergriff
dieser Blick die Kriegsknechte mit Entsetzen, so daß sie „zu=
rückwichen und zu Boden fielen". Durch diese wunderbare
Macht hätte er noch jetzt sein Leben retten können, wenn er
es gewollt hätte; aber wie er sich seinen Feinden nicht durch
die Flucht entziehen wollte, so versuchte er auch nicht, sie durch
übernatürliche Kraft zu bezwingen. Nachdem er den Teufel
durch Gebet bezwungen und seinen eigenen Willen dem seines
Vaters unterworfen hatte, stand dieser Mann der Schmerzen,
der soeben noch ringend und stöhnend auf der Erde gelegen
hatte, aufrecht da in unerschütterlicher Ruhe, ein König der
Welt, ein Herr des Todes. Zu den Soldaten, die sich noch
nicht wieder erhoben hatten, sprach er nochmals: „Wen suchet
ihr?" und als sie sagten: „Jesum von Nazareth!" ant=
wortete er: „Ich habe es euch gesagt, daß ich es sei: suchet
ihr denn mich, so lasset diese gehen." Immer dieselbe auf=

opfernde Liebe, die nur an Andere denkt, für die Jünger sorgt, und sich selbst hingiebt, damit sie frei ausgehen möchten!

Diese Theilnahme für sie beantworteten sie mit einer Aufwallung von Muth, in der sie ihr Leben zu einer Vertheidigung einsetzen wollten: „Herr, sollen wir mit dem Schwerte dreinschlagen?" und ehe Jesus antworten konnte, hatte Petrus das Schwert gezogen und einem Diener des Hohenpriesters das Ohr abgehauen. Aber Jesus verwarf jede Gewaltthätigkeit in seiner Sache; er wollte durch Leiden siegen. Er sprach zu Petrus: „Stecke dein Schwert in die Scheide! Soll ich den Kelch nicht trinken, den mein Vater mir gegeben hat?" Und um die Ohnmacht und Vermessenheit in dieser Weise, ihm zu dienen, recht zu zeigen, fügte er hinzu: „Oder meinst du, daß ich nicht könnte meinen Vater bitten, daß er mir zuschickte mehr denn zwölf Legionen Engel?"

Dasselbe göttliche Bewußtsein, das ihn als Knaben im Tempel beseelt hatte, das ihm in der Wüste Kraft gab, das ihn trieb, Lazarus von den Todten zu erwecken, das ihn fähig machte, zu den Pharisäern und Gewalthabern wie ein König und Richter zu sprechen, dies Gefühl einer so engen und festen Gemeinschaft mit Gott, daß sie ihm die Herrschaft über himmlische Mächte gab, leitete ihn jetzt, seine Majestät als der Messias gerade dadurch an den Tag zu legen, daß er sich freiwillig gefangen gab. Daß er solche Kraft und Majestät besaß, zeigte er, indem er durch seine bloße Berührung den Knecht heilte, den Petrus verwundet hatte; und wie erhaben erscheint er, da er verschmäht, diese übernatürliche Kraft zu seiner Vertheidigung zu ge=

brauchen, während er sie zu einer That der Barmherzigkeit
gegen den Feind benutzt, der gekommen war, ihn zu ver=
derben! Immer noch waren die Kriegsknechte zu bestürzt,
ihn zu ergreifen. Aber mit erhabener Unschuld wendete sich
Jesus zu der Schaar bewaffneter Männer, die wie Feiglinge
bei Nacht gekommen waren und nun feige um ihn her stan=
den, und sprach: „Ihr seid ausgegangen als zu einem Mör=
der, mit Schwertern und mit Stangen, mich zu fangen; bin
ich doch täglich gesessen bei euch und habe gelehrt im Tempel
und ihr habt mich nicht gegriffen. Aber dies ist euere Stunde
und die Macht der Finsterniß." Und so überlieferte er sich
nicht ihnen, sondern dem Geschick, das sein Vater ihm be=
stimmt hatte. Da „verließen ihn alle Jünger und flohen".
Sie waren keine Feiglinge, denn sie hatten sich ja eben erst
erboten, für ihn zu fechten; aber sie standen vor dem plötz=
lichen und gänzlichen Zusammensturz ihrer Hoffnungen auf
ihn als „Christus". Weder seine Lehren und Warnungen,
noch seine häufigen Reden vom Tode, selbst nicht das Abend=
mahl, bei welchem er ihnen gesagt hatte, sie sollten seines
zerbrochenen Leibes und seines vergossenen Blutes gedenken,
nichts war im Stande gewesen, sie von dem Gedanken zu
entwöhnen, daß er als Gottes Sohn auftreten, seine Feinde
vernichten und seinen Thron einnehmen würde. Er sprach
noch jetzt von Engeln, denen er befehlen konnte, zeigte noch
seine Wunderkraft, und ließ sich doch hinführen, wo der Tod
ihm gewiß war. Dies verwirrte sie; alle irdische Hoffnung
sank; und ehe die Macht der geistigen Ideen sich sammeln
und an dessen Stelle treten konnte, hatte der Instinct der
Selbsterhaltung sich ihrer wie eine Panik bemächtigt und sie
flohen.

Ein Jüngling, wahrscheinlich einer von Jesu Freunden

aus einem nahen Hause, war aus dem Schlafe aufgestört, im Nachtkleide herbeigelaufen, um zu sehen, was vorging. Da er von der Menge ergriffen wurde, riß er sich los, ließ die Kleider fahren, und entlief nackt. In all der Verwirrung und dem Schrecken des Auftritts — unter den Schwertern, Stangen, Laternen, den Streichen und Wehrufen — blieb Jesus allein ruhig. Von Allen verlassen, ging er mit den Knechten, um den Leuten gegenüberzutreten, die geschworen hatten, ihn zu tödten.

Dieser Vorgang auf Gethsemane zeugt selbst für seine Wahrhaftigkeit. Eine solche Darstellung Jesu konnte niemals von seinen Jüngern erfunden worden sein. Wenn sie die Erzählung selbst erdacht hätten, würden sie den Messias als einen Helden hinzustellen versucht haben, wie er es nach ihrer Vorstellung vom Messias sein mußte. Und seine Feinde würden den Todeskampf im Garten begierig als ein Zeichen der Schwäche, als einen Beweis aufgefaßt haben, daß der Mann, der im Angesichte des Todes so litt und so klagte, kein wahrer Christus, kein würdiger König von Israel sein konnte. Außerdem wirft die Erzählung auf die Jünger selbst ein so nachtheiliges Licht, daß nur die höchste Wahrheitsliebe und Aufrichtigkeit sie veranlassen konnte, dieselbe zu berichten. Sie würden niemals etwas Derartiges erfunden haben. Solche Beschreibung, zugleich so genau und wahrscheinlich in den Einzelheiten des Einschlafens der Jünger, der Ankunft der Soldaten, des Versuchs zu fechten, der Flucht, der Ergreifung des Jünglings und seines Entweichens, und zugleich so entfernt von jedem Motiv, die Jesu zugeschriebenen Worte und Handlungen zu erdichten, — muß von Zeugen herrühren, die berichten, was sie gesehen und gehört hatten.

Der Eindruck, den diese Scene jetzt auf uns macht, ist ganz verschieden von demjenigen, den sie gemacht haben würde, wenn sie als Legende von den Juden der damaligen Zeit erfunden worden wäre. Wie gesagt, wir sehen keine Schwäche darin, daß Jesus im Garten auf der Erde lag; dieser Auftritt entspricht nur seinem Leben und seiner Persönlichkeit, und giebt uns neues Licht. Ohne ihn würden wir das Gefühl der Bruderschaft mit Jesus im Leiden, das uns jetzt Eins mit ihm macht, entbehren; aber durch diesen Auftritt verstehen wir, wie viel schärfer und bitterer als irgend ein Leiden, das wir kennen, das war, was er duldete, da er sich für die Menschheit opferte, da er sich an unsere Stelle setzte.

Zwei Thatsachen sollten nie von einander getrennt werden, wenn wir diese Erzählung lesen. Die erste ist, daß kein Körperschmerz, keine sichtbare Gefahr seinen Todeskampf hervorrief. Später sehen wir ihn unter der Tortur, seine Stirn von Dornen durchbohrt, seinen Rücken von Geißeln zerfleischt, seine Knie unter dem Kreuz zusammenbrechend, seine Hände und Füße ans Kreuz genagelt, und dies alles unter Hohn und Verwünschungen, Schmach und Anspeien, und jeder Art von Mißhandlung; und dennoch giebt er, obgleich an Körper und Seele verwundet, keinen Laut der Klage von sich, äußert kein Gebet um Erleichterung. Doch hier im Garten, wo keine sichtbare Ursache des Schmerzes ist, wo keine Feinde zu sehen, und seine Jünger nah sind und er zu seinem Vater betet, bricht er in eine Todesangst aus, daß der Garten von seinem Aechzen widerhallt und das Blut aus seinem Körper dringt. Was kann dies bedeuten? Die zweite Thatsache ist, daß er nicht versucht, der nahen und augenscheinlichen Gefahr zu entfliehen. Eine

große Seele kann ohne den Vorwurf der Furcht oder
Schwäche vor wirklicher Gefahr fliehen; wie Moses vor
Pharao, Elias vor Ahas, Joseph und Maria vor Herodes
flohen: es geschah, um ein Leben aus gegenwärtiger Noth
und für kommendes Heil zu retten.

Aber Jesus wollte nicht fliehen. Wie groß auch
die Qual war, die ihn in Gethsemane folterte, es war
eine Qual, die zu ertragen er auf sich nahm. Welches
Leiden war es? Was konnte es sein, als die Erfüllung
seiner eigenen Worte, mit denen er das Gedächtniß seines
Todes einsetzte? — „Dies ist mein Leib, der für
euch gebrochen ist; dies ist mein Blut des neuen Testa=
ments, das für Viele vergossen ist zur Vergebung ihrer
Sünden.“

So hat Jesus, indem er für uns litt und für uns bangte,
uns die Würde des Leidens und die Kraft der Unter=
werfung gelehrt. Es ist keine Sünde in uns, wie es keine
Sünde in ihm war, die Bangigkeit der Todesangst zu füh=
len, und die Erlösung von derselben zu ersehnen und darum
zu beten. Wir dürfen nicht nur den Willen haben, der jede
Möglichkeit der Erlösung von unseren Leiden aufsucht und
herbeiführt; sondern daß wir diesen Willen haben, giebt
eben dem Leiden Wirklichkeit, der Unterwerfung Bedeutung.
Wir haben einen Willen für das Erreichbare, aber wir
ordnen ihn dem Willen Gottes unter; und hierin liegt die
Würde des Leidens. Wir haben einen Willen, aber für
das, was nicht möglich ist, lassen wir unseren Willen in
dem Willen Gottes aufgehen. Alle Saiten menschlichen
Schmerzes klingen zusammen in dem einen Beben der Todes=
angst, das in jeder leidenden, angstgequälten Seele zittert, —
„O mein Vater, wenn es möglich ist, nimm diesen Kelch

von mir"; und alle Größe der Ergebung, durch welche der
göttliche in den menschlichen Geist eindringt und ihm Trost
und Kraft bringt, ist in dem sanftmüthigen Seufzer der
Entsagung ausgedrückt: „Nicht mein, sondern dein Wille ge=
schehe."

35. Kapitel.
Das hohepriesterliche Gericht.

[Die Haft des Hohen Rathes — Das Amt des Hohenpriesters — Annas und Cai=
phas — Bauart eines jüdischen Hauses — Das erste Verhör Jesu vor Caiphas —
Sein würdevolles Verhalten — Johannes im Palast — Petrus wird versucht und
läugnet — Versammlung des Sanhedrin — Die falschen Zeugen — Jesus bekennt
sich als Christus und sagt seine Wiederkehr als Richter voraus — War er nicht
göttlich?]

Der Umstand, daß Richter früh auf und bereit sind, vor
Tagesanbruch Gericht zu halten, ist erstaunlich, selbst in einem
heißen Klima, wo die Tagesarbeit hauptsächlich in den frühen
Morgenstunden gethan werden muß. Aber in Jesu Sache war
dies ein Theil der Anstiftung zu seiner Gefangennahme und
Verurtheilung. Mitglieder des Hohen Rathes hatten mit
Judas einen Handel gemacht, ihnen Jesum zu verrathen; sie
wußten, daß er mit Kriegsknechten gegangen war, seinen
Meister zu fangen; und waren bereit, eiligst eine Art von
Gerichtsverfahren zu veranstalten, ehe das Gerücht davon sich
verbreitete. Ihr ganzes Verfahren war ebenso feig als un=
gerecht. Sie wagten nicht, Jesus heimlich zu tödten, denn
die Hosiannas des Volkes tönten noch in ihren Ohren, und
sie konnten bei solchem Act der Gewaltthätigkeit nicht auf

öffentliche Sympathie zählen. Um das Volk auf ihre Seite zu bekommen, mußten sie die Form des Gesetzes beobachten und Jesus des Verbrechens gegen die Religion beschuldigen, was den Fanatismus der Juden erregen würde; und um von dem römischen Statthalter einen Befehl zu seiner Kreuzigung zu erlangen, mußten sie ihn des Hochverraths gegen den Staat anklagen. Außerdem waren sie solche Deuter des Gesetzes — oder wenigstens ihrer Auslegung desselben —, daß sie ihrem Gewissen genügen mußten, selbst wo sie im Herzen einen Mord beabsichtigten. Aber um ihr Ziel zu erreichen, mußten sie das Volk überraschen und den Proceß in Gang gebracht haben, ehe eine Möglichkeit der Gegenwirkung eintreten konnte. Deshalb waren die Mitglieder des Hohen Rathes auf vor dem Hahnenschrei, die Nachricht erwartend, daß Jesus in ihrer Gewalt sei.

Das Amt des Hohenpriesters, einst so hoch und heilig — ein erbliches Amt für Lebenszeit —, war zu einem politischen Vortheile, sogar zum Gegenstande des Kaufs und Handels herabgesunken. Da den Juden alle politische Macht genommen war, blickten sie auf den Hohenpriester, als das Haupt, an dem sich ihr Nationalbewußtsein aufrecht halten konnte. Um des Einflusses willen, den dieses ihr Gefühl ihm verlieh, suchte die weltliche Regierung den Hohenpriester zu gewinnen, und er gab sich seinerseits zuweilen zum Werkzeuge der Regierung her, um sich in seiner Stelle zu behaupten. So setzte der König Herodes mehrere Hohepriester ab, um neuen Günstlingen Platz zu machen, die seinen Zwecken besser dienen konnten, ernannte sogar einmal einen siebzehnjährigen Jüngling für dieses Amt. So kam es, daß es neben dem herrschenden Hohenpriester noch einen oder mehrere in Jerusalem gab, die früher dies Amt ver= waltet hatten und aus irgend einem Grunde abgesetzt worden waren.

Zur Zeit unserer Erzählung lebte, obgleich Caiphas Hoherpriester war, noch sein Schwiegervater Annas, der früher dies Amt bekleidet hatte. Aus Rücksicht auf sein Alter und seine Stellung brachten die Häscher Jesus erst zu Annas, der ihn binden und dann vor Caiphas führen ließ. Dieser hielt trotz der ungewöhnlichen Tageszeit ein vorläufiges Ver= hör im eigenen Hause ab und berief dann den Hohen Rath (Sanhedrin) zu einer Versammlung bei Tagesanbruch. Sein Haus war nach morgenländischer Sitte in Form eines Vier= ecks um einen oben offenen Hof gebaut. Auf der der Straße zugekehrten Seite befand sich ein schweres Thor oder Gitter und ein Bogen, der in den Hof führte: dies war die Vor= halle oder der Eingang. Die Zimmer lagen um die vier Seiten des Hofes herum und waren mit Luken oder Fenstern versehen, die sich nach dem Hofe öffneten, oder zuweilen ganz offen waren, so daß man nur vom Hofe eine oder zwei Stufen zu einem überdachten Raum, der nach der Hofseite dem Licht und der Sonne offen stand, hinaufzusteigen brauchte. In diesem Falle waren Vorhänge zum Schutz gegen Sonne und Regen angebracht. Im Sommer wurde der Hof mit Fontänen und Blumen geschmückt, und im Winter wurde für ankommende Gäste und für die wartende Dienerschaft ein Feuer darin angezündet. Als Jesus hereingeführt wurde, saß der Hohe= priester in einem Saal oder einer Halle des an den Hof stoßen= den, zu ebener Erde liegenden Stockwerks, die Dienerschaft war in Bewegung und hatte nahe der Halle im Hofe ein Kohlenfeuer angemacht, um die Kühle der Nacht zu ver= scheuchen.

In der Hoffnung, irgend ein Zeugniß oder Zugeständniß von ihm zu erlangen, auf welches hin er vor dem Hohen Rath angeklagt werden konnte, befragte der Hohepriester Jesus über seine Schüler und seine Lehre. Aber Jesus antwortete nur durch Berufung auf seine Lehrsätze, die in Jerusalem Jedermann bekannt waren: „Ich habe frei und öffentlich geredet vor der Welt; ich lehrte allezeit im Tempel, wo die Juden zusammenkommen, und im Verborgenen habe ich nichts gesprochen. Was fragst du mich? Frage die darum, die hörten, was ich zu ihnen geredet habe; siehe, sie wissen was ich gesagt habe." Diese Antwort war billig und vernünftig. Jesus war nicht verpflichtet, sich selbst anzuklagen; es war überflüssig, seine Lehre einem Richter zu erklären, der darauf ausging, ihn zu verdammen, und dem Hohenpriester kam es zu, ihm zu sagen, auf welchen Grund er ihn hatte gefangen nehmen lassen. Jesus hegte keine geheimen Pläne oder Geheimlehren; er hatte keine Verschwörung gegen die Hohenpriester oder die Regierung gemacht. Was er auch über sie zu sagen gehabt hatte, hatte er ihnen frei ins Gesicht gesagt. Aber so richtig und angemessen diese Antwort war, Jesus hatte sie nicht so bald ausgesprochen, als „der Diener einer, die dabei standen, ihm einen Backenstreich gab und sprach: ‚Sollst du dem Hohenpriester so antworten?'" Dies war einfach eine Scheußlichkeit: es zeigt, wie weit entfernt das Tribunal, vor dem Jesus stand, von einem ordentlichen Gerichtshof war, der einen Gefangenen vor Rohheit und Beleidigung schützen muß. Jesus ertrug die Unbill demüthig, bestand aber auf seinem Recht: „Habe ich übel geredet, so beweise es, daß es böse sei; habe ich aber recht geredet, was schlägst du mich?"

Dies Alles wird von Johannes berichtet, der ein Augen

zeuge deſſen war, was im Hauſe des Caiphas vorging. Er
und Petrus hatten ſich bald von dem Schreck im Garten
erholt. Sie waren nicht weit geflohen, als die Liebe zu
ihrem Meiſter ſie zum Stillſtehen bewog; und da ſie ſahen,
daß ſie nicht verfolgt wurden, kehrten ſie um und folgten
Jeſus langſamen Schrittes und „von ferne". So geſchah
es, daß Johannes, der „dem Hohenprieſter bekannt war",
von der Wache mit Jeſus zuſammen in den Palaſt gelaſſen
wurde; denn Niemand konnte ohne des am Thore ſitzenden
Dieners Erlaubniß eintreten. Petrus ſtand deshalb am
äußeren Thore; doch Johannes ging und ſprach mit der Magd,
die das Thor verſchloſſen hielt, und nahm Petrus mit hinein.
Petrus ſetzte ſich zu der Dienerſchaft, um ſich am Feuer zu
wärmen, während Johannes in die Halle trat, in der Jeſus
verhört wurde. Nach einer Weile ſah eine der Mägde des
Hauſes Petrus ins Geſicht und erkannte den Mann in ihm,
den ſie irgendwo bei Jeſus geſehen hatte, und beſchuldigte
ihn, einer der Jünger Jeſu zu ſein. Petrus beſtritt dies
hartnäckig und behauptete nicht zu verſtehen, was ſie ſagte.
Doch fühlte er ſich beunruhigt und zog ſich vom Feuer zu=
rück, um an der Eingangsthür zu ſtehen. In dieſem Augen=
blick krähete der Hahn; aber Petrus war zu ſehr beſchäftigt
mit ſeiner eigenen Gefahr, um es zu bemerken. Verſchiedene
Perſonen ſtanden an der Thür, und bald erkannte ihn eine
andere Magd und ſagte laut: „Dieſer Mann war auch mit
dem Jeſus von Nazareth." Der arme Petrus ließ ſich,
nachdem er angefangen hatte zu lügen, verleiten, wieder zu
leugnen, und diesmal mit einem Schwur. Um ſich den
Fragern zu entziehen, näherte er ſich ſchleichend wieder dem
Feuer. Aber dies Mal war er von Allen bemerkt worden;
und da dieſer Hauſe von Kriegsknechten und Dienern müſſig

umherstand, auf weitere Befehle zu warten, war es ein Zeitver=
treib für sie, das Reden und Thun des Fremden zu beobachten.
Für ein Weilchen ließen sie ihn in Ruhe; und Petrus nahm,
um ruhig zu scheinen, Theil an der Unterhaltung beim Feuer.
Hierdurch jedoch erregte er auf's Neue ihren Argwohn, denn
sein Dialekt bezeichnete ihn als Galiläer. Dies machte die
Umstehenden so sicher, daß Mehrere zu ihm sagten: „Du
bist gewiß auch Einer von ihnen, denn deine Sprache ver=
räth dich." Petrus fühlte sich auf's Aeußerste getrieben; aller
Muth hatte ihn verlassen, denn jeder Mann, der Zuflucht
zur Lüge nimmt, macht sich zum Feigling; und als ein
Verwandter des Mannes, dem Petrus das Ohr abgehauen
hatte, vortrat und sagte: „Sah ich dich nicht bei ihm im
Garten?" fing er an zu schwören und sich zu verfluchen,
und sagte: „Ich kenne den Menschen nicht." Da die Halle
nach dem Hofe zu offen war, vernahm Jesus dies laute Ge=
spräch. „Und der Herr wandte sich und sahe Petrum an",
und in dem Augenblick krähte der Hahn zum zweiten Mal.
Der Blick! der Ton! Es war gleich dem jüngsten Gericht.
Dort stand Jesus vor seinen Anklägern, demüthig und ge=
duldig unter Mißhandlungen, ruhig und furchtlos im Ange=
sicht des Todes. Und hier stand er, der sich gerühmt hatte:
„Wenn sie auch Alle sich an dir ärgerten, so will ich doch
mich nimmermehr ärgern"; „Herr, ich bin bereit, dir zu
folgen in Kerker und Tod; ob ich gleich mit dir sterben
sollte, will ich dich doch nicht verleugnen". Er wich feig
zurück vor der Magd, schlich vom Feuer zur Thür und von
der Thür zum Feuer, versuchte, der Beobachtung zu entgehen,
und fürchtete sich, zuzugeben, daß er Jesus jemals gesehen
hatte. Dort stand sein Meister, um für die Wahrheit zu zeugen;
und hier ergab er sich dem Leugnen und der Unwahrheit.

Der Blick voll Vorwurf und Mitleid brachte ihn wieder zu sich: und das Krähen des Hahnes schärfte die Pein, daß Jesus ihn gemahnt hatte an Alles, was er soeben gethan. Ueberwältigt von Scham und Angst, stürzte er hinaus auf die Straße, verhüllte das Gesicht in seinem Mantel und „weinte bitterlich", beweinte bitterlich seine Schwachheit und Sünde und bekümmerte sich, o wie bitterlich, daß er nicht zu Jesus gehen, ihm zu Füßen fallen und seine Schande be= kennen konnte. Wehe uns, wenn die, welche wir gekränkt haben, zu fern sind, um unser Bekenntniß zu hören, unsere Reue zu sehen, uns ihre Verzeihung auszusprechen! Aber diese Sünde des Petrus wurde ihm zum Heil.

Der Tag brach an. Caiphas hatte bereits Boten geschickt, um den Hohen Rath zusammenzurufen: und sobald die Ael= testen, Hohenpriester und Schriftgelehrten versammelt waren, wurde Jesus vor dies höchste Gericht geführt, um nach jü= dischem Gesetz verhört zu werden. Dies Gesetz verlangte wenigstens zwei Zeugen für ein Verbrechen, das mit dem Tode bestraft werden sollte. Die Feinde Jesu hatten viele Beschuldigungen gegen ihn vorgebracht und ein Zeuge nach dem andern wurde aufgerufen; aber nicht zwei von ihnen stimmten überein, oder die Sache, deren er beschuldigt wurde, war nicht ernst genug, um ein Urtheil zu fällen; auch fühl= ten sich die Richter aus bereits angeführten Gründen, ob= gleich sie Jesus zu verdammen wünschten, doch gebunden, sich an den Buchstaben des Gesetzes zu halten. Zuletzt wur= den zwei Zeugen gefunden, die aussagten, daß er gesagt hätte: „Ich kann den Tempel Gottes zerstören, und ihn in dreien Tagen wieder aufrichten." In den Augen der Juden war der Tempel so heilig, daß es Gotteslästerung war, leicht= hin von ihm zu sprechen, oder ihm mit Zerstörung zu drohen, und solche Sünde wurde mit dem Tode bestraft. Aber auch diese Zeugen machten verschiedene Angaben, und der Hohepriester versuchte Jesus zum Sprechen zu bringen, damit er etwas sagen möchte, worauf hin der Rath ihn ver= urtheilen könnte.

Aber Jesus gab diesen Zeugen keine Antwort; denn er wußte, daß seinen Richtern bekannt war, daß er diese Worte zur selben Zeit gesprochen hatte, wo er seinen Eifer für den Tempel als einen geheiligten Ort dadurch ge= zeigt hatte, daß er die Marktleute und Wechsler hinaus= trieb*). Entschlossen, ihn schuldig zu finden, sagte der Hohe= priester zu ihm: „Ich beschwöre dich bei dem lebendigen Gott, daß du uns sagest, ob du seist Christus, der Sohn des lebendigen Gottes." Jesus antwortete: „Du sagest es", — indem er meinte: „Du sagest die Wahrheit", oder „Ich bin es", und obgleich sie jetzt nicht die Wahrheiten, die er gesprochen, und die Werke, die er gethan hatte, glau= ben noch als Beweise annehmen wollten, sollte doch die Zeit kommen, da sie ihn als ihren Richter und König ansehen mußten. „Ich sage euch, von nun an wird des Menschen Sohn sitzen zur rechten Hand der Kraft Gottes und kommen auf den Wolken des Himmels."

Bei diesen Worten zerriß der Hohepriester seine Kleider als Zeichen seines Abscheues über solche „Gotteslästerung". Und wenn Jesus nur ein gewöhnlicher Mensch gewesen wäre, wäre es Gotteslästerung gewesen! Der Hohepriester

---

*) Joh. 2, 19. Es ist beiläufig ein Beweis für die Echtheit des Evangeliums Johannes, daß er allein Zeit und Ort für den Aus= spruch Jesu, der von den falschen Zeugen gegen ihn vorgebracht wurde, angiebt, und die Matthäus und Marcus dort berichten.

erwartete einen Christus, der als Gottes Sohn vom Himmel
kommen sollte; und Jesus behauptete, alles das zu sein,
was Caiphas unter diesem Namen verstand, und zugleich
die Macht und Herrlichkeit des Himmels zu besitzen. Dies
war dieselbe Sache, um derentwillen sie ihn einst hatten
steinigen wollen, — weil, „da er doch ein Mensch war, er
sich zum Gott gemacht hatte". Und doch nahm Christus
unter diesen feierlichen Umständen, als er wußte, daß es
sich um sein Leben handelte, und er es hätte retten können,
indem er seine Worte anders erklärte, oder den Sinn, den
seine Feinde ihnen unterlegten, verwarf, mit vollkommener
Ruhe und Klarheit den Christustitel an, erklärte sich für den
Sohn Gottes und sagte, daß sein Platz zur Rechten der
Kraft Gottes sei. Als der „Sohn Davids" war er im
Triumph in Jerusalem eingezogen; als der „Sohn Gottes"
wollte er am Kreuz sterben; als „des Menschen Sohn"
wollte er wiederkommen auf den Wolken des Himmels, —
als „Christus" in Allem und Jedem. Bei diesen Worten
schrie der ganze Gerichtshof: „Er ist des Todes schuldig":
und soweit es in ihrer Macht lag, war er verurtheilt.

Die Diener und Kriegsknechte theilten bald die Gefühle
der Richter gegen den Gefangenen. Es war ein seltener
Spaß für sie, daß dieser schwache und hilflose Mann Christus sein sollte; und sie erwählten die schändlichste Art, ihre
Verachtung zu zeigen. Sie spieen ihm ins Gesicht, verban-
den ihm die Augen, und dann schlugen sie ihn, indem sie sagten: „Weissage uns, wenn du bist Christus, wer war es,
der dich schlug?" Statt sie zu verhindern, begünstigten die
Richter diese Mißhandlung; denn sie wollten die Leidenschaft
des Pöbels aufreizen, um ihre eigene That zu rechtfertigen.
Doch kein Wort, keinen Schrei, keinen Seufzer konnten sie

ihrem Opfer erpressen. „Er wurde wie ein Lamm zur Schlachtbank geführt, und wie ein Schaf, das verstummet vor seinem Scheerer, und seinen Mund nicht aufthut."*)

---

*) Joh. 53, 7.

36. Kapitel.

Pilatus und Herodes.

[Judäa, zu der Zeit von Pontius Pilatus beherrscht — Seine Persönlichkeit und seine Regierung — Pilatus versucht zuerst, gegen Jesus gerecht zu sein, dann, sich der Sache zu entledigen — Jesus bekennt, daß er ein König, doch daß sein Reich „nicht von dieser Welt" ist — Pilatus spricht ihn frei und schickt ihn dann zu Herodes.]

Zwei Dinge hatte der Hohe Rath bereits gewonnen: sie hatten einen Vorwand gefunden, Jesus nach jüdischem Gesetz zu verurtheilen, und sie hatten den Haß und die Verachtung des in ihrem Dienst stehenden niederen Volkes gegen ihn erregt. Aber da sie nicht mehr die Macht besaßen, die Todesstrafe zu verhängen, mußten sie den römischen Statthalter dafür zu gewinnen suchen, daß er den Befehl gebe, Jesus zu kreuzigen, und sie mußten die Ausführung beschleunigen, ehe beim Volke eine Reaction eintrete. Sie banden deshalb ihren Gefangenen und schleppten ihn zum Palaste des Statthalters, in welchem sich auch der Gerichtssaal befand.

An dieser Stelle giebt die Geschichte ein seltsames Beispiel davon, wie die schändlichsten Absichten und Leidenschaften mit religiösen Formen und Bedenklichkeiten verwebt sein können. Zur Zeit des Passahfestes war den Juden geboten, sich von allem fern zu halten, was nach ihrem Glauben

für unrein galt. Der römische Statthalter war aber ein
Heide, und einen heidnischen Hof zu betreten, würde sie un=
würdig für das Passahfest gemacht haben; daher schickten sie
den Gefangenen hinein, nach dessen Blut sie dürsteten, sie
selbst aber betraten nicht die Gerichtshalle, damit sie nicht
verunreinigt würden. Seit beinahe dreißig Jahren, oder seit
der Beseitigung des Archelaus, war Judäa von einem aus
Rom gesendeten Procurator regiert worden, und um diese
Zeit war das Amt in den Händen des Pontius Pilatus, der
es bereits seit mehreren Jahren verwaltete. Pilatus war
ehrgeizig und strebte nach Popularität; aber durch das Be=
streben, sich in Rom Gunst zu erwerben, war er bei den
Juden sehr unpopulär geworden. Er hatte ihr Religionsgefühl
mit Füßen getreten, indem er das Bildniß des Kaisers in
Jerusalem aufstellte, und sich mehrerer der geheiligten Tempel=
schätze zu täglichem Gebrauch bediente. Mehr als einmal hatte
er eine Insurrection erregt, und dann durch strenge und
grausame Maßregeln die Aufrührer unterdrückt. Die Juden
haßten ihn, aber sie waren geneigt, ihn als Werkzeug zu
benutzen. Sie hatten viele Klagen über seine Ungerechtigkeit
nach Rom geschickt, und nun suchten sie ihn zu einem Act
der Ungerechtigkeit zu überreden, indem sie sich zugleich an
seinen Ehrgeiz und seine Furcht wandten, denn Pilatus war
feig wie alle Mantelträger. Als Römer war er jedoch dazu
erzogen, das Gesetz zu achten, und als Jesus mit solcher
Hast und in so stürmischer Weise vor ihn geführt wurde,
bestand er, obgleich dies durch den jüdischen Gerichtshof selbst
geschehen war, darauf, nur gesetzlich und auf Beweise hin
vorzugehen. Er trat aus der Gerichtshalle und sagte zu den
Mitgliedern des Rathes: „Was bringt ihr für Anklage wider
diesen Menschen?" Der Hohe Rath glaubte, den Statthalter

überrumpeln zu können, und daß es genug sei, wenn sie alle wie ein Mann erschienen, um einen Gefangenen vor Gericht zu stellen, den sie bereits verurtheilt hatten. Daher antworteten sie: „Wäre dieser nicht ein Uebelthäter, wir hätten dir ihn nicht überantwortet." Pilatus, der annahm, daß es sich um eine ihrer religiösen Streitigkeiten handelte, in die sich zu mischen er keine Lust hatte, sagte: „So nehmet ihr ihn hin und richtet ihn nach eurem Gesetz." Sie hatten so viele Zänkereien über Gesetzesfragen, die er nicht verstand, daß er froh war, die Angelegenheit los zu werden, indem er ihnen erlaubte, zu thun, was ihnen gefiel, denn er wußte, daß sie nicht wagen würden, den Gefangenen am Leben zu schädigen. Sein Leben war es aber, wonach sie strebten, und sie antworteten: „Wir dürfen Niemand tödten." Als sie davon sprachen, daß Jesus des Todes schuldig sei, dachte Pilatus, der Fall möchte ernsthafter sein, als er vorausgesetzt hatte, und die Juden, die wohl wußten, daß der Statthalter den Gefangenen nicht wegen eines Vergehens gegen ihre Religion verurtheilen würde, klagten Jesus politischer Ver= gehungen an, die, wenn sie wahr waren, ihn zum Staats= verbrecher machten. Sie fingen damit an, ihn der Empörung zu beschuldigen, indem sie sagten: „Er hat das Volk erreget, und ihnen verboten, dem Kaiser Tribut zu bezahlen, sagend, daß er selbst Christus, der König ist." Pilatus wußte sehr wohl, daß sie im Herzen den Kaiser und seine Auflagen haßten, und daß sie sich nach nichts so sehr sehnten, als nach dem Messias, der sie davon befreien sollte. Aber, ob= gleich er ihre Heuchelei kannte, wünschte er sie zu beruhigen, denn um die Zeit des Passahfestes war die Stadt mit eifrigen und fanatischen Juden überfüllt, und es war schwer, den Frieden zu erhalten, wenn ihre religiösen Leidenschaften ein=

mal erregt waren. Jeder Aufruhr in Jerusalem sprach in
Rom gegen den Statthalter; und da Pilatus seinen eigenen
Vortheil immer vor Augen hatte, verstand er es ebenso gut,
verträglich als grausam zu sein: daher wünschte er, sich ent=
weder dieser Sache zu entledigen, oder sie für sich auszu=
beuten.

Die eben berichtete Besprechung fand auf dem gepflaster=
ten Hofe vor der Gerichtshalle statt. Pilatus ging nun in
die Halle, wo er den gebundenen Gefangenen gelassen hatte,
und fragte Jesum: „Bist du der Juden König?" Die
Antwort Jesu bewies, daß er wußte, man habe Pilatus zu
dieser Frage aufgestachelt*); und Pilatus erwiderte in einer
Weise, die zeigte, daß er seinen Gefangenen keines politischen
Vergehens anklagte: „Dein Volk und die Hohenpriester
haben dich mir überantwortet." Aber sie hatten unbestimmte
Anklagen ohne Beweise vorgebracht, und Pilatus wollte weder
an die Schuld des Gefangenen glauben, noch Jesus ungehört
verurtheilen. Daher sprach er, in der Hoffnung, einige
Thatsachen von ihm zu erfahren, nach denen er sich richten
könnte, zu ihm: „Was hast du gethan?" Die Antwort
Jesu richtete sich mit Entschiedenheit auf die gegen ihn er=
hobene Anklage und ist einer seiner merkwürdigsten Aus=
sprüche in Bezug auf sein Leben und seine Sendung. Er
bekannte, daß er ein König sei, und bestritt zugleich die An=
klage, daß er sich gegen die weltliche Regierung empören
wollte. „Mein Reich ist nicht von dieser Welt: wäre mein
Reich von dieser Welt, meine Diener würden darob kämpfen,
daß ich den Juden nicht überantwortet würde; aber nun ist
mein Reich nicht von dannen." Er hat ein „Reich". Er ist

---

*) Joh. 18, 34.

also mehr als ein Lehrer, ein Prophet, ein Reformator: er ist ein König, er hat Macht, er hat Diener, er giebt Gesetze, er fordert Gehorsam, er beansprucht die Macht, zu belohnen und zu strafen. In einem Wort: Er ist der Messias, der im Alten Testament als der König der Juden verheißene Christus. Und er hat sein Reich in der Welt schon aufgerichtet. Er hat das Himmelreich gepredigt; er hat seinen Anhängern die Belohnungen desselben verheißen; er hat erklärt, daß er als König wiederkommen werde, in Macht und Herrlichkeit, die Welt zu richten*). Und jetzt, da der jüdische Rath ihn für die Gotteslästerung, daß er sich Christus nannte, zum Tode verurtheilt hat, und Pilatus aufgerufen wird, das Urtheil zu bestätigen und seine Hinrichtung zu befehlen, beklagt er sich nicht, daß er in diesem Punkte mißverstanden, oder daß seine Worte falsch angeführt sind; er weist den Namen: „Christus, ein König" nicht zurück, sondern nimmt denselben öffentlich und feierlich an, sagt „mein Reich" und „meine Diener" wie jeder König es thun würde. Aber dies Reich, obgleich es in der Welt war, war nicht weltlicher Art; obgleich dem Geist und den Grundsätzen nach gegen die Welt gerichtet, war es kein streitbares Reich, das die bestehenden Regierungen bekriegen wollte oder ihren Umsturz im Geheimen plante. In dem vor Pilatus gebrachten Falle lag das Unrecht oder der Frevel nicht auf der Seite Jesu, der sich einen König nannte, sondern auf der seiner Ankläger, die die Lehren von seinem Reich verkehrt hatten und ihn beschuldigten, das Volk gegen den Kaiser empört zu haben. Dies letztere verneint er. Er hat keine Absichten gegen die Regierung, kein Heer, keine Anführer, keine Schätze,

---

*) Matth. 25, 31—46.

nichts von der Welt noch für die Welt; aber trotz alledem ist er ein König. Pilatus ist in hohem Grade verwirrt durch die Antwort und das Benehmen des Gefangenen. Solche Auffassung eines Reiches und Königs ist ihm niemals vorgekommen. Daher fragt er Jesus nochmals: „So bist du dennoch ein König?" Mit der ganzen Ruhe und Würde, die diese Worte ausdrücken konnten, antwortete Jesus: „Du sagst es, ich bin ein König", — du nennst mich einen König, und ein König bin ich." Nicht um ein Jota vermindert er die Kraft und Bedeutung dieses Titels. Aber er will seinen Richter nicht in Zweifel über die Bedeutung lassen und fügt hinzu: „Ich bin dazu geboren und in die Welt gekommen, daß ich die Wahrheit zeugen soll. Wer aus der Wahrheit ist, der höret meine Stimme." Es giebt eine Sphäre geistiger Dinge, in der die Wahrheit so gewiß und absolut ist, wie die Thatsachen es in der Sphäre der Wissenschaft sind. In der Sphäre war Jesus, der die Wahrheit kannte, wie Gott sie kennt, der die Wahrheit Gottes sprach, und dessen Leben die Wahrheit selbst war, König, und hatte das Recht, zu fordern, daß die Menschen seine Stimme hörten. Pilatus war zum Theil betroffen, zum Theil beunruhigt durch diese Worte. Vielleicht sah er in dem Gefangenen einen unschuldigen Schwärmer, der in dem harmlosen Wahn befangen war, ein König zu sein; vielleicht war er erschreckt durch den Blick und das Benehmen Jesu, die so oft die Menschen bei seinen Worten zittern gemacht hatten; vielleicht auch schlug sein Gewissen bei der Frage, ob er genug von der Wahrheit hielt, um bereit zu sein, seinem Gefangenen mit Gerechtigkeit zu begegnen; und nachdem er darüber nachgedacht hatte, sagte er laut: „Was ist Wahrheit?" und ging hinaus zu den Juden und sprach zu ihnen: „Ich finde keine Schuld an ihm."

Die Hohenpriester und Aeltesten fingen an, laut zu schreien und alle Arten von Beschuldigungen gegen Jesus vorzubringen, auf die er nicht antwortete. Sein Schweigen verwunderte Pilatus noch mehr als das Benehmen des Gefangenen. Nach dem, was Jesus ihm über das Wesen seines Reiches und seine Meinungen und Absichten als ein König gesagt hatte, erschien dem Statthalter die Beschuldigung der Empörung ohne Zweifel sinnlos und boshaft; deßhalb erschien es ihm sonderbar, daß der Gefangene sich nicht durch ein Wort zu rechtfertigen versuchte. Aber so sehr er auch wieder und wieder dazu gedrängt wurde, er antwortete nichts. Jesus kannte die Wuth seiner Ankläger; sie hatten ihn hinterlistig und ohne Ursache ergriffen; sie würden sich nur zufrieden gegeben haben, wenn sie ihm das Leben nehmen konnten; sie hatten dazu falsche Beschuldigungen vorgebracht; und wenn er auf eine Lüge antworten würde, so hätten sie eine andere aufgestellt; und so überließ er es dem Gewissen des Statthalters, Gerechtigkeit gegen ihn zu üben. Da er sah, wie die Sache stand, sagte Pilatus zu den Hohenpriestern, so daß die Volksmenge, die sich jetzt versammelt hatte, es hören konnte: „Ich finde keine Schuld an diesem Menschen." Wüthend bei dem Gedanken, ihr Opfer zu verlieren, schrieen die Priester in zornigem Ton und mit heftigen Geberden: „Er hat das Volk aufgeregt gegen den Kaiser, von Galiläa bis Jerusalem." Bei der Erwähnung Galiläa's glaubte Pilatus einen Ausweg aus der Schwierigkeit zu sehen. Seine eigene Gerichtsherrschaft reichte nicht nordwärts bis über die Grenzen von Samaria, — da Herodes Antipater, der Sohn Herodes des Großen, Herrscher in Galiläa war; und es traf sich, daß Herodes sich zur Zeit in Jerusalem befand. Ein Streit zwischen Pilatus und Herodes hatte sie zu Feinden gemacht, und Pilatus dachte, er könnte Herodes durch einen öffentlichen Beweis der Achtung vor seiner Autorität über einen seiner eigenen Unterthanen, ein freundliches Entgegen= kommen zeigend, sich zu gleicher Zeit eines unwillkommenen Gefangenen entledigen. Er schickte daher Jesus zu Herodes; doch obgleich er des Herodes Freundschaft gewann, kam der Gefangene zurück in seine Hände.

Herodes war sehr erfreut, daß Jesus zu ihm gebracht wurde und daß er mit seiner Wache zu Gericht sitzen und einen solchen Gefangenen vor den Schranken haben konnte; aber er hatte nicht die Absicht, das Richteramt auszuüben. Seit der Ermordung Johannes des Täufers war Herodes durch Berichte über Jesus und seine wunderbaren Thaten beunruhigt worden. Zuerst fürchtete er, daß Jesus der vom Tode erstandene Johannes sei*); aber endlich war er aus einer Mischung von Aberglauben und Eitelkeit begierig, diesen berühmten Propheten zu sehen, seine Lehren zu hören und besonders, ein Wunder von ihm vollführt zu sehen. Er glaubte, dieser Wunsch könnte ihm jetzt erfüllt werden, und versuchte daher, Jesus durch vielerlei Fragen auszuforschen; „dieser antwortete ihm aber nichts"**). Die Hohenpriester und Schriftgelehrten waren entschlossen, ihr Opfer bei keinem Wechsel seiner Richter und um keines Aufenthaltes bei ihrem Verfahren willen loszulassen. Sie hatten ihn endlich in ihrer Gewalt; sie hatten ihn des Todes schuldig erklärt und es fiel ihnen nicht ein, ihn nach Galiläa schicken zu lassen. Sie ließen daher hinter den Wachen her nach Herodes' Palast und fingen an, Jesus dort in der heftigsten Weise anzuklagen.

---

*) Matth. 14, 1. 2.
**) Luc. 23, 8—10.

Herodes sah, daß er die Sache nicht erledigen konnte. Jesus zeigte keine Furcht vor seiner Autorität, kein Verlangen nach seiner Gunst, keine Geneigtheit, ihm durch eine Schaustellung von Wunderthaten zu gefallen. Er erklärte Jesus deshalb für einen Schwärmer und fing an, Spott mit ihm zu treiben, und seine Diener und Soldaten folgten sogleich seinem Beispiel. Jesus wurde beschuldigt, sich zum König machen zu wollen; sie behängten ihn daher mit einem ihrer prunkvollen Mäntel, um sein Königthum zu verspotten, und mit Hohngeschrei und spöttischen Begrüßungen schickten sie ihn wieder zu Pilatus.

37. Kapitel.
Jesus oder Barrabas.

[Pilatus erklärt Jesus für unschuldig, hat aber nicht den Muth, für das Recht aufzutreten — Er schwankt und liefert sich dadurch in die Hände des Pöbels — Die
Wahl zwischen Jesus und Barrabas — Jesus wird gegeißelt und von den Kriegsknechten verhöhnt — „Der Sohn Gottes" — Der Pöbel fordert seinen Tod —
„Kreuzige ihn!"]

Obgleich Pilatus froh war, sich Herodes zum Freunde
gemacht zu haben, dankte er es ihm wenig, daß er den Gefangenen zurückschickte. Indeß konnte er sich durch Herodes'
Urtheil in seinem eigenen befestigen und beschloß, dem Gefangenen Gerechtigkeit widerfahren zu lassen, indem er ihn
freiließ. Er berief daher nochmals den Hohen Rath — und
diesmal hatte sich eine große Menge versammelt, um die
Vorgänge zu beobachten — und verkündigte seine Entscheidung, daß er öffentlich in ihrer Gegenwart Jesus auf die
von ihnen gegen ihn vorgebrachte Anklage, er habe das Volk
zum Aufruhr erregt, verhört, aber keine Schuld an ihm gefunden habe; und daß Herodes ihn auch befragt, aber nichts
gefunden hätte, was die Todesstrafe, die der Hohe Rath
forderte, erheische. So wurde Jesus öffentlich und in aller
Form von der höchsten Autorität der römischen Regierung
in Judäa, nach öffentlicher und eingehender Prüfung für
unschuldig an jedem politischen Vergehen, welches eine Be-

strafung durch die weltliche Macht forderte, erklärt. Wäre der geringste Beweis vorhanden gewesen, daß er einen Auf=ruhr angestiftet, oder die Unzufriedenheit des Volkes mit der römischen Herrschaft erregt hätte, so würden Pilatus und Herodes höheren Ortes Kapital für sich selbst daraus gemacht haben, daß sie ihm die Todesstrafe auferlegten. Aber er war von dieser Anklage freigesprochen. Daher zerfallen alle Versuche, die Kreuzigung Christi für die Folge politischer oder Staatsverbrechen zu erklären, in Nichts.

Es war Pilatus' Pflicht, Jesus, nachdem er ihn für un=schuldig erklärt hatte, in Freiheit zu setzen und ihn gegen die Wuth des Pöbels zu schützen. Er sah deutlich, auf welcher Seite das Recht war, und wünschte als Richter, seine Pflicht gegen den Gefangenen zu thun. Denn er war überzeugt, daß die Anklagen gegen ihn nur von der Bosheit ersonnen waren. Zugleich aber war er besorgt, sich die Gunst der Juden zu erhalten, und um diese zu beschwichtigen, erbot er sich, seinen Gefangenen so weit ihrem Haß zu opfern, daß er ihn züchtigen ließ, bevor er freigelassen wurde. Dies war eine grobe Ungerechtigkeit, und statt Pilatus aus der Schwierigkeit zu helfen, führte sie ihn zu dem verhängnißvollen Schritt, den er vermeiden wollte. Als sie sahen, daß Pi=latus schwankte, wurde das Wuthgeschrei der Menge heftiger, und sie verlangten, daß Jesus verurtheilt werden sollte. Der Statthalter, der sich schleunig aus einem Richter in einen Politiker verwandelte, gedachte jetzt eines anderen Mittels, den Gefangenen zu retten. Es war — vielleicht als ein Zugeständniß von Seiten ihrer Besieger an das National=gefühl der Juden — zum Gebrauch erhoben worden, daß am Passahfest der Gefangene, den sie wählen durften, dem Volke freigegeben wurde. Der Statthalter wollte aus diesem

Gebrauch Vortheil für Jesu Freilassung ziehen, und um
seiner Sache sicher zu sein, schlug er, des Gegensatzes wegen,
einen überführten Verbrecher, Namens Barrabas, vor. Der
Hohe Rath hatte Jesus beschuldigt, das Volk zur Empörung
aufgestiftet zu haben, und dafür forderte er die Todesstrafe;
wenn sie also wünschten, ihre Loyalität zu zeigen, indem sie
Empörung für ein todeswürdiges Verbrechen erklärten, so
hatten sie bereits den Barrabas, der verurtheilt war, für
das Verbrechen zu sterben, dessen Jesus unschuldig befunden
war; denn es war nicht zu bezweifeln, daß Barrabas einen
Aufstand bewirkt und in dem Tumult Raub und Mord be=
gangen hatte. Indem er diesen Mann dem demüthigen und
harmlosen Jesus gegenüberstellte, glaubte Pilatus die Menge
zu beschämen und ihren Sinn für Gerechtigkeit und Mensch=
lichkeit wachzurufen; er fragte sie also: „Wen wollet ihr,
daß ich euch losgebe? Barrabam oder Jesum, von dem
gesagt wird, er sei Christus?" Um der Freilassung eines
Gefangenen die gesetzliche Formalität zu geben, ließ sich Pi=
latus nun auf den Richterstuhl nieder. In diesem Augen=
blick wurde er erschreckt durch eine Botschaft von seinem
Weibe, daß sie „viel im Traum um Jesu erlitten habe",
und ihren Gemahl bäte, „nichts mit diesem Gerechten zu
schaffen zu haben." Aber er war schon zu weit gegangen.
Dadurch, daß er den Pöbel zu Rathe zog, hatte er sich ver=
urtheilt, auf dessen Wünsche einzugehen; da er sich erbot,
einen Gefangenen, den er für unschuldig erklärt hatte, geißeln
zu lassen, hatte er das Verlangen nach des Gefangenen Blut
wach gerufen. Auf Einflüsterung der Hohenpriester fing der
Pöbel jetzt an, die Freilassung des Barrabas mit Geschrei
zu verlangen. „Was soll ich denn machen mit Jesu", sprach
Pilatus, „von dem gesagt wird, er sei der König der Ju=

den?" Bestürzt und entsetzt durch das wahnsinnige Geschrei: „Kreuzige ihn, kreuzige ihn!" versuchte Pilatus wieder und wieder sie zu beruhigen, indem er sagte: „Was hat er denn Uebles gethan? Ich habe keine Ursache zum Tode an ihm gefunden!" Unseliger Mann! Wohin hatte er sich gebracht, weil er einmal von seiner Pflicht abwich! Er verhandelte mit dem Pöbel über das Leben eines Gefangenen, den er unschuldig gefunden hatte, und den er verpflichtet war, frei zu lassen und zu beschützen. So oft er darauf antrug, Jesus zu verschonen, erscholl das Geschrei um so wüthender: „Kreuzige ihn, kreuzige ihn!" bis der Tumult anfing gefährlich zu werden. Zuletzt suchte er in einem Anfall von Schwäche die Verantwortlichkeit von sich ab und auf sie zu wälzen. Er nahm Wasser, wusch die Hände vor dem Volk und sagte: „Ich bin unschuldig an dem Blute dieses Gerechten; sehet ihr zu." Einstimmig schrie das Volk: „Sein Blut komme über uns und über unsere Kinder!" Und um sie zu beruhigen, gab er Barrabas frei, aber Jesum ließ er geißeln. Diese barbarische und nutzlose Folter Eines, der zur Kreuzigung verdammt war, war unter römischem Gesetz ganz gewöhnlich. Der Gefangene wurde mit Stricken an ein Gerüst oder einen Pfahl gebunden, sein Rücken entblößt und mit geknoteten Riemen so lange geschlagen, bis er von Schmerz und Blutverlust ohnmächtig und beinahe todt war. So wurde Jesus vor der heulenden Menge gegeißelt. Dann wurde er mit zerrissenem und blutigem Rücken den rohen Verhöhnungen der Kriegsknechte übergeben. Sie riefen alle ihre Genossen herbei, streiften ihm die übrigen Kleider ab, und legten ihm einen Purpurmantel an; sie machten eine Krone von Dornen und setzten sie auf sein Haupt, sie gaben ihm ein Rohr in die rechte Hand, und nachdem sie ihn zum

Hohn mit königlichem Schmuck angethan hatten, beugten sie das Knie vor ihm, verspotteten ihn und sagten: „Gegrüßet seiest du, der Juden König!" Nachdem sie so ihren Spott mit ihm getrieben hatten, gaben sie der Bosheit Raum: sie schlugen ihn ins Gesicht, sie spieen ihn an, sie nahmen das Rohr, das sie ihm zum Scepter gegeben hatten, und schlugen damit sein Haupt. Pilatus war so ergriffen beim Anblick dieser Grausamkeiten, daß er dazwischen trat und sich an das Mitleid des Volkes wendete, indem er sagte: „Sehet, welch ein Mensch!" Aber er konnte die Bestie, die er los= gelassen hatte, nicht mehr fesseln. Lauter und wüthender wurde das Geschrei: „Kreuzige ihn, kreuzige ihn!" — „Aber ich finde keine Ursache des Todes an ihm", sagte Pilatus. „Wir haben auch ein Gesetz", schrieen sie; obgleich ihr uns nicht erlaubt zu strafen, können wir urtheilen und verdammen; „und nach unserem Gesetz soll er sterben, denn er hat sich selbst zu Gottes Sohne gemacht." Der Name erregte aufs Neue die abergläubische Furcht des Pilatus, und er führte Jesus bei Seite, um zu erfahren, von wannen er käme. Aber Jesus, der noch die Schmerzen fühlte, die Pilatus' Ungerechtigkeit ihm bereitet, konnte nichts sagen zu einem Richter, der ihn dreimal für unschuldig erklärt und dann ihn zu geißeln befohlen hatte. Sein würdevolles Schweigen unter Falschheit, Unrecht, Grausamkeit und Schmach war an sich ein Zeugniß für seinen Werth; aber Pilatus, der fürch= tete, daß sein Ansehen leiden könnte, wenn die Umherstehen= den sähen, daß der Gefangene verweigerte, ihm zu antworten, versuchte, Jesus zu drohen, indem er ihm seine Macht zeigte. „Redest du nicht mit mir? Weißt du nicht, daß ich Macht habe, dich zu kreuzigen, und Macht habe, dich loszugeben?" Da sprach der Gefangene; die Mißhandlung seiner Person, die Bedrohung seines Lebens konnten ihn nicht bewegen, er hätte schweigend jede Ungerechtigkeit und Schändlichkeit gegen sich selbst ertragen; aber die Gewalt über Leben und Tod war in der Hand seines Vaters, und diese Anmaßung des Pilatus war ein Frevel an der göttlichen Majestät, den Jesus sich berufen fühlte, zu ahnden. Wie er sich dort im Garten nicht der römischen Legion, sondern dem Willen seines Vaters überliefert hatte, der Legionen von Engeln zu seiner Rettung hätte schicken können, so sollte er jetzt nach seinem eigenen demüthigen Gehorsam unter denselben göttlichen Willen, der sein Leben regiert hatte, zum Tode gehen. „Du hättest keine Macht über mich, wenn sie dir nicht wäre von oben herab gegeben; darum, der mich dir überantwortet hat, der hat es größere Sünde." Die Hohenpriester und Schrift=gelehrten waren im Stande, die wahre Sendung Jesu zu verstehen, was Pilatus als Heide nicht konnte: ihre Schuld war größer als seine, die nur in der Ungerechtigkeit gegen einen Gefangenen bestand, den er nicht kannte. Diese An=rufung an das Gewissen des Pilatus, als eines ungerechten Urtheils schuldig, und zugleich an die Stelle, der Pilatus für seine Macht und deren Gebrauch verantwortlich war, begleitet von dem hoheitsvollen Blick des Gottessohnes, flößte dem grundsatzlosen Statthalter solche Ehrfurcht ein, daß er versuchte, Jesus um jeden Preis den Feinden wieder zu ent=reißen, denen er ihn überliefert hatte. Aber die Juden widersetzten sich seiner Absicht, indem sie an seine Eigenliebe appellirten. „Wenn du diesen Mann los lässest, so bist du des Kaisers Freund nicht; denn wer sich zum Könige macht, der ist wider den Kaiser." Die Heuchler! und Pi=latus erkannte sie wohl, — in demselben Augenblick nichts so sehnlich wünschend als einen Messias, der das römische

Joch brechen würde, und dennoch fordernd, daß Jesus auf die Anklage der Empörung, die sie gegen ihn vorgebracht hatten, getödtet werden sollte! Die Entscheidung konnte nicht länger aufgehalten werden: Pilatus mußte entweder dem Pöbel nachgeben, oder sich der Gefahr aussetzen, daß ihr Haß ihn vom Amte triebe, weil er einen Empörer beschirmt hatte. Noch einige Augenblicke wuchs der Kampf zwischen seinem Widerstand und ihrer Wuth, seinem Gerechtigkeitssinn und seiner Herrschsucht; er wurde ungestümer, grimmiger; je wüthender ihr Geschrei, desto schwächer wurde sein Widerstand:

„Sehet, das ist euer König."

„Weg, weg mit ihm! Kreuzige ihn!"

„Soll ich euren König kreuzigen?"

„Wir haben keinen König, denn den Kaiser! Hinweg, hinweg, kreuzige ihn!"

Da überantwortete Pilatus ihnen Jesum, daß er gekreuzigt würde.

38. Kapitel.
Der Verräther.

[Gewissensbisse des Judas — Er war nicht von Anfang ein Betrüger — Seine weltlichen Hoffnungen waren zerstört — Dennoch war er entsetzt bei der Verurtheilung Jesu — Sein Zeugniß für die Unschuld seines Meisters.]

Der Befehl, Jesus zu kreuzigen, der die Pharisäer mit Triumph erfüllte, und dem Pöbel und den Kriegsknechten ein grausames Spiel bereitete, traf einen der Zeugen mit Schrecken und Verzweiflung. Das Blutgeld, das er genommen hatte, um seinen Herrn zu verrathen, brannte nun in seiner Hand, brannte auf seiner Seele: er verabscheute seinen Anblick, er verabscheute den Gedanken daran, fühlte die Schuld und Schmach davon; er muß es von sich werfen, wenn er dadurch sein Verbrechen auslöschen und sein Opfer retten kann. Es ist schwer zu glauben, daß das Geld allein Judas verleiten konnte, Jesum zu verrathen; denn obgleich er habsüchtig war und von dem kleinen Vorrath, den die Apostel für ihre Bedürfnisse und Wohlthaten besaßen, zu stehlen pflegte, scheinen dreißig Silberlinge oder zwanzig Thaler eine zu geringe Versuchung zu solchem Verbrechen: manche Jünger würden freilich heutigen Tages sehr niedrige Dinge für ganz geringen Gewinn thun! Judas hatte sich vielleicht zuerst aus Beweggründen an Jesus an-

geschlossen, die aus religiöser Begeisterung und weltlicher
Gewinnsucht gemischt waren, mit Eifer für das Reich des
Messias und in dem Glauben, daß Jesus wirklich die Hoffnung
des Volkes sein möchte, in welchem Falle es vortheilhaft
wäre, zu seinen ersten Anhängern gehört zu haben. Er erwarb sogar das Vertrauen der kleinen Schaar in solchem
Grade, daß er zu ihrem Schatzmeister ernannt wurde und
den Geldbeutel in Verwahrung erhielt. Aber als die Zeit
verging, und Jesus keine Anstalten zur Gründung eines
Königreiches machte, sondern in Armuth weiter lebte und in
seinen Lehren immer strenger wurde, war Judas so ent-
täuscht über seines Meisters Wesen und Absichten und in
Bezug auf seine eigenen ehrgeizigen Hoffnungen, außerdem
auch gereizt durch die persönlichen Vorwürfe Jesu und den
Vorzug, den er Petrus, Johannes und Jacobus gab, daß
er beschloß, sich von dem, was ihm eine gelockerte Verbindung schien, loszumachen und die Dinge durch einen directen
Ausbruch zwischen Jesus und dem Hohen Rath zum Aeußer-
sten zu bringen. Zugleich wollte er seiner Gewinnsucht durch
einen kleinen Vortheil fröhnen. Er konnte sich aber nicht
von der Angst vor den Folgen seines Plans freimachen; daher schlich er um die Stätte des Gerichts herum, um zu
sehen, wie sich die Dinge wenden würden. Die Mißhandlung, der Jesus unterworfen wurde, und seine Demuth und
Geduld bei Schmähungen hatten bereits zu des Verräthers
Herzen gesprochen. Keiner wußte besser als er, wie gänzlich
unschuldig Jesus an Allem war, dessen man ihn anklagte;
und als er sah, daß Jesus verurtheilt wurde, ergriff ihn die
Scham über seinen eigenen Antheil an der That so heftig,
daß er eilte, seinen Meister womöglich zu befreien, indem er
dessen Unschuld verkündete, seine eigene Sünde bekannte und

das Blutgeld zurückzahlte; wenigstens hoffte er, sich so der
Verantwortlichkeit zu entledigen, die anfing, ihn zu peinigen.
„Er brachte wieder die dreißig Silberlinge den Hohenprie=
stern und den Aeltesten und sprach: Ich habe Uebel gethan,
daß ich unschuldig Blut vergossen habe." Aber die Priester
fragten nichts nach der Schuld oder Unschuld weder des
Judas noch Jesus. Sie hatten Judas als Werkzeug gebraucht,
und da sie ihren Zweck erreicht hatten, waren sie bereit, ihn
verächtlich auf die Seite zu werfen. „Was gehet uns das
an? Da siehe du zu." Diese Antwort trieb den elenden
Missethäter zur Verzweiflung. „Er warf die Silberlinge in
den Tempel, hob sich davon, ging hin und erhenkte sich selbst."

Aber wie sehr die scheinheiligen Pharisäer auch ihre
Seelen mit der Sünde des Mordes befleckt haben mochten,
sie wollten den Gotteskasten nicht mit dem Blutgelde ver=
unreinigen. Sie kauften „eines Töpfers Acker darum, zum
Begräbniß der Pilger"; aber das Volk, das die Geschichte
kannte, nannte ihn: „Acelbama (Blutacker)."

39. Kapitel.

Die letzte Stunde.

[Die Brutalität bei einer Kreuzigung — Aeußerungen des Mitleids — Der Trank von Myrrhen — Form des Kreuzes — Jesus sinkt unter seinem Kreuz zusammen — Die Veränderung von Montag bis Freitag, von Triumph zu Schande — Das Weh klagen der Weiber — Jesus bleibt ruhig, zärtlich und würdevoll — Er wird ans Kreuz genagelt — „Vater, vergieb ihnen!" — Die Inschrift — Die Missethäter an seiner Seite — Seine Mutter und Johannes — Die dunkle Stunde — Der Angstschrei — Es ist vollbracht.]

Das Kreuz war bereit. Da die Kreuzigung eine sehr gewöhnliche Todesstrafe bei den Römern, besonders für Sclaven und die schwersten Verbrecher war, so wurde das Instrument dafür stets in den Händen der Diener des Gesetzes bereit gehalten. An diesem Tage sollten drei Missethäter gekreuzigt werden; aber der größte unter ihnen, Barrabas, war nach der Entscheidung des Volkes frei gegeben und sein Kreuz war für Jesus bereit. Die Regierungen unserer Zeit, welche die Todesstrafe beibehalten, bestreben sich, die Scene der Hinrichtung mehr feierlich und würdig als empörend und schrecklich zu machen. Während sie an dem Verbrecher Gerechtigkeit üben, schützen sie ihn vor Mißhandlung und Grausamkeit; der Galgen ist das Sinnbild des Gesetzes in einer traurigen, aber gerechten Erfüllung der Pflicht, nicht der losgelassenen Begierde nach Rache. Aber bei den Römern

wurde der zum Kreuze verurtheilte Verbrecher dem Hohn
der Henker und des Pöbels überliefert. Das Kreuz wurde
auf einer Anhöhe oder neben der Landstraße aufgerichtet,
und die Verhöhnungen, welche das Gesindel auf dem Wege
über ihn ausschüttete, und die Schimpfreden der Vorüber=
gehenden, während er am Kreuz hing, waren ein Theil der
Schmach und des Leidens bei dieser fürchterlichen Strafart.
Doch die rohesten Naturen haben Regungen des Mitleids,
und wenn das römische Gesetz auch einen Verbrecher zu diesem
Tode der Schande und Qual verdammt hatte, verhinderte es
nicht solche Handlungen der Güte und des Mitleids für ihn,
zu denen die Anwesenden sich bewegt fühlen mochten. „In
Jerusalem bestand eine Gesellschaft von vornehmen Frauen,
die ein aus Myrrhen und Essig bereitetes Getränk besorgten,
das, wie ein Opiat, den Menschen, wenn er zum Richtplatz
geführt wurde, betäubte.“ *) Wie in der Neuzeit ein Kerker=
meister oder Henker wohl zuweilen Menschlichkeit und Sanft=
muth in der Behandlung eines Gefangenen zeigt, so mag auch
unter den Römern ein Kriegsknecht gewesen sein, dessen Ge=
fühle gegen den Verbrecher, den er am Kreuze zu bewachen
hatte, mild und schonend waren. Die Kriegsknechte hatten
Jesus mit dem Purpurmantel, dem Rohr in der Hand, der
Dornenkrone auf dem Haupte, verhöhnt. Jetzt zogen sie ihm
den Mantel aus und legten ihm seine eigenen Kleider an; sie
nahmen das Rohr fort, aber ließen ihm die Dornenkrone, so
daß die Blutstropfen ihm von der Stirn auf die Brust herab=
fielen; und so führten sie ihn hinaus, um ihn zu kreuzigen.
Es war Gebrauch, daß der Missethäter sein Kreuz vom
Gefängniß bis zum Richtplatz auf dem Rücken tragen mußte.

---

*) Deutsch, Der Talmud, S. 38.

Doch war das Kreuz weder so hoch noch so schwer, als es
auf den Darstellungen der Kunst erscheint. Der aufrecht=
stehende Stab war zwölf bis funfzehn Fuß hoch, und die
Füße des Opfers ruhten auf einer kleinen Leiste, in einiger
Entfernung vom Boden. Der Querstab war zuweilen an
der höchsten Spitze des Pfostens in Form des Buchstaben T
befestigt, in welchem Falle der Verurtheilte mit fast scheitel=
recht über sich erhobenen Armen hing; zuweilen war der
Querstab etwas unterhalb der Spitze eingelegt, in welchem
Falle die Arme seitwärts ausgestreckt waren. Mit dem Tra=
gen des Kreuzes beabsichtigte man die Strafe des Opfers
zu verschärfen, sowohl als ein Zeichen der Schande, als um
ihn während des ganzen Weges an die Schmerzen zu er=
innern, die er bald zu erleiden hatte. Die beiden Uebel=
thäter mit ihrer groben und abgestumpften Natur machten sich
wenig daraus; aber für den zarten Körper Jesu war jeder
Schritt wie der Stich eines Nagels, eine neue Entwürdigung
seiner sanften und heiligen Seele.

Doch der Zug bricht auf, — drei Männer, jeder sein
Kreuz tragend, jeder umgeben von einer Wache von Kriegs=
knechten und einer großen Menge Volks, das aus allen
Theilen der Stadt herbeilief, denn die Straßen waren voll
von Fremden auf dem Wege zum Tempel, und die Kunde
von der Gefangennehmung und Verurtheilung Jesu hatte sich
bereits in alle Stadttheile verbreitet. Es ist eine halbe
Stunde Weges von dem Palast des Statthalters nahe beim
Tempel bis zum Richtplatz außerhalb des Stadtthors, und
jeder Fuß breit des Weges, und jedes Haus am Wege ent=
lang ist mit Zuschauern gefüllt. Denn dies ist keine ge=
wöhnliche Hinrichtung.

Die beiden Uebelthäter werden kaum einen Augenblick

beachtet und entgehen deshalb einem großen Theile der Ver=
höhnungen und kleinen Quälereien, die sie von einem ge=
wöhnlichen Pöbel erlitten haben würden. Die Menge will
nur Jesus sehen; aber mit wie verschiedenen Erregungen
und Ausrufungen drängen sie sich um ihn! In dieser großen
Schaar Volks sind Viele, die vor wenig Tagen „Hosianna
dem König Israels" gerufen hatten und jetzt den mit Dornen
gekrönten König anschreien und verhöhnen. Einige, die Palm=
zweige über seinem Haupt geschwenkt hatten, drängen sich
nahe an ihn, um ihn mit ihren Stöcken zu schlagen. Es ist
erst Freitag; aber das Hohngeschrei ist ebenso groß, als das
Triumphgeschrei am Montag war, als er durch das ent=
gegengesetzte Thor in die Stadt einzog. Aber diese Erregung
des Volkes ist den Priestern und Pharisäern ebenso will=
kommen und hoffnungsvoll als jene Rufe ihnen verhaßt und
unheilkündend waren. Andere Rufe mischen sich mit diesem
Hohngeschrei. Es sind Einige in der Menge, deren Gefühl für
Gerechtigkeit stark genug ist, um gegen diese Mißhandlung
eines Unschuldigen laut zu protestiren, andere sind da, die
sich seiner Worte voll Wahrheit und Güte erinnern oder
noch eine besondere Ehrfurcht vor ihm als dem wahren
Christus haben; und viele, die er von Krankheiten geheilt,
oder deren Freunde er von Seuchen oder vom Tode gerettet
hat. Diese drängen sich zum Kreuz mit Weinen und
Wehklagen; und selbst die rohe Menge macht den Frauen
Platz, die mit bitterlichem Weinen sich vordrängen, denn war
jemals ein Krieger des Mitleids bar für ein betrübtes Weib?
Und hier, wie im Augenblick seiner Gefangennahme, behält
Jesus allein seine Fassung. Dieser Mann, der so schwach und
hilflos scheint, der im Begriff ist zu sterben, sein Fleisch noch
bebend von den tödtlichen Striemen, die Stirn aufs Neue

blutend von den Stichen der Dornen, mit einem Körper, der
zu schwach ist, das Gewicht des Kreuzes länger zu tragen,
blickt jetzt umher mit dem Mitleid des Erlösers, mit der
Hoheit des Richters, mit der sanften und zärtlichen Würde
selbstvergessender Liebe, und spricht: „Ihr Töchter von Jerusalem, weinet nicht über mich, sondern weinet über euch
selbst und über eure Kinder. Denn siehe, es wird die Zeit
kommen, in welcher man sagen wird: ‚Selig sind die Unfruchtbaren, und die Leiber, die nicht geboren haben, und die
Brüste, die nicht gesäuget haben.' Dann werden sie anfangen zu sagen zu den Bergen: ‚Fallet über uns!' und zu den
Hügeln: ‚Decket uns!' Denn so man das thut am grünen
Holz, was soll am dürren werden?" Er, der für Jerusalem
der grüne, fruchttragende Baum des Lebens und Heiles
gewesen wäre, ist von Jerusalem in seinen Priestern und
Herrschern ergriffen worden, um abgehauen und vernichtet zu
werden. Was wird also das Schicksal von Jerusalem selbst
sein, wenn es gleich einem verdorrten, abgeblühten Baum
verworfen, zertreten und verbrannt werden wird? Wehe den
Weibern, die leben werden, den Tag zu sehen, das Weh für
sich und ihre Kinder zu schauen! Sein Herz vergißt den
eigenen Schmerz vor Mitleid über den ihrigen. In dem
Augenblicke, da er emporgehoben wird, als Opfer für die
Erlösung der Welt, spricht er das Schicksal Jerusalems aus
als fest und besiegelt. Der Prophet spricht noch einmal;
aber die Barmherzigkeit des Heilandes ist größer als die
Strenge des Richters.

Während er so sprach, wurde Jesus von der Last seines
Kreuzes befreit. Kein Wunder, daß er einen Augenblick
vorher unter seinem Gewicht zusammengebrochen war. Zwölf
Stunden lang — seit dem Abendmahl mit seinen Jüngern —

hatte er keine Nahrung zu sich genommen; seit dreißig Stun=
hatte er nicht geschlafen. In dieser Zeit hatte er von der
theueren Familie in Bethanien Abschied genommen, hatte den
schweren Auftritt des Scheidens von seinen Jüngern in Er=
wartung des letzten Nachtmahls durchgemacht; hatte die
Todesangst in Gethsemane gefühlt; war von den Kriegs=
knechten ergriffen und fortgeschleppt worden; hatte drei Ver=
höre bestanden; war gestoßen, verhöhnt, bespieen, gemartert,
sein Rücken mit Striemen bedeckt, seine Stirn von Dornen
zerrissen worden: und die ganze Zeit war sein Geist von
dem Gedanken belastet, daß die Menschen so die Wahrheit
und Liebe Gottes verhöhnen konnten. Daß er unter dem
Kreuz zu Boden sank, war ein Zeugniß, wie zart mensch=
lich die Form war, welche diesen göttlichen Opfergeist ein=
schloß.

Es war nahe dem Stadtthore, wo Jesus niedersank, und
anstatt ihn zu zwingen, die Last weiter zu tragen, benutzten
die Kriegsknechte, bewegt von Mitleid, einen starken Land=
mann, der gerade in das Thor eintrat, um ihm das Kreuz
auf die Schultern zu legen, „daß er es Jesu nachtrüge“.
Dieser erzwungene Dienst, vielleicht eine schmerzliche An=
strengung, hat Simon von Kyrene in der Sage, in Kunst
und Dichtung unsterblich gemacht.

Doch der Zug kam zum Halten. Dort, gerade wo man
aus dem Thor tritt, wo alle Aus = und Eingehenden das
Schauspiel sehen können, ist der öffentliche Richtplatz, den die
Schrecken der häufigen Hinrichtungen so entsetzlich gemacht
haben, daß das Volk ihn „die Schädelstätte“ nennt. Hier
werden die drei Kreuze niedergelegt; und ehe die drei Ver=
urtheilten darauf festgenagelt werden, reicht man jedem von
ihnen mitleidig den Trank von Essig und Myrrhen. Doch

Jesus weist ihn zurück, denn der bittere Kelch des Todes, den sein Vater ihm geschickt hat, muß mit klarem Bewußtsein, freiwillig und geduldig geleert werden. Die Kriegsknechte entkleiden ihn jetzt und legen ihn auf das Kreuz, den Körper gegen die hölzerne Leiste oder Spitze, die zu seiner Stütze bestimmt ist. Sie schlagen durch jede Hand einen Nagel, binden die Füße mit einem Strick zusammen und befestigen beide mit einem Nagel an dem Kreuz, dann richten sie das Kreuz auf und lassen es auf seine Stelle nieder, mit einem Stoß, der die ganze Gestalt in Todesqual erbeben macht. Aber kein Seufzer, kein Stöhnen entflieht den Lippen Jesu. Sie öffnen sich einen Augenblick zu dem Gebete, das gleich unendlichem Weihrauch der Barmherzigkeit das Kreuz umfließt: „Vater, vergieb ihnen, denn sie wissen nicht, was sie thun."

Die Kleider der Hingerichteten gehörten den Kriegsknechten, von denen am Fuße eines jeden Kreuzes vier als Wachen aufgestellt waren. Sobald das Kreuz aufgerichtet war, sahen sich die Kriegsknechte nach ihrer Belohnung um. Die Unterkleider Jesu theilten sie in vier gleiche Theile; doch um das Oberkleid, einen langen Mantel aus einem Stück ohne Naht, warfen sie das Loos. Es war gebräuchlich, oben am Kreuz die Bezeichnung des Verbrechens, für welches der Missethäter hingerichtet wurde, zu befestigen. Aber Pilatus, der Jesus drei Mal für unschuldig erklärt hatte, ließ als Beschuldigung einfach die Inschrift: „Jesus von Nazareth, König der Juden," über seinem Haupt befestigen. Diese Worte waren in hebräischer, griechischer und lateinischer Sprache geschrieben. Seine jüdischen Verfolger, die fürchteten, daß sie wegen der Form seiner Verurtheilung verdammt werden möchten, eilten zu Pilatus und baten ihn, den Titel

in: „Er nannte sich den König der Juden", zu verwandeln.
Aber obgleich der Statthalter der Versuchung, sich in Gunst
zu setzen, nicht widerstanden hatte, blieb er im Herzen doch
seiner ersten Ueberzeugung getreu und antwortete: „Was ich
geschrieben habe, habe ich geschrieben"; und so bezeugte ein
heidnischer Gewalthaber allen Geschlechtern, daß der gekreuzigte
Nazarener Christus sei.

Die Menge kam und ging die Straße entlang; und sie
verhöhnten ihn, neigten die Häupter und sagten: „Der du
den Tempel zerstörest und in dreien Tagen wieder aufbauest,
hilf dir selber und steige herab vom Kreuz." Die Hohen=
priester, die ein gutes Beispiel in Mäßigung hätten geben,
und deren religiöses Amt selbst Mitleid für den schwersten
Verbrecher hätte lehren sollen, verhöhnten ihn auch, indem
sie sagten: „Er half Anderen und kann sich selbst nicht hel=
fen. Ist er Christus und König von Israel, so steige er
nun vom Kreuz, daß wir sehen und glauben." So hing
Jesus drei Stunden lang schweigend da und hörte diese
Spottreden und Schimpfworte an, während er langsam unter
Körperqualen und Seelenpein sein Leben aushauchte. Um
Mittag genießen die Wächter ihr rauhes Mahl aus grobem
Brod und saurem Wein bestehend; und auf den Geist der
Juden eingehend, machen sie die Verspottung mit, indem sie
sagen: „Wenn du der Juden König bist, hilf dir selber."
Und als ob es nicht genug wäre, daß das gemeine Volk,
die Religionslehrer und die Gesetzesbeamten ihn mit Schmach
überschütten, hebt einer der Missethäter am Kreuz neben
ihm an, ihn zu lästern: „Wenn du Christus bist, hilf dir und
uns." Doch weder die Schmach des Kreuzes, noch die
scheußlichen Späße und Verhöhnungen des Pöbels, noch das
Blut, das von seiner Stirn rinnt, können die Majestät in

Jesu Blicken vernichten, die wieder und immer wieder seine Feinde mit Schrecken vor seiner Gegenwart geschlagen hat, und der andere Uebelthäter, der diesen Blick wahrnimmt und sich des Gebetes um Vergebung erinnert, ist so erdrückt von dem Bewußtsein eines Etwas in seinem Leidensgefährten, das nicht von dieser Welt ist, daß er dem Anderen Vorwürfe macht und spricht: „Und du fürchtest dich auch nicht vor Gott, der du doch in gleicher Verdammniß bist? Und zwar wir sind billig darinnen, denn wir empfangen, was unsere Thaten werth sind; dieser aber hat nichts Ungeschicktes gehandelt." Dann, von Buße und Bekenntniß zu Glauben und Anbetung übergehend, ruft er Jesus zu: „Herr, gedenke an mich, wenn du in dein Reich kommst." Mit einer Stimme voll himmlischer Liebe und dem Bewußtsein der Allmacht, antwortet Jesus: „Wahrlich, ich sage dir, heute noch wirst du mit mir im Paradiese sein."

Es giebt eine Liebe, die kein Kummer tödten, keine Grausamkeit einschüchtern, keine Gewalt unterdrücken kann; und so naht sich Jesu Mutter dem Kreuze. Sie hat ihre Schwester Maria Magdalena bei sich und „den Jünger, den Er liebte". Und Er, der soeben seine Herrschaft über die zukünftige Welt bekannt, die Huldigung des reuigen Missethäters angenommen und ihm einen Platz im Paradiese verheißen hat, erbebt jetzt in der zärtlichsten aller menschlichen Empfindungen, heftet den liebevollen Blick auf seine Mutter und den Freund und spricht zu ihr: „Siehe, das ist dein Sohn!" und zu ihm: „Siehe, das ist deine Mutter!" Und dieser Jünger erfüllte dies köstliche Vermächtniß der Liebe, denn „von Stund an nahm er sie zu sich".

Es ist jetzt hoher Mittag, aber die Sonne hat aufgehört, die Tagesstunde anzuzeigen. Eine Finsterniß, wie sie uns

in der Geschichte zuweilen berichtet wird, eine Finsterniß, die
Himmel und Erde einhüllt und alles Lebendige mit Ent=
setzen erfüllt, verbreitet sich über das Land. Die Menge
wird still; drei Stunden harren die Wächter in Schweigen
und Furcht. Da bricht ein Schrei der Verzweiflung durch
das Dunkel: es ist der Ruf einer Seele, die sich von der
Finsterniß des Todes und der Hölle umnachtet fühlt. —
„Mein Gott, mein Gott, warum hast du mich verlassen?"
Er fühlt den Durst der Todesangst. Einige behaupten, halb
spottend, daß er Elias ruft; aber ein Kriegsknecht, der mit=
leidiger ist, reicht ihm einen in Essig getauchten Schwamm.
Er benetzt seine Lippen; das Dunkel schwindet: mit klarem
Bewußtsein ruft er aus: „Es ist vollbracht!" Dann mit
dem lauten Schrei des Glaubens und Sieges: „Vater, in
deine Hände befehle ich meinen Geist", neigt er das Haupt
und verscheidet.

Die Erde erbebt, daß die Felsen zerreißen, und der Vor=
hang des Tempels reißt mitten entzwei. Ergriffen von Ent=
setzen ruft der Hauptmann aus: „Wahrlich, dieser ist Gottes
Sohn gewesen." Ja! alle Zeichen bestätigen es jetzt. Der
römische Statthalter bezeugt seine Königswürde; der römische
Hauptmann erkennt seine Gottheit an; der sterbende Misse=
thäter betet ihn als den Herrn an; und Jesus, wie er mit
ausgestreckten Armen am Kreuz hängt, verheißt seinen Fein=
den Vergebung, den Büßenden das Paradies; vereinigt sich
mit der Erde durch die Liebe zu seiner Mutter, und mit
dem Himmel durch den Glauben an seinen Vater. Alles,
was er zu sein und zu thun gekommen war, ist am Kreuz
vollbracht.

Für uns liegt Bedeutung selbst in dem Werkzeug seines
Todes. Wäre Jesus gesteinigt worden wie die alten Propheten,

wie Stephanus es vom Pöbel wurde, wäre er am Pfahl verbrannt worden wie viele Märtyrer in seinem Namen, wäre er enthauptet worden wie Johannes der Täufer, — so würden wir seines Todes gedenken und vielleicht seinen Todestag feiern, aber wir könnten kein sichtbares Zeichen seines Leidens haben. Er wurde gekreuzigt; das Kreuz war ein bei den Römern gebräuchliches Werkzeug der Todesstrafe, und da die Römer sich in Judäa die Todesstrafe vorbehalten hatten, so erfüllte sich die Prophezeihung über seine Todes= art, daß er „erhöhet" werden würde, buchstäblich. Doch diese römische Weise der Hinrichtung hörte auf zugleich mit der römischen Herrschaft, und seitdem hat Jahrtausende hin= durch nirgend in der Welt das Kreuz zur Hinrichtung eines Verbrechers gedient. Seine Zusammengehörigkeit mit Ver= brechen und Schande hat längst aufgehört, und es steht, fern von allen Instrumenten der Strafe und Folter, hoch erhaben und verherrlicht vor der Welt. Seine ausgestreckten Arme sind ein Symbol der göttlichen, sich opfernden Liebe, die weithin reichen möchte, um die Welt, die sie erlösen will, zu umarmen.

40. Kapitel.

Er ist auferstanden.

[Leben und Tod sind natürlich und allgemein, eine Auferstehung daher kein wahrscheinliches Ereigniß; doch ist es bei Gott möglich und moralische Ursachen machen es glaubwürdig — Angesichts solcher Glaubwürdigkeit sollen wir vorsichtig, doch nicht spitzfindig sein — Der Tod Jesu war ein Unrecht, das der Sühne be durfte — Jesus glaubte an seine Auferstehung — War dies eine Illusion? — Seine Auferstehung, wenn sie wirklich stattfand, konnte erwiesen werden — Der Tod und das Begräbniß Jesu sind festgestellte Thatsachen — Der Schrecken der Jünger ließ sie seine Verheißung vergessen — Die Feinde Jesu bewachten seinen Leichnam — Thörichte Annahme, daß die Jünger denselben hätten stehlen wollen — Die Frauen kamen zum Grabe — Entsetzen und Kummer Maria Magdalenas — Das Kommen des Petrus und Johannes — Maria und der Gärtner — Die Erzählung des Wächters — Deren augenfällige Unrichtigkeit — Der Gang nach Emmaus — Eine Scene in Spanien in Zeiten der Verfolgung — Das Zimmer in Jerusalem mit Jesus in der Mitte — Jesus und Thomas — Nochmalige Betrachtung der Beweise — Die Zeugen waren weder Betrüger noch Betrogene — Die Auferstehung ist keine Mythe — Die Thatsache, und nichts Anderes, verbürgt die Erzählung — Die Vorgänge mit Maria und Thomas tragen die Beweise der Wahrheit in sich.]

Die Auferstehung eines Menschen ist das größte Wunder. Der Anfang des Lebens würde für uns vielleicht ein ebenso großes Wunder sein, wenn wir Zeuge davon sein könnten; aber wir sind mit der Thatsache des Lebens nach natürlichen Gesetzen, und mit der Thatsache des Todes aus natürlichen Ursachen so vertraut, daß wir selten etwas Wunderbares in einer von ihnen sehen. Aber wenn das Leben aufgehört hat und der Tod erfolgt ist, kennen wir keine natürliche Kraft oder Ursache, die den Tod vernichten und das Leben in demselben Körper wieder erwecken könnte. Wenn uns erzählt würde, daß ein solches Ereigniß stattgefunden hätte — daß ein Todter wieder zum Leben erwacht wäre —, so würden wir den Bericht mit großer Vorsicht aufnehmen; wir würden annehmen, daß der Mensch nicht wirklich todt, sondern betäubt oder scheintodt gewesen, oder daß die Zeugen sich in einer Täuschung durch ihre Sinne oder ihre Einbildungskraft befanden. Die Reihe der Erfahrungen und die Natur des Falles sind so sehr gegen die „Wahrscheinlichkeit" von eines Menschen Auf=erstehung, daß wir bereit sind, mit Thomas zu sagen: „Es sei denn, daß ich es sehe mit eigenen Augen, will ich es nicht glauben." Aber wir vergessen, daß wir in diesem Falle erwarten müßten, daß Andere auf unser Zeugniß hin glaub=ten; wir vergessen, daß die Sache nicht wiederholt werden könnte, um Jedermanns Zweifel zu beseitigen, und daß es zu einem Punkt kommen muß, wo solche Thatsache gerade wie jede andere auf Zeugniß angenommen wird, ohne den Beweis des Augenscheines. Wie sehr auch unser Gefühl sich gegen die Wahrscheinlichkeit einer Auferstehung von den Todten sträuben mag, wir müssen die „Möglichkeit" eines solchen Vorganges durch die directe Macht Gottes zugeben. Wenn sich eine Veranlassung zu solchem Wunder ergeben sollte; wenn es hervorgerufen würde, um eine dringend nöthige Wahrheit zu bestätigen, eine den Menschen unendlich hilfreiche Verheißung, und solche Wahrheit, solche Verheißung, der nur Gott Gewißheit geben könnte, — dann würde diese moralische Nothwendigkeit des Glaubens an Gott den Weg zum Glauben an die sichtbaren Wunder Gottes bereiten. Die moralische Nothwendigkeit könnte nicht beweisen, daß das Wunder eine Thatsache wäre; aber indem sie es mit anderen

Thatsachen, die Gottes Liebe zu den Menschen zeigen, in Einklang brächte, würde diese moralische Basis für einen Act göttlicher Machtvollkommenheit, die Unwahrscheinlichkeit des Wunders soweit aufheben, um uns den Weg zu öffnen, auf solches Zeugniß hin, wie wir es für jedes befremdende Er= eigniß annehmen, zum Glauben daran zu gelangen. Jesus kam, das ewige Leben der Seele und das Heil der Sünder durch die Gnade Gottes zu verkünden. Die Wahrheit, die er lehrte, die Verheißung, die er gab, waren der Art, daß nur Gott sie mit voller Gewißheit verkünden lassen konnte. Daher können wir wenigstens fühlen, oder uns vorstellen, daß, wenn eine Sache, wie die Auferstehung von den Todten stattfinden konnte, sie in Verbindung mit dem Leben und Tode Jesu am angemessensten und genau am rechten Ort war. Wenn wir uns seine Person, sein Wesen, seine Leh= ren, seine Thaten recht vor Augen stellen; wenn wir dies einzige Beispiel vollkommener Wahrheit, vollkommener Weis= heit, vollkommener Güte, dessen ganzes Dasein nur Segnen und Erretten war, recht betrachten; wenn wir den großen Zeitpunkt seiner Botschaft an die Menschen erwägen: — dann fühlen wir nicht nur, daß sein Sterben am Kreuz eine Schmach und ein Verbrechen, sondern auch, daß es eine Ungereimtheit war, daß er überhaupt sterben, daß sein Leben durch die Berührung des Todes gezeichnet werden sollte*).

— —

*) Der Tod, als das Erlöschen des animalischen Lebens gehört zum Laufe der Natur, und in diesem Sinne mag er ebenso unzer= trennlich von einem organischen Körper genannt werden, wie es Ge= burt und Wachsthum ist. Aber der Tod als ein menschliches Erleb= niß, mit Allem, was er für ein Geschöpf von solchen Zuneigungen, Hoffnungen, Wünschen, Vorstellungen, wie der Mensch, ist, wird in der Bibel als eine dem Menschen auferlegte Unwürdigkeit, als ein

Hätte Jesus sich in reinen Geist aufgelöst und sich zum Himmel erhoben, oder wäre er in Wolken voll Glorie emporgestiegen, so würden wir fühlen, daß der Triumph, den Dichter und Maler den Helden und Märtyrern nach dem Tode bereiten, ihm gebührt hätte, ohne daß er starb. Darum ist, wenn wir lesen, daß er von den Todten auferstand, eine Uebereinstimmung zwischen solchem sichtbaren Wunder und dem geistigen Wunder seines Lebens, die das Factum glaubwürdig macht. Wahrlich, das Wunder, das die Harmonie der Natur zu stören scheint, stellt die Harmonie des am Kreuze so grausam gebrochenen Lebens wieder her und enthüllt die höhere Harmonie der Geisterwelt, wo Wahrheit, Reinheit und Liebe fortleben, ungestört vom Bösen, unberührt von der Vergänglichkeit.

Jesus hatte versprochen, von den Todten zu erstehen. Wieder und wieder sagte er seinen Jüngern, daß er gekreuzigt werden und am dritten Tage auferstehen würde; und seiner liebevollen Rede am Abend des letzten Nachtmahls tröstete er sie mit der Versicherung, daß sie ihn „über ein Kleines" wieder sehen würden. Er machte sogar den Beweis seiner Sendung von dem Auferstehen nach drei Tagen abhängig*). Nichts ist klarer, als daß Jesus selbst von dem

---

Brandmal der Erniedrigung, weil der Sünde hingestellt. (3 Mos. 3, 19. Röm. 5, 12.) Daher, wenn endlich ein Mann erschien, der ohne Sünde war, so scheint es nicht angemessen, daß er wie andere Menschen sterben sollte. In solchem Falle war der Lauf der Natur gegen die höhere Vernunft der Dinge und mußte umgestoßen werden, um die Harmonie der Wahrheit und der Güte mit dem Leben wieder herzustellen. Wir fühlen, daß solcher Tod ein Unrecht ist, das gut gemacht werden muß.

*) Joh. 2, 19.

Gedanken erfüllt war, er würde von den Todten auferstehen.
Wenn er nicht auferstand, hatte er Jahre lang unter einer
Täuschung gelebt und gehandelt, und solche Täuschung wür=
den wir in jeder anderen Person die Einbildung eines ge=
störten Geistes nennen. Wenn dies wirklich eine Einbildung,
eine Täuschung wäre, wie viel würde sie der moralischen
Kraft seiner Lehren und seines Wesens rauben! Aber es
ist einfach unmöglich, mit seiner Weisheit, seiner Klarheit,
seiner Ruhe, seiner Würde und Majestät, mit einem Wort,
mit ihm als Mensch und Lehrer die Vorstellung zu verbin=
den, daß er sein Leben unter einer Täuschung hinbrachte.

Wenn Jesus wirklich von den Todten auferstand, war die
Thatsache der Art, daß sie über jede Möglichkeit des Irr=
thums festgestellt werden konnte; denn sie mußte den Sinnen
derer, die mit seiner Person vertraut waren, bekannt gewor=
den sein. Sie konnte ebenso klar gemacht werden, wie jede
Thatsache der Geschichte oder der physischen Wissenschaft, die
auf der Beweiskraft der Sinne beruht. Die Erzählung der
Auferstehung im Evangelium ist so einfach, klar und gerade,
daß sie die Zeichen der Wahrheit in sich selbst trägt. Die
Zeugen waren im Stande, die Vorgänge zu kennen: sie
hatten keine Veranlassung, eine Geschichte zu erfinden; ihre
ganze weitere Laufbahn wurde durch die Thatsache bestimmt,
daß Jesus auferstanden war; und sie waren bereit, ihr Leben
dafür einzusetzen, daß sie Jesus nach seiner Kreuzigung lebend
gesehen hatten. Daß Jesus todt war, konnte nicht bezweifelt
werden. Es wurde festgestellt durch die Diener des Gesetzes,
ehe sein Körper vom Kreuz herabgenommen wurde. Es war
ganz gebräuchlich, den Verbrechern am Kreuz die Beine zu
brechen, um ihren Tod zu beschleunigen und ihrer Qual ein
Ende zu machen. Die Juden, die nicht wollten, daß diese

Leichname an dem hohen Feste des Passah vor dem Stadt=
thore hängen sollten, erhielten von Pilatus die Erlaubniß,
daß ihre Beine gebrochen und sie vom Kreuz herabgenommen
werden sollten. Die Kriegsknechte brachen die Beine der
zwei Uebelthäter; aber als sie zu Jesus kamen, sahen sie,
daß er bereits todt war und brachen seine Beine nicht. Aber
um ganz sicher zu sein, durchstach einer der Knechte seine
Seite mit einem Speer, und es floß Blut und Wasser her=
aus. Pilatus versicherte sich auch durch den Hauptmann,
daß Jesus todt wäre, ehe er befahl, den Leichnam dem Jo=
seph von Arimathia zu übergeben*). Dieser Joseph war ein
Mann von Ansehen und Reichthum, ein Mitglied des Hohen
Rathes, und hatte sich dessen Urtheil über Jesus widersetzt,
weil er im Herzen Jesu Jünger war. Die Gefahr macht
manche Menschen muthig; und sowohl Joseph als Nicodemus,
die ihren Glauben an Jesus aus Furcht vor den Juden ge=

---

*) Ein guter Zeuge für das historische Factum des Todes Jesu
ist der römische Geschichtschreiber Tacitus, der so sorgfältig und ge=
wissenhaft bei der Sammlung von Thatsachen für seine „Annalen"
war. Er hatte die starken Vorurtheile römischer Philosophen gegen
die Christen und ihren Glauben; deshalb hat seine Beglaubigung der
Thatsache, daß Christus gekreuzigt wurde und daß seine Religion sich
gleich nachher verbreitete, größeres Gewicht, als wenn er ein An=
hänger derselben gewesen wäre. In Bd. XV, Kap. 44 der „Anna=
len" erzählt Tacitus, daß Nero fälschlich „die Leute, die gewöhnlich
Christen genannt wurden", beschuldigt, Rom in Brand gesteckt zu
haben, und fügt dann hinzu: „Christus, der Stifter dieser Secte,
wurde als Verbrecher hingerichtet von Pontius Pilatus, dem Statt=
halter von Judäa, unter der Regierung des Tiberius. Aber der ver=
derbliche Aberglaube, der eine Zeit lang unterdrückt war, brach von
Neuem aus, nicht nur unter den Juden, von denen das Uebel aus=
ging, sondern auch in der Stadt Rom!"

heim gehalten hatten, traten öffentlich auf, ihn nach seinem Tode zu ehren. Joseph besaß einen Garten in der Nähe der Schädelstätte; und dort hatte er eben ein neues Grab in den Felsen hauen lassen, - in das noch Niemand gelegt worden war. Nachdem der Leichnam in der gebräuchlichen Art mit Leinen und Spezereien bereitet war, legte er ihn in das Grab, schloß den Eingang mit einem großen Stein und ging nach Hause.

Der Schreck über den Tod Jesu hatte sein Versprechen, aufzuerstehen, aus den Gemüthern der Jünger verwischt. Sie scheinen wirklich zu keiner Zeit die Idee nach ihrer wahren Bedeutung weder in sich aufgenommen, noch in der Prüfung des Abschiedes ihren Glauben und ihre Hoffnung darauf gesetzt zu haben; daher dachten sie, statt am Grabe zu bleiben und eines außerordentlichen Ereignisses zu harren, nur an den Leichnam und gingen fort, Spezereien und Salben für denselben zu bereiten. Aber da sie in der Strenge des jüdischen Sabbaths erzogen waren, so gingen sie an dem Tage selbst nicht zum Grabe, um den Leichnam zu salben, sondern „ruheten, ihrem Gesetz gemäß, am Sabbathtage". Indeß wurde der Leichnam Jesu von seinen Feinden bewacht. Da sie sich seines Ausspruchs, daß er nach dreien Tagen auferstehen würde, erinnerten, dachten die Hohenpriester und Pharisäer, daß seine Jünger bei Nacht kommen und ihn stehlen und zum Volke sprechen möchten: „Er ist auferstanden von den Todten", und daß er so ihnen noch mehr Aergerniß bereiten würde, als er bei Lebzeiten gethan hatte. Dies war eine äußerst unsinnige Vermuthung. Es war gerade Vollmond; die Nächte waren ebenso hell wie der Tag; die Stadt war außen und innen mit Menschen überfüllt; das Grab war nahe der Stadtmauer und nicht fern

von der Landstraße: der einzige Eingang war durch die
Thür, die durch einen großen Stein geschlossen war; es wäre
schwierig gewesen, sie zu öffnen und den Leichnam ungesehen
fortzutragen, und beinahe unmöglich, den Leichnam vor Ent=
deckung zu schützen. Die meisten der Jünger waren fremd
in Jerusalem und konnten auf Niemand zählen, der Macht
genug besaß, die Gefahr eines so wahnsinnigen Versuches
mit ihnen zu theilen und sie im Fall eines Mißlingens zu
schützen. Sie mußten wissen, daß es um ihr Leben geschehen
war, wenn sie dabei ergriffen wurden, und die Armen waren
zu sehr erschreckt durch das, was sie ihrem Herrn hatten
anthun sehen, um etwas zu unternehmen, das sie als seine
Anhänger gekennzeichnet hätte. Was wir zunächst von ihnen
hören, ist, daß sie in einem eigenen Zimmer unter dem
Schutz der Nacht, und aus Furcht vor den Juden, bei ver=
schlossenen Thüren versammelt waren.

Aber obgleich an das Stehlen des Leichnams durch die
Jünger nicht zu denken war, so gab Pilatus den Hohen=
priestern eine Wache von Kriegsknechten und gebot ihnen,
das Grab so fest zu verschließen, wie sie könnten. Die Oeff=
nung des Grabgewölbes aber war durch eine Steinplatte ge=
schlossen, die wie eine Thür in dieselbe hineinpaßte. Die
Priester spannten ein Seil oder Tau über diese Steinthür
und siegelten es auf beiden Seiten am Felsen fest. Dies
schloß das Grab nicht fester zu, aber das Siegel war amt=
lich, und es zu brechen, war ein Vergehen, vor dem selbst
Diebe zurückschrecken würden. Es wurde dann eine Wache
um das Grab herumgestellt; und so war der Leichnam
Jesu vollständig in der Gewalt und im Gewahrsam seiner
Feinde.

Schon als sie das Grab verließen, hatten Maria Mag=

dalena, Maria, die Mutter Jesu, Johanna und Salome süße
Spezereien geholt, um den Leichnam zu salben. Aber der
Abend überraschte sie, ehe sie zu dem Garten zurückkehren
konnten; und da der Abend den Sabbath eröffnete, so ver=
schoben sie ihren Besuch bis zum Beginn des ersten Wochen=
tages. Obgleich sie von diesem Werke der Frömmigkeit
ruhten, schliefen sie wenig, sondern blieben beisammen und
hielten ihre Vigilien des Kummers und der Liebe. Sobald
die Sonne am Samstag unterging und der Sabbath vorüber
war, bereiteten sie ihr Linnen und ihre Spezereien; und
früh am Morgen, als es es noch dunkel war, eilten sie zum
Grabe, das sie erreichten, als es zu tagen anfing. Unterwegs
überlegten sie, ob sie zu so früher Stunde Jemand finden würden,
der den Stein von des Grabes Thür wälzen könnte; denn sie
wußten natürlich nichts von der Wache und der Versiegelung.
Zu ihrem Staunen fanden die Frauen den Stein bereits
hinweggewälzt. Maria Magdalena erschrak plötzlich. Der Ge=
danke, daß Jesus auferstanden sei, kam ihnen nicht in den Sinn.
Jemand hatte ihren Herrn weggenommen, aber wer ihn genom=
men, und wo man ihn hingethan hatte, konnte sie sich nicht
denken; und verstört vor Furcht lief sie, Petrus und Johannes
aufzusuchen und ihnen die traurige Nachricht mitzutheilen.
Sobald sie gegangen war, traten die anderen Frauen in das
Grabgewölbe; aber sie fuhren erschrocken zurück vor dem,
was sie sahen, denn der Leichnam Jesu war nicht da, aber
neben dem Grabe erblickten sie die Erscheinung eines Jüng=
lings in langem weißem Gewande. Es war noch nicht ganz
hell, und das Leuchten seines Kleides bildete einen befrem=
denden Gegensatz zu der Finsterniß des Grabes. Neuer
Schrecken ergriff sie, als dieser Fremde zu sprechen begann
und zu ihnen sagte: „Fürchtet euch nicht. Ich weiß, daß

ihr Jesum den Gekreuzigten suchet. Er ist nicht hier; er ist auferstanden, wie er gesagt hat. Kommt her und sehet die Stätte, da der Herr gelegen hat." Er erinnerte sie nun daran, daß Jesus gesagt hatte, er werde am dritten Tage auferstehen, und gebot ihnen, zu eilen, und den Jüngern zu sagen, daß er auferstanden wäre. Erschüttert von Gram und Freude, liefen die Frauen, die Jünger aufzusuchen, und auf dem Wege begegneten sie Jesus, der sie anhielt und sprach: „Seid gegrüßt!" Sie fielen ihm zitternd zu Füßen und beteten ihn an. Und Jesus sprach weiter: „Fürchtet euch nicht! gehet hin und verkündigt es meinen Brüdern, daß sie gehen in Galiläa: daselbst werden sie mich sehen."

Unterdeß waren Petrus und Johannes mit Maria und Magdalena herzugeeilt, und Johannes, der am schnellsten ging, kam zuerst an das Grab und bückte sich nieder, um hineinzusehen, trat aber nicht ein, bis Petrus herbeikam und voranging, worauf Johannes folgte. Sie bemerkten, was die Frauen in der Hast übersehen hatten: daß die Leintücher, in die Jesus gehüllt gewesen und das Schweißtuch, das auf seinem Haupt gelegen hatte, sorgfältig zusammengelegt, jedes an seinem Platz lagen. Dies war ein Zeichen, daß der Leichnam nicht eilig hinweggenommen worden war, weder von Feinden noch von Freunden; und jetzt dämmerte in ihrem Geiste die Bedeutung seiner Worte: „Daß er von den Todten auferstehen müsse." Doch dieser schwache Glaube nahm noch keine bestimmte Gestalt an. Es war unnütz, weiter nach Jesus zu suchen, oder auf ihn zu warten. Sie waren den Frauen nicht begegnet, die ihn schon gesehen hatten: sie konnten sich nur verwundern und harren; und in dieser Verfassung gingen sie hinweg zu ihren Häusern.

Aber Maria konnte sich nicht zufrieden geben. Da sie

gelaufen war, Petrus und Johannes zu suchen, hatte sie den
Engel nicht gesehen, und auch Jesus verfehlt, als er den an=
deren Frauen begegnete. Das Grab war ihr der einzig theure
Ort auf Erden, an dem sie ihren Herrn zum letzten Mal
gesehen hatte. Ihr einziger Gedanke war: er wurde in dies
Grab gelegt und der große Stein wurde vor die Thür ge=
wälzt; der Stein ist fortgenommen, und Er ist nicht mehr da.
Und als alle Anderen gegangen waren, stand Maria noch neben
dem Grabe und weinte. Sie hatte noch nicht den Muth, in das
Gewölbe zu treten: der Ort, wo Jesus gelegen hatte, schien ihr zu
heilig, um ihn zu betreten, und sie fürchtete sich auch, nochmals
zu sehen und zu fühlen, daß er nicht da war. Sie konnte nur
harren und weinen, bis Jemand kommen würde, der ihr sagen
konnte, wo man ihn hingelegt hätte. Zuletzt, da sie sich
bückte und in das Grab hineinsah, erblickte sie zwei Engel
in weißen Kleidern, einen zu Häupten und einen zu Füßen
des Platzes, da der Leichnam Jesu gelegen hatte. Bei ihrer
Frage: „Weib, was weinest du?" bricht ihr Schmerz von
Neuem aus. „Sie haben meinen Herrn hinweggenommen";
aber ehe sie ihr sagen können, daß er auferstanden ist, bemerkt
sie, daß Jemand hinter ihr steht, und da sie sich umwendet,
sieht sie eine Gestalt, die sie in dem unbestimmten Licht und
mit ihren thränengefüllten Augen für den Gärtner hält. Er
wiederholt die Frage: „Weib, was weinest du?" und in dem
Gedanken, daß der Gärtner gewiß ihrer Angst und Spannung
Erleichterung schaffen kann, spricht zu ihm unter lautem
Schluchzen: „Hast du ihn weggetragen, so sage mir, wo hast
du ihn hingelegt? so will ich ihn holen." Da spricht die
Stimme, die sie am besten kennt, am meisten liebt, ihren Namen:
„Maria!" Sie wendet sich, stürzt auf ihn zu, will in seine
Arme sinken und ruft, außer sich vor Staunen und Freude:

„Rabbuni!" Aber Jesus spricht zu ihr: „Rühre mich nicht an, denn ich bin noch nicht aufgefahren zu meinem Vater. Gehe aber hin zu meinen Brüdern und sage zu ihnen: „Ich fahre auf zu meinem Vater und zu eurem Vater, zu meinem Gott und zu eurem Gott." — Er ist verschwunden, und Freudenthränen weinend geht sie zu dem Hause, wo sie sicher ist, eine Gesellschaft Jünger beisammen zu finden. Sie trauern noch und beweinen ihres Meisters Tod; und ihr Kummer ist so tief und so verzweiflungsvoll, daß, als Maria unter sie tritt mit der begeisterten Kunde, „daß sie den Herrn gesehen hat", sie ihr nicht glauben wollen und ihre Worte für müssige Märchen halten.

Aber die Kunde von der Auferstehung, die Jesu Freunde selbst nicht glaubten, verbreitete sich unter seinen Feinden und drohete in die Stadt und weiter zu dringen. So sehr der Hohe Rath sich auch bemühte, sie zu unterdrücken, die Erzählung der Wächter gelangte selbst zu den Ohren der Jünger. Die Kriegsknechte, die angestellt waren, das Grab zu bewachen, sahen oder hörten nichts Berichtenswerthes bis nach Mitternacht. Dann erbebten sie von einer Erschütterung gleich einem Erdbeben, und einer, „dessen Gestalt war wie der Blitz und sein Kleid weiß als der Schnee" kam herab wie vom Himmel und wälzte den Stein von des Grabes Thür. Bei seinem Anblick erschraken die Hüter „und wurden als wären sie todt". Als sie wieder zu sich kamen, war das Grab offen und der Leichnam Jesu war verschwunden. Ihr erster Gedanke war nun der an ihre eigene Sicherheit, denn wenn einer vom Hohen Rath gekommen wäre und hätte den Leichnam nicht gefunden, so würden die Hüter mit ihrem Leben dafür haben büßen müssen. Daher gingen sie sogleich zum Hohenpriester und erzählten ihm alles gerade so, wie es

sich zugetragen hatte. Die Siebzig wurden eiligst zusammen=
gerufen, und um sich das Vertrauen des Volkes zu erhalten
und eine lästige Aufregung zu vermeiden, bestachen sie die
Wächter, daß sie sagen sollten: „Seine Jünger kamen bei
Nacht und stahlen ihn, dieweil wir schliefen." Es kostete viel
Geld, die Wächter zu kaufen, denn einem römischen Sol=
daten bedeutete es den Tod, auf seinem Posten geschlafen zu
haben; aber der Hohe Rath übernahm es, bei Pilatus dafür
aufzukommen, „und so nahmen sie das Geld, und thaten,
wie sie gelehret waren". Viele Juden glaubten diese Er=
zählung zu der Zeit, und manche sind schwach genug gewesen,
dieselbe in unseren Tagen wieder hervorzusuchen, um die
Auferstehung für nichtig zu erklären. Aber sie trägt das
Zeichen der Fälschung an der Stirn. Wenn die Jünger
den Leichnam gestohlen hätten, so hätte der Sanhedrim sie
festnehmen lassen und, indem sie den Betrug vor aller Augen
klar darlegten, das Christenthum als Betrügerei unterdrücken
können. Sie konnten sich nichts Besseres wünschen, um sich
rechtfertigen und die Anhänger Jesu vernichten zu dürfen.
Doch obgleich sie alle Rechtsmittel zur Verfügung hatten,
machten sie keinen Versuch, die Jünger eines solchen Be=
truges wegen in Anklage, Schande und Strafe zu bringen.
Nicht lange nachher erklärten Petrus und Johannes mit
aller Kühnheit vor dem Hohen Rath, daß den Jesus von
Nazareth, den sie gekreuzigt hätten, Gott von den Todten
auferweckt habe*). Der Rath versuchte, die Apostel durch
Drohungen und Versprechungen zum Schweigen zu zwingen;
aber warum wendete er sich nicht gegen sie und beschuldigte
sie, den Leichnam Jesu gestohlen zu haben, und bestrafte sie

---

*) Apg. 4, 10.

dann für Betrug und Fälschung? Das Märchen diente
vielleicht zum Erfolg einer Stunde, war aber eine zu schwache
Erfindung, um nochmals als ein Mittel benutzt zu werden,
die Männer zum Schweigen zu bringen, die erklärt hatten,
daß sie Jesus nach seiner Kreuzigung lebend gesehen hätten.

Während dieses ersten Tages wurde unter den Jüngern
vielfach über den Bericht der Frauen und des Petrus und
Johannes am Grabe, gestritten. Nicht viele von ihnen hatten
gewagt, das Grab selbst zu besuchen; denn das Schicksal
Jesu mahnte sie, nicht ihr Leben in Gefahr zu bringen, indem sie sich öffentlich zu seinen Anhängern bekannten. Aber
das war klar, daß das Grab geöffnet worden war, und daß
der Leichnam Jesu sich nicht mehr darin befand. Gegen
Abend gingen zwei von seinen Jüngern von Jerusalem nach
Emmaus und besprachen ernsthaft die Ereignisse des Tages.
Unterwegs schloß sich ihnen ein Fremder an und erklärte .
ihnen, indem er sich des Gegenstandes ihrer Unterredung be-
mächtigte, über den sie noch in Staunen und Zweifel waren,
die geistige Bedeutung der alttestamentlichen Prophezeihungen
von Christus, und zeigte ihnen, wie dieselben mit der wahren
Vorstellung vom Messias übereinstimmte, daß er „solches
leiden mußte und zu seiner Herrlichkeit eingehen". Wie der
Fremde sprach, erwärmten sich die Herzen der Jünger für
ihn, bis sie von Neugier, Verwunderung und dem Feuer der
Andacht glühten; und als sie ihre Wohnung erreicht hatten,
nöthigten sie ihn, zu weilen und die Nacht bei ihnen zu
bleiben. Das Mahl war bald bereitet, und als ihr Gast ·
„mit ihnen zu Tische saß, nahm er das Brod, segnete es,
dankte und gab es ihnen". Da fiel es wie Schuppen von
ihren Augen; sie verstanden, warum auf dem Wege ihre
Herzen so erglüht waren: es war Jesus, der mit ihnen

sprach), der an ihrer Seite saß. Aber er war vor ihren Augen verschwunden. Eilig brachen sie auf und kehrten zurück nach Jerusalem, wo sie die Jünger noch beisammen fanden, wie sie eifrig zuhörten, als ihnen Petrus auch erzählte, er habe den Herrn gesehen. Die meisten unter ihnen, welche die Erzählung der Frauen bezweifelt hatten, fingen an, sich zu überzeugen und sprachen: „Der Herr ist wahrhaftig auferstanden."

Aber sie wagten nicht, ihrer Freude in Gesängen oder lauten Ausrufen Luft zu machen: denn sie waren von Feinden umringt, und der Schatten des Kreuzes lag noch auf ihnen. — Einstmals im Süden von Spanien ging ich am Abend des ersten Wochentages zu einer eben solchen Versammlung von wenigen demüthigen Männern und Frauen, die der katholischen Kirche entsagt und den einfachen Glauben an das Evangelium angenommen hatten. In diesem kleinen Kreise waren Einige, die eingekerkert, verbannt, mit dem Tode bedroht worden waren: unter Anderen die Eltern des Matamoros, der kürzlich in der Verbannung in Folge der in Spanien erlittenen Verfolgungen gestorben ist. Das Haus, in dem sie ihre Versammlung hielten, war geschlossen und dunkel gemacht; die Jünger kamen nach Sonnenuntergang beim Anbruch der Nacht einzeln, um nicht die Beachtung auf sich zu ziehen und wurden auf ein bestimmtes Zeichen eingelassen. Als Alle beisammen waren, sprachen und beteten sie mit leiser Stimme, wagten aber nicht zu singen, damit sie nicht belauscht und verrathen werden möchten. So waren sie vor der Kenntniß der Welt und vor dem Haß der Priester und Verfolger geborgen, und wie lieblich, zart und köstlich war ihre Gemeinschaft mit dem Herrn, dessen Gegenwart sie fühlten, obgleich sie ihn nicht gesehen hatten! Ich fühlte mich versetzt in das Zimmer zu Jerusalem, mit dem Kreuz noch frisch im Gedächtniß, „da die Thüren verschlossen waren, wenn die Jünger sich versammelten, aus Furcht vor den Juden". Aber i h n e n war es beschieden, den Herrn zu sehen. Wenige Augenblicke vorher wurde die Thür den Jüngern von Emmaus, die das verabredete Zeichen gaben, geöffnet: und dann vom Thürsteher wieder fest verwahrt. Und doch ohne zu klopfen, ohne zu öffnen, „stand Jesus auf einmal mitten unter ihnen und sprach: ‚Friede sei mit euch!'" Sie erschraken aber sehr und fürchteten sich; selbst die, welche ihn schon am Tage gesehen hatten, waren entsetzt über dies geheimnißvolle Eintreten in das Zimmer und „meinten, sie sähen einen Geist". Um ihre Gemüther zu beruhigen, zeigte ihnen Jesus seine Hände und Füße, und die Seite mit den Wundenmalen vom Kreuz und forderte sie auf, ihn anzurühren und zu sehen, daß er Fleisch und Bein wäre. Und nun konnten sie vor lauter Freude nicht ihren Augen trauen, und standen unbeweglich in Staunen vor ihm. Erst als er nach etwas zu Essen fragte „und vor ihnen aß", erholten sie sich so weit von ihrem Schrecken, daß sie wirklich glauben konnten, ihr Herr sei unter ihnen, und ihm zuhörten. Dann öffnete er ihnen das Verständniß für die Lehren des alten Testaments, die sich auf Christus beziehen; und wie er durch sein Leiden und Sterben „alles erfüllt hätte, was im Gesetz Mosis, in den Propheten und den Psalmen geschrieben war". Und nachdem er so durch die Vergebung der Sünden das Himmelreich geöffnet hatte, befahl er ihnen, „in alle Welt zu gehen, und das Evangelium aller Creatur zu predigen".

Während sie in Jerusalem der Kraft harrten, die Jesus ihnen „von Oben" verheißen hatte, besprachen sich die Jünger oftmals über ihre künftigen Pläne und Hoffnungen, und kamen regelmäßig am ersten Tage der Woche zusammen. Bei ihrer nächsten Versammlung war Thomas, der bei der ersten gefehlt hatte, unter ihnen; Jesus erschien wie vorher, und der Zweifler wurde durch seine eigenen Worte wider= legt, glaubte mit Augen, Lippen und Herzen und bekannte Jesus als seinen Herrn und Gott.

Die Erscheinung Jesu am See Tiberias, auf einem Berge in Galiläa in Bethanien, die im folgenden Kapitel besprochen werden sollen, vervollständigen den Bericht über die Art, „wie er sich nach seiner Passion lebend den Jün= gern offenbarte". Daß es, Angesichts des Lebens und Cha= rakters Jesu glaubwürdig war, daß er von den Todten auf= erstehen konnte, und daß die Thatsache seiner Auferstehung wohl geeignet ist, unter Beweis gestellt zu werden, ist im An= fang dieses Kapitels gezeigt worden; und wenn man nun die Aussagen der Zeugen prüft, so müssen diese als zuver= lässig erklärt, und die Thatsache selbst als genügend verbürgt angesehen werden.

Wenn Jesus wirklich auferstand, so konnten die Zeugen des Vorganges nicht getäuscht worden sein. Sie kannten ihn genau; es waren ihrer Viele, und sie hatten keine andere Absicht, als die Wahrheit zu bestätigen; sie sahen ihn oft und unter den verschiedensten Umständen während eines Zeitraums von vierzig Tagen. Sie konnten weder betrogen, noch Betrüger sein. Sie hatten keine Veranlassung, eine solche Geschichte zu erfinden. Wenn dieselbe falsch war, konnten sie sicher sein, entdeckt zu werden; sie konnten auf= gefordert werden, den Leichnam herbeizuschaffen, oder zu sagen, was aus ihm geworden sei, oder für ihren Betrug be= straft werden. Sie konnten nichts gewinnen, aber alles ver=

lieren, indem sie ein Märchen von Jesu Auferstehung erfanden. Er war auf die Anklage der Gotteslästerung und der Empörung hin gekreuzigt worden, und indem sie sich als seine Jünger bekannten, würden sie als Mitschuldige sich dasselbe Schicksal bereitet haben. Nichts in der Welt konnte die Menschen verlocken, solchen Bericht in Umlauf zu setzen: aber wir sehen, daß diese Leute ihr ganzes Leben dafür opfern, zu bekennen, daß Jesus auferstand, indem sie aussprechen, daß sie Zeugen des Ereignisses gewesen, und eher Gefangenschaft, Martern und Tod ertragen, als ihr Zeugniß zurücknehmen. Und der Gebrauch, den sie von der Auferstehung machten, war, die Menschen zu überreden, daß sie ihre Sünden ablegen und ein heiliges Leben führen sollten. Die Zeugen suchten für sich selbst weder Schätze, noch Macht, noch Ansehen, noch Ruhm, sondern waren bereit, für ihre Behauptung zu sterben. Dies ist nicht die Weise von Betrügern.

Die Annahme, daß die Erzählung der Auferstehung eine Mythe ist — nicht von Anfang an im Evangelium, aber in späterer Zeit erfunden, um den Tod Christi mit einem Heiligenschein zu umgeben —, kann nicht vor dem einfachen Bericht bestehen. Denn wir haben hier von Anfang bis zu Ende eigenste Beweise für eine wahre Begebenheit, die frisch zur selben Zeit erzählt wurde. Wenn wir betrachten, daß die Jünger Juden waren, und daß sie bis zur Gefangennahme Jesu an der Idee festhielten, daß er sich auf irgend eine Weise als König offenbaren würde, so können wir begreifen, wie wenig Eindruck seine Hindeutungen auf eine Auferstehung auf ihr Gemüth gemacht haben müssen, und wie vollständig ihre Hoffnungen durch seinen Kreuzestod vernichtet waren. Sie dachten nicht ein einziges Mal daran, das Grab zu be-

wachen oder nachzusehen, ob er auferstanden sei. Sie dach=
ten zu sehr an ihre eigene Sicherheit, um sich in der Nähe
des Grabes aufzuhalten; sie waren zu sehr von Gram er=
füllt, um sich seiner Verheißungen zu erinnern. Und als
Einige zum Grabe gingen, nicht um den lebenden Jesus zu
suchen, sondern um seinen Leichnam zu balsamiren, konnten
sie nicht glauben, daß er auferstanden sei; und nachdem
sie ihn gesehen hatten, wollten Andere ihre Erzählung nicht
glauben. Dies Alles nun, obwohl es den Glauben und
die Liebe der Jünger kleiner erscheinen läßt, vergrößert
die Glaubwürdigkeit der Erzählung. Es zeigt ihre Ehr=
lichkeit als Erzähler von Thatsachen in gutem Licht, und
hat keineswegs das Ansehen einer Mythe. Ebenso ist es
mit allen Aussprüchen und Thaten Jesu. Sie entsprechen
immer seinem Wesen. Er sucht sie nie als ein Wunder
hinzustellen und macht keine schwachen, unbestimmten oder
geheimnißvollen Mittheilungen, wie die Sage sie den Per=
sonen zuschreibt, die aus der Geisterwelt zu kommen behaup=
ten; aber nachdem er seine Jünger versichert hat, daß er
der Herr ist, giebt er ihnen einfache, klare, ernste, geistige
Belehrung über seine Person und sein Werk, und über ihre
Pflichten. Alles und Jedes in der Erzählung stimmt mit
einem Bericht von Thatsachen überein.

Zwei Scenen aber zeigen besonders ihre Wahrhaftigkeit, —
die im Herzen gebrochene Maria, der ruhmredige, prahlerische
Thomas. Maria, wie sie dem Leichnam zum Grabe nach=
folgt, um zu sehen, wo er hingelegt worden ist, und in der
Frühe hingeht, um ihn zu salben; wie sie, voll Schrecken,
die Thür offen zu finden, hinläuft, den Jüngern zu sagen,
daß der Leichnam fortgenommen ist, und dann zurückkehrt,
um am Grabe zu weinen; wie sie den Gärtner ansieht, ihr

den Herrn suchen zu helfen; und dann jenes so einfache und doch so hoheitsvolle, so zarte und so erhabene Moment, die Entzückung menschlicher Freude und himmlischer Majestät, — alles dies giebt Zeugniß für die Wahrhaftigkeit der Erzäh= lung selbst. Nur wenn wir voraussetzen, daß Jesus auf= erstanden war und an Marias Seite stand, können wir uns den Auftritt erklären, der nie von irgend einer Darstellung der Kunst oder Dichtung erreicht worden, und von keinem Men= schen erfunden ist: „Maria!" — „Rabbuni!"

Und dann Thomas, der wie Petrus gesagt hatte: „Laßt uns mitziehen, daß wir mit ihm sterben" *), wie Petrus bereit war, sich frei zu machen, und jetzt seinen eigenen Sinnen, seinen Zweifeln und seiner eigenen Vernunft mehr glaubt als dem Zeugniß aller seiner Brüder, und in der Heftigkeit seines Eigenwillens vorschlägt, den verwundeten Leib seines Herrn einer beschämenden Untersuchung zu unter= werfen. O, wie sehr entspricht dies der menschlichen Natur und wie tief fühlt man die Wahrheit der Erzählung, wenn sie uns Thomas zeigt, wie er, überwältigt von Be= schämung über seine eigenen Worte, vom größten Zweifel zur Verzückung des Glaubens und der Anbetung übergeht! Ach, wer möchte nicht neben ihm knieen, um den Hauch jenes wundervollen Segensspruches aufzufangen: „Selig sind, die nicht sehen und doch glauben?" zwei, wenn auch unter= geordnete Beweise bestätigen die Auferstehung für die unbe= fangene Geschichtschreibung. Bei der Kreuzigung finden wir die Jünger entmuthigt, schwankend, sich verbergend; ihr Kö= nig war ja gekreuzigt und sie fürchteten sich vor den Juden. Wenige Tage später finden wir sie, wie sie kühn ihren Glauben

---

*) Joh. 11, 16.

an Jesus Christus verkünden und die höchst vergeistigten Ansichten über seine Person, seine Lehren, seinen Tod und sein Reich predigen. Etwas Wichtiges muß sich ereignet haben, um diese große Veränderung in ihrer inneren Ueberzeugung und Empfindung und in ihrem äußeren Thun hervorzubringen. Nur die Auferstehung, die sie als eine Thatsache verkünden, kann diesen Wechsel erklären; nichts Anderes kann es.

Weiter finden wir wenige Monate später einen Mann von höherer Bildung, aber von streng jüdischen Vorurtheilen, einen Mann von ungewöhnlicher Urtheilskraft und unverkennbarem, freimüthigem Charakter, einen Mann von großem Ehrgeiz, der die glänzendsten Aussichten hatte, die sich einem Juden öffnen können, — wir finden diesen Saulus von Tarsos, der sich freiwillig entschlossen hatte, den neuen Glauben zu verfolgen, wie er plötzlich denselben annimmt, alle weltlichen Hoffnungen und Ehren aufgiebt, und sich mit einer Festigkeit und Beharrlichkeit, einem Ernst und moralischen Heldenmuth ohne Gleichen dem Predigen des Kreuzes widmet. Dieser Mann war ein gelehrter Logiker und besaß die redlichste Wahrheitsliebe. Er schrieb einen Brief an die Corinther, dessen Echtheit niemals angezweifelt worden ist und nicht in Frage gestellt werden konnte, da die Epistel von den frühesten Kirchenvätern als die seinige angeführt wird. In dieser Epistel erklärt Paulus, daß Jesus von den Todten auferstand, daß er von Cephas, von Jacobus, von allen Aposteln und von mehr als fünfhundert Brüdern auf einmal gesehen worden; und dann fügt er hinzu: „derer noch Viele leben, etliche aber sind entschlafen" *). Paulus kannte diese Augenzeugen. Cephas oder Petrus kannte er

---

*) 1 Cor. 15, 6.

genau; mit Jacobus und den anderen Aposteln hatte er in Jerusalem über sein eigenes Werk unterhandelt. Viele unter den Fünfhundert waren ihm persönlich bekannt; er kannte ihren Charakter, hatte ihr Zeugniß geprüft und war bereit, sein Leben zum Pfande einzusetzen, daß Christus starb, begraben wurde und am dritten Tage wieder auferstand. Daß ein Mann von solcher Bildung, solcher Redlichkeit und so großem Scharfblick diese Prüfung der Augenzeugen unternahm und zu dieser Ueberzeugung gelangte, Alles für seinen Glauben aufgab, darin lebte und dafür starb, — diese gleichzeitige, fast gerichtliche Untersuchung und Entscheidung zerstreut die Nebel moderner Zweifler und erschüttert unser Innerstes mit den Triumphesworten des Paulus: „Nun aber ist Christus auferstanden von den Todten und der Erstling geworden derer, die da schlafen.“

41. Kapitel.

Der letzte Blick und das letzte Wort.

[Jesus besucht nochmals den See von Galiläa und Bethanien — Er bewahrt die menschlichen Empfindungen — Erde und Himmel sind verbunden — Die Apostel am See — Petrus und Andere gehen auf den Fischfang aus — Ihr fruchtloses Bemühen — Ein Fremder am Ufer ermuthigt sie, nomals zu versuchen — Das Netz ist gefüllt — Johannes erkennt Jesum — Petrus springt aus dem Boot und schwimmt zu ihm — die Uebrigen bringen das Netz — Ein Mahl ist bereit — Jesus befragt Petrus und prüft ihn, ertheilt ihm sein Amt und sagt seinen Tod vorher — Die Neugier des Petrus in Betreff Johannes — Jesus tadelt dieselbe — Jeder Jünger muß an seinem eigenen Platz stehen.]

Bevor er die Erde für immer verließ, wollte der auf= erstandene Herr noch einmal die beiden Orte besuchen, die ihm am theuersten gewesen waren: — Galiläa und Betha= nien. Noch einen Blick auf den See, noch einen Blick auf sein Heimathhaus, dann will er zu der Herrlichkeit zurück= kehren, die er bei seinem Vater hatte, „ehe die Welt war"*). An beiden Orten wollte er noch einmal, in Umgebungen, die ihm durch so viele Erinnerungen aus seinem früheren Leben theuer geworden waren, sich mit seinen Jüngern unterreden. Da er seine Boten aussandte, zuerst das Evangelium zu predigen, gebot ihnen Jesus, „den Staub von den Füßen zu

---

*) Joh. 17, 5.

schütteln", an Orten, welche die Botschaft zurückweisen wür=
den, „als ein Zeugniß gegen sie"*), und doch weilt er auf
der Erde, die ihn verworfen und gekreuzigt hat, betritt sie
liebevoll mit den geheiligten Füßen, die von Nägeln durch=
bohrt waren, und vereinigt so die zarteste und schönste mensch=
liche Empfindung mit der Gnade und Barmherzigkeit, die
seine Auferstehung als göttlich bestätigt hatte. Je mehr er
sich uns als Mensch zeigt, desto mehr sehen wir den Gott
in ihm. Die Erde ist dem Himmel nicht mehr so fern noch
so fremd, daß die Verbindung zwischen ihnen abgeschnitten
wäre. Jesus war so hilflos wie ein kleines Kind geboren,
und starb anscheinend so hilflos wie irgend ein Mensch; aber
der Christus, der aus dem Grabe erstanden und fähig ist,
wie ein Mensch zu erscheinen, oder wie ein Geist zu ver=
schwinden, gehört einer höheren Sphäre als der Erde an;
und dieser ist es, der jetzt verweilt, um mit menschlichem
Auge und Gedächtniß und mit menschlicher Liebe seine Lieb=
lingsorte auf der Erde zu schauen, ehe er seine letzte Heimath
im Himmel aufsucht.

Er hatte eine allgemeine Versammlung seiner Jünger auf
einem Berge in einer abgeschlossenen Gegend von Galiläa
angeordnet, wo er später von mehr als fünfhundert zugleich
gesehen wurde"**) und in Voraussicht dieser Versammlung
waren die Apostel in die Nähe des Sees gegangen, wo die
meisten von ihnen wohnten. Sie waren zu arm, um müssig zu
sein; und als einige von ihnen (sieben im Ganzen) eines
Abends am Ufer standen, sagte Petrus: „Ich will hin fischen

*) Matth. 10, 14.
**) Matth. 28, 16. 1 Cor. 15, 6.

gehen"; worauf sie alle beschlossen, mitzugehen, in ein Boot stiegen und in den See hinausfuhren. Da lagen sie die ganze Nacht, warfen und zogen ihre Netze ein, aber fingen nichts. Als der Tag anbrach, verzweifelten sie am Gelingen und waren im Begriff, wieder ans Land zu gehen, als sie, nach dem Ufer blickend, dort Jemand in der grauen Dämmerung stehen sahen, der ihr Thun beobachtete. Er rief sie an und fragte, was sie gefangen hätten: und als sie antworteten: „Nichts", sagte er: „Werft die Netze aus zur Rechten des Schiffes, und ihr werdet etwas fangen". Der Fremde konnte ein alter Fischer sein, der glaubte, er kenne den See und die Fische besser als sie, und der, wie Leute seines Gewerbes, bereit war, Rath zu ertheilen. Auf jeden Fall konnte es nicht schaden, nochmals zu versuchen: sie warfen also ihr Netz, wie er ihnen gesagt hatte, und „konnten es nicht mehr ziehen vor der Menge der Fische".

Es giebt einen Instinct der Liebe, der schneller ist als Ueberlegung, und der Jünger, welchen Jesus lieb hatte, spricht zu Petrus: „Es ist der Herr." Johannes fühlte die Gegenwart, wo Petrus nur das Wunder sah; aber bei dem Wink gürtete Petrus sein Kleid um sich und sprang in den See. Petrus zeigt sich wieder in gewohntem Ungestüm des Temperaments, aber diesmal ist es nicht das Ungestüm des Stolzes oder Eifers, sondern das der Liebe. Er verlangt jetzt nicht, daß Jesus auf dem Wasser gehen soll, als ein Zeichen, daß er es selbst ist: sondern verläßt sich auf seine starken Arme, watet durch das Wasser und steigt triefend an das Ufer. Die anderen Jünger sind nicht weit hinter ihm Sie treten in das Boot, ziehen das Netz hinter sich her ans Ufer, wo Petrus herbeiläuft, ihnen zu helfen, und mit vereinten Kräften ziehen sie das Netz vollends aufs Land und

finden es „voll großer Fische, hundertunddreiundfunfzig".
Groß war ihr Erstaunen, daß, „wiewohl ihrer so viele
waren, doch das Netz nicht zerriß"; aber sprachlos vor Ver=
wunderung waren sie, als sie sich umwendeten und am Lande
„ein Kohlenfeuer sahen und Fische und Brod darauf gelegt",
und hörten, daß sie gerufen wurden zu kommen und zu
essen. „Niemand aber unter den Jüngern durfte fragen:
‚Wer bist du?' Denn sie wußten, daß es der Herr
war." Obgleich sie hungrig waren, wollten sie doch das
Mahl nicht anrühren; aber Jesus kam näher, nahm selbst
Brod und Fisch und theilte mit eigenen Händen da=
von aus.

Als die Mahlzeit beendet war, wendete sich der Herr zu
Simon Petrus und sprach: „Simon Johanna, hast du mich
lieber, denn mich diese haben?" Einst hatte Petrus voreilig
gesagt: „Wenn auch Alle sich an dir ärgern sollten, will ich
mich doch nie ärgern!" und noch soeben war er ins Wasser
gesprungen und hatte den Anderen überlassen, im Boote zu
folgen, als ob er eifriger wäre, den Herrn zu begrüßen als
sie. Doch nun giebt er die Sprache der Ruhmredigkeit auf,
er vergleicht sich nicht mit Anderen; die bloße Frage Jesu
erforscht sein Herz. Ja, er ist eitel, schwach, voreilig, mehr
selbstvertrauend, als zuverlässig gewesen; aber es war die
Großmuth der Liebe, die ihm solche Meinung über sich selbst
eingab; und obgleich er in einem Augenblick plötzlicher Be=
stürzung und Angst seinen Meister verläugnete, gab er selbst
dann nicht seine Liebe zu ihm auf. Diese Liebe preßte ihm
bittere Thränen aus; diese Liebe führte ihn dem Kreuz nach
und in der Frühe zum Grabe; und mit der Demuth Eines,
der gefallen ist, doch auch mit dem Bewußtsein, daß Jesus gerade
wegen seines Falles sein Herz besser kennt als vorher, spricht

er zu ihm: „Ja, Herr, du weißt, daß ich dich lieb habe."
Jesus spricht zu ihm: „Weide meine Lämmer!" Er hat keine
Ehrenpreise zu vergeben für das Bekenntniß der Liebe. Die
Liebe muß durch Dienen, Arbeiten und Opfer an den Tag
gelegt werden. Und diesem feurigen, hastigen Jünger stellt
Jesus eine Aufgabe, die Demuth und Sanftmüthigkeit for-
dert, — die ruhige, geduldige Arbeit, sich der Lämmer an-
zunehmen, den jungen Mitgliedern der Heerde Belehrung,
Rath, Leitung angedeihen zu lassen.

Zum zweiten Mal fragt Jesus: „Simon Johanna, hast
du mich lieb?" Zum zweiten Mal fühlt der Jünger die
Prüfung und diesmal geht sie noch tiefer, denn Jesus fragt
nicht, ob Petrus größere Liebe für ihn hat als die Anderen,
sondern ob er ihn wirklich und wahrhaftig lieb hat. Mit
demselben Ton der Demuth und Ehrfurcht und mit demselben Bewußtsein der Aufrichtigkeit antwortet Petrus: „Ja,
Herr, du weißt, daß ich dich lieb habe." Wieder erhält er
den Befehl: „So weide meine Schafe." Und zum dritten
Mal kommt die prüfende Frage: „Simon Johanna, hast du
mich lieb?" O, der arme Petrus! War jemals eine arme
Seele so auf die Probe gestellt worden! Kein Wort des
Vorwurfs oder Zweifels wird gesprochen, keine Anspielung
auf das, was er an jenem ereignißreichen Abend gesagt oder
gethan hat, gemacht. Aber seine Augen sind voll Thränen,
sein Herz bricht beinahe; denn bei dieser dritten Frage fühlt er
sich wieder in den Hof des hohenpriesterlichen Palastes versetzt;
er schwört und verleugnet, er hört den Hahn krähen; er
sieht Jesus mißhandelt, verhöhnt, gegeißelt, blutend, sterbend,
und sich selbst mit dem Schwur der Verleugnung auf den Lippen,
als eben sein Herr betet: „Vater, vergieb ihnen!" Doch in der
Tiefe seines Herzens liebt er, liebte er selbst damals; und so

bitterlich er auch um seiner plötzlichen Sünde willen weinte, er ist noch betrübter darüber, daß Jesus noch jetzt an ihm zweifelt. Diese dreimalige Frage schmerzt ihn tiefer als jeder Tadel. Was kann er sagen? was soll er thun? Ach, er hat jetzt nicht einen nur menschlichen Meister vor sich: sein auferstandener Herr durchschaut das Herz, und aus der Tiefe seines Gewissens wendet er sich an die Allwissenheit Jesu: „Herr, du weißt alle Dinge: du weißt, daß ich dich lieb habe." Und auch jetzt wird noch kein Wort der Versiche= rung gesprochen, kein Zeichen, daß es genug ist, nur derselbe Befehl: Laß denn die Liebe ihre Aufgabe erfüllen: „Weide meine Schafe!"

Aber hierin lag eine Versicherung, die stärker war, als alle Worte sie geben konnten. Dieser Befehl war ein Ver= trauensbeweis; und da das Reich Gottes nur durch Er= kenntniß und Wahrheit gefördert werden konnte, war das Weiden und Führen seiner Jünger das höchste Vertrauens= und Ehrenamt. Auf wie rührende Weise erinnert uns Petrus in den Episteln an seine Gläubigen hieran, wenn er sagt: „Ihr waret wie irrende Schafe; aber ihr seid nun be= kehret zu dem Hirten und Bischof eurer Seelen"*), und zu den Aeltesten spricht er: „Weidet die Heerde Christi, so euch befohlen, nicht als die über das Volk herrschen, sondern werdet Vorbilder der Heerde; so werdet ihr, wenn erscheinen wird der Erzhirte, die unverwelkliche Krone der Ehren empfan= gen." **) So lernte Petrus die Ehre kennen und schätzen, die der Herr ihm erwies, da er ihm anbefahl, die Lämmer zu hüten, die Schafe zu weiden.

---

*) 1 Petr. 2, 25.
**) 1 Petr. 5, 1—4.

In diesem Augenblick hatte auch Jesu Herz, in dem Tone der dritten Frage dem Herzen des Petrus geantwortet. Jesus hatte seine Frage in ein Wort gelegt, daß solche hohe und heilige Liebe ausdrückt, wie die Menschen sie für Gott empfinden; und Petrus hatte mit einem Wort geantwortet, das die Wärme menschlicher Zuneigung bezeichnet. Aber bei der dritten Frage nimmt der Herr Petrus dies Wort aus dem Munde, als ob er sein Herz wieder wie ein Mensch öffnen wollte, um dem inbrünstigen, brennenden, doch bekümmerten, brechenden Herzen seines Jüngers zu antworten. Und nachdem er nun die Aufrichtigkeit von Petrus' Liebe erkannt hat, weissagt der Herr, wohin ihn diese Liebe führen wird, — zum Verlust der Freiheit und des Lebens. „Da du jünger warest, gürtetest du dich selbst und wandeltest, wo du hin wolltest; aber wenn du alt wirst, wirst du deine Hände ausstrecken und ein Anderer wird dich gürten und führen, wo du nicht hin willst." Ja, er sollte auch ans Kreuz geschlagen werden. „Und als Jesus das gesagt hatte, sprach er zu Petrus: ‚Folge mir nach.‘" Durch Gehorsam und Opferwilligkeit soll sich jetzt die Liebe bewähren. Der Jünger, der Jesus zu Sieg und Ruhm folgen wollte, mußte ihm auf seiner eigenen Bahn folgen. Wie die Auferstehung seinen Nachfolgern keine Befreiung vom Tode bringt, so giebt ihnen seine Herrlichkeit auch keine Befreiung von Leiden. Im Geiste des Arbeitens und Opferns müssen sie Jesus nachfolgen, so wie er auf Erden war, wenn sie mit ihm in der Herrlichkeit seines Vaters sein wollen.

Es ist unmöglich, in einem Augenblick seine Gemüthsart zu ändern, noch durch die größte Beherrschung alle ihr Regungen zu unterdrücken. So wurde Petrus wieder von seiner alten Neigung, über Alles etwas zu sagen, ergriffen, als er

sah, daß Johannes auch folgte, und er sprach zu Jesus:
„Herr, was soll aber dieser?" Doch obgleich Jesus dem
Glauben alles offenbarte, machte er der Neugierde niemals
Zugeständnisse.

Eine arme Wittwe, eine geborene Heidin, die sich nach
einem Wort der Barmherzigkeit sehnte, die um die Krumen
von des Meisters Tische bettelte, konnte ein Wunder der
Heilung als Lohn ihres Glaubens erlangen; aber weder das
Geschrei des Volkes, noch die amtliche Aufforderung der
Pharisäer, noch die Gewalt des Herodes konnten ihm ein
Zeichen entreißen. Und so lehrte Jesus Petrus hier, daß
wir lieber danach streben sollen, den Willen Gottes zu ken=
nen und zu thun, als über seine Vorsehung zu grübeln;
direkter, augenblicklicher, persönlicher Gehorsam gegen Christus
ist weit mehr als neugieriges Forschen nach den Einzel=
heiten in seinem Reich ein Zeichen der Ehrfurcht vor dem
Reich sowohl als vor Christus selbst. Petrus war ge=
lehrt worden, daß Liebe so viel hieß als Dienst und
Aufopferung; und das Leben voll Arbeit und Todesqual,
das vor ihm lag, war erhellt und veredelt durch den Ruf:
„Folge mir nach." Aber Petrus mußte wissen, welcher
Dienst und welches Schicksal dem Johannes bestimmt war.
Der Meister antwortete: „So ich will, daß er bleibe, bis
ich komme, was gehet es dich an?" und um jede weitere
Frage abzuschneiden, fügte er mit Bedeutung hinzu: „Folge
du mir nach!" Im Dienste Christi ist es die Pflicht eines
Jeden und Aller, an seinem Platze zu stehen, darin zu leben
und zu sterben mit liebendem, geduldigem, folgsamem Herzen;
denn die Hingebung an den Herrn ist persönlich und muß
von Jedem für sich selbst, unabhängig von äußeren Lagen
und Umständen, von Gelingen und Mißlingen und unabhängig

von Anderen geübt werden. Unter den Jüngern ging die Meinung um, daß Johannes nicht sterben sollte. Aber Jesus hatte gesagt: „So ich will, daß er bleibe, bis ich komme"; und dem Gläubigen ist der Tod nur die Ankunft des Herrn, der seinen Geist frei macht, daß er mit Christus in der Herrlichkeit sein darf.

42. Kapitel.

In der Höhe.

[Die Himmelfahrt Jesu ist eine nothwendige Folge seiner Auferstehung — Er konnte nicht wie Lazarus wieder ins Grab zurückkehren — Warum er nicht verschwand — Warum er nicht vor dem Hohen Rath erschien — Sein Reich beruht auf dem Glauben an Ihn — Die Scene der Himmelfahrt — Sein Reich ist gekommen.]

Nachdem Jesus von den Todten auferstanden, war seine öffentliche und sichtbare Himmelfahrt eine einfache Noth= wendigkeit für den moralischen Werth seiner Auferstehung und für den Abschluß seines Lehrens, seines Lebens und Todes. Abermals der Macht des Todes verfallen und wie= der ins Grab gelegt worden zu sein — wie es dem La= zarus geschehen sein muß —, würde in dem Falle mit Jesus die Auferstehung nur zu einem Prunken mit seiner Macht ohne moralische Bedeutung gemacht haben. Als Jesus den Lazarus erweckte, zeigte er seine Macht über die phy= sischen Gesetze, Vorgänge und Wirkungen, die im Gefolge des Todes und Vergehens sind. Jesus aber erstand von den Todten, um seine Macht über den Tod selbst zu offen= baren, über den Tod in all seiner Furcht, seinen Schmerzen, seinem Verhängniß, seinen Vorahnungen ebenso wie in seinen Wirkungen, in allen den moralischen und geistigen Beziehungen und Ausstrahlungen, von denen das physische Ereigniß nur ein Abbild ist. Die Erweckung des Lazarus war eine Offen=

barung: die Auferstehung Jesu war eine Erlösung, die seine eigenen Worte in der großen prophetischen Hoffnung der Menschheit bestätigte: „Ich bin die Auferstehung und das Leben; wer an mich glaubet, der wird leben, ob er gleich stürbe" *). „Wer mein Fleisch isset und trinket mein Blut, der hat das ewige Leben, und ich werde ihn am jüng= sten Tage auferwecken." **) Wäre danach auch nur sein Körper in die Arme des Todes zurückgesunken, wie schwach würde das Versprechen erscheinen, wie eitel das Hoffen sein!

Wenn dagegen Jesus einfach von seinen Jüngern ge= schieden wäre, so wäre vielleicht in kurzer Zeit der Eindruck seiner Auferstehung erloschen. Vielmals war er ihnen plötz= lich in der wohlbekannten Gestalt erschienen, und dann ebenso plötzlich verschwunden, sie wußten nicht wie. Wo er in der Zwischenzeit gewesen war, konnten sie nicht errathen, wagten sie nicht zu fragen. Wenn sein letztes Verschwinden der= selben Art gewesen wäre, so würden sie lange auf sein Wiederkehren geharrt, würden ihn langsam aufgegeben haben; und vielleicht wären sie dann, wenn sie nicht wußten, wohin sie ihm in Gedanken folgen, wo ihn suchen sollten, in Zweifel verfallen, ob nicht sein Erscheinen nur Vision ohne körper= liche Wahrheit gewesen sei. Aber Jesus vereinigte ihre letzte Wahrnehmung seines irdischen Daseins mit seiner Heimkehr zum Himmel als greifbare Wirklichkeit.

Nach der Scene am See war er mit seinen Jüngern auf einem Berge in Galiläa zusammen gewesen, und hatte dort den Aposteln ihre letzte Weisung gegeben, indem er

---

*) Joh. 11, 25.
**) Joh. 6, 54.

sagte: „Mir ist gegeben alle Gewalt im Himmel und auf Erden. Darum gehet hin in alle Welt und lehret alle Völker und taufet sie im Namen des Vaters, des Sohnes und des Heiligen Geistes. Und siehe ich bin bei euch alle Tage bis an der Welt Ende." *). Zu diesem Beruf aber sollten sie durch eine besondere Kraft von oben ausgerüstet werden; und darum mußten sie nach Jerusalem zurückkehren und dort die Taufe des Heiligen Geistes erwarten.

Während eines Zeitraumes von „vierzig Tagen nach seinem Leiden hatte Jesus sich lebendig erzeiget seinen Jüngern durch mancherlei Erweisungen und mit ihnen vom Reiche Gottes geredet" **). Zuletzt, als die Elfe eines Morgens zusammen waren und Jesus unter ihnen, fragten sie ihn: „Herr, willst du zu dieser Zeit das Reich Israel wieder aufrichten?" Die alte jüdische Hoffnung auf einen erobernden und herrschenden Messias, die durch den Tod ihres Herrn vernichtet war, hatte sich durch die Auferstehung neu belebt. Sie glaubten jetzt fest, daß Jesus der Christus war, aber sie konnten seine Wege nicht begreifen. Wie gut würde es ihnen gefallen haben, wenn er gegangen wäre, sich dem Hohen Rath und Pilatus als ein von den Todten Erstandener zu zeigen, und inmitten des Staunens und Schreckens seiner Feinde sein Reich verkündet hätte! Aber diese heilige Besiegelung seiner Sendung war nicht zur Schaustellung für Zweifler bestimmt. Auf einen Augenblick würde er ihnen ein Wunder und Schrecken gewesen sein; aber bald würden sie wieder gesagt haben: „Er hat einen Teufel." Sein Reich war das Reich der Wahrheit, und die Wahrheit

---

*) Matth. 28, 18. 19.
**) Apg. 1, 3.

muß auf moralischer Ueberzeugung ruhen. Die Auferstehung hatte diesem Zweck entsprochen, indem sie die Jünger überzeugte und befestigte; die Thatsache war durch hinlängliche Zeugen festgestellt; aber es war nicht die Thatsache, sondern die geistige Wahrheit, welche sie lehrte und bestätigte, die gepredigt werden sollte. Nichts konnte dadurch gewonnen werden, daß Jesus auf der Erde blieb, um sich Fremden zu zeigen, da die Wahrhaftigkeit seines Todes und seiner Persönlichkeit in jedem Falle neu bestätigt werden mußte; und er würde nur ein Wunder unter den Menschen gewesen sein. Auch war nichts dadurch zu gewinnen, daß er ein Reich mit irdischer Macht aufrichtete, da es für das wirkliche Wohl der Menschheit wenig ausmacht, wie die Regierungsformen oder die Personen der Herrscher wechseln, so lange die Herzen der Menschen — dieser Sitz des Uebels — unverändert bleiben. „Es ist euch nicht gegeben, Zeit und Stunde zu wissen, welche der Vater seiner Macht vorbehalten hat." Ueberlaßt die Herrschaft des Himmelreichs dem, der regiert. Zeigt euren Glauben an das Himmelreich und eure Liebe zu ihm durch Verkündigung der Wahrheit, auf der es ruht, durch welche es herrscht. „Ihr werdet meine Zeugen sein."

Beim Beginn dieser Unterredung hatten sie sich auf den wohlbekannten Weg über den Oelberg begeben. Diese kleine Schaar von zwölf ruhig wandelnden Männern konnte keine Aufmerksamkeit erregen, und sie schritten fort wie andere Wanderer, bis sie sich um den Vorsprung des Berges gewendet hatten, wo das kleine Dorf Bethanien sichtbar und Jerusalem dem Auge entzogen wurde. Auf jener Seite war der Berg unbebaut und ohne Wohnstätten; nur das kleine, mit Dattelbäumen umgebene Dorf barg sich in einem geschützten Winkel. An diesem Punkt hielt Jesus an, und hier, wo er mit seinen

Aposteln während der Woche vor seinem Tode so oft gewandelt und gesprochen hatte, erhob er die Hände und segnete sie: „Und es geschah, da er sie segnete, schied er von ihnen und fuhr auf gen Himmel, und eine Wolke nahm ihn auf, vor ihren Augen weg." Der Gesang bei seiner Geburt hüllt die Erde nochmals in die Falten des Himmels, — hier ist die Seligsprechung, dort die Herrlichkeit. Mit erhobenen Händen segnet er die Jünger, giebt den Menschen „Frieden und Wohlgefallen", und geht dann hinauf zu Gott in der Höhe.

Wohl stehen die Jünger lange, blicken schweigend, unverrückt auf zum Himmel, wo er hingeht; da stehen plötzlich zwei Engel neben ihnen, die sprechen: „Was stehet ihr und sehet gen Himmel? Dieser selbe Jesus, welcher von euch ist aufgenommen gen Himmel, wird kommen, wie ihr ihn gesehen habt gen Himmel fahren." Da kehrten sie zurück nach Jerusalem in großer Freude, und gingen aus, zu predigen in aller Welt.

Von der Stunde an fing das bedeutendste Ereigniß der Geschichte — das Leben und Sterben Jesu von Nazareth —, das gewaltigste Mittel sittlicher Reform, der mächtigste Hebel geistiger Entwicklung, an zu wirken in der menschlichen Gesellschaft, sie neugestaltend, reinigend, veredelnd, bis endlich das Christenthum sein eigener Zeuge ward; selbst größer als alle seine Wunder, selbst das Wunder aller Zeiten, welches Jesum als den Sohn Gottes bestätigt und sein Wort als Bürgschaft und Gewähr des ewigen Lebens erwiesen hat.